目录

春暉集賢

春晖文化研究会　编

李培明　主　编

西泠印社 出版社

永葆春晖
沙孟海题

序

一座城，总有专属的精神坐标。

伴随着觉醒年代的风起云涌，在浙东上虞，一群提倡和躬行“教育救国”的知识分子，怀揣光荣与梦想，汇聚在山水之间，以“一洗从来铸型教育之积弊”为己任，崇尚民主，革新教育，在中国现代基础教育的百年征程中闯出了一条理想之路，写下了一段黄金岁月。经亨颐、夏丏尊、朱自清、匡互生、丰子恺、朱光潜、刘薰宇、杨贤江、张孟闻、范寿康……他们托起了春晖中学的璀璨起点，构建了上虞历史长河中熠熠生辉的集贤盛景，熔铸成上虞这座城市独有的人文基因、精神基座。

如今，被寄予厚望的《春晖集贤》如约而至，一年多的上下求索，四百余页的厚重篇幅，一千余帧珍贵图像，二十多万字的虔诚记录，将一百多年来驻足湖畔的一百二十位先贤身影，凝铸成永恒的星辰图卷。这是迄今收录春晖先贤最全的典籍，亦是汇集有关文献图影最多的传本。

编纂《春晖集贤》，恰似打捞沉睡在时光深处的珍珠。我们循着泛黄档案的墨迹，触摸到经亨颐“人格教育”的理想余温；在泛着樟脑气息的老照片里，瞥见夏丏尊翻译《爱的教育》时窗前的孤灯；朱自清笔下《白马湖》的月色仿佛穿透纸背，与丰子恺漫画勾勒的湖畔遥相呼应；弘一法师的禅音、朱光潜的美学、范寿康的哲思……在文献与图像的经纬交织中渐次复活。每帧影像都是时光的切片，每段文字皆是历史的证词，共同编织成春晖文脉的基因图谱。

编纂《春晖集贤》，就是对春晖精神的赓续。春晖，这座湖畔学府从来不是孤立的象牙塔。书中收录的一百二十位先贤，或执鞭讲坛春风化雨，或投笔从戎热血报国，或在科技瀚海劈波斩浪，或在文艺苍穹摘取星辰。他们的生命轨迹，映照出近现代中国波澜壮阔的历史图景，勾勒出中国近现代知识分子群体救国图强的精神肖像。尤为珍贵的是，此次编纂，我们搜访到诸多湮没在时光尘埃中的名字，他们的故事如同湖底沉璧，历经岁月涤荡愈发温润可鉴。

编纂《春晖集贤》，不仅是为了回望和记录，更是为了传承与弘扬春晖文化。春晖文化，是一种蕴含着深厚人文底蕴、创新精神与家国情怀的文化。她伴随着春晖中学的创立而形成，也随着春晖教育的发展而繁荣，更因万千学子的代代传承而生生不息。她是一种教育文化，蕴含了“与时俱进”“教育救国”的核心精神；她是一种名士文化，描绘出“名师荟萃、大师云集”的雅集盛景；她是一种道德文化，传颂着捐资兴学、感化乡村的高德之风。在新的时代，弘扬春晖文化，不仅仅是为了扩大和宣传某种地域文化，更是一份如何培养时代新人的上虞答卷。

编纂《春晖集贤》这部纸本典籍，在数字化浪潮席卷的今天，本身即是文化坚守的宣言。编纂团队遍访博物馆、档案馆，在故纸堆中钩沉索隐；联系名家后裔、文史专家、校友长者，聆听建议，汲取智慧；聘请专业团队拍摄、修复、整合，精心构思设计装帧……这既是对先贤的致敬，亦是对书籍艺术的当代诠释。

此书付梓之际，恰逢白马湖最美的春日，想起朱自清的咏赞：“白马湖的春日自然最好，山是青得要滴下来，水是满满的、软软的。小马路的两边，一株间一株地种着小桃与杨柳，小桃上各缀着几朵重瓣的红花，像夜空的疏星，杨柳在暖风里不住地摇曳。在这路上走着，时而听见锐而长的火车的笛声，是别有风味的。”此时，当我们翻阅这些泛黄的书页，凝视那些坚毅的面容，触摸到的不仅是过往的温度，更是对未来的憧憬。

愿这卷《春晖集贤》成为穿越时空的渡船，载着读者溯流而上，在历史长河的回响中，找寻前行的力量。

谨以此书致敬所有点亮春晖之光的灵魂。

高山仰止，景行行止。

春晖不老，文脉长流。

此间薪火，永续相传。

春暉

趙樸初

与時俱進

亨頤

陈春澜

一八三七年—一九二〇年

名渭，字文江，又字春澜，浙江上虞小越横山人。1837年生于贫寒农家，幼年失学，稍长奔走他乡，做学徒，当跑街，渐谙经商之道。随后办货栈、开钱庄，拥有多家商号，苦心经营，终成沪上巨富，被誉为“现代金融实业界巨子”。1894年，返回故乡上虞，创办春泽实业公司和大同殖业银行，引领父老乡亲农、垦、牧并举，振兴实业。他乐善好施，热心公益，常慷慨助学，泽被桑梓，如捐助开办上虞算学堂、上虞县校，捐助绍兴“府校谋新作”，捐资建设浙江教育学会会馆。捐巨资救助奉天（今辽宁）灾民，向“上虞境土塘择要建石塘”捐资等，获得朝廷嘉奖，邑人赞颂。1908年，陈春澜决意竭诚兴学，捐银五万元，声言“为地方培养人材，亦国民应尽义务”，在横山之阳建春晖学堂，并声明“先办初等小学，以次递升拟办至中学程度为止……如经费不敷，再捐己资，以符素愿”。1919年，他为践前言，又捐银二十万元，创办春晖中学校，成就一生最后之盛举。春晖中学创办后，校董会一致奉春澜公为校主，并在象山山麓建纪念堂“春社”，供师生追念感恩。2011年，“陈春澜生平事迹陈列馆”在小越横山同兴里大宅院建成，供后人瞻仰缅怀。陈春澜墓现位于驿亭旋网山。

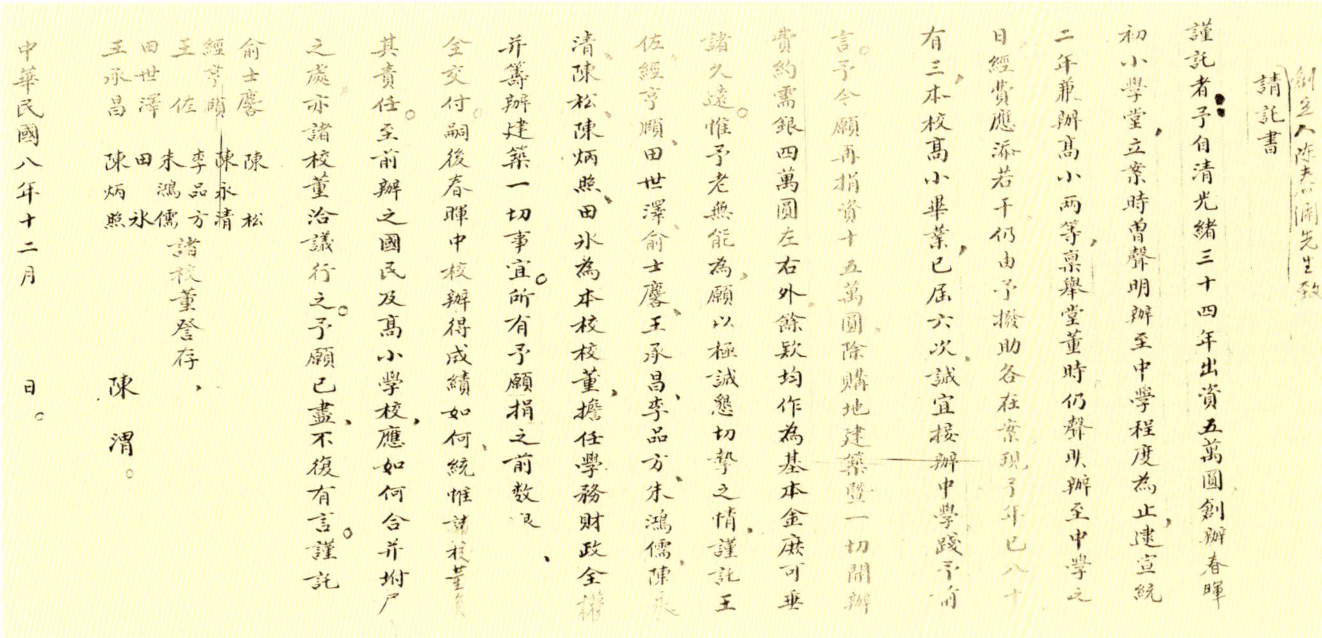
創立人陳春瀾先生致

請託書

謹託者予自清光緒三十四年出資五萬圓創辦春暉初小學堂立案時曾聲明辦至中學程度為止，宣統二年兼辦高小兩等稟舉堂董時仍聲明辦至中學之日經費應添若干仍由予撥助各在案。現予年已八十有三，本校高小畢業已屆六次，誠宜接辦中學，踐予前言。予今願再捐資十五萬圓，除購地建築暨一切開辦費約需銀四萬圓左右外，餘款均作為基本金，庶可垂諸久遠。惟予老無能為，願以極誠懇切摯之情謹託王佐、經亨頤、田世澤、俞士鏖、王承昌、李品方、朱鴻儒、陳永清、陳松、陳炳熙、田氷為本校校董，擔任學務、財政全權，并籌辦建築一切事宜。所有予願捐之前數，全交付嗣後春暉中校辦得成績如何，統惟諸校董負其責任。至前辦之國民及高小學校應如何合并擴展之處，亦請諸校董洽議行之。予願已盡，不復有言。謹託

俞士鏖 陳松
經亨頤 陳永清
王佐 李品方
田世澤 朱鴻儒 諸校董譽存，
王承昌 田氷 陳炳熙

陳渭。

中華民國八年十二月 日。

1919年12月春晖创立人陈春澜请托书

春社旧影

位于上虞横山之阳的春晖学堂

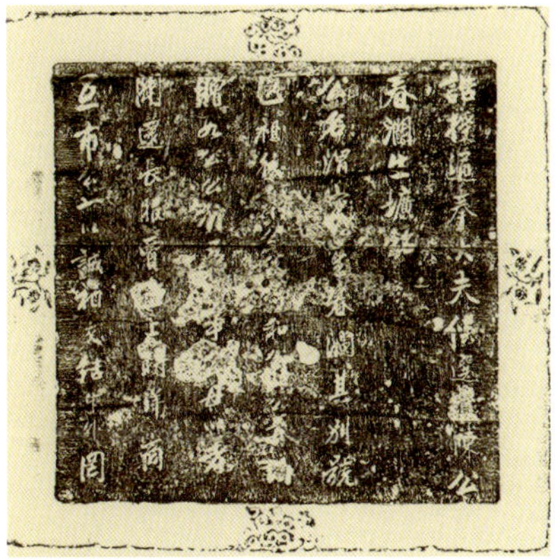

诰授通奉大夫候选谥陈公春澜生圹铭

陈公春澜百龄仙寿纪念章

王佐

一八五三年—一九三一年

王佐

字寄庼，浙江上虞丰惠人。清光绪十五年（1889）恩科举人。一生爱国爱民，其德行、才能广受景仰，为公认造福一方的贤达。1890年，知县唐煦春主修《上虞县志》，王佐荐蔡元培任总纂，自任分纂。1898年在丰惠经正书院开办上虞算学堂，征得陈春澜资助。1903年，八县学务公所在绍兴大善寺成立，王佐任纠察部长。1907年任浙江省保路会副会长。1907年冬至1909年末，任绍兴府中学堂监督兼修身课教员。1909年先后任浙江省咨议局、清政府资政院议员。辛亥革命期间加入中国同盟会。民国建立，任上虞参议会会长。1914年任永嘉教谕，不久离职返乡。同年与陈春澜、朱鸿儒等在丰惠创设春泽实业公司，提倡实业，改良农田，振兴地方经济。王佐关心民瘼，热心扶贫救灾，1915年三汇突发水灾，王佐商请陈春澜出资抢修海塘，百姓得以快速恢复生产生活。王佐主张教育救国、科学救国，积极支持陈春澜捐资办学，1908年协助创办春晖学堂，担任堂董；1919年，以“育我虞英才”为宗旨，偕经亨颐与陈春澜多次会商，促成陈公捐赠巨资续办春晖中学，并担任主任校董，全权擘画办校事宜。1919—1931年任主任校董期间，他不仅捐献西徐岙王氏祖地作为学校用地，更是全力支持经亨颐施展抱负，遍邀名师，革新教育，救国图强；又促成陈氏后裔出资十五万元续办春晖中学高中部，使春晖成为完全中学。1924年王佐创办的义务小学，后来成为上虞早期革命运动的重要基地。1931年王佐病逝后，全县举行隆重追悼大会。蔡元培赞其为“东南砥柱，学界泰斗”，范寿康在挽联中赞王佐曰“先邑人之忧而忧，后邑人之乐而乐，口碑载道足千秋”。

知行合一

王佐题

春晖中学早期校徽

经亨颐

一八七七年—一九三八年

字子渊，号石禅，晚号颐渊，浙江上虞驿亭人。中国近代著名教育家、民主革命家、金石书画家，春晖中学首任校长。1877年出生于驿亭书香门第，少时就读于敬修义塾。1900年因参与通电反对慈禧废光绪帝遭通缉，随伯父经元善避居澳门。1903年与许寿裳、钱家治、陈衡恪等东渡日本留学，就读于东京高等师范专科学校，专攻教育与数理，其间与孙中山、廖仲恺等相识。1908年回国筹建浙江官立两级师范学堂，任教务长，年底再度公费赴日完成学业。1910年回国再任浙江两级师范学堂教务长，1912年任浙江两级师范学校校长。1913年浙江两级师范学校改名为浙江省立第一师范学校，继续任校长，同年被推为浙江省教育会会长。1919年5月，支持并参与五四运动。后因“一师风潮”于1920年1月辞去浙江省立第一师范学校校长之职。

1919年初，经亨颐与陈春澜、王佐商定创办春晖中学，拟定《春晖中学校计划书》，年底建立春晖中学校董会，任校董。1920年1月被校董会推为春晖中学校长，具体擘画建校事宜。1922年，春晖中学建成，9月10日正式开学，12月2日举办开校典礼。经亨颐任校长期间，践行新教育，传播新文化，邀请大批名师硕彦来校执教、讲学，以“一洗从来铸型教育之积弊”为己任，提出“与时俱进”的校训，倡导“发展平民教育，培养有健全人格的国民”。短短数年，春晖名闻遐迩，时有“北南开，南春晖”之美誉。其间，经亨颐曾住“山边一楼”主持校务、约集同好，后又于1929年在学校西侧择地建私宅“长松山房”。“春光迎得同心友，大好湖山诗画缘。”长松山房建成后，白马湖逐渐成为先进知识分子书画创作、诗文唱和的理想家园，也成为艺术大家、革命志士的重要时空交汇点，白马湖雅集遂成为浙沪一带文人聚会之盛事。

1923年，他受邀担任北京高等师范学校总干事，同年兼任浙江省立第四中学校长。1925年后参加第一次国内革命战争，历任国民党第二、三、四届中央执行委员。1926年任中山大学代理校长，同年开始学习绘画。后加入西泠印社、南社等艺术社团。大革命失败后，1928年，经亨颐邀志同道合者在上海创立“寒之友”艺术社团，以诗言志，以画喻节，1929年1月经亨颐当选社长。1929年，他捐出驿亭祖宅创办大同医院，造福乡里。1931年任南京国民政府国务委员，出任全国教育委员会委员长。1937年在国民党五届二次全会上，经亨颐与宋庆龄、何香凝等14人向大会提出《恢复孙中山先生手订联俄、联共、扶助农工三大政策案》，敦促国共合作，团结抗战。1938年9月15日，经亨颐在上海广慈医院逝世。1991年，骨灰从八宝山革命公墓移葬白马湖畔。

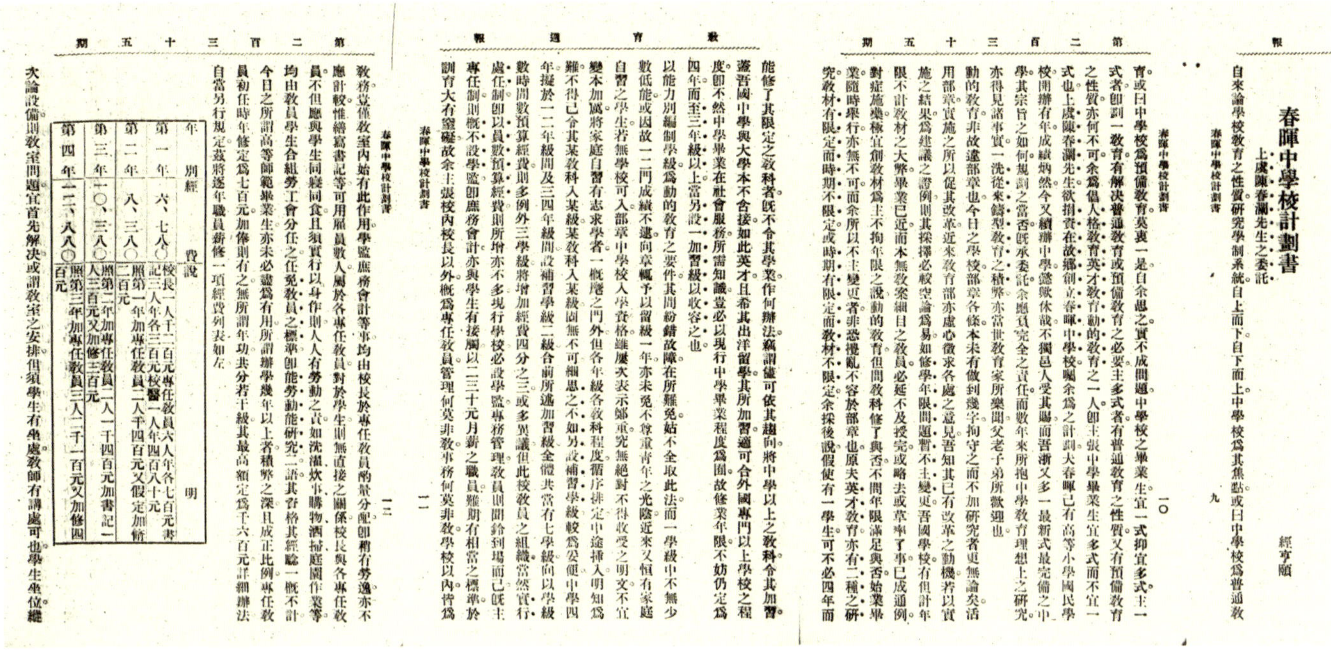

報

第二百三十五期

春暉中學校計劃書

經亨頤

上虞陳春瀾先生之委託

自來論學校教育之性質研究學制系統自上而下自下而上中學校爲其焦點或曰中學校爲普通教育或曰中學校爲預備教育莫衷一是自余思之實不成問題中學校之畢業生宜一式抑宜多式主一式者即謂一教育有解決普通教育或預備教育之必要主多式者有普通教育之性質又有預備教育之性質亦何不可余爲倡人格教育英才教育動的教育之一人即主張中學畢業生宜多式而不宜一式也上虞陳春瀾先生欲捐資在故鄉創立春暉中學校囑余爲之計劃大春暉已有高等小學國民學校開辦有年成績炳然今又續辦中學盛歟休哉不獨邑人受其賜而吾浙又多一最新式最完備之中學其宗旨之如何規劃之當否既承委託余應負完全之責任而數年來所抱中學教育理想上之研究亦得見諸事實一洗從來鑄型教育之積弊亦當世教育家所樂聞父老子弟所歡迎也

春暉中學校計劃書　九

動的教育非故違部章也今日之學校部章各條本未有做到幾字拘守之而不加研究者更無論矣活用部章實施之所以促其改革近來教育部亦虛心徵求各處之意見吾知其已有改革之動機若以實施之結果爲建議之譜例則其採擇必較空論爲易如修學年限問題暫不主變更吾國學校有但計年限不計教材之大弊畢業已近而本無教案細目之教員必延不及授完或略去或草率了事已成通例對症施藥極宜創教材爲主不拘年限之說動的教育但問教科修了與否不問年限滿足與否始業畢業隨時舉行亦無不可而余所以不主變更者非恐擾亂不容於部章也原夫英才教育亦有二種之研究教材有限定而時期不限定或時期有限定而教材不限定余採後說假使有一學生可不必四年而

春暉中學校計劃書　一〇

教育週報

能修了其限定之教科者既不令其學業作何辦法竊謂儘可依其趣向將中學以上之教科令其加習蓋吾國中學與大學本不含接如此英才且希其出洋留學其所加習適可合外國專門以上學校之程度即不然中學畢業在社會服務所需知識豈必以現行中學畢業程度爲囿故修業年限不妨仍定爲四年而至三年級以上當另設一加習級以收容之也

以能力別編制學級爲動的教育之要件其間紛錯故障在所難免姑不全取此法而一學級中不無少數低能或因故一二門成績不逮向章輒予以留級一年亦未免不尊重青年之光陰近來又恆有家庭自習之學生若無學校可入部章中學校入學資格雖屢次表示鄭重究無絕對不得收受之明文不宜變本加厲將家庭自習有志求學者一概屏之門外但各年級各教科程度循序排定中途插入明知爲難不得已令其某教科入某級某教科入某級固無不可細思之不如另設補習學級較爲妥便中學四年擬於一二年級間及三四年級間設補習學級二級合前所述加習級全體共當有七學級向以學級數時間數預算經費則多例外三學級將增加經費四分之三或多異議但此校教員之組織當然實行專任制即以員數預算經費則所增亦不多現行學校必設學監專務管理教員則聞鈴到場而已既主專任制則概不設學監即庶務會計亦與學生有接觸以二三十元月薪之職員難期有相當之標準於訓育大有窒礙故余主張校內校長以外概爲專任教員管理何莫非教事務何莫非教學校以內皆爲

春暉中學校計劃書　一一

第二百三十五期

教務豈僅教室內始有此作用學監庶務會計等事均由校長於專任教員酌量分配即稍有勞逸亦不應計較惟繕寫書記等可用雇員數人屬於各專任教員對於學生則無直接之關係校長與各專任教員不但應與學生同寢同食且須實行以身作則人人有勞動之責如洗濯炊事購物灑掃庭園作業等均由教員學生合組勞工會分任之任免教員之標準即能勞動能研究二語其資格其經驗一概不計今日之所謂高等師範畢業生亦未必盡爲有用所謂辦學幾年以上者積弊之深且成正比例專任教員初任時年俸定爲七百元加俸則有之無所謂年功共分若干級其最高額定爲千六百元詳細辦法自當另行規定茲將逐年職員薪俸一項經費列表如左

年別	經費	說明
第一年	六、七八〇	校長一人千二百元專任教員六人年各七百元書記三人年各三百元校醫一人年四百八十元
第二年	八、三八〇	照第一年加專任教員二人千四百元又假定加俸二百元
第三年	一〇、三八〇	照第二年加專任教員二人一千四百元加書記一人三百元又加俸三百元
第四年	一二、八八〇	照第三年加專任教員三人二千一百元又加俸四百元

次論設備則教室問題宜首先解決或謂教室之安排但須學生有坐處教師有講處可也學生坐位繼

春暉中學校計劃書　一二

经亨颐《春晖中学校计划书》

山边一楼旧影

经亨颐刻“山边一楼”

经亨颐题“春晖中学校”和“新知书店”门牌

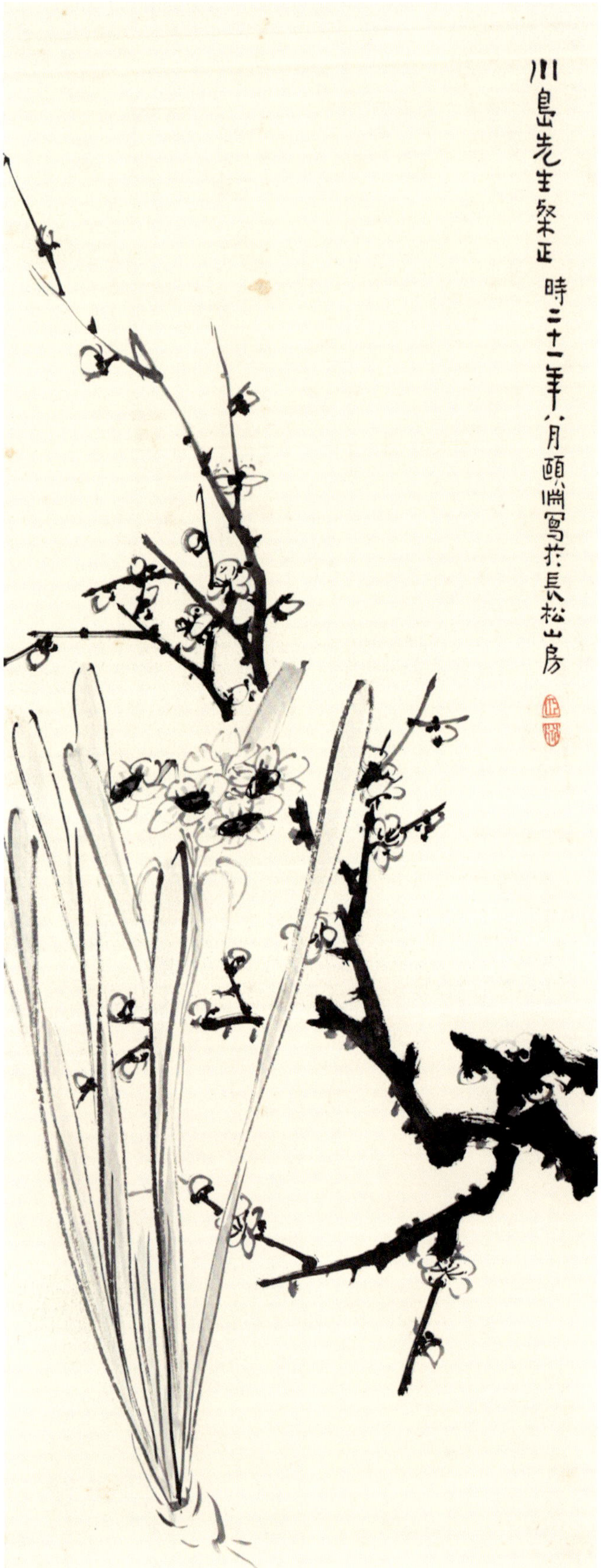

经亨颐刻“长松山房”

长松山房旧影

1932年8月经亨颐在白马湖长松山房为川岛作《寒之友》。川岛（1901—1981），原名章廷谦，字矛尘，浙江上虞道墟人。中国现代著名散文家，是鲁迅的挚友及忘年交，曾任蔡元培西文秘书，与鲁迅、周作人、钱玄同、刘半农、俞平伯等创办《语丝》周刊，并共同承担实际编务。

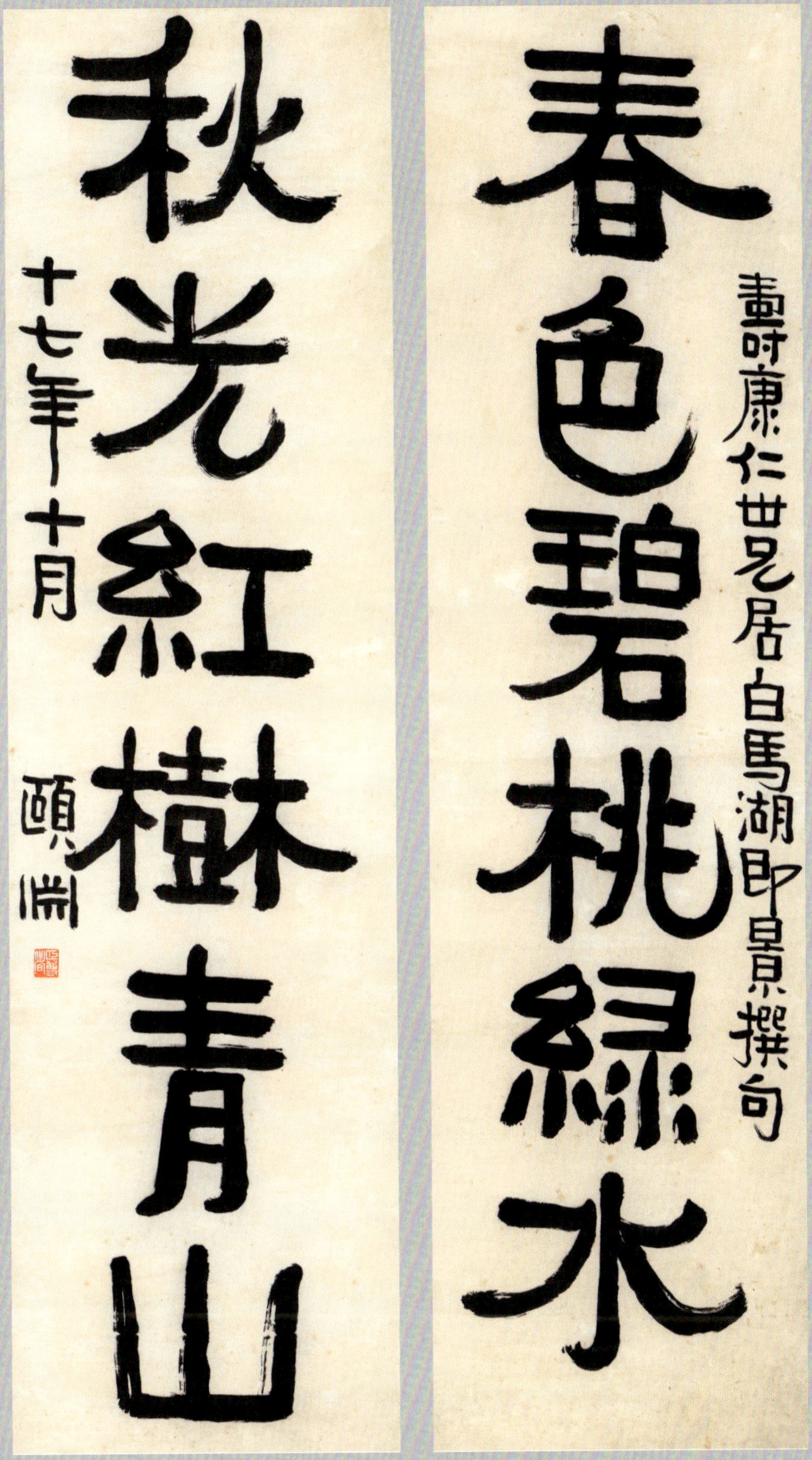

1928年10月经亨颐为范寿康作“春色碧桃绿水；秋光红树青山”联。

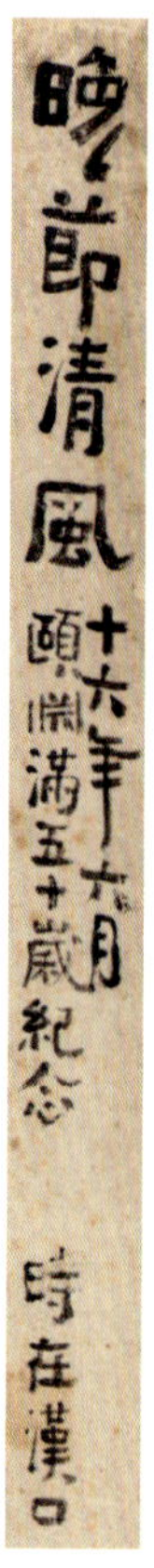

《晚节清风》

十六年六月颐渊满五十岁纪念，时在汉口

顶礼馨香痛昊天，韶光五十仍萧然。亲恩罔极难云报，晚节清风老少年。十六年六月二十四日夏正五月二十五日，颐渊满五十生辰，昨夜梦寐中，慈亲授我巨石，且云大有用处，昧早起，焚香磨墨，画不能工，藉表敬虔，并以自惕。时寓汉皋前花楼德仁里。

1927年6月经亨颐作《晚节清风》

“寒之友社”友人（左起）于右任、吴迪生、经亨颐、徐悲鸿合影

经亨颐、经利涉父子合影

田时霖

一八七六年—一九二五年

又名澍林，字世泽，号柏祥、梦樵，浙江上虞人。实业家、社会活动家。田时霖年少时因家贫辍学，在上海协德丰木行当学徒，受到业师倪审斋的赏识。后载木进京呈贡，得以结交都中官吏，阅历愈丰。清末浙江省保路拒款运动云起，田时霖不仅为浙江全省铁路公司修筑铁路提供枕木，还在民众大会上起身反对盛宣怀向英商出卖路权的辱国行径，获得一致称许。辛亥革命后力保浙江省治安，功绩卓著，授五等嘉禾勋章。1912年创设震升恒木行，任经理，并被选为震巽木商公所董事暨副经理。因办理实业有方，被授予四等嘉禾勋章。1916年任绍兴旅沪同乡会总董。1919年任宁绍商轮公司股东联合会副会长。1921年与田祈原、王晓籁、宋汉章等绍籍钱业人士发起中央信托公司，被推选为董事长。1922年任绍属水灾筹赈会会长，亲赴宁绍等地勘察灾情，又作为代表之一赴杭向省长呈请截留附加税收，以济难民。1924年为消弭江浙兵事抱病往返杭甬斡旋，经七昼夜始得疏解。历任浙绍会馆永锡堂总董、中国救济妇孺会名誉董事、上海华洋义赈会职员会会员、上海总商会商品陈列所所长、上海万国商团华队公会会长等职。在乡则担任春晖中学首届校董，出资续修谱牒，募款修葺曹娥江下游塘堤，筹建余上永济医院、余上兰永保卫团、紫荆小学、宝泽女子学校、凤荫山庄等，凡及桑梓公益，无役不与。

田时霖故居“旧德先畴”门额

民国元年（1912），政府设立了嘉禾勋章，专门授予那些对国家有特殊贡献或学问、事业有巨大成就的人，田时霖曾两次获嘉禾勋章。

中一大楼，位于上海北京东路270号，原名中一信托大楼。中一信托公司原名中央信托公司，创办于民国十年（1921）10月，为绍帮田祈原、田时霖、宋汉章、王晓籁、胡熙生、谢伯殳、裴云卿、孙铁卿、陈一斋、陈青峰、张颜山、胡莼芗、周星堂、吴成和、李济生、戚少斋、严成德、袁近初诸氏发起，资本初定为1200万元，先收四分之一。董事会成立，选举田时霖为董事长，延聘严成德为总经理，营业分信托、银行、储蓄、保险四部。

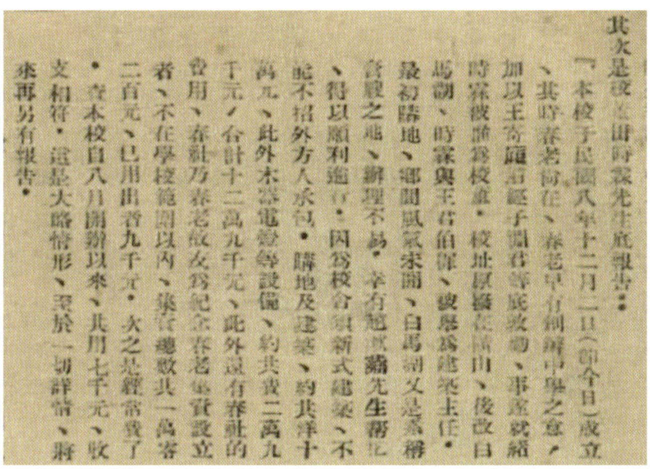

其次是校董田時霖先生底報告：
「本校于民國八年十二月二日（即今日）成立、其時春老尚在、春老早有創辦中學之意，加以王寄廬君經子淵君等底鼓勵、事遂就緒時霖被推爲校董。校址原擬在湖山、後改白馬湖、時霖與王君伯偉、被舉爲建築主任。最初購地、鄉間風氣未開、白馬湖又是荒僻[illegible]之地、辦理不易。幸有[illegible]先生帮忙、得以順利進行。因爲校舍須新式建築、不能不招外方人承包。購地及建築、約共洋十萬元、此外木器電燈等設備、約共費二萬九千元，合計十二萬九千元、此外還有春社的費用、春社乃春老故友爲紀念春老集資設立者、不在學校範圍以內、集資總數共一萬零二百元、已用出者九千元。次之是經常費了。查本校自八月開辦以來、共用七千元、收支相符。這是大略情形、至於一切詳情、將來再另有報告。

田时霖在春晖中学校成立时的报告

田时霖（右一）于1909年和清政府上海道台、沪宁铁路总经理波普等在沪宁铁路通车典礼上合影

俞士麐

一八七九年—一九四二年

以玄

又名俞谔廷，字以玄，号怡园，浙江上虞崧厦人。慈善家。1899年夏，俞士麐主持上虞后郭等处土塘修筑，办塘工事务心细才长，成绩昭然。1905年，俞士麐与严曾铨、连葆谦共同创办崧厦镇中心小学的前身“时术初等小学堂”，初设在崧厦东庵渡映水庵，以“立格健体、习典育人”为校训。次年，增设高小，称“时术两等小学堂”，民国后改为“县立第二小学”。后来俞士麐又创办时术小学、时敏小学。1921年，曹娥江遇伏汛大潮，俞士麐由上海假归，王佐力劝其留办塘工，并提议劝陈秋山及王柏治捐银万元以为之倡。俞士麐即赴上海召集同乡会开会，提议由田时霖出面筹款。他又得到宋汉章、魏清涛、田祈原、裴云卿等的竭诚倡议，筹集巨款，被上虞各区士绅联名推举为塘工工程主任。1932年8月，俞士麐等人创办“崧厦时疫医院”，地址在崧厦袁公祠。

1919年，春晖中学成立首届校董会，俞士麐被推举为校董，处理早期校务，资望卓著。1933年4月，经亨颐、朱云楼、俞士麐等在白马湖长松山房达成《大同医院建院协议》，制定《董事会章程》，俞士麐任大同医院常务董事。1936年4月18日，为纪念陈春澜先生百岁诞辰，校董陈一斋、俞士麐、裴云卿、李宝煦等人张筵祭奠。

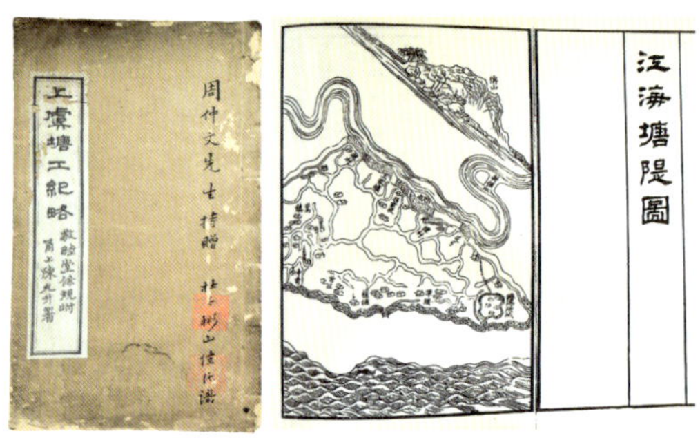

《上虞塘工纪略》与“江海塘堤图”

俞士㢈、经亨颐为伯涤作《兰亭序》《古松》成扇。伯涤即经亨沐（1880—1937），字伯涤，号涤庐，经元善之子，经亨颐堂弟，著有《鹤壶精舍纪事》。

朱鸿儒

一八六八年—一九三一年

一名守常，字省斋，号心栽，浙江上虞丰惠人。清光绪癸卯科（1903）举人。初任新昌县（今江西宜春）教谕，因博学多才、踏实能干和思想开明，不久升任知县同知衔。清末弃仕回乡，任上虞劝学所总董。

1911年，陈春澜与王佐、朱鸿儒等筹集股本十万元，创设“春泽垦牧公司”。朱鸿儒出任公司经理十余年，着手在大浸、隔山两畈及西溪、后山等处买进地势低洼的烂泥田和积年荒坡，组织人手因地制宜地种植作物；又浚江掘河，筑堤开渠，各因地势，陆续开发。随后又在丰惠、章镇等地开设茧行，收购蚕茧，使该地养蚕业快速发展。不久，公司开设上虞第一家农业银行“大同殖业银行”，吸储闲散资金，放贷给农户和工商业者，以解决他们在种植和经营上的迫切资金需求。公司成功地走出了一条农、垦、牧并举，存贷结合，城乡交流的上虞乡村振兴之路。

朱鸿儒是陈春澜在家乡独资办学的积极参与者和得力助手。1908年小越横山初等小学堂开校之前，朱鸿儒和王佐一起，全程参与校舍建筑、设备购置、教师聘任的筹备和落实工作。尤其值得一提的是，他们二人为学堂起了一个响亮的名字——春晖。鉴于学堂是陈春澜独资创办，他们从陈春澜的名字里选了一个“春”字，以示学堂与其密不可分。同时，“春”为一年之始，万象更新。陈春澜创办学堂，造福一方，是做了一件从未有过的大好事。再由“春”字展延，他们从唐代诗人孟郊《游子吟》“谁言寸草心，报得三春晖”的诗句里选取“春晖”一词。“春晖”的本义是春天的阳光，给人以温暖、明亮、蒸蒸日上的感觉，其比喻意义是父母的恩惠。以此为校名含有告诫学子懂得感恩、饮水需思源之意。所以，这校名既通俗响亮，又寓意深远，实为不二之选。1919年，陈春澜为践“办至中学程度为止”之诺，出资二十万银圆，经亨颐起草的计划书敲定，私立春晖中学校董会成立，朱鸿儒成为校董，鼎力协助主任董事王佐操办建校事宜。春晖中学校得在1922年正式开学，朱鸿儒功不可没。

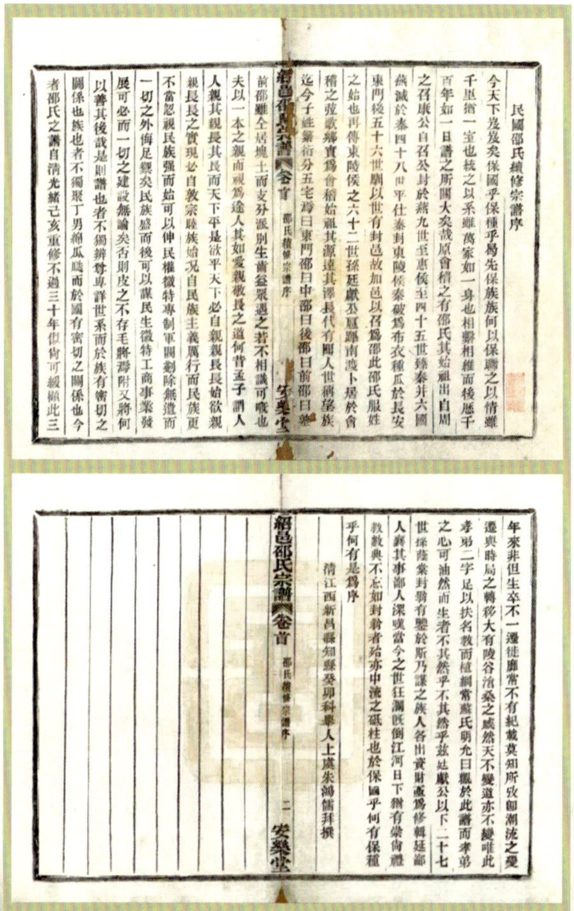

民國邵氏續修宗譜序

今天下岌岌矣保國乎保種乎曷先保族族何以保聯之以情雖千里猶一室也統之以系雖萬家如一身也相繫相維而後歷千百年如一日譜之所關大矣哉原會稽之有邵氏其始祖出自周之召康公自召公封於燕九世至惠侯至四十五世孫秦并六國燕滅於秦四十八世平仕秦封東陵侯秦破爲布衣種瓜於長安東門後五十六世驩以世有封邑故加邑以召爲邵此邵氏服姓之始也再傳東陵侯之六十二世孫廷獻公扈蹕南渡卜居於會稽之蕺山鄉實爲會稽始祖其源遠其澤長代有聞人世稱望族迄今子姓蕃衍分五宅爲曰東門邵曰中邵曰後邵曰前邵曰[illegible]前邵雖全居塊土而支分派別生齒益衆遇之若不相識可嘅也夫以一本之親而視爲途人其如愛親敬長之道何昔孟子謂人人親其親長其長而天下平是欲平天下必自親親長長始欲親親長長之實現必自敦宗睦族始況自民族主義厲行而民族更不當忽視民族強而始可以伸民權徵特專制軍閥剷除無遺而一切之外侮足禦矣民族盛而後可以謀民生徵特工商事業發展可必而一切之建設無論矣否則皮之不存毛將焉附又將何以善其後哉是則譜也者不獨辨尊卑詳世系而於族有密切之關係也族也者不獨聚丁男綿瓜瓞而於國有密切之關係也今者邵氏之譜自清光緒己亥重修不過三十年似尚可緩顧此三年來非但生卒不一遷徙靡常不有紀載莫知所致卽潮流之變遷與時局之轉移大有陵谷滄桑之感然天不變道亦不變唯此孝弟二字是以扶名教而植綱常蘇氏明允曰觀於此譜而孝弟之心可油然而生者不其然乎不其然乎茲廷獻公以下二十七世孫蔭棠封翁有鑒於斯乃謀之族人各出資財竄爲修輯延鄗人襄其事鄗人深嘆當今之世狂瀾既倒江河日下猶有崇尚禮教敦典不忘如封翁者殆亦中流之砥柱也於保國乎何有保種乎何有是爲序

清江西新昌縣知縣癸卯科舉人上虞朱鴻儒拜撰

紹邑邵氏宗譜 卷首 邵氏續修宗譜序 二 安樂堂

朱鸿儒序民国《绍邑邵氏续修宗谱》

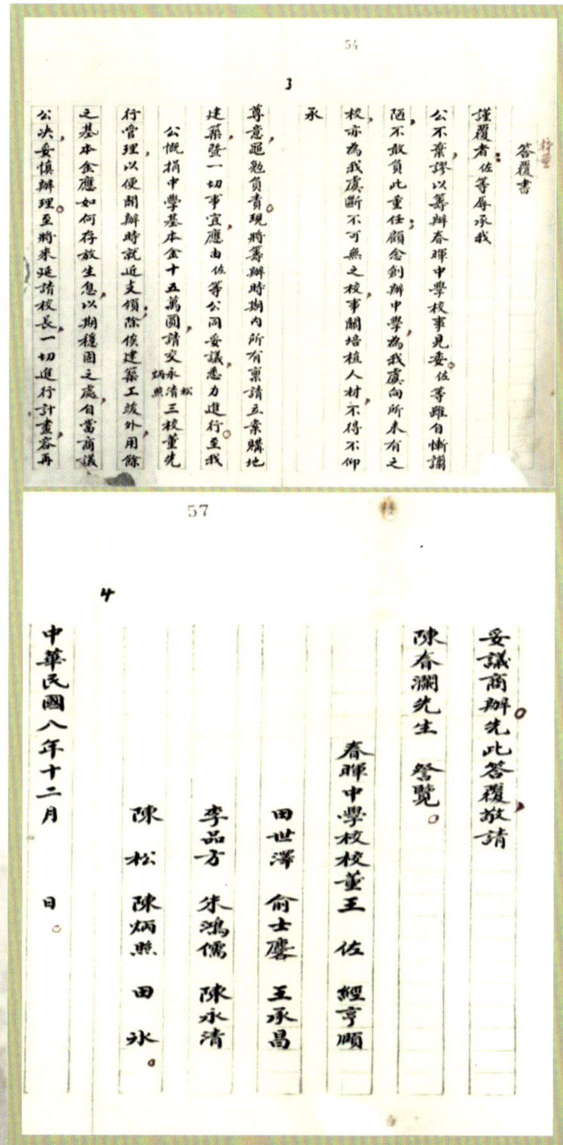

答覆書

謹覆者佐等辱承我
公不棄謬以籌辦春暉中學校事見委佐等雖自慚謭
陋不敢負此重任顧念創辦中學為我虞向所未有之
校亦為我虞斷不可無之校事關培植人材不得不仰
承
尊意黽勉負責現將籌辦時期內所有稟請立案購地
建築暨一切事宜應由佐等公同妥議悉力進行至我
公慨捐中學基本金十五萬圓請交永清松炳熙三校董先
行管理以便開辦時就近支領除俟建築工竣外用餘
之基本金應如何存放生息以期穩固之處自當商議
公決妥慎辦理至將來延請校長一切進行計畫容再
妥議商辦先此答覆敬請
陳春瀾先生 答覽

春暉中學校校董 王佐 經亨頤
田世澤 俞士馨 王承昌
李品方 朱鴻儒 陳永清
陳松 陳炳熙 田冰

中華民國八年十二月 日

1919年12月春晖校董答复书

田祈原

一八六七年—一九三七年

名冰，号彭年，浙江上虞小越田家村人。上虞钱业巨子，慈善家。13岁赴上海投奔陈春澜，被安排在晋和钱庄学业，一年后被提升到永丰钱庄当“跑街”，后出任“当首”（即总经理）之职。田祈原工作勤勉，处事小心，钱庄在他的经营下不断扩大。1921年10月，田祈原等创办中央信托公司，任筹备部主任，后任董事长。曾担任上海钱业公会会长、上海总商会代理会长、绍兴七邑旅沪同乡会会长等职。田祈原虽身在商海，但心怀“达则兼善天下”的社会责任感，先后创立“永丰乡紫荆小学”和“凤荫女子小学”，并创办了浙绍永锡堂、余上永济医院等慈善、医疗机构。

田祈原是春晖中学首届校董会成员，经管经济账目。他每年出资1000银圆资助在校贫困学子。

田祈原故居又称“继善堂”，据《田公祈原家史录》记载，故居是1922年在老宅基础上新建的，规模宏大，总面积约10000平方米。

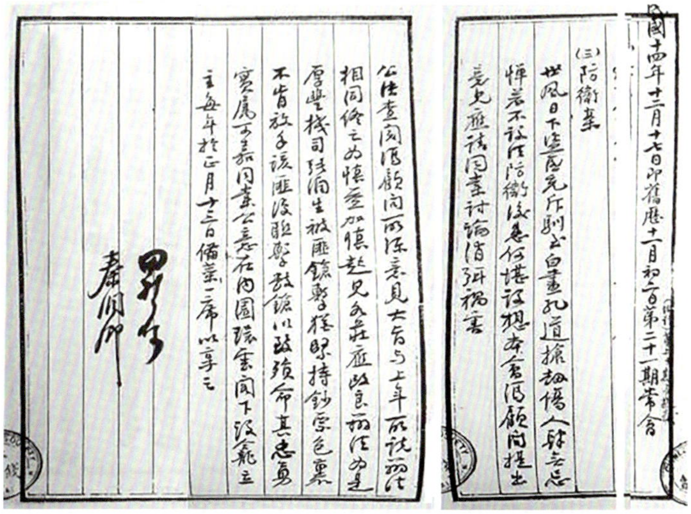

钱业公会《议事录》中“防卫案”和“公决”项影印件节选（1925年12月17日）。《议事录》中签名的田祈原时任钱业公会第五届总董，秦润卿时任第五届副董（1924年2月至1926年2月上海钱业公会采取董事会制）。

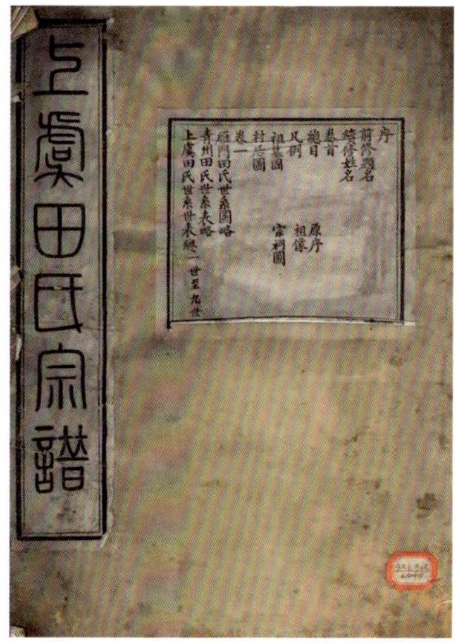

上虞田氏宗谱

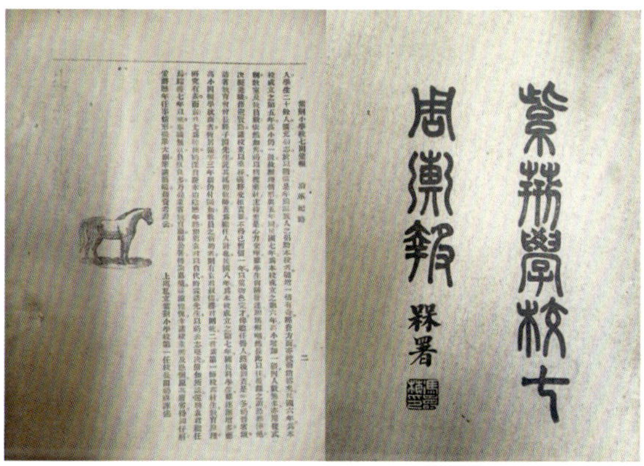

紫荆学校七周汇报

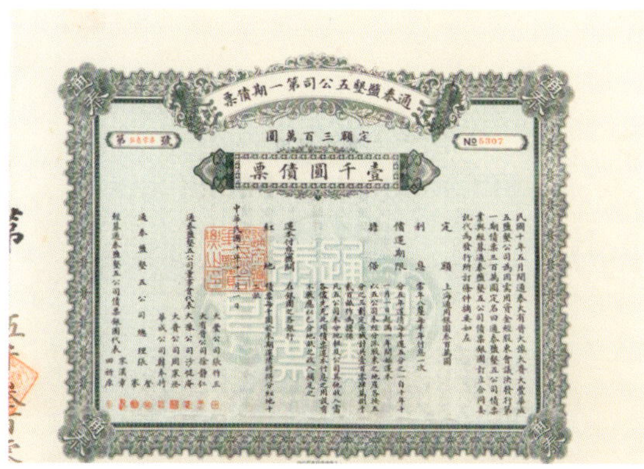

通泰盐垦五公司第一期债票，是1926年5月通泰有大晋、大豫、大赉、大丰、华成五盐公司因需资金，经股东会议决定发行的一种债票。公司总理为张謇、张詧，通泰盐垦五公司债票银团代表为宋汉章、田祈原。

春晖中学首届校董会成立于1919年12月2日，其成员有王佐（寄庼）、经亨颐（子渊）、田时霖（世泽）、俞士麐（怡园）、王承昌（伯治）、李品方（子和）、朱鸿儒（心栽）、陈永清（一斋）、陈松（伯斋）、陈炳照（吉甫）、田冰（祈原）十一人。

因岁月久远，史料难觅，故仅录入六位校董事迹。近来虽承陈氏家属提供了陈永清、陈松两位照片，然尚缺王承昌、李品方、陈炳照三位的肖像及上述五位校董的相关生平史料，故只能暂付阙如。

岁月如歌，时光荏苒，念校董诸公之高瞻远瞩，协力兴学，春风化雨，育才济世，谨为记，传其名，承其志，扬其精神，若日月之恒，辉映千秋。

小越鎮
大山
牛頭山
破囊泊
驛亭
白馬湖
鐵路
曹
馬鞍山
老鷹山
瓜藤山
馬慢山
馬慢桥
蒋家桥
獅子山
弔英山
大岙山
鄭岙
横塘庙
法雲庵
趙埠
西岙
石堰頭
西陡門
羊山村
小越湖

暢沐春暉

沈定庵書

●春暉中學開學新計畫（上虞）

上虞白馬湖春暉中學校。自今年暑假招生起。滬杭甬紹各地學子。紛紛遠涉應考。秋季開學後。公計學生八十餘人。職教員均係健全同志集合。教課已實行新學制。頃該校擬於十二月二日(該校成立紀念日)舉行正式開校式。除通常儀式及餘興音樂遊戲等外。另擬組織講演會敦請國內教育界名人講演現代新教育主張及各種新學制。並擬招待遠方來賓。另備膳宿。該地附近各縣。年成雖荒。想久饑之小學教育乘此可得一飽也。該校於新教育事業之熱忱。於此亦可窺見一班矣

校　歌

1=F $\frac{2}{4}$

孟郊　词
丰子恺　曲

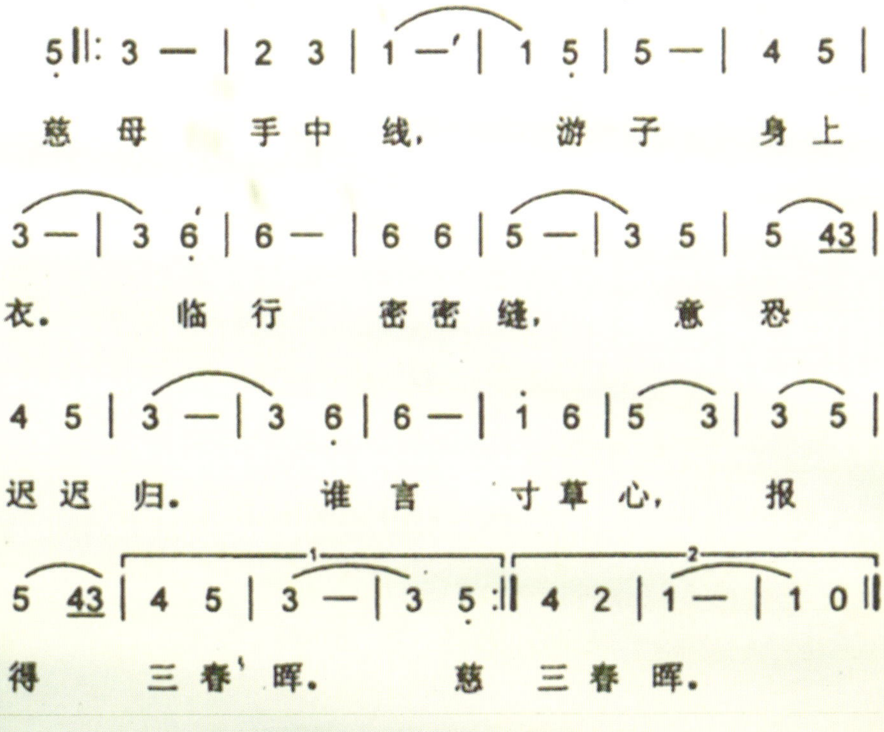

黄宾虹

一八六五年—一九五五年

原名懋质，后改名质，字朴存，号宾虹，别署予向，原籍安徽歙县，生于浙江金华。中国近现代国画家、书法家、篆刻家、诗人、艺术教育家。擅画山水，为山水画一代宗师。黄宾虹早年拥护辛亥革命，后在上海、北京、杭州等地的美术院校任教，并从事金石书画等美术珍品的搜集、编辑和出版工作。中华人民共和国成立后任中国美术家协会华东分会副主席。其山水画受李流芳、程邃、程正揆及髡残等影响，兼法宋、元，屡经变革，自成独特面目。中年画风苍浑清润。晚年尤精墨法，趋向黑、密、厚、重，创“五笔七墨”之说，有时在浓、焦墨中兼施重彩，并以“明一而现千万”的表现手法，写出浑厚华滋的山川神貌。也作花鸟草虫，奇崛有致。精金石、书法、篆刻之学，对画论画史尤有研究，识见精辟。著有《黄山画家源流考》《虹庐画谈》《古画微》《画学篇》《中国画学史大纲》《宾虹草堂藏印》《黄宾虹画语录》等，与邓实合编《美术丛书》。他是近现代以来文人画传统的接续者，是气象浑厚、知识渊博的学问型画家，深通中国艺术的内在精神，在理论上阐释和发掘文人画的内在世界，并在创作上予以实践，将有数千年历史的文人画推向了一个新境界。

1928年12月16日，由经亨颐、何香凝发起，“寒之友社”成立，黄宾虹为社员之一。1932年6月22日，受经亨颐之托，与海上画友假法租界康悌路（今建国东路）光裕坊8号“寒之友社”，征集古画寒花精品三十余件，次日展览一天。6月24日，受经亨颐邀请，与张大千、张善孖、俞寄凡、张聿光、郑曼青等游白马湖，入住长松山房，参与雅集，作画数帧。

“寒之友社”第二次展览会部分与会者合影，左起经亨颐、黄宾虹、张善孖，右一王一亭。

1932年6月白马湖“寒之友社”雅集，黄宾虹、张大千、经亨颐在长松山房合作《寒之友》。

1932年6月白马湖“寒之友社”雅集，黄宾虹在长松山房为夏丏尊作《白马湖图》。

1929年6月黄宾虹、经亨颐合作《竹石图》

黄宾虹为经亨颐作《长松山房图》

袁希涛

一八六六年—一九三〇年

又名鹤龄，字观澜，江苏宝山（今上海市宝山区）人。教育家。年少时就读于上海龙门书院，攻读宋明理学。清光绪二十三年（1897）举人。庚子事变后在乡创办蒙学堂及县学堂。1904年与沈恩孚等赴日考察师范、小学教育，首次提倡组织中国教育公会。先后筹设复旦公学、太仓州中学。1906年任龙门师范学校校长。1907年任江苏学务公所议绅、宝山劝学所学董。1909年被直隶提学使傅增湘聘为学署总务科长。1911年辛亥革命后任江苏都督府民政司总务科科长。旋入京任教育部普通司司长，1917年以次长代理部务，1919年代理教育总长。第一次世界大战结束后组织教育参观团赴欧美，回国撰写数十万言。1920年与王正廷、蔡元培等联名向教育部提出建设南京大学（国立中央大学前身）事项，获准。1923年被推选为江苏省教育会会长，发起义务教育期成会，每年举行全国省教育会联合会一次。1924年与钱新之、黄炎培等组织甲子社。江浙战争起，出任兵灾各县善后联合会主任，电请查抄齐燮元之私产以济难民，又奔走劝募赈恤，义名远播。国民政府成立后退居宝山，1930年病逝。著有《义务教育》《新学制草案与各国学制之比较》《义务教育之商榷》等。

袁希涛曾于1922年12月4日在春晖中学演讲，题为“教育普及之基本”。

袁希涛著《义务教育》

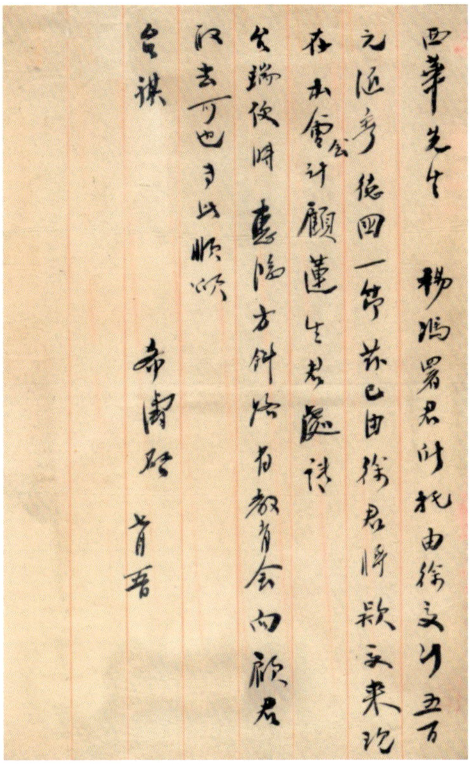

袁希涛致西华信札

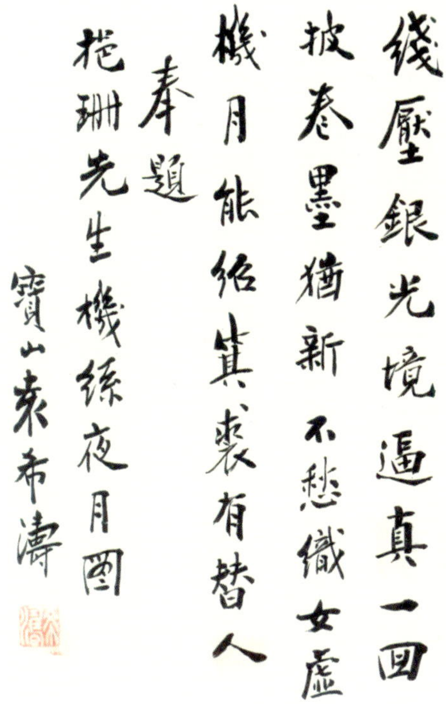

綫壓銀光境逼真一回
披卷墨猶新不愁織女虛
機月能絡箕裘有替人
奉題
棬珊先生機絲夜月圖
寶山袁希濤

袁希涛诗跋

1928年，袁希涛（左三）与同为中华职业教育社发起人之一的蒋维乔（左二）等合影。

赵漱芗

一八六六年—一九三二年

名翰，又字守香，浙江上虞驿亭赵岙人。银行家、慈善家。光绪元年（1875）赴上海习钱业，1916年，被陈春澜聘为宝丰钱庄经理。曾任厚生纱厂董事、绍兴七县旅沪同乡会教育科董事、上海钱业同业公会保管库执委等职，并为中央信托公司发起人之一。曾任世界红卍字会上海分会会长、上海道院首席责任统掌、上海联义善会经济董事、浙绍永锡堂董事等。为中国道德会、余上永济医院、嘉湖掩埋局发起人之一。1919年起，上虞连年受灾，先生偕子侄两度举办平粜，得上虞县知事桂铸西颁"惠分枌榆"匾额。20世纪早期，在赵岙创办富峰学堂，嘉惠桑梓。

春晖中学在白马湖畔筹建之初，校园用地不敷所需，赵漱芗帮助购得赵岙村民田产50余亩。1926年5月，春晖中学聘赵漱芗为校董。1930年6月，春晖中学发生范寿康校长绑架案，在乡校董一度议决学校以"保护乏人，自卫无能"停办。先生闻讯，一面致函慰问学校教职员工，恳请照常上课，一面召集旅沪校董，筹办自卫团以资防卫。随后返虞，与在乡校董反复磋商，最终撤销停办之议，使春晖中学得以在白马湖畔弦歌不辍。

白马湖赵岙旧影

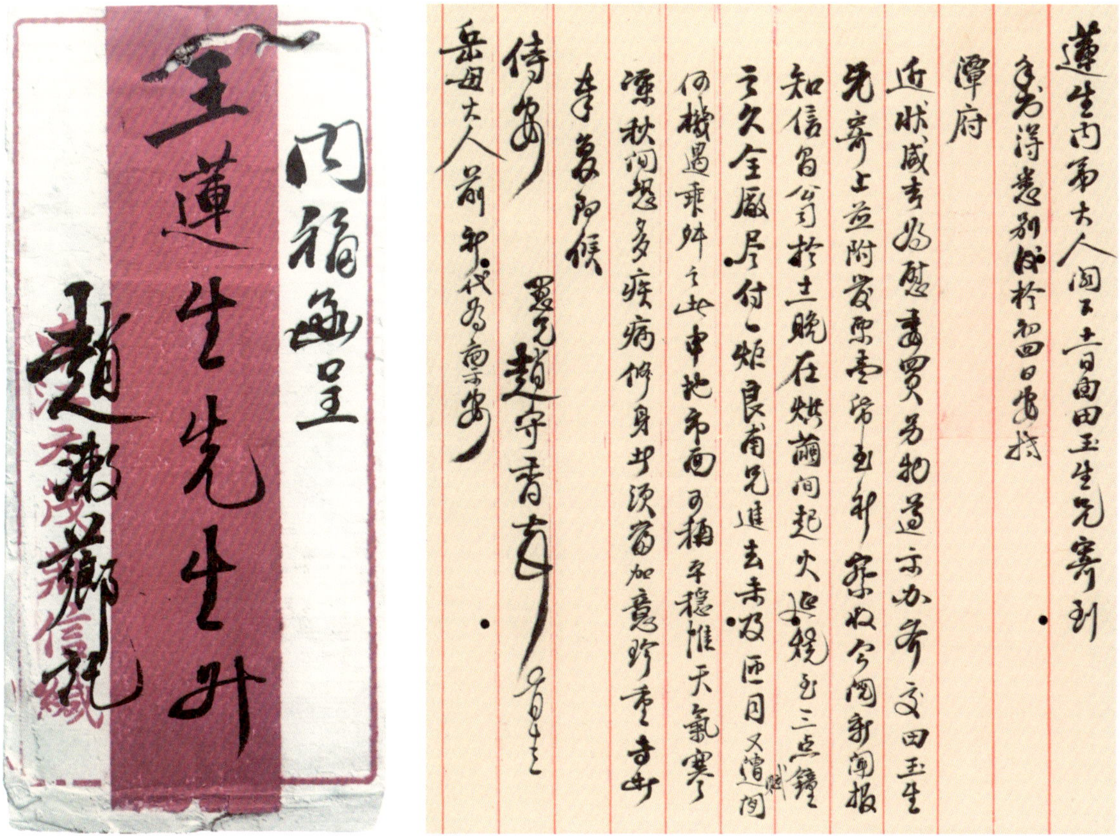

赵漱芗致内弟王莲生信札

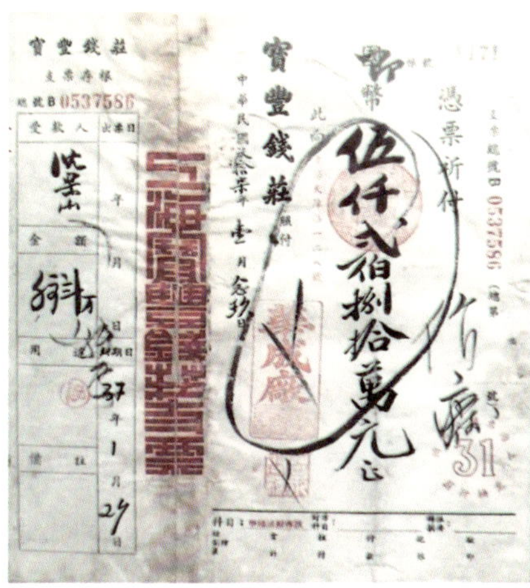

上海宝丰钱庄支票

蔡元培

一八六八年—一九四〇年

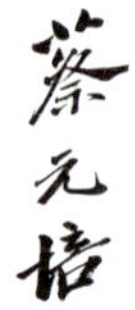

字鹤卿，又字孑民，浙江绍兴人。中国近代著名民主革命家、教育家、政治家。与王佐皆同为清光绪十五年（1889）举人，既是同乡又是好友。25岁中进士，授职翰林院编修，不久返回绍兴任绍兴中西学堂监督，提倡新学。1901年9月，被聘为南洋公学经济特班总教习。1902年，同蒋智由等在上海创办中国教育会并任会长。1904年，在上海组织建立光复会。1905年入同盟会，积极参加孙中山领导的民主革命。1912年就任南京临时政府教育总长，1916年任北京大学校长，支持新文化运动，提倡学术研究，主张“思想自由，兼容并包”。1927年起，任南京国民政府大学院院长、司法部长和监察院长等职。1932年，与宋庆龄、鲁迅等发起中国民权保障同盟，积极开展抗日爱国运动，后又与上海文化界知名人士联合组织成立了上海文化界救亡协会。1940年3月5日，在香港病逝。毛泽东赞他为“学界泰斗，人世楷模”。

蔡元培与经亨颐是同乡好友，1923年5月31日应经校长之邀考察春晖中学。当日，蔡先生游览春社及湖上风景，盛赞春澜公义举，题写“春社”“平屋”等，晚餐后入校在大礼堂为师生讲演。讲演以“羡慕春晖的学生”为主题。他说：“我所羡慕诸君的有三：一是羡慕诸君有中学校可入；二是羡慕诸君所入的中学校是个私人创立的学校；三是羡慕诸君所入的学校有这样的好环境。”讲演稿刊载于《春晖》半月刊第十三期（1923年6月1日出版）及《民国日报·觉悟》副刊（1923年6月8日出版）。

1920年，时任北京大学校长的蔡元培（左二）与蒋梦麟、胡适、李大钊合影。

覺悟

民國日報 第四張

社址上海英租界山東路一百六十三號

中華民國

講演

蔡孑民先生在春暉中學的演說

王牧中 孫立源筆記

兄弟在北京時，經校長時常和我談起春暉中學底情形，囑早想來看看。此次回到故鄉，又承五中沈校長邀同來此，今日得和諸位相會，非常歡喜。到了這裏，覺得一切都好，所可說的，只有希望諸君的話。

我所要希望諸君的有三：一是希望諸君有中學校可入；二是希望諸君所入的中學校是個私人創立的學校；三是希望諸君所入的學校有這樣的好環境。

中學校時代，是人生中最重要的一段。一面身體上精神上知識上底基礎，都在這時代中築

譬如我們研究哲學，或是其餘學科，但因沒有數學、生物學、化學等的知識，就無從着手。要想一一重新學習呢，年齡已大，來不及了。這是我所常常自恨的。

中學一面繼續是小學，一面又接着高等教育。

諸君在小學時，大概都還不過是因了興味同學習種種事情，對於各科，所得的不過是大約的概括的觀念，並未會得着過分析的知識的。中學的功課，比之小學，便為分析的，將來到了高門大學，都分析得更精細。諸君已入中學，便在小學已更進一步，小學雖只不過因了興味來學習種種，在中學校，卻不能只憑興味，比之在小學時，要用點苦功下去，要精密的研究了。

至於畢業後，或就去任社會事務，或決升入高門，各有各的一條路，分析點又細密，用力自然

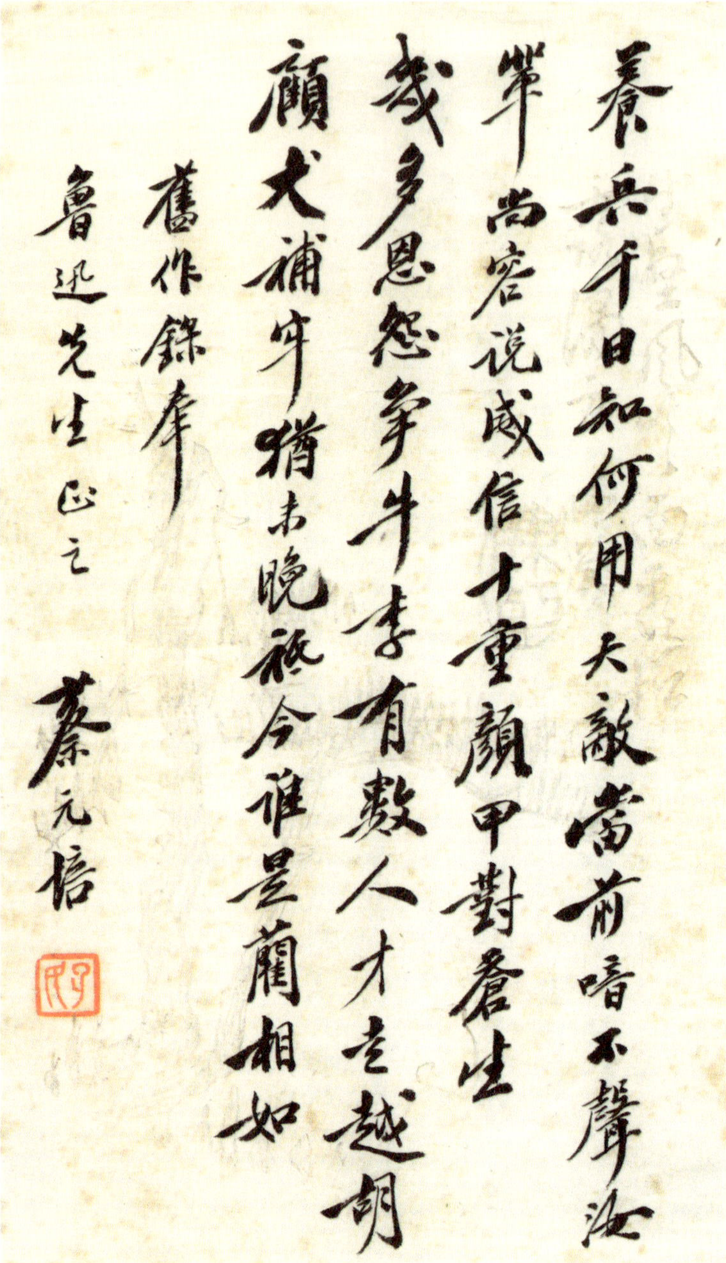

養兵千日知何用大敵當前喑不聲汝
輩尚容說威信十重顏甲對蒼生
幾多恩怨爭牛李有數人才走越胡
顧犬補牢猶未晚祇今誰是藺相如
舊作錄奉
魯迅先生正之
蔡元培

蔡元培致鲁迅诗札

养兵千日知何用，大敌当前暗不声。
汝辈尚容说威信，十重颜甲对苍生。
几多恩怨争牛李，有数人才走越胡。
顾犬补牢犹未晚，只今谁是蔺相如。
旧作录奉鲁迅先生正之。蔡元培。

蔡元培、鲁迅陪同来华访问的萧伯纳

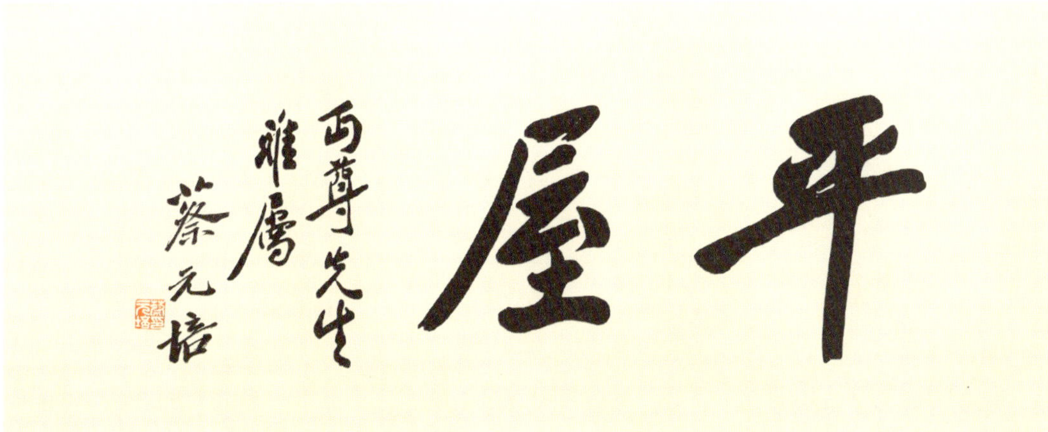

蔡元培为夏丏尊题“平屋”

平屋前的白马湖

研究生物、標本隨時隨處可得、要研究地質、隨處都是材料、天上的星辰、空中的飛鳥、無一不足供給諸君實際上的知識。此地底環境、可以使諸君於品性上身體上知識上得着無限的利益、我很羨慕！

又、人生在世、所要的不但是知識、還要求情的滿足。知識底能力、足以征服自然、現在的電燈、較古時的油燈進步、現在的飛機輪船火車、較古時的舟車進步。古人雖有很好的心思、但因為被偏見所迷、以為異國人或異種人是可以殺的、或是可以食的、遂有種種殘忍不道的危險、現在知識進步、已逐漸把這種偏見除去了許多了。知識上的進步、可以使人得着安全的生活、現在一切穿的、吃的、用的、都好於從前、一切都比從前危險少而利益多。某事怎麼去做才便利、怎麼去想法子才安全、這都是從知識上計較打算來的。知識底進步、正無限量、將來還不知道有怎樣安全快樂便利的生活可得哩！可是人類於知識以外、還有情底要求、世間儘有許多人們、物質的生活雖已安全舒服、心裏還覺得有許多不滿意的。一個人雖不能全沒有計較打算、但有的卻情願做和計較打算無關係的事、不如此、就覺得不快、這就是愛美的情、人有愛美的情、原是自然而然的。野蠻人拾了海邊的貝殼、編串為各種的式樣、掛在身上、或於食了動物以後、更在其骨上雕刻種種花樣、藉以為樂。鄉間農人每逢新年、喜歡買幾張花紙、貼在壁上、有的或將香煙裏的小畫片、粘貼起來。這種我們看去、或以為不好看、但在他們、卻以為是很美的。又如有人聽唱戲、學了歌、便歡喜仰天唱唱或是弄弄甚麼樂器、這都是人類愛美的心情底流露、也可以說是人與動物不同的地方。其實、動物中有許多已有愛美的表現、如鳥類已有美音和美羽。美的東西、雖似不可以為食、裏不可以為衣、可是卻省不來。人若終日在計較打算之中、那便無味、求美也和求知識一樣、同是要事。古來倫理學者中有許多人將人生底目的、完全擺在快樂二字上面、以為人生底目的、無非在快樂、這雖一偏之見、但快樂很是要事、物質的快樂、有時還不能使人滿意、最要的就是

情的滿足。人如果只為生存、只計較打算利益、其實世間沒有不可做的事、可是在有一種人、自己所不願的事、無論怎樣有利於己、總不肯做。自己所願做的事、無論如何於物質的生活上有害、還是要做、甚至於犧牲生命、也所不惜。這就是所謂高尚。高尚也是一種的美、我們人類不願做醜事、願做美事、就是天性愛美的緣故。若只為生存、還有甚麼事不可做呢？人不能絕對地不顧自己、但也不能絕對地只求利己、有時還要離了淺薄的自利主義為別人犧牲自己底一部分或是全體、才能自己滿足。譬如陳春瀾先生出資辦學、就是犧牲行為之一、他並不知後來在校求學的是哪一個、於自己有何利益、卻肯出資辦學、這就是高尚的美行、我們應該學他的。那麼我們怎樣才會能犧牲自己呢？我們做人、最要的是於一日之中、有一種時候不把計較打算放在心裏、久而久之、自然有時會發出美的行為來、不覺而能犧牲了。用了計較打算的態度去看一切、一切都無美可得、譬如田間的麥、有人以為粉可充飢、稈可編物燃火、有人離了這種見解、只玩賞他底叫做「麥浪」的一種隨風的波動。又如有人見了山上的植物、以為果可作食品、根可作甚麼藥的、有人卻只愛有他花底色樣或枝葉底風趣。又如有人在白馬湖居住了、釣魚來吃、斫柴來燒、有人卻從遠遠的城市化了許多錢跑來看看風景、除此外別無所求。這二者看法不同、前者是計較打算的、後者是美的。人能日常忘去計較打算、才會漸漸地美起來。

美有自然美人造美二種、山水風景屬於自然美、繪畫音樂等屬於人造美。人造美隨處可作、不限地方、如繪畫音樂在城市也可賞鑑的。至於自然美、卻限於一定的地方才可領略。人煙稠密的城市中、難得有自然美、所以住在城市的人、家裏都喜歡掛山水畫、他們四面找不出好風景、所以只好在畫中看看罷了。諸君現在處在這樣的好風景之中、真是難得的好機會、我很羨慕。諸位將來出去到社會上任務的時候、我想必定要回想到白馬湖的風景、因為那時必無這樣的好山好水給諸君領略了。在這幾年中、務要好好地領略、才不辜負了這樣的好地方。

以上是我對於諸君所羨慕的三樁事。如前所說、中學時代是終身中關係最重的一段、諸君既入了中學、身體知識、都要趁現在注意留心、這校底歷史、足以使諸君發生良好的感想、宜格外自勵、不可錯過機會、此地有這樣的好風景、是別處所不易得的、趁現在也要請諸君好好地領略。最要緊的就是現在了。

半月以來的本校

記者愉如

▲白馬湖夏期教育講習會底籌備　本校乘着暑假餘閒、並承各界底要求、特地約同鄞縣、紹縣、餘姚蕭山和上虞五縣底教育會發起白馬湖暑期教育講習會。現在已承以上各縣教育會先後來函（餘姚教育會加入與否尚未確定）、樂於贊同。從本月一日起、即由本校籌備、決於八月一日（即陰歷六月十九日）可以開講。茲將該會底辦法先行露布於左：

白馬湖夏期教育講習會底辦法

一．發起機關　鄞縣、紹縣、餘姚、蕭山和上虞五縣教育會暨春暉中學校六團體。

二．地點　甬紹綫驛亭站白馬湖春暉中學校

三．期間　定兩星期、八月一日（陰歷六月十九日）開講。

四．科目及講員現正在接洽中。

五．聽講員名額　定百二十名、每縣約三十名、但得彼此商量通融。除上五縣外、其他附近縣如願來聽講者以三十名為限。

六．聽講者資格

(一)現任小學教員、

(二)師範畢業生、

(三)熱心研究教育者。

以上三項人員、均不拘男女。

七．聽講員待遇　學雜費不收、膳費每人二元

1923年6月1日《春晖》半月刊第十三期蔡元培演讲稿

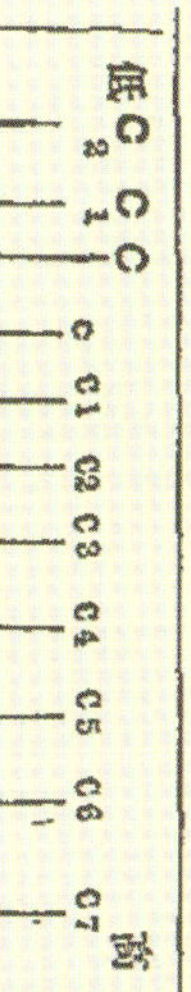

器樂底音域最廣的是 Piano。右方極端最高音底振動數爲七千、左方極端最低音底振動數爲三十、中央爲五百。但普通用的音、不到極端。大約如第一圖乙。圖中甲爲Piano 最高音和最低音底距離。乙爲通常所用的音域。也就是普通管絃音(Orchestra)底音域。

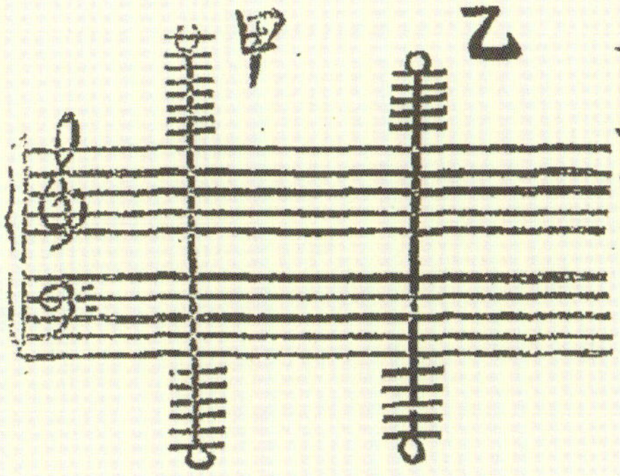

第一圖

（未完）

蔡子民先生在本校的演說

王執中 孫立源筆記

兄弟在北京時、經校長時常和我談起春暉中學底情形、原早想來看看。此次回到故鄉、又承五中沈校長邀同來此、今日得和諸位相會、非常歡喜。到了這裏、覺得一切都好、所可說的、只有羨慕諸君的話。我所羨慕諸君的有三：一是羨慕諸君有中學校可入、二是羨慕諸君所入的中學校是個私人創立的學校、三是羨慕諸君所入的學校有這樣的好環境。

中學校時代、是人生中最重要的一段。一切身體上精神上知識上底基礎、都在這時代中養成。就身體上說 我們在這時候、正在發育時期、要想將來有健全的身體去担當社會事業、就非在這時候受正當的體育不可。就知識上說、凡是學問都不是獨立的、譬如我想研究化學、就非知道數學、生物學、物理學等不可。若不在這時修得普通知識、受得普通教育、將來就不能研求正當的學問。這時期無論在何種方面看來、都是重要關頭、如果不讓他好好地正當地經過、就要終身受虧。回想我從前和諸君一樣年紀的時候、要求入中學而不可得、因爲那時還沒有這樣的一種機關。雖然讀書、也無非延師教讀、在家念點經書、作點當時通行的八股文而已。到了現在、身體不好、不能担當什麼大事、雖想研究一種學問、可是根底沒有、很覺得困難。譬如我想研究哲學、或是甚麼學科、但因沒有數學、生物學、化學等的知識、就無從着手。要想一一重新學習呢、年齡已大、來不及了。這是我所常常自恨的。

中學一面繼續着小學、一面又接着高等教育。諸君在小學時、大概都還不過是因了興味而學習種種事情，對於各科、所得的不過是大約的總括的頭緒、並未曾得着過分析的知識的。中學的功課、比之小學、較爲分析的、將來到了專門大學、那分析將更精細。諸君已入中學、較在小學已更進一境、小學雖只不過因了興味來學習種種、在中學校、却不能只憑興味、比之在小學時、要用點苦功下去、要格外精細的研究了。至於畢業後、或就去作社會事務、或去升入專門、各有各的一條路、分析將又細密、用力自然將又加多。但只要在這時候打好了根底、那時也就沒有甚麼困難了。最重要的就是現在。關於各科、要好好地用功、身體要好好地當心、不要把他錯過。這時代留意一分、終身就享受一分的利益、自己弃壞一分、終身就難免一分的吃虧。我回想到自己當時不得受中等教育、至今吃了不少的虧、所以對於今日在座的諸君、覺得很是羨慕。諸君生當現在、有中學可入、真是幸福。

現在中學已多、有官立的、有私立的。諸君所入的中學、乃是一個個人創立的學校、是爲難得。這春暉中學、是故陳春瀾先生獨力出貲創設的。他何以要出了許多私財來創立這個春暉中學呢？他雖有錢、如果不拿出來辦這個學校、試問誰能強迫他、說他不是？可知他底出錢辦學、完全出于自己底本心。他因爲有感於自己幼時、未曾得到求學的機會、有了錢就出錢辦學、使大家可以來此求學、這一層已很足使我們感動了。我們要怎樣地用功、才不至辜負他這片苦心？春瀾先生出錢辦學時、想來總希望得着許多善良的學生、決不願有壞學生的、我們要怎樣地努力作好學生、才不至違反他底希望？我們人類在生物中、無角無爪、很是柔弱、而能發達生存者、全在彼此互助、只靠一人、是斷不能生存的。自己要人家幫助、同時也須幫助人家。譬如有能作工的、就應去幫助人家作工、有能醫病的、就應去幫助人家醫病、這樣大家彼此互助、世界上的事情、才弄得好。春瀾先生出了這許多錢來辦這個學校、於他自己是絲毫沒有利益的、雖用了春暉二字作校名、他老先生死了、還自己曉得甚麼。他底出錢辦學、無非爲要幫助我們求學、他這樣幫助了我們、我們將怎樣地學他、去幫助別人呢？這校底歷史、種種都可鼓舞我們、勉勵我們、諸君得在此求學、比在別校更容易引起好的感想、更多自振的機會、這也是可羨慕的一件事。

春瀾先生出錢辦學、不辦在都會而辦在這風景很好的清靜的白馬湖、這尤足令人快意。凡人行事、雖由於自己、但環境也足支配人底行爲。人受環境底影響、實是很大。孟母三遷、就是爲此。譬如我們如果置身於爭權奪利的人羣中、不久看慣了也就會爭權奪利起來、不以爲恥了。此地白馬湖四圍沒有壞的事情來誘惑我們、於修養最宜。風景底好、又是城市中人所難得目睹的、空氣清爽、不比都會底塵囂蒸。這裏所有的東西、在都市都是難得辦到的、或不能辦到的。在都市的學校、要覓一運動場不可得、而此地却有很寬大的運動場、并且要擴充也容易。都市中人要化了許多旅費光陰才能領略的山水、而諸君却可朝夕吟詠、徜游任意。諸君要

洪允祥

一八七四年—一九三三年

原名兆麟，字樵舲，号佛矢，浙江慈溪人。教育家、文学家。1896年进入宁波储才学堂。1899年进入上海南洋公学经济特班。1902年毕业后与陈训正、钱保杭在上海组织通社，开设科学仪器馆，传播西方科学文化。1903年与钟观光、虞和钦等在上海创办《宁波白话报》。同年赴日留学，入东京法政大学速成科。1906年回国，后加入中国同盟会，在温州、绍兴等地任教。1910年应汤寿潜、陈训正之邀，主持上海《天铎报》时论，戴季陶、陈布雷为其副手。1915年执教于浙江省立第四中学、第四师范学校。1924年应蔡元培之聘任北京大学教授，讲授《中国通史》《中国法制史》等。1926年任私立大夏大学教授，讲授《国学概论》《文字学》。逾年仍返浙江省立第四中学，不复远游。著有《悲华经舍书牍》《醉余随笔》《樵舲诗话》等。与冯君木、陈训正、应启墀并称"慈溪四才子"。

洪允祥曾于1923年11月25日来白马湖游玩，当晚在春晖中学大礼堂做"五夜讲话"，内容为文、史两类。宿刘叔琴家中。

洪允祥著《悲华经舍书牍》

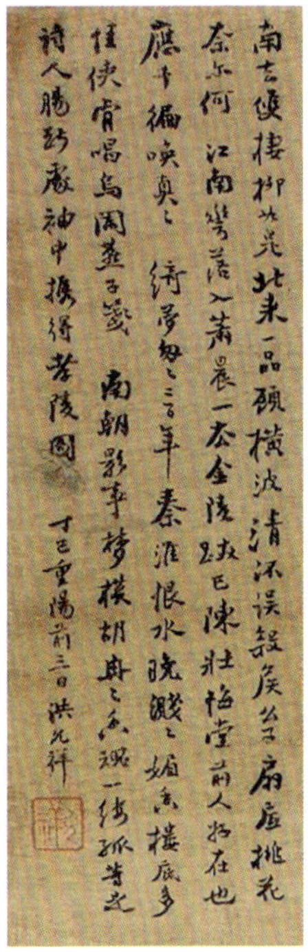

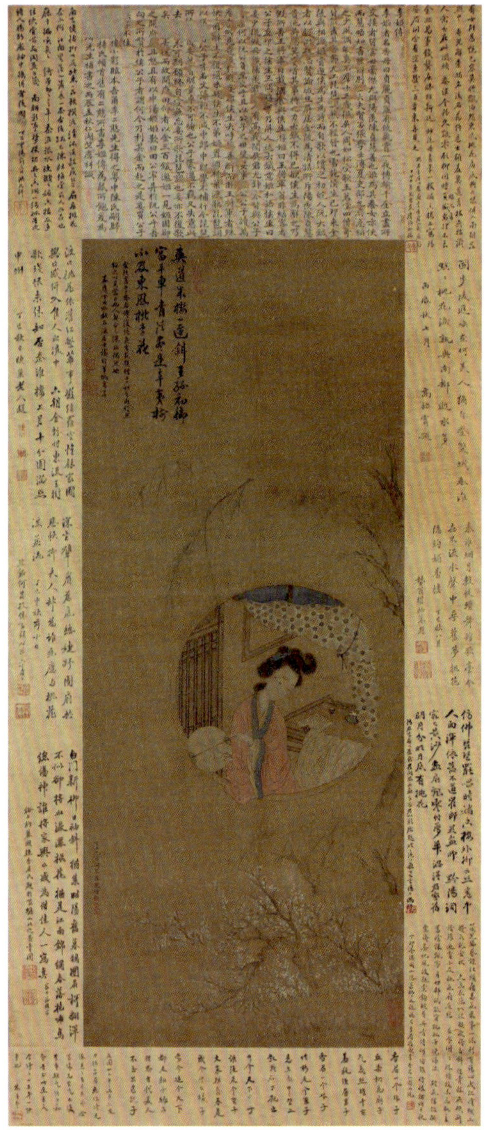

洪允祥题跋崔鹤《媚香楼小影》

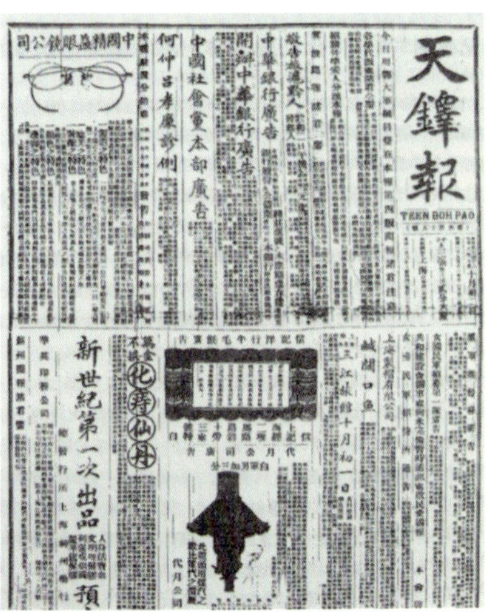

天鐸報

TIEN DOH PAO

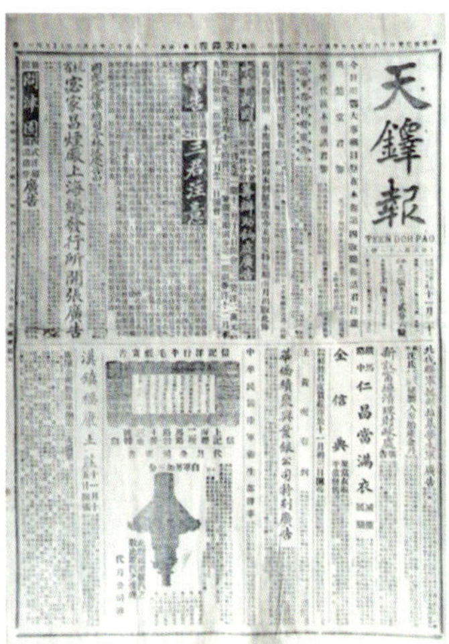

天鐸報

TIEN DOH PAO

洪允祥曾主持的《天铎报》

白眉初

一八七六年—一九三九年

名月恒，河北卢龙人。地理学家、史学家。早年中秀才，1905年考入北洋师范学堂历史地理科，与李大钊相识。1909年与张相文、张伯苓等发起成立中国地学会。1913年任天津直隶女子师范学校国文、地理教员，同时兼任北京女子师范学校地理课程。1917年被聘为国立北京高等师范学校史地系主任兼地理教授。1927年与同乡联名呈请释放被奉系军阀扣押的李大钊，李被害后，又为其遗族募款。同年，历时十载、逾四百万言的《中华民国省区全志》出齐，开创了中国近代人文地理研究的先河。1929年专任国立北平大学女子师范学院教授。1930年加入北平研究院史学研究会。“九一八”事变后，撰写《边疆失地史略》一文，以激发民众的爱国义愤。1936年赴西南川康地区考察，归途中遇卢沟桥事变，旋辗转重庆任国立编译馆编辑。1939年因积劳成疾病逝。主要著作有《近代二十四藩建撤考略》《外蒙始末纪要》《西藏始末纪要》《最新物质建设精解》《中华建设新图》等。在其绘制的《海疆南展后之中国全图》中，历史性地使用了一条完整、连续、封闭的红色线条将南海诸岛包括到中国版图内，这是中国地图上最早出现的南海疆域线，即“九段线”的雏形。

白眉初曾于1923年4月20日率领国立北京高等师范学校修学旅行团参观春晖中学，当晚在欢迎会上做演讲，内容为中日“二十一条”的真相。

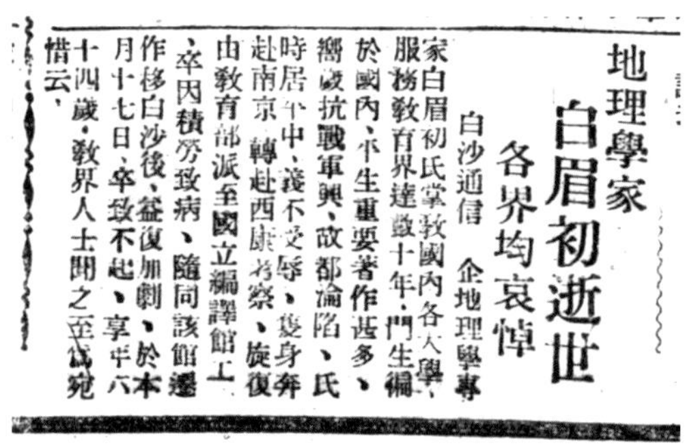

地理學家 白眉初逝世 各界均哀悼

白沙通信　企地理學專家白眉初氏、掌教國內各大學、服務教育界達數十年、門生徧於國內、平生重要著作甚多、嚮歲抗戰軍興、故都淪陷、氏時居平中、義不受辱、隻身奔赴南京、轉赴西康考察、旋復由教育部派至國立編譯館工作、卒因積勞致病、隨同該館遷移白沙後、益復加劇、於本月十七日、卒致不起、享年六十四歲、教界人士聞之、至為惋惜云、

《时事新报》1939年8月21日第3版报道《地理学家白眉初逝世》

地理哲學
白眉初先生著
全書十二章，十餘萬言，文筆流利，興味醇醇，凡研究史地學者，不可不備斯書。
全一冊 定價一元二角

物質建設精解
白眉初先生著

中華民國二十 年 月再版
●最新中華建設新圖●
著作者 盧龍白眉初
總批發處 建設圖書館
版權所有翻印必究
分銷處
東方書社
北洋書社
文明書局
上海生活書店
上海開明書店
濟南開明書店
廣東生活書店
天津直隸書局
各埠大書局均有代售

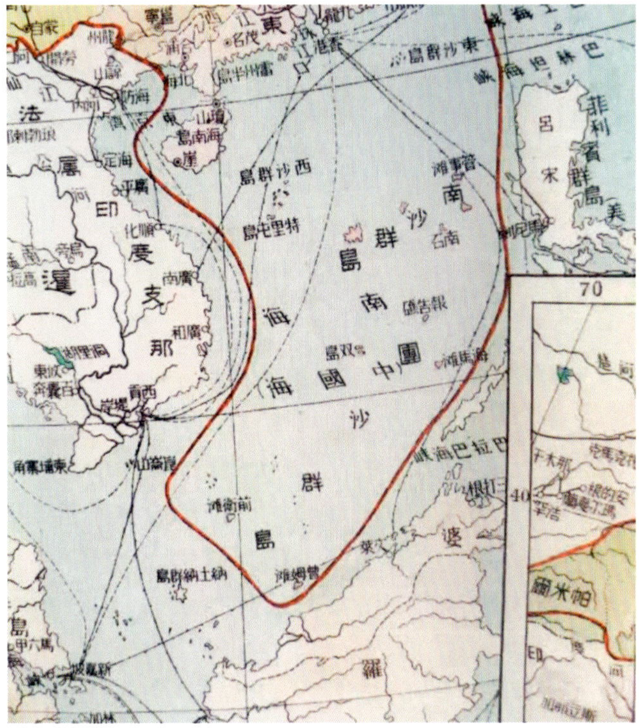

1936年白眉初著《中华建设新图》，图中在南海疆域内标有东沙群岛、西沙群岛、南沙群岛（今中沙群岛）和团沙群岛（今南沙群岛），其周围用国界线标明，以示南海诸岛同属中国版图。这就是中国地图上最早出现的南海疆域线，是今日中国南海地图上“九段线”的雏形。

1933年4月23日，在公祭李大钊的大会上，白眉初写了一副“杀身成仁，舍生取义；大道之行，天下为公”的挽联。

穆藕初

一八七六年—一九四三年

名湘玥，号恕园，祖籍江苏苏州，生于川沙（今上海市浦东新区）。幼读私塾，14岁入棉花行当学徒，1897年开始自学英文，1900年考入上海江海关担任办事员。1904年，与马相伯等人组织“上海沪学会”，声援上海各界的反美爱国斗争。1907年，任江苏铁路公司警务长。1909年夏，为实业救国“赴美学农”，1914年，获农学硕士，学成归国。1915年，与胞兄穆湘瑶共建德大纱厂。1917年，参与发起成立中华职业教育社，任中华职业学校校董会主席。1918年，当选上海总商会会董。1920年，发起组织上海华商纱布交易所，被推为理事长。同年又被聘为北京政府农商部名誉实业顾问。1921—1925年，担任公共租界工部局顾问。1922年秋，出席在美国檀香山召开的“太平洋商务会议”。1927年，当选上海总商会临时委员会执行委员。1928年以后，出任国民政府工商部常务次长和实业部中央农业实验所筹备主任。抗日战争爆发后，积极参与抗日救亡运动，捐款支援前线的同时积极推进后方生产。1943年9月16日在重庆病故。穆藕初是中国第一位提出改革企业管理体制思想的实业家，也是把西方科学管理思想理论与中国工业的具体实践相结合的开拓者，是中国近代企业管理体制改革的先驱，被毛泽东称赞为“新兴商人派代表”。

穆藕初与弘一法师（李叔同）前后交往20余年。1927年8月，弘一法师编写的《四分律比丘戒相表记》由穆藕初出资印成。1928年11月在白马湖边为弘一法师建“晚晴山房”，穆藕初与刘质平、经亨颐、周承德、夏丏尊、朱酥典、丰子恺共同发起《为弘一法师筑居募捐款启》，穆藕初出资最多。弘一法师在50岁生日时，与丰子恺合作编绘《护生画集》，丰子恺画图，弘一法师配诗并书写，穆藕初资助出版。

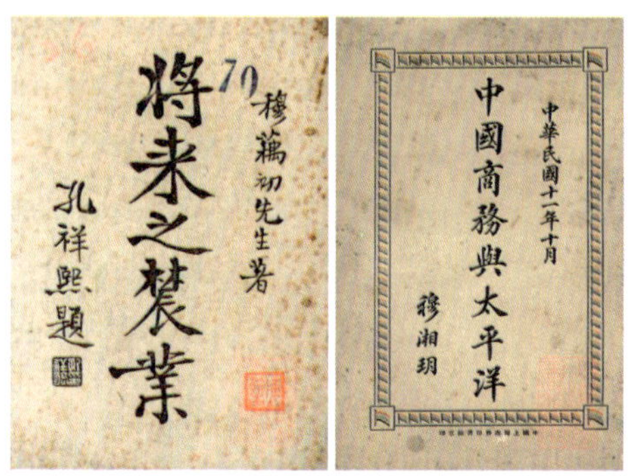

穆藕初部分著作

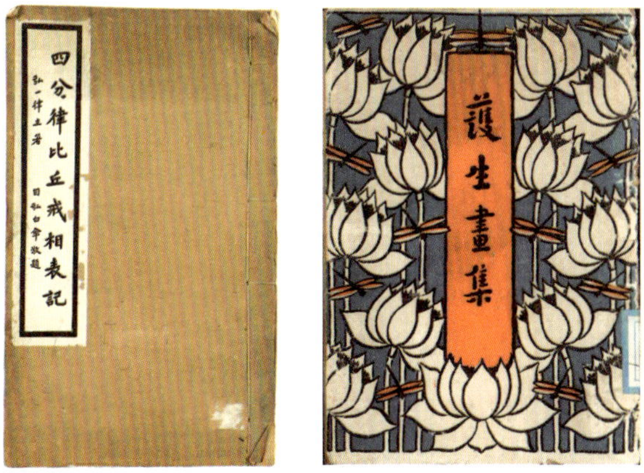

穆藕初出资助印的《四分律比丘戒相表记》《护生画集》

1922年10月20日太平洋商务会议，中国代表团与夏威夷总督法灵顿合影（左一为穆藕初）。

1922年10月26日，穆藕初（前排左七）出席太平洋商务会议开幕式时与各国代表合影。

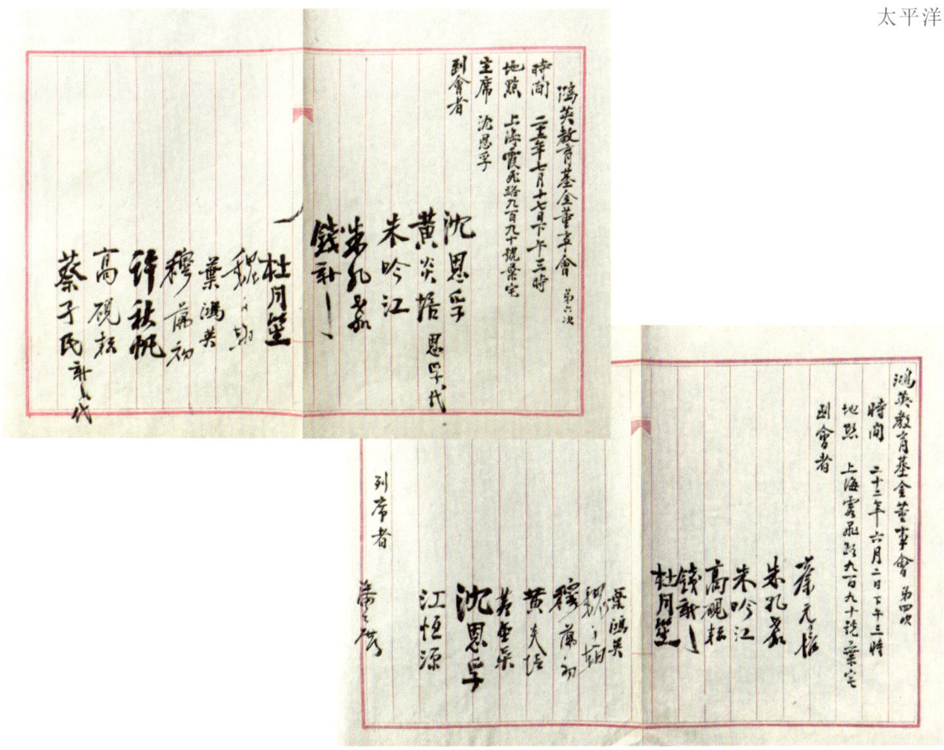

1933年鸿英教育基金董事会第四、六次会议到会者，穆藕初、叶鸿英、蔡元培、杜月笙、黄炎培、沈恩孚等人签到。

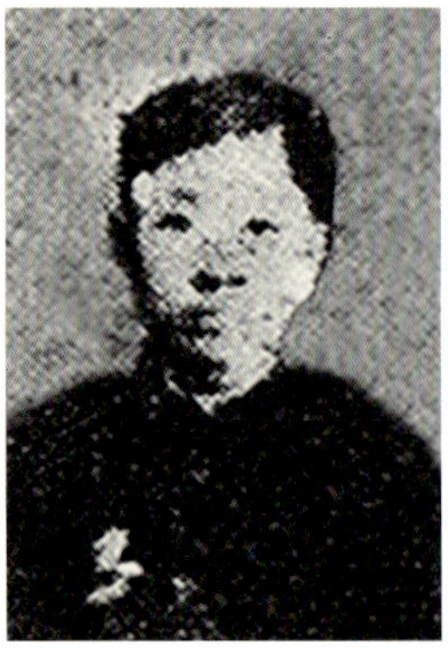

徐仲荪

一八七六年—一九四三年

原名伟，字仲荪，浙江绍兴东浦人，辛亥革命著名英烈徐锡麟二弟。光绪二十五年（1899）秀才。1905年随徐锡麟、范爱农等赴日本早稻田大学攻读政法，结识章太炎、鲁迅等，并加入光复会。1907年7月6日徐锡麟举事失败，徐仲荪被捕，辛亥革命胜利后获释。出狱后征集皖浙起义文物资料，组织“徐社”并亲任社长，通过多种方式纪念起义中的英烈。其间应浙江都督汤寿潜之聘，任浙江戒烟局局长。1915年应邀去杭州文澜阁补抄《四库全书》。去北京抄录时，常到鲁迅那里叙旧，《鲁迅日记》有“下午徐仲荪来”的记载。补抄《四库全书》工作中，徐仲荪任总校之职，全程参与史称的“乙卯补抄”“癸亥补抄”，历经9年，终得完成。晚年在绍兴上大路创办国学研究社，常与章太炎书信来往，共同探讨国学真谛。章太炎让儿子章奇拜徐仲荪为师。1941年绍兴沦陷后，日军要徐仲荪任翻译，徐仲荪不从，日军就断其口粮，徐仲荪终因年老体弱于1943年嗟糠而亡，享年67岁。生前蔡元培曾评价他：“宁静不趋时尚，徜徉山水，玩宋明儒者之言，佐以禅悦，最有父风。”

徐仲荪曾应范寿康校长之聘到春晖中学任教，与弘一法师、夏丏尊、刘质平关系甚密。1929年10月25日弘一法师在白马湖主持放生活动，徐仲荪舍资购得鱼虾并参与活动，弘一法师《白马湖放生记》有确切记载。

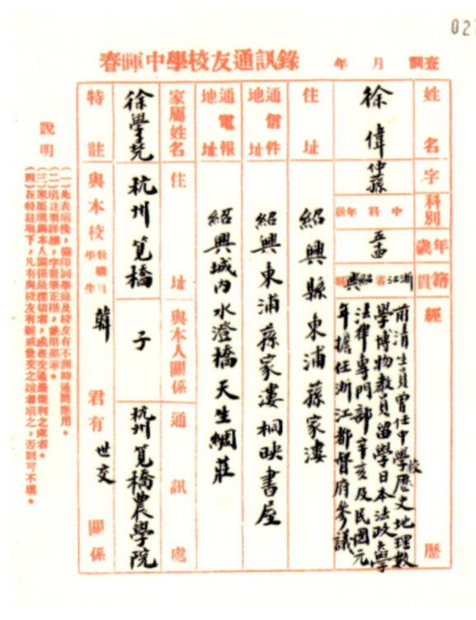

027

春暉中學校友通訊錄

姓名：徐偉
字：仲蓀
年歲：五十三
籍貫：浙江省紹興
經歷：前清生員，曾任中學校歷史地理教員，留學日本法政大學法律專門部，辛亥及民國元年擔任浙江都督府參議
住址：紹興縣東浦蕭家溇
通信地址：紹興東浦蕭家溇桐映書屋
通電報地址：紹興城內水澄橋天生綢莊
家屬姓名：徐學堯
住址：杭州筧橋
與本人關係：子
通訊處：杭州筧橋農學院
特註：與本校韓君有世交關係

1929年徐仲荪任职春晖中学时的通讯录

1931年10月29日，弘一法师（左一）与栖莲法师（左二）、弘伞法师（中）、安心头陀（右二）、徐仲荪居士（右一）在杭州留影。

文澜阁《四库全书》

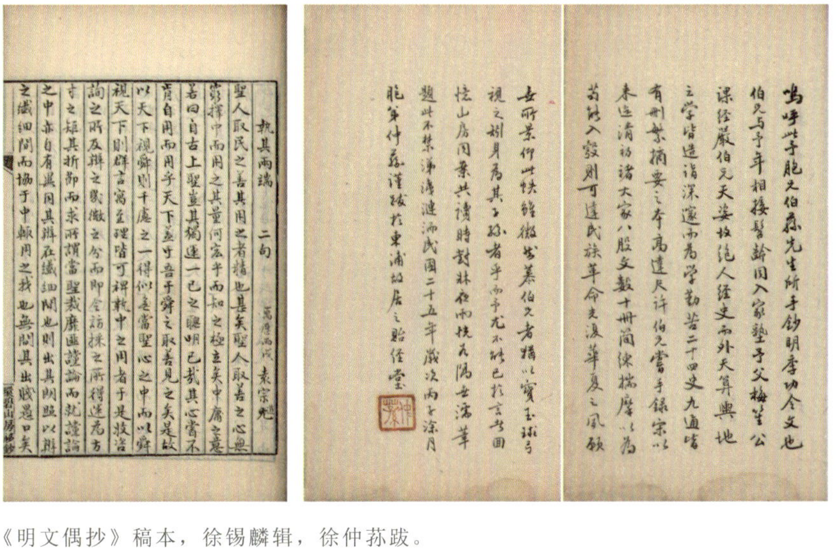

《明文偶抄》稿本，徐锡麟辑，徐仲荪跋。

柏文蔚

一八七六年—一九四七年

字烈武，安徽寿县人。革命家、军事家。早年中秀才。1899年考入安徽求是学堂。其间发起励志学社，筹款购置图书，充实藏书楼，并在藏书楼召集民众进行革命演讲，遭清政府通缉。1901年入安庆武备练军学堂充学兵。1904年任安徽公学教员，与陈独秀、常恒芳等在芜湖成立“岳王会”，宣传反清排满，自任南京分会会长。1905年率领全体南京分会会员加入同盟会。1909任奉天督练公所参谋处二等参谋，次年奉命赴俄国边境调查军事设施情况。1911年南下响应辛亥革命，负责南京光复工作。1912年任安徽都督，委陈独秀为都督府秘书长。“二次革命”时被推选为安徽讨袁军总司令，失败后流亡日本。1915年回国组织救党护国军。1917年参与护法运动。后历任靖国军川鄂联军前敌总指挥兼鄂军总司令、长江上游招讨使、建国军第二军军长等职，为孙中山北伐大计积极备军。1924年出席中国国民党第一次全国代表大会，当选中央执行委员。1925年任国民革命军第二军河南军校校长。1926年任国民革命军第三十三军军长。“四一二”反革命政变后通电反蒋，被迫去职。

1930年任北平国民党中央党部扩大会议常务委员。1932年“一·二八”事变时向各方联络，呼吁增兵援助十九路军。抗日战争全面爆发后主动请缨参战，未获当局准许。闲居湘西期间，曾保释被关押的中国共产党党员杨宗珍、杨金龙等。曾主持孙中山先生纪念大会，斥责汪精卫的卖国行为。抗日战争胜利后致信邵力子、张治中等，支持民主建国。1947年病逝。著有《五十年经历》《松柏居士日记》等。

柏文蔚曾于1935年6月23日应经亨颐之邀来白马湖，停留数日，游览附近名胜，参观春晖中学，品尝二都杨梅。

柏文蔚题《说淮》

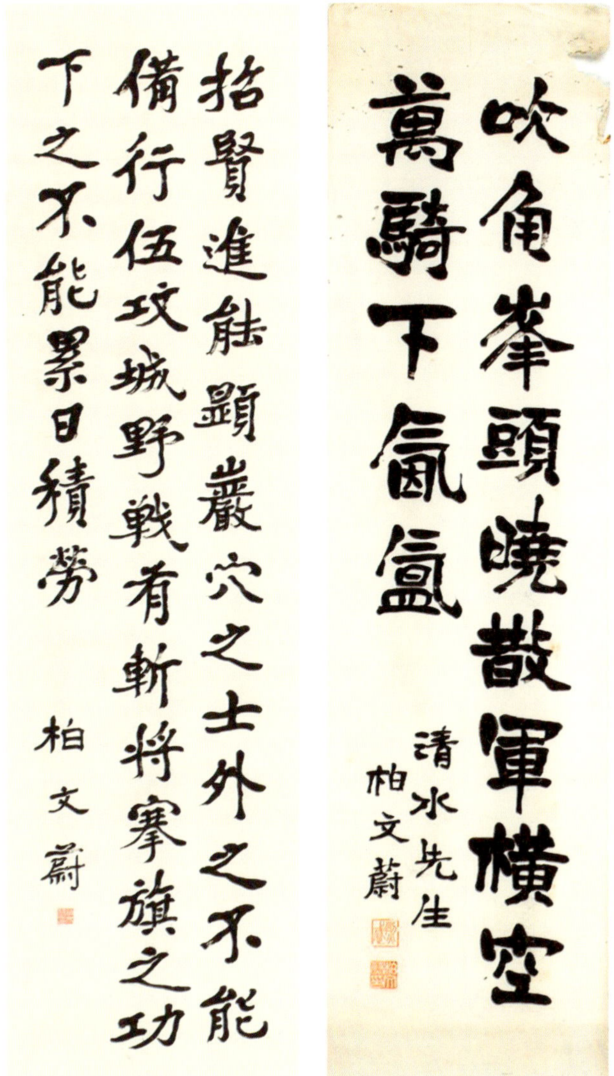

柏文蔚书作二件

柏文蔚（左四）与革命友人合影

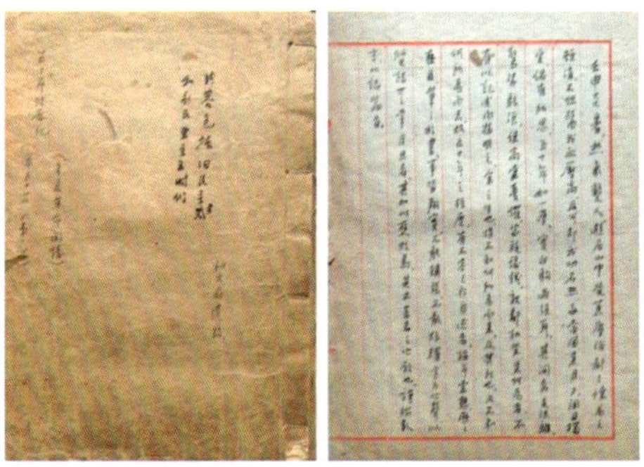

《五十年经历记》原五十年大事记，辛亥革命回忆，柏文蔚遗稿。

周承德

一八七七年—一九三五年

字逸舜，亦作佚生、轶生、铁翁，号观无居士，浙江海宁人。工刻印，所治印章饶有秦汉、六朝神韵；间写兰竹，别致有趣；善书汉隶及唐楷，谨言浑穆，自成一格，曾被康有为誉为“浙省第一人”。16岁中秀才，廪生，后留学日本，入早稻田大学深造。在日学习期间，周承德接触了达尔文的进化论。他对之颇有钻研，成了浙江省宣传进化论的先驱之一。1900年，他因父丧而回国，其后即受聘为求是书院教习，教授博物课，兼授数学、书法等。求是书院翌年改为浙江求是大学堂，旋又改为浙江大学堂（1902）、浙江高等学堂（1903），民国元年（1912）又更名为浙江高等学校，是浙江大学的前身。1914年，浙江高等学校关闭，受经亨颐之邀，周承德入浙江省立第一师范学校，与李叔同一起担任该校音乐教员，兼授书法，遂与柳亚子、邵力子、苏曼殊、马一浮、张宗祥、李叔同、姜丹书、经亨颐等时相聚晤。胡兰成、丰子恺、潘天寿、蒋梦麟、马叙伦皆是他的学生。

李叔同出家时，将笔砚碑帖赠与周承德。而后，周承德也开始信奉佛法，自号观无居士，离开浙江省立第一师范学校。1928年11月，周承德与穆藕初、刘质平、经亨颐、夏丏尊、朱酥典、丰子恺发起《为弘一法师筑居募捐款启》，在白马湖边为弘一法师筹建“晚晴山房”。此后周承德承应弘一法师和经亨颐之约，留驻于白马湖畔的晚晴山房、长松山房。现存西泠印社的华严经塔上，除了弘一法师的手迹，就是周承德先生所书的《华严经》。

西泠印社华严经塔旧影

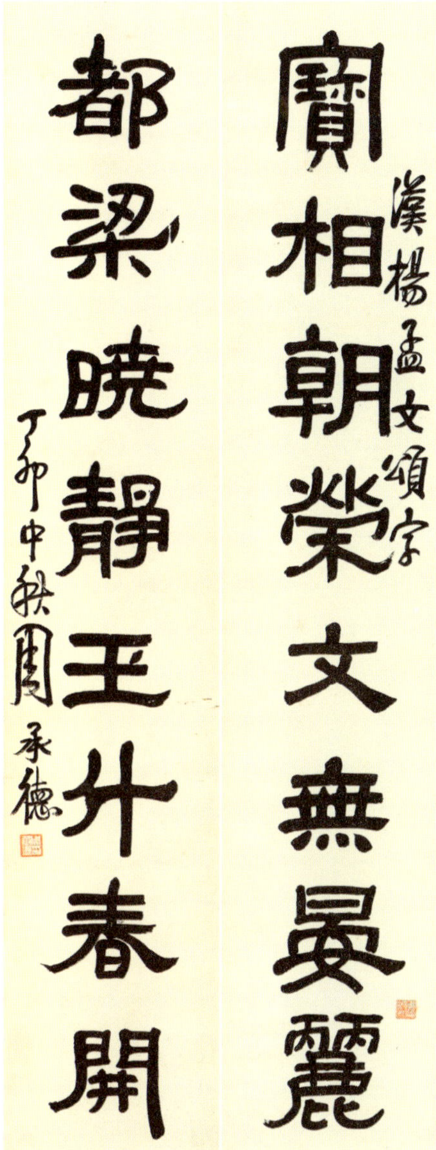

1927年周承德隶书“宝相都梁”联

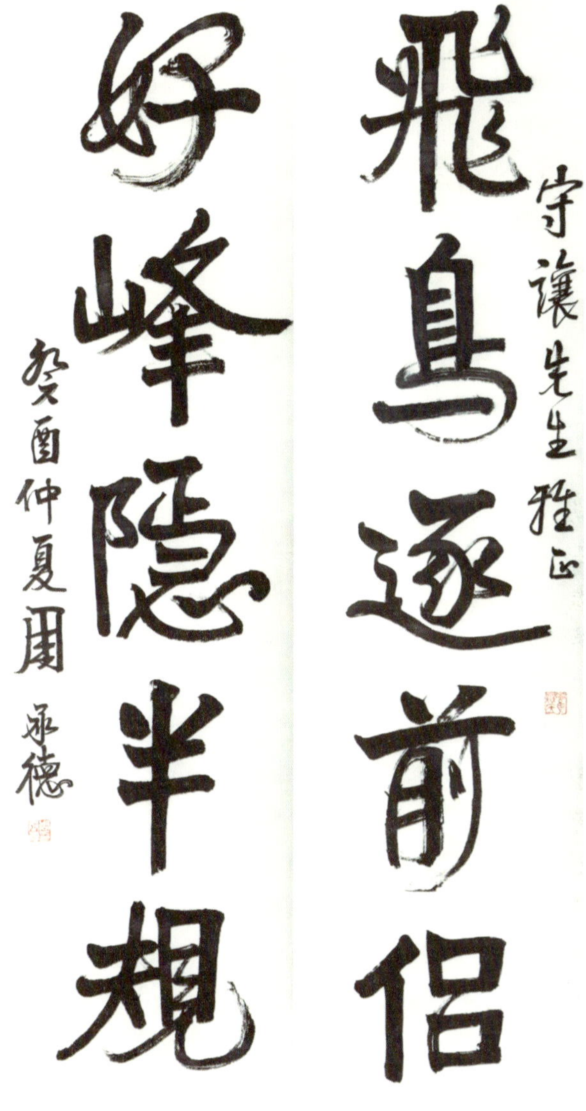

1933年周承德作“飞鸟好峰”联

何香凝

一八七八年—一九七二年

原名谏，又名瑞谏，别号双清楼主，广东南海人，生于香港。中国近代著名的女革命家、政治活动家和伟大的爱国主义者，杰出的美术家，中国国民党革命委员会主要创始人之一。何香凝是共产党人的老战友，是同中国共产党真诚合作的典范。1897年与廖仲恺结婚，1903年与丈夫先后赴日本留学，结识孙中山，1905年加入中国同盟会，投身民主革命，并学习绘画。辛亥革命胜利后，她是新三民主义的忠实拥护者和执行者。1925年，孙中山、廖仲恺相继去世后，她继承遗志，努力推进国民革命运动。1927年“四一二”反革命政变后，她和宋庆龄等一起与蒋介石、汪精卫集团斗争，保护共产党人与国民党左派分子。1928年与友人组建“寒之友社”，以诗画喻志。后到法国侨居。她的儿子廖承志和女儿廖梦醒也先后加入中国共产党。1948年她在香港领衔创建中国国民党革命委员会。中华人民共和国成立后，担任中央人民政府委员，全国人民代表大会常务委员会副委员长，中国人民政治协商会议全国委员会副主席，华侨事务委员会主任，中国美术家协会主席，全国妇联名誉主席，中国国民党革命委员会中央副主席、主席，为扩大爱国统一战线做出了重要贡献。擅画山水、花卉，尤工狮、虎、鹿、鹤等动物，著有《何香凝诗画集》。

1929年4月，何香凝应邀与陈树人、方介堪等“寒之友社”成员游白马湖，委托经亨颐在白马湖畔筑小别墅“双清楼”。是年秋天“远适异国”前赠经亨颐一幅《白马湖山水图》。1931年12月归国后再返白马湖，在“双清楼”小住数日即奔赴沪上，留有诗作：“已碎湖山恨无穷，烟笼水月雾笼空。半亩荒蔬宜避世，双清楼外满山松。”1932年春天，何香凝因病回到白马湖双清楼休养，居住至秋天。养病期间，她多次到春晖中学校园里散步，和师生们交流，并在白马湖上荡舟游览，到敬修小学“芳社”里避暑作画，后又热情接待“寒之友社”的同仁柳亚子夫妇，留下雅聚佳话。1933年，何香凝第四次到白马湖，第三次居住在双清楼，此次是陪同获释后的廖承志来此休养。

1932年8月何香凝、经亨颐在长松山房合作《墨竹红枫》

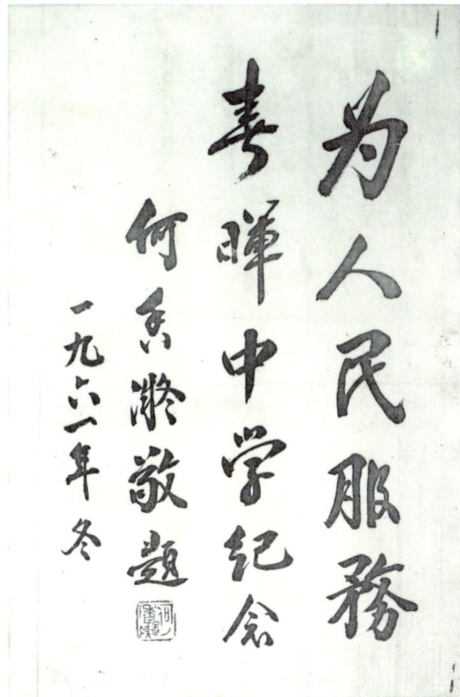

1961年冬何香凝为春晖中学题字

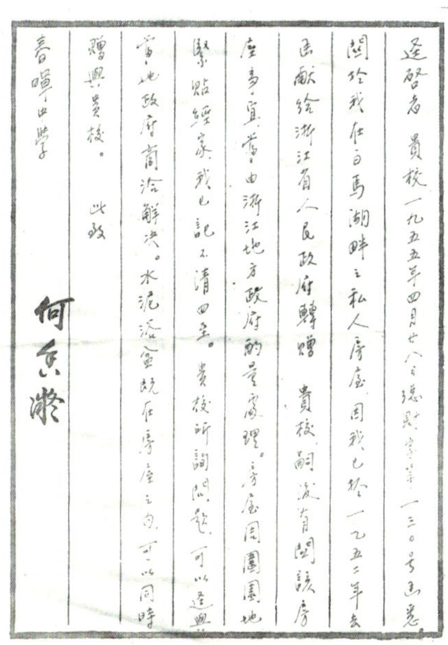

逕啟者 貴校一九五五年四月廿八日總字第一三〇号函悉
關於我在白馬湖畔之私人房屋，因我已於一九五二年去
函獻給浙江省人民政府轉贈 貴校，嗣後有關該房
屋事宜，當由浙江地方政府酌量處理。房屋周圍園地
緊貼經界，我已記不清四至。貴校所詢問題，可以逕與
當地政府商洽解決。水泥塗金既在房屋之內，可以同時
贈與貴校。 此致
春暉中學
何香凝

1955年何香凝致春晖中学信札

1933年5月“寒之友社”雅集，何香凝、经亨颐、张聿光、方介堪合作《寒之友》。

20世纪30年代，何香凝（右一）泛舟白马湖。

1932年，何香凝（拄杖者）与“寒之友社”成员合影。

傅抱石（左一）、潘天寿（左二）观何香凝作画

1934年6月何香凝在白马湖双清楼为经亨颐夫人作《雄姿图》

1929年何香凝作《长松山房图》

《长松山房图》

颐渊道长鉴正，十八年秋，香凝写于江西牯岭。

伊人葭水渺孤篷，秋色苍茫淡复浓。红树青山云乍散，萧然寒意护长松。廖夫人香凝将远适异国，过沪以此画赠别。忆春闲与夫人、树人、若文等同游白马湖，有待到红树青山还来新居长松山房之约。今不可得，而以红树青山白马湖与长松山房绘为一图。展玩之余，深感聚散无常，书画缘永。颐渊识于海庐。

黄炎培

一八七八年—一九六五年

字楚南，号任之，笔名抱一，江苏川沙（今上海市浦东新区）人。教育家、民主革命家。早年中秀才。1901年入南洋公学，选读外文科，受知于中文总教习蔡元培。1903年在家乡创办川沙小学堂、开群女学堂。后因参加反清活动，逃亡日本。1905年加入同盟会。1909年任江苏省咨议局议员，翌年任上海工巡捐局议董、江苏地方自治筹备处参议。辛亥革命后任江苏省教育司司长、江苏省教育会副会长、江苏省议会议员。1915年参与发起全国教育会联合会，提倡“教育救国”。1916年组织职业教育研究会，提出职业教育之目的在于“解决社会国家最困难的生计问题”，得到工商界人士的支持。1917年创建中华职业教育社，设立中华职业学校，以“敬业乐群”为校训，提出“劳工神圣”“双手万能”的实用教育，使“无业者有业，有业者乐业”。1925年提出“大职业教育主义”主张，同时创办《生活周刊》，宣传革命。“九一八”事变后创办《救国通讯》杂志，主张抗日救国。1932年以“中国国难救济会”名义通电全国，要求归政于民，一致团结抗日。淞沪抗战期间，发动上海各界组织“上海市民地方维持会”，征募军需品支援十九路军，并维持社会金融和地方治安。抗日战争全面爆发后任上海市抗敌后援会主席团主席，并被聘为国防会议参议。1941年代表中华职业教育社参加中国民主政团同盟（民盟前身），担任首任中央执行委员会主席。1945年为促进国共合作，访问延安，回重庆后出版《延安归来》一书，介绍解放区详情。抗战胜利后与胡厥文等筹组中国民主建国会，当选常务理事。1946年作为民盟代表人之一参加中国人民政治协商会议，提出和平民主的政治主张。1948年与民建其他领导人秘密举行常务理事会，响应中国共产党的“五一口号”。1949年北上参加中国人民政治协商会议筹备工作。中华人民共和国成立后，历任中央人民政府委员，政务院副总理兼轻工业部部长，第一、二、三届全国人民代表大会常务委员会副委员长，第二、三、四届中国人民政治协商会议全国委员会副主席，中国民主建国会中央委员会主席等职。

黄炎培曾于1923年8月应邀出席白马湖夏季教育讲习会，演讲《职业教育概论》《职业指导概论》《职业指导实施法》《职业指导的基本工夫——职业陶冶》各一小时，并作《春晖夏读记》一文，发表于《申报》。

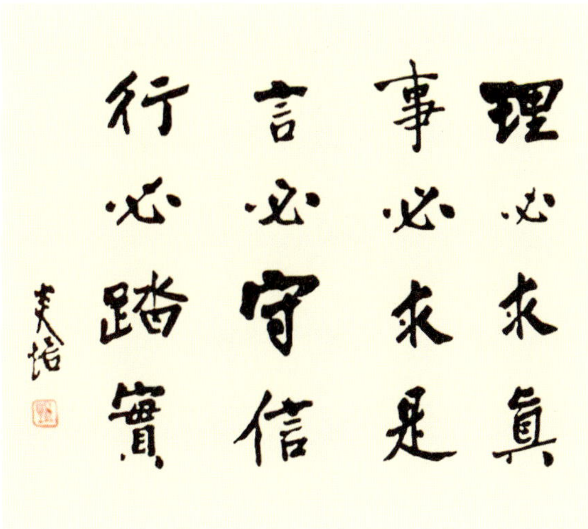

黄炎培一生坚守的座右铭

黄炎培与梁漱溟

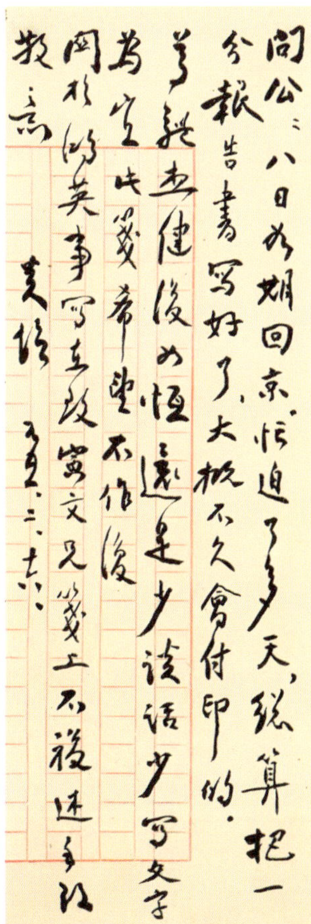

黄炎培致问公函

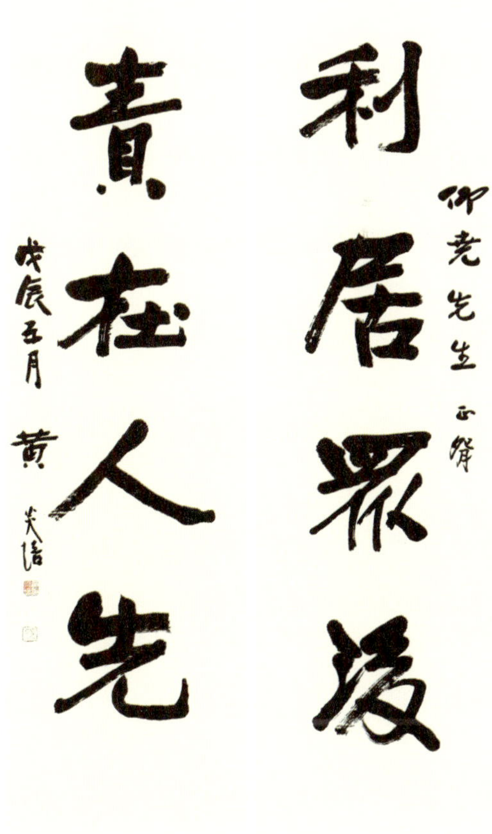

1928年黄炎培书“利居责在”联

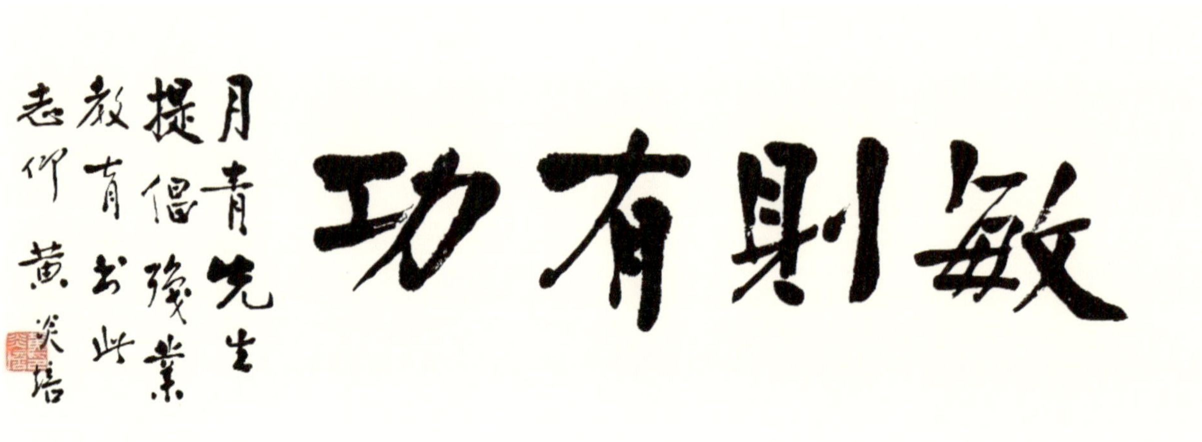

黄炎培题《敏则有功》

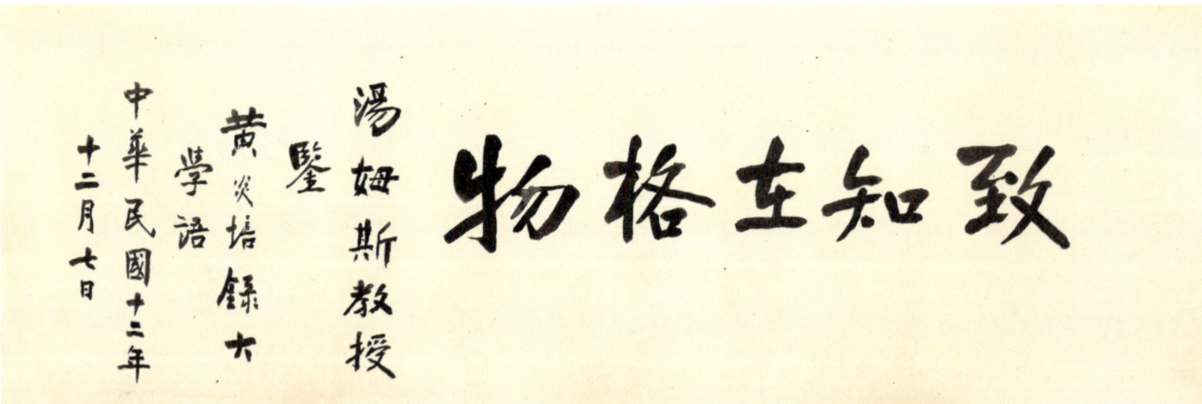

1923年12月黄炎培为汤姆斯题《致知在格物》

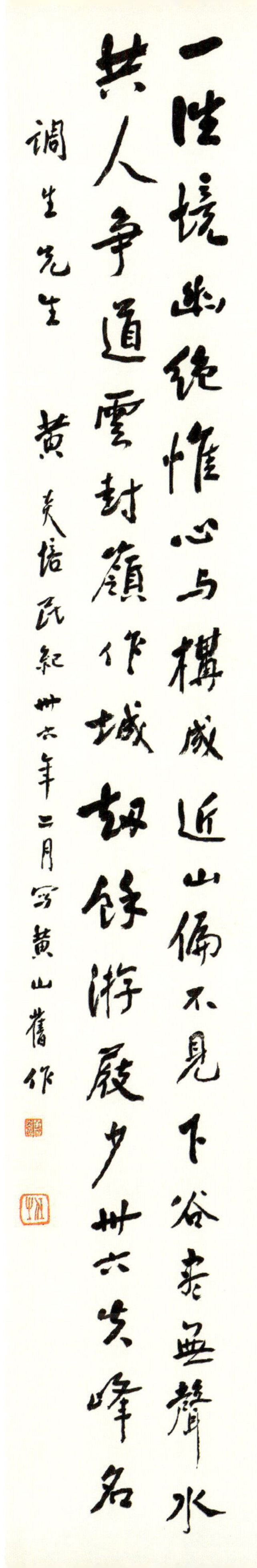

1947年2月黄炎培写《黄山旧作》

斯道卿

一八七九年—一九五八年

字资深，号逢源，浙江诸暨人。西泠印社早期社员，画家。1903年入学浙江武备学堂，毕业后任浙江新军第八十二标第三营右队队官，参加辛亥革命，历任浙军排长、连长、营长、团附、代理团长等职。后任天台县县长。1927年后他绝意仕进，居杭以鬻画自给，一心致力于诗书画，人称“三绝”。尤擅墨兰，运笔遒劲，力透纸背，寓刚于柔，寓劲于秀，有“江南一枝兰”之誉。在西泠印社，他与叶为铭、丁辅之相知相熟，画兰不下千幅，蔡元培先生曾在他的《折叶兰》上题曰：“灵机凑泊，意到笔随，有目共赏，且以自怡。”黄宾虹评其笔下的兰花神韵秀逸，完全是平日读书养气、意态冲和所致。1937年，日军入侵，国土沦陷，他写兰不植土，以表达忧国之心，自题画兰诗：“芝草无根兰有根，堪怜故土半无存。一从风雨飘摇后，多少幽花带泪痕。”

斯道卿画兰，也把他的民族气节融入“兰花”中，以画喻节，以诗言志。与亦是“寒之友社”社员的经亨颐同气相求相惜，二人成为挚友，受经亨颐之邀，曾来白马湖长松山房雅集小住。

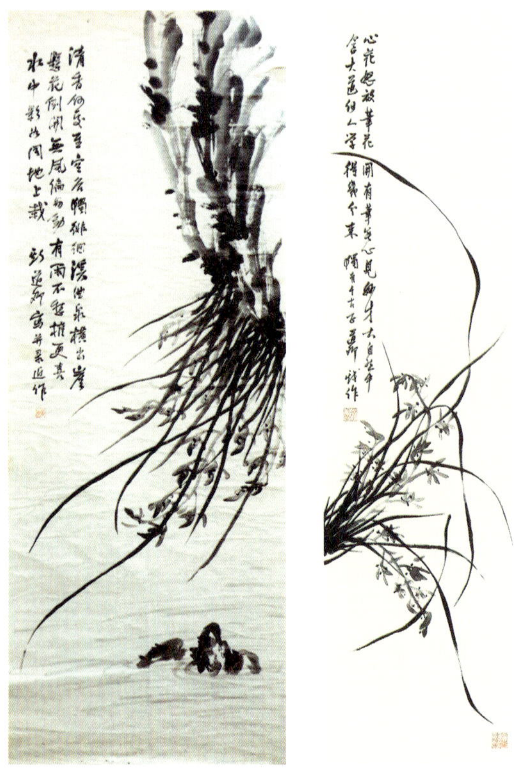

斯道卿作《墨兰》二帧

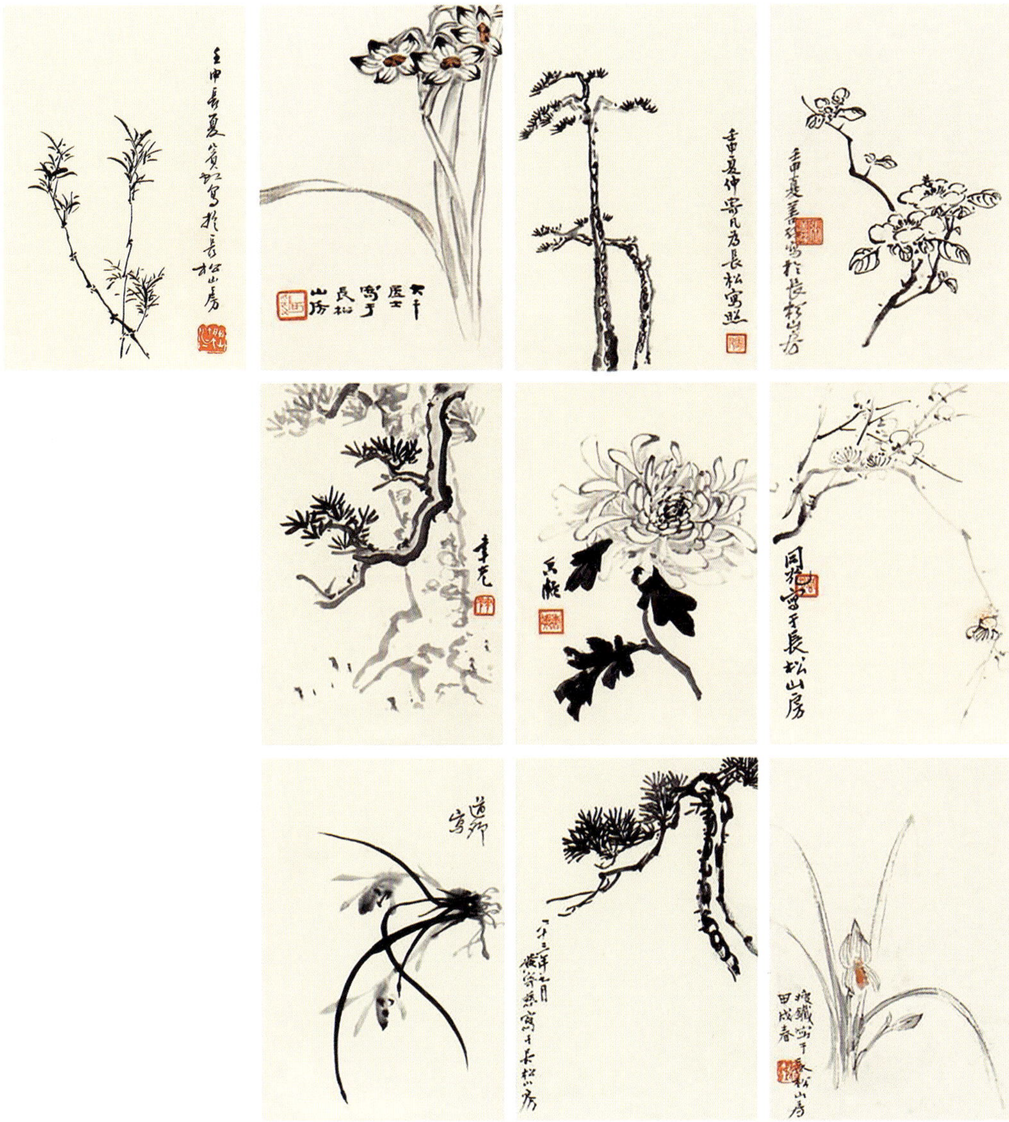

“寒之友社”雅集，斯道卿、黄宾虹、张大千、张善孖、俞寄凡、张聿光、何香凝、张同光、黄寄慈、钱瘦铁在长松山房合写《寒之友》册。

李叔同

一八八〇年—一九四二年

弘一

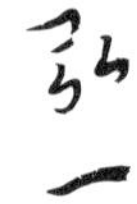

谱名文涛，幼名成蹊，祖籍浙江平湖，生于天津。1918年出家后法名演音，号弘一，晚号晚晴老人，后人尊称为弘一法师。中国新文化运动先驱，著名艺术家、教育家，爱国高僧。1901年秋入南洋公学特班，师从蔡元培，1905年东渡日本留学，1911年学成归国后在天津、上海任教，次年入“南社”，组织“文美会”，任《太平洋报》文艺副刊编辑。1912年受聘为浙江两级师范学校音乐、图画教师，吴梦非、丰子恺、刘质平皆是其得意门生。1918年在虎跑定慧寺出家为僧，为南山律宗第十一代祖师。1932年后常居闽南，1942年圆寂于泉州，留有绝笔“悲欣交集”。弘一法师是中国文化史上的艺术全才，在书画、诗文、戏剧、音乐、金石及艺术教育各领域都有极深的造诣，也为后世研修南山律者留下了宝贵的佛学遗产。

1923年2月，弘一法师受夏丏尊邀请初次临白马湖，住在平屋。1924—1925年两次应夏丏尊之请临白马湖，在春社小住。1925年离湖情况在《春晖》半月刊有记载：“……临行时，将平日所书之‘南无阿弥陀佛’百余条，署名‘昙昉’者，广赠本校教职员，以作纪念。得之者皆喜形于色，盖大师书法，素为世所贵重也。”1928年冬，夏丏尊、经亨颐、丰子恺、刘质平等募集资金为其在白马湖筑休憩静修之所，选址在春社西侧的象山山坡上，次年5月竣工。弘一法师选取唐代诗人李商隐诗句“天意怜幽草，人间重晚晴”中的“晚晴”二字，将禅舍题为“晚晴山房”。1929年9月第一次在“晚晴山房”小住静修，至1932年，多次在晚晴山房和白马湖近处法界寺小住。

1929年10月22日（农历九月二十日），是弘一法师五十岁（虚岁）生日，经亨颐邀请法师至长松山房，赠定做的海青一件，法师将自己的百衲衣回赠给经亨颐。10月25日，弘一法师在白马湖主持放生活动，参加者有夏丏尊、徐仲荪、刘质平等，事后有《白马湖放生记》记之。

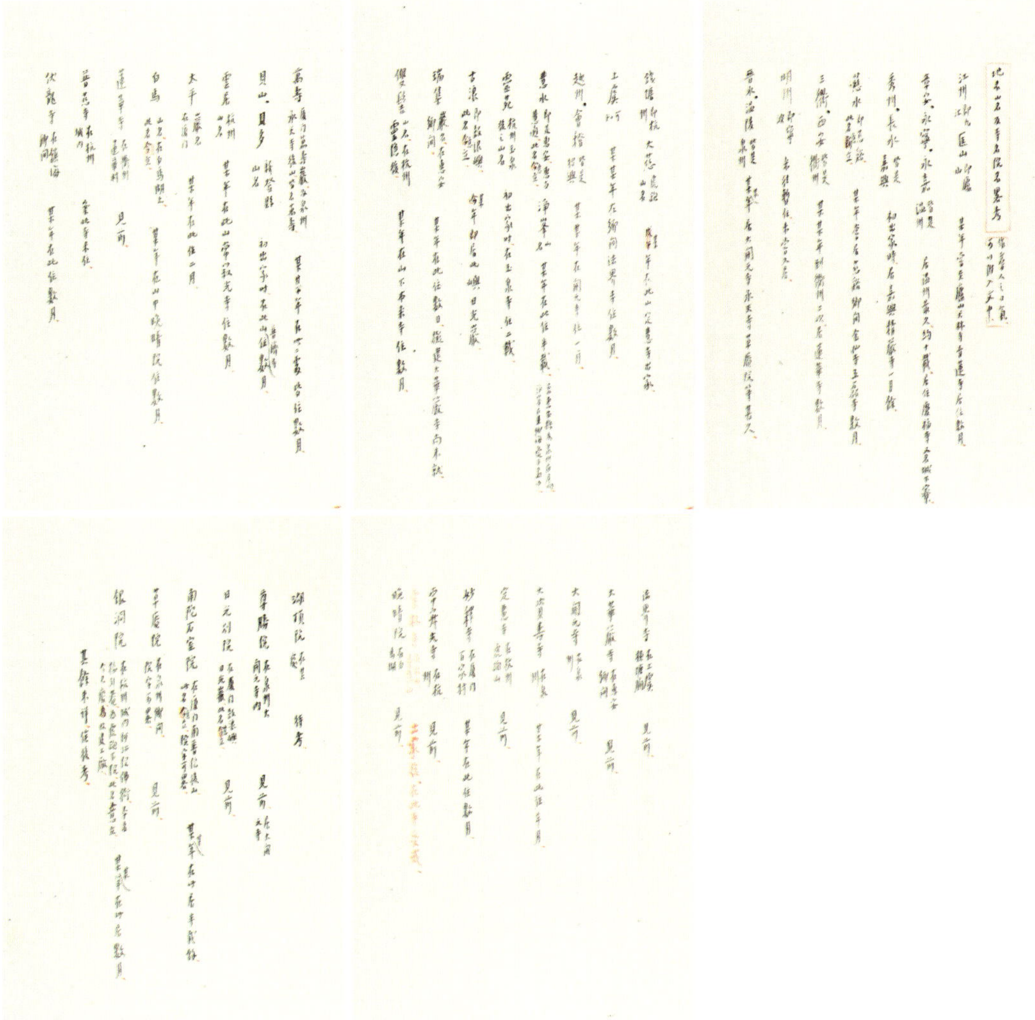

1936年，刘质平整理弘一法师历年到过之地名、山名、寺名、院名及用过之笔名，罗列两纸，寄去厦门，请弘一法师修正。弘一法师阅后，在此两纸上，用朱笔一一改正、补充、删除，并重新详细写录《地名山名及寺名院名略考》，其中对上虞白马湖、法界寺等有详注。

弘一法师在白马湖时所书《妙智随学》

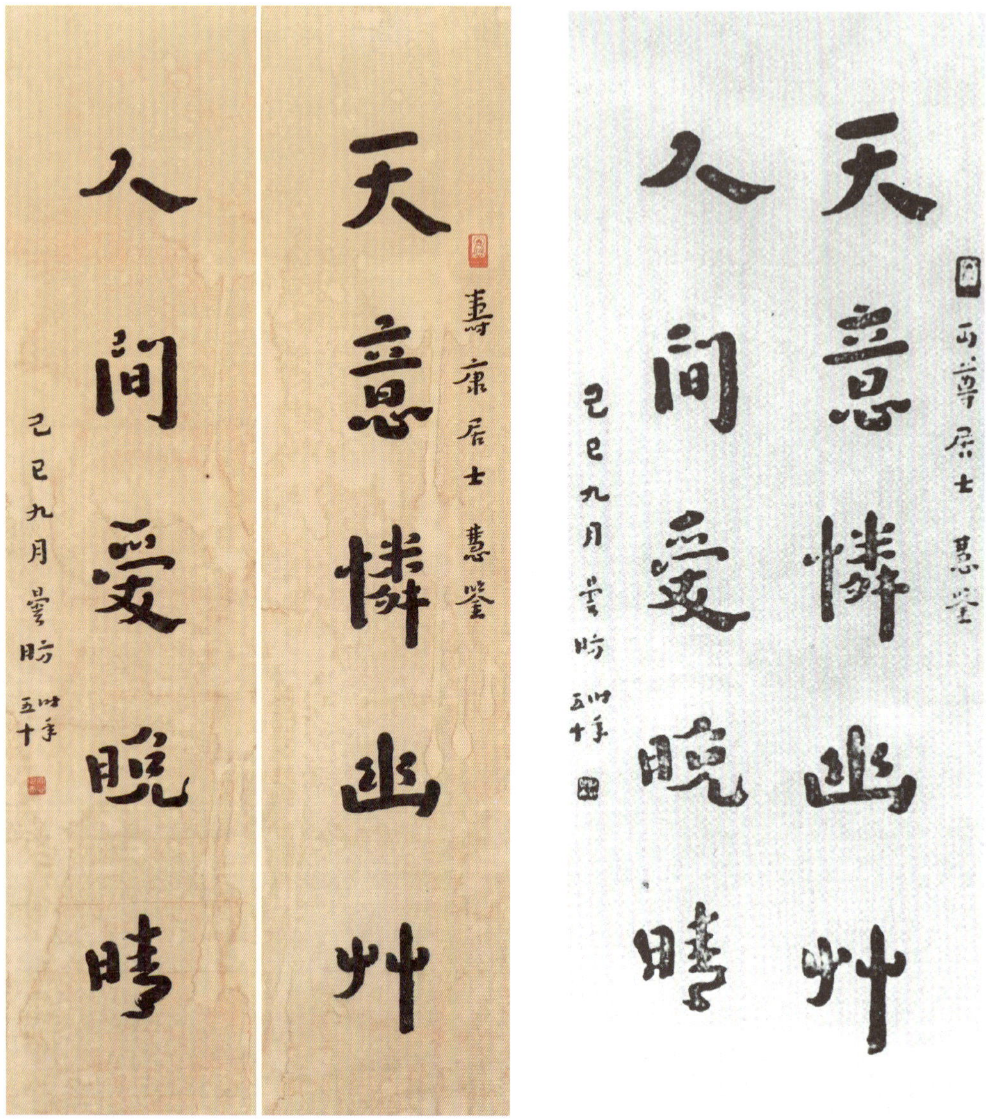

1929年9月，弘一法师分别书赠夏丏尊和范寿康“天意怜幽草；人间爱晚晴”联。

新旧晚晴山房留影

《晚晴山房书简》第一辑

《为弘一法师筑居募捐款启》

弘一法师，以世家门第，绝世才华，发心出家，已十余年。披剃以来，刻意苦修，不就安养，云水行脚，迄无定居。卓志净行，缁素叹仰。同人等于师素有师友之雅，常以俗眼，愍其辛劳，屡思共集资材，筑室迎养；终以未得师之允诺而止。师今年五十矣，近以因缘，乐应前请。爰拟遵循师意，就浙江上虞白马湖觅地数弓，结庐三椽，为师栖息净修之所，并供养其终身。事关福缘，法应广施；裘赖腋集，端资众擎。世不乏善男信女，及与师有缘之人。如蒙喜舍净财，共成斯善，功德无量。

刘质平、经亨颐、周承德、夏丏尊、穆藕初、朱酥典、丰子恺同启

中华民国十七年岁次戊辰十一月

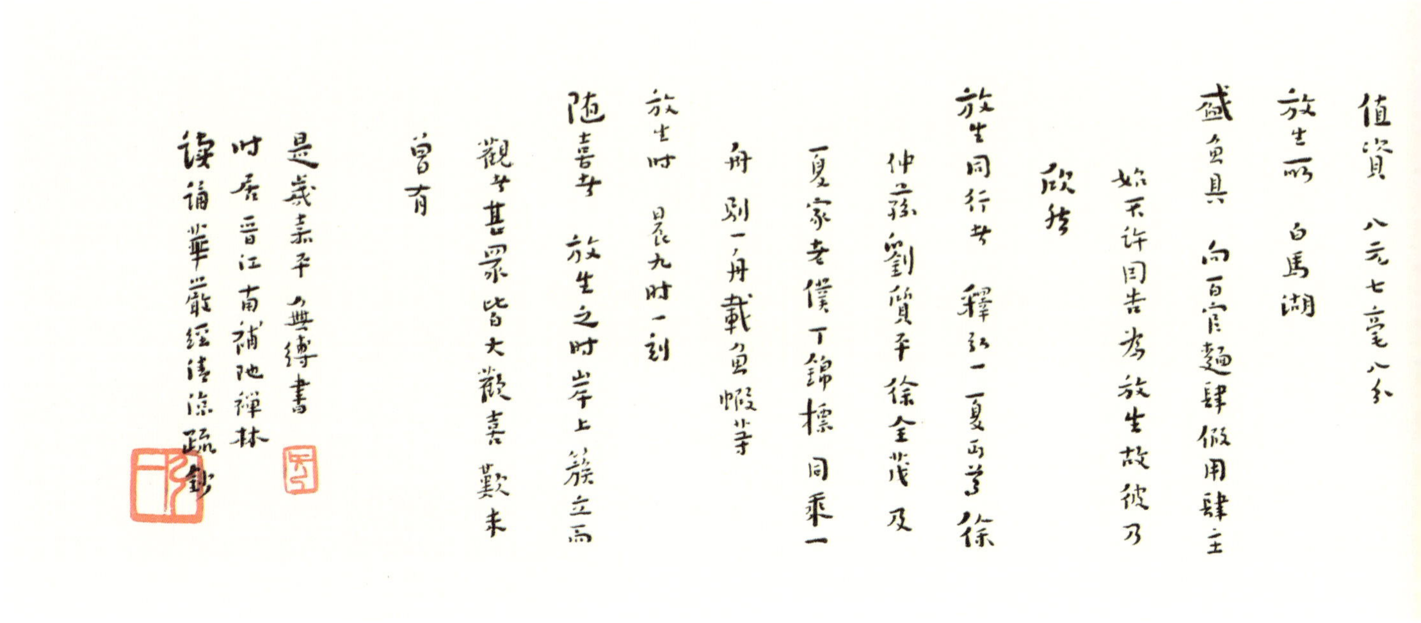

《白马湖放生记》

白马湖在越东驿亭乡，旧名渔浦，放生之事前无闻也。己巳秋晚，徐居士仲荪过谈，欲买鱼介放生马湖，余为赞喜，并乞刘居士质平助之。放生既讫，质平记其梗概，余书写二纸，一赠仲荪，一与质平，以示来览焉。

时分：十八年九月廿三日五更，自驿亭步行十数里到鱼市，东方未明；

舍资者：徐仲荪；

佐助者：刘质平；

肩荷者：徐全茂（已上三人偕往）；

鱼市：在百官镇；

品类：虾鱼等；

值资：八元七毫八分；

放生所：白马湖；

盛鱼具：向百官面肆假用，肆主始不许，因告为放生，故彼乃欣然；

放生同行者：释弘一、夏丏尊、徐仲荪、刘质平、徐全茂及夏家老仆丁锦标，同乘一舟，别一舟载鱼虾等；

放生时：晨九时一刻；

随喜者：放生之时，岸上簇立而观者甚众，皆大欢喜，叹未曾有。

是岁嘉平　无缚书

时居晋江南补陀禅林，读诵《华严经清凉疏钞》

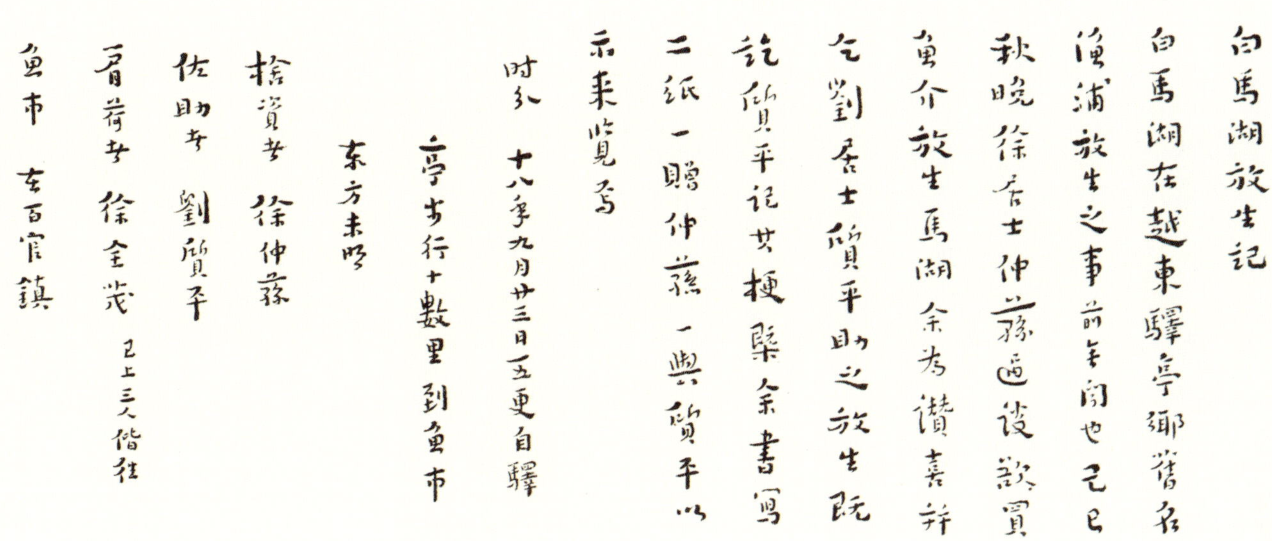
白馬湖放生記

白馬湖在越東驛亭鄉，舊名漁浦。放生之事，前未聞也。己巳秋晚，徐居士仲蓀適從歙買魚介放生馬湖。余為讚喜，并令劉居士質平助之。放生既訖，質平記其梗槩，余書寫二紙，一贈仲蓀，一與質平，以示來覽焉。

時以十八年九月廿三日五更，自驛亭步行十數里到魚市，東方未明。

捨資者　徐仲蓀

佐助者　劉質平

看荷者　徐全茂　已上三人偕往

魚市　在百官鎮

1929年农历九月二十三日，弘一法师五十寿诞后第三日，携夏丏尊、徐仲荪、刘质平等一行于浙江上虞白马湖善施放生，其时刘质平记录梗概。弘一法师移锡厦门后补撰此记，并书赠刘质平。

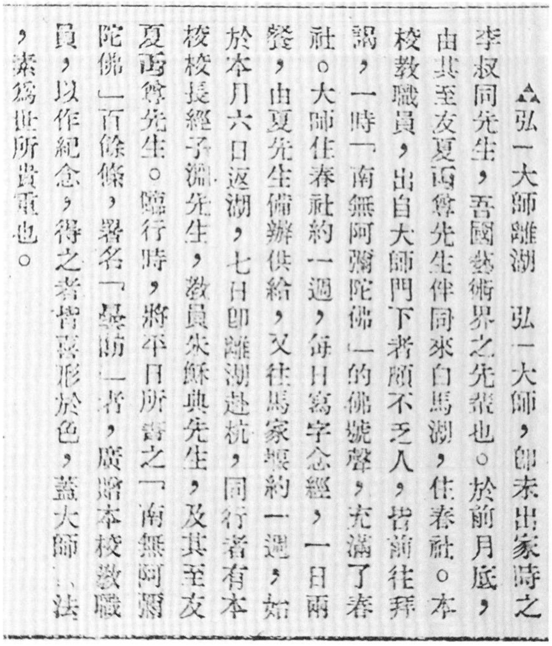

△弘一大師離湖　弘一大師，即未出家時之李叔同先生，吾國藝術界之先輩也。於前月底，由其至友夏丏尊先生伴同來白馬湖，住春社。本校教職員，出自大師門下者頗不乏人，皆前往拜謁，一時「南無阿彌陀佛」的佛號聲，充滿了春社。大師住春社約一週，每日寫字念經，一日兩餐，由夏先生備辦供給，又往馬家堰約一週，始於本月六日返湖，七日即離湖赴杭，同行者有本校校長經子淵先生，教員朱穌典先生，及其至友夏丏尊先生。臨行時，將平日所書之「南無阿彌陀佛」百餘條，署名「曇昉」者，廣贈本校教職員，以作紀念，得之者皆喜形於色，蓋大師書法，素為世所貴重也。

《弘一法师离湖》

弘一法师，即未出家时之李叔同先生，吾国艺术界之先辈也。于前月底，由其至友夏丏尊先生伴同来白马湖，住春社。本校教职员，出自大师门下者颇不乏人，皆前往拜谒，一时“南无阿弥陀佛”的佛号声，充满了春社。大师住春社约一周，每日写字念经，一日两餐，由夏先生备办供给，又往马家堰约一周，始于本月六日返湖，七日即离湖赴杭，同行者有本校校长经子渊先生，教员朱稣典先生，及其至友夏丏尊先生。临行时，将平日所书之“南无阿弥陀佛”百余条，署名“昙昉”者，广赠本校教职员，以作纪念，得之者皆喜形于色，盖大师书法，素为世所贵重也。

“直信现前心，觅之不可得，无法足当情，分别亦非识。”弘一法师书赠春晖教员林子仁。

刘大白

一八八〇年—一九三二年

原名金庆棪，字伯贞，后改姓刘，名靖裔，字大白，别号白屋，浙江绍兴人。中国现代著名诗人、文学史家。清拔贡生。早年任绍兴师范学堂及山会初级师范学堂附属小学教员。辛亥革命后与王子余主持《绍兴公报》。1913年与许啸天、杨一放等发起世界语会绍兴事务所。“二次革命”失败后流亡日本。1915年因反对“二十一条”，受到日本警视厅监视，转赴南洋华侨中学教授国文。1916年任浙江省议会秘书长。1919年应经亨颐之邀，任浙江省立第一师范学校国文教员，提倡白话文，与夏丏尊、陈望道、李次九并称“四大金刚”。同时兼任浙江省教育会总干事，负责《浙江青年团月刊》《教育潮》等编辑工作，传播新文化。1920年加入上海马克思主义研究会。同年与俞秀松、宣中华等浙江省立第一师范学校师生组织悟社，专事研究社会主义学说，其在杭寓所“白屋”成为革命活动联络中心点。1922年应聘为春晖中学国文教员。1923年任浙江省立第五中学教员。1924年任上海大学、复旦大学、上海艺术大学教授。同年加入“新南社”及文学研究会。1925年与徐蔚南、陈望道等组织文学团体“黎明社”。1926年兼任中华艺术大学教授。1927年兼任浙江省教育厅秘书。1928年任国立浙江大学秘书长。1929年应蒋梦麟之请任国民政府教育部常务次长。1932年病逝。著有诗集《旧梦》《邮吻》《卖布谣》《秋之泪》，杂文集《白屋文话》，论著《文字学概论》《中国文学史》等。

刘大白在应聘春晖中学之前，曾在白马湖畔旅居数日，创作了《小鸟之群》《心上的写真》《花间》《看月之群》《冷风钞》等新诗。1923年1月22日来校出席共产主义者恳谈会，讨论浙江省农民运动问题。

刘大白墓

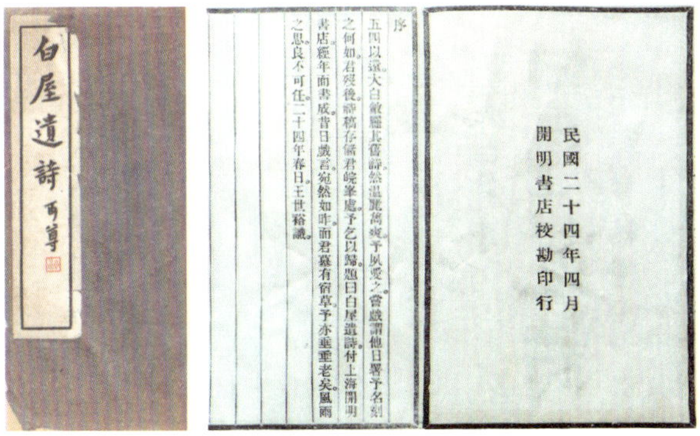

1935年4月开明书店印行刘大白遗著《白屋遗诗》，夏丏尊题签，经亨颐题扉页。

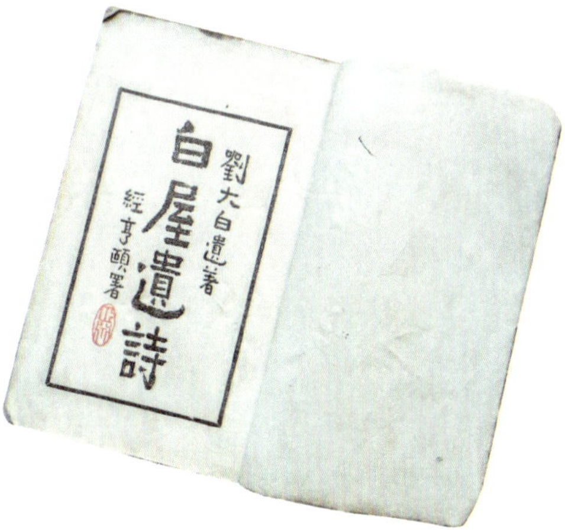

1930年4月刘大白自题旧影

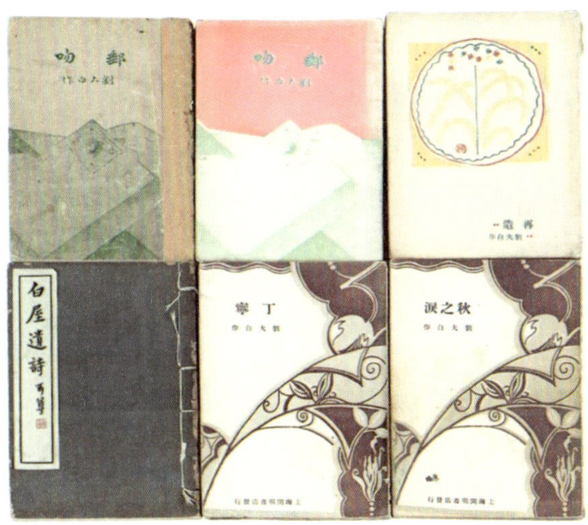

刘大白部分著作

裴云卿

一八八〇年—一九六〇年

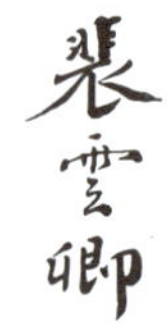

又名裴铭，浙江上虞人。近代银行家、慈善家。16岁时，随父赴上海钱庄从业。曾任上海钱业准备库委员、银钱业联合会副主席、绍兴八邑旅沪同乡会主席、浙绍医院董事长等职。后任同润钱庄总经理，中一信托股份有限公司，中庸、浦东、纱业、通济等银行，怡和、宝昌、泰来、安泰、光大、德丰、开泰、济生等钱庄董事长、董事、监察人。1928年2月，出任上海钱业公会第七届委员会委员；1931年10月，任上海钱业公会第八届委员会常务委员；1933年10月，任上海钱业公会第九届委员会常务委员；1943年8月，当选上海钱业公会第十二届理事会理事长（本届起上海钱业公会委员会改称理事会）。热心公益，在崧厦镇创办私立时化小学，为虞北地区知名的私立学校。多次慷慨解囊，捐银赈灾。抗日战争时期，积极带领上海商界开展反日活动。

裴云卿曾担任春晖中学校董。

上海的江西路曾是钱庄一条街

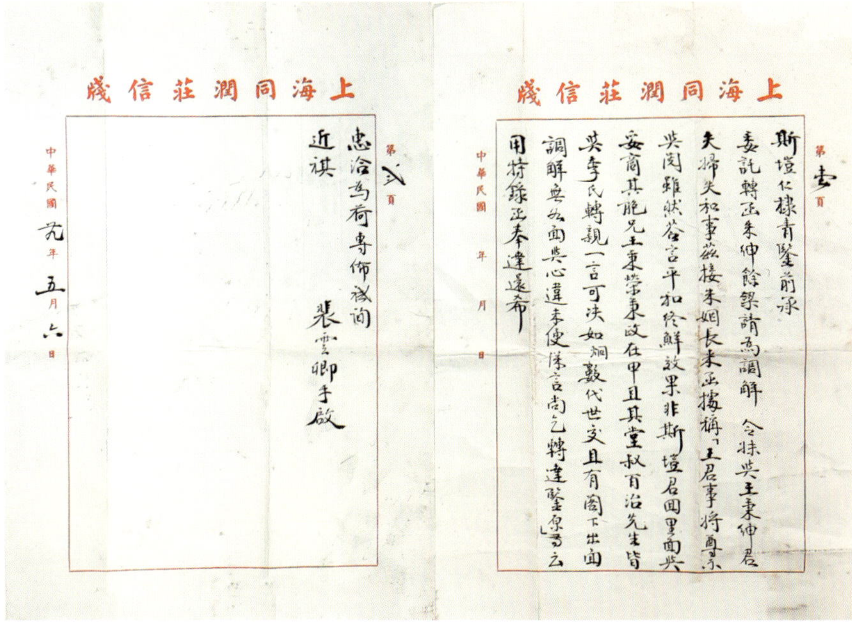

裴云卿致斯坮信札

上海钱业公会

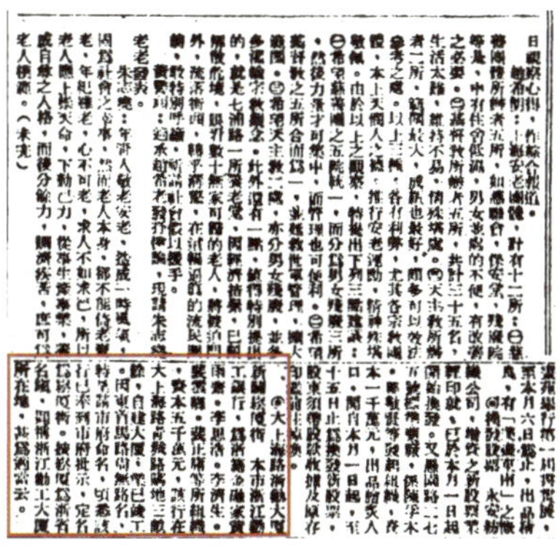

《申报》1944年11月2日简讯

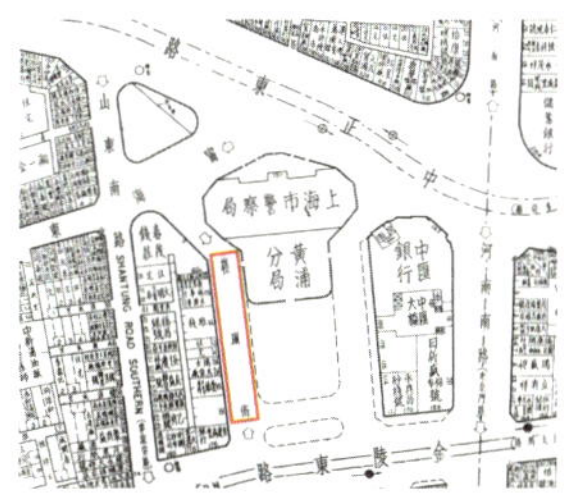

上海崧厦街地图

上海崧厦街旧影

大上海路浙劝大厦新开崧厦街

本市浙江劝工银行，为浙籍金融家黄雨齐、李思浩、李济生、裴云卿、裴正庸等所组织，资本五千万元，该行在大上海路青城路（旧称爱多亚路麦底安路，1943年10月汪伪政府启用新路名）购地三亩余，自建大厦，业已竣工。因东首马路尚无路名，特呈请市府命名，顷悉该行已奉到市府批示，定名为崧厦街。按崧厦为浙省名镇，题称浙江劝工大厦所在地，甚为适当云。

朱少屏

一八八一年—一九四二年

原名葆康，别号天一、屏子，上海人。新闻工作者、抗日烈士。1903年从南洋公学毕业后留校任教。1905年留学日本，加入中国同盟会。1906年回国组织中国公学，又创办健行公学，主持同盟会江苏分会秘密机关。1907年协助于右任在沪先后创办《神州日报》《民呼日报》《民吁日报》。1909年与柳亚子组织“南社”，任会计、书记、庶务等职。辛亥革命时期参加上海起义组织工作。上海光复后，协助陈其美组建沪军都督府，任总务科长。1912年任中华民国临时政府总统府秘书。同年与叶楚伧、柳亚子等创办《太平洋报》。1914年加入中国科学社，编辑《科学》杂志。1916年起任寰球中国学生会总干事，主持会务20余年，曾为陈毅、周恩来、邓小平等办理赴法勤工俭学手续。1920年访游欧美，任《申报》驻欧记者、《中国评论周报》总社助理。其间代表《申报》参与华盛顿会议及日内瓦国际联盟会议。1923年任黎元洪总统府咨议。1932年被聘为上海市通志馆副馆长。抗日战争全面爆发后与刘湛恩、林语堂等成立国际友谊社，联系中外记者，并出版刊物《回声》，进行抗日宣传。1938年流亡香港。1940年出任驻菲律宾总领事馆领事。1942年日军占领菲律宾，朱少屏与杨光泩、卓还来等为保护侨民放弃撤离，被日军逮捕后秘密杀害。1947年归葬南京菊花台公园。

朱少屏曾于1932年10月16日同柳亚子、徐蔚南来白马湖游览，宿经亨颐长松山房。

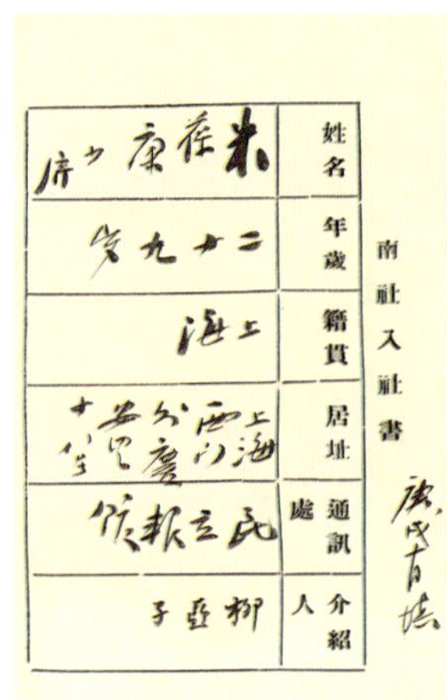

南社入社書

姓名	朱葆康少屏
年歲	二十九歲
籍貫	上海
居址	上海西門[illegible]
通訊處	民立報館
介紹人	柳亞子

庚戌十月填

朱少屏南社入社书

朱少屏（右一站立者）在其创办的健行公学开学典礼上的合影

1936年发起健行公学校友会合影，前排右一朱少屏、右二柳亚子、右三陈陶遗。

1912年1月3日，中华民国临时革命政府成立时，朱少屏应大总统孙中山之邀，赴南京担任总统府秘书。图为孙中山（中）和临时政府总统府职员的合影，左起第二人、站台阶上者为朱少屏。

前排从左到右何震、刘申叔、柳亚子。后排从左到右苏曼殊、朱少屏、邓枚、林立山、韩肇海。

1917年送别教育部选派赴欧美日本留学生合影，前面坐者左为朱少屏，右为蔡元培。

沈肃文

一八八一年—一九五八年

名企虔，浙江萧山人。教育家、民主革命家。1911年毕业于浙江官立两级师范学堂优级史地科，后入浙江私立法政学堂。1914年任浙江省教育会干事。1915年任浙江省议会秘书长。1918年任上海《新教育》杂志编辑、发行人。1920年参加中华职业教育社工作，与邹韬奋、黄炎培等力主教育革新。历任浙江省立第七、第九中学教员，浙江陆军讲武堂地理科教师，上海两江女子体育师范学校国文、心理科教师。1923年任浙江省立第五中学校长。1924年代理浙江省视学工作。1927年起任国立第三中山大学总务主任、劳农学院湘湖农场委员会委员，浙江省教育厅第一科科长。同年与俞秀松、经亨颐等被选为中国国民党浙江省临时党部执行委员。1928年被聘为浙江省中学课程编纂委员。1929年任国立浙江大学农学院副院长，旋任国立北京大学总务处主任。1934年任安徽省教育厅第一科科长。1935年任国立北京大学校长室秘书。抗日战争全面爆发后随校内迁，任国立西南联合大学秘书。1944年依中华职业教育社之旨，任四川灌县都江实用职业学校校长，主张“农家子弟受教归农”，与学生同起居，共劳动。1945年加入中国民主同盟。同年与黄炎培、施存统等发起成立中国民主建国会，当选监事。1946年参与组织上海人民团体联合会，通电当局呼吁停止内战，以民主方式解决争端。1947年返回家乡，任职于浙光中学，传播革命思想，鼓励学生投笔从戎。1949年应邀北上筹备中国人民政治协商会议。中华人民共和国成立后，任中央人民政府轻工业部财务司司长、民建中央常务委员等职。1958年病逝。

沈肃文曾于1923年5月31日偕刘大白、薛朗轩陪同蔡元培到访春晖中学。

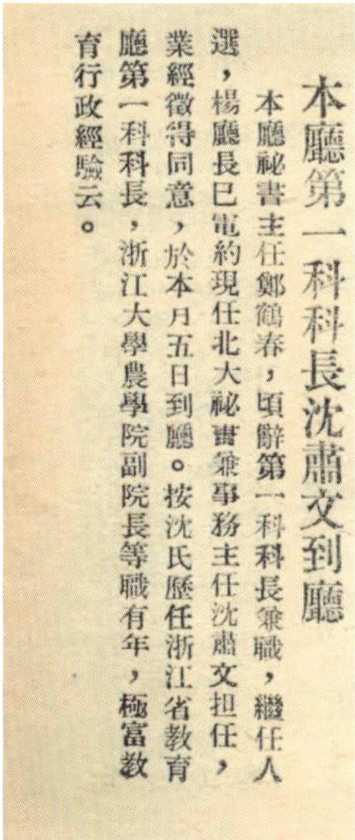

本廳第一科科長沈肅文到廳

本廳祕書主任鄭鶴春，頃辭第一科科長兼職，繼任人選，楊廳長已電約現任北大祕書兼事務主任沈肅文担任，業經徵得同意，於本月五日到廳。按沈氏歷任浙江省教育廳第一科科長，浙江大學農學院副院長等職有年，極富教育行政經驗云。

1934年沈肃文任安徽省教育厅第一科科长

沈肃文故居沈氏台门

光緒癸巳冬月鐫

長巷沈氏宗譜

承裕堂藏板

长巷沈氏宗祠和沈氏宗谱。长巷村位于浙江萧山东部航坞山南麓，今属瓜沥镇。

张善孖

一八八二年—一九四〇年

原名正兰，又名泽，字善孖，一作善子，又作善之，号虎痴，教名安琪，四川内江人。现代名画家，张大千的二哥。张善孖善画虎，少年从母学画，曾拜李瑞清门下，为了画虎，曾在家中饲养老虎。他性情刚毅，游侠仗义，广交友人。喜爱武术，跟其弟张大千一起师从心意拳大师宝鼎习心意拳及内功十三段。1917年与张大千一起东渡日本。回国后，1924年起任总统府咨议、财政部佥事、国务院咨议等职。孙中山逝世后，他寓居上海，任上海美术专科学校教授，与张大千一起创立“大风堂画派”，潜心绘画，成绩卓著。后又与张大千、黄宾虹、马企周等参加经亨颐创立的“寒之友社”。1932年应经亨颐之邀，与社友同赴白马湖长松山房参加寒之友雅集。

他的画气势磅礴，尤其是抗日战争时期宣传抗日救亡的画虎作品更是寓意深刻。1939年初赴法国、美国举办抗日募集捐款画展，赢得海外人士的敬佩，当时的法国总统勒布伦称他是“东方近代艺术代表”。后积劳成疾，1940年病逝于重庆。他是美术界爱国画家的一面旗帜。

1931年张善孖、方介堪、张红薇、郑曼青、马孟容于双清楼合写《寒之友》。

张善孖与张大千在一起照看幼虎

张善孖与其创作的巨幅虎画《怒吼吧中国》

1940年纽约世博会，照片右上部为张善孖义展巨画《勇猛精进　一致怒吼》。

张善孖画虎留影

张善孖、谭延闿合作《松涛》成扇

1934年12月张善孖作《风涛破曙》

张善孖作《雄风一吼》

姚轩卿

一八八二年—一九四八年

名伯谦，字轩卿，浙江诸暨人。幼随任塾师的父亲念书，稍长入县学，为拔贡生。辛亥革命后，考入浙江省立第一中学。毕业后，任教于浙江省立第五中学、浙江省立温州中学、浙江省立严州中学、浙江省立杭州高级中学、绍兴越光初级中学、鄞县私立三一初级中学以及复旦大学等校。1919年任诸暨县立初级中学校长，治校成绩蜚然，浙江省教育厅称该校为"按最新之学理组织者"。姚轩卿具有强烈的民族气节，在绍兴任教时，常带领学生瞻仰禹陵和陆游故居；在杭州任教时，则带学生拜谒岳坟，现场讲解岳飞《满江红》词。抗日战争时期，任职于鄞县私立三一初级中学，传闻一学生荐他出任汪伪诸暨县政府教育科长，他怒不可遏，严斥此人有违师教，不明大义，是对他的莫大侮辱。当他得悉日本侵略者准备在杭州办学，并拟聘他出任校长的传闻，即高声朗诵文天祥"人生自古谁无死，留取丹心照汗青"诗句以明志，并对家人说："如果他们用手枪来请我，我就从长青岭跳下去！"住房被日军焚毁，家人痛哭，他则劝说："国家遭难，多少将士前线阵亡，多少同胞流离失所，我家这点损失不足道，只要抗战胜利就是了。"著有《鱻（xiān）高（qǐng）随笔》，随笔议论古今人物，以气节为第一，景仰先贤，痛斥无耻之徒，其"为人为学，实已浓缩其中"。

1930年初他受聘担任春晖中学国文教师后，喜教屈原《离骚》、文天祥《正气歌》及杜甫、辛弃疾、陆游等人诗歌，朗读声情并茂，讲解鞭辟入里，使学生大获教益以致终生不忘。1931年，春晖中学主任校董王佐去世，姚轩卿为之撰写公祭悼词。1935年以校友身份发公开信积极响应春晖中学师生护校宣言。

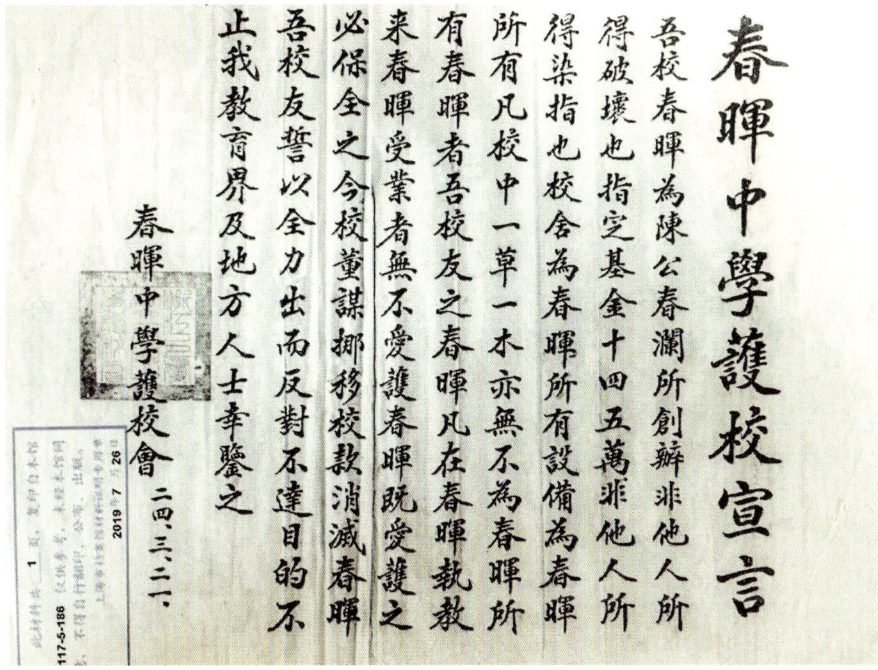

春暉中學護校宣言

吾校春暉為陳公春瀾所創辦非他人所得破壞也指定基金十四五萬非他人所得染指也校舍為春暉所有設備為春暉所有凡校中一草一木亦無不為春暉所有春暉者吾校友之春暉凡在春暉執教來春暉受業者無不愛護春暉既愛護之必保全之今校董謀挪移校款消滅春暉吾校友誓以全力出而反對不達目的不止我教育界及地方人士幸鑒之

春暉中學護校會

二四、三、二一

1935年春晖中学护校宣言

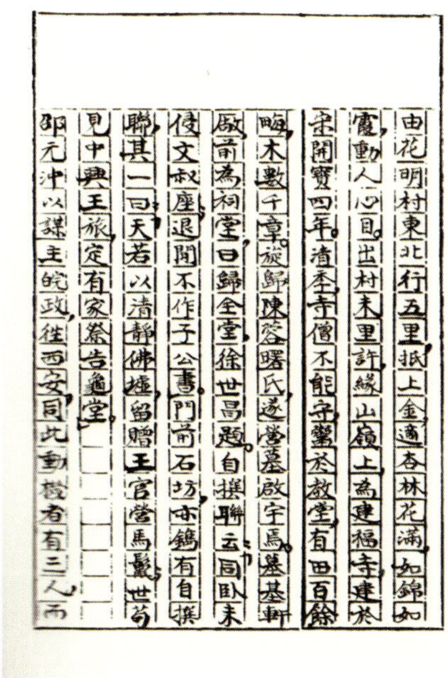

由花明村東北行五里抵上金適杏林花滿如錦如霞動人心目出村未里許緣山嶺上為建福寺建於宋開寶四年清季寺僧不能守鬻於教堂有田百餘畮木數千章旋歸陳蓉曙氏遂營墓啟宇焉墓基軒敞前為祠堂曰歸全堂徐世昌題自撰聯云同卧未伎文叔座退閒不作子公書門前石坊亦鐫有自撰聯其一曰天若以清靜佛壚留贈王宫當馬鬣世苟見中興王旅定有家祭告龜堂

卯元沖以謀主皖政往西安同此動機者有三人而

姚轩卿遗墨

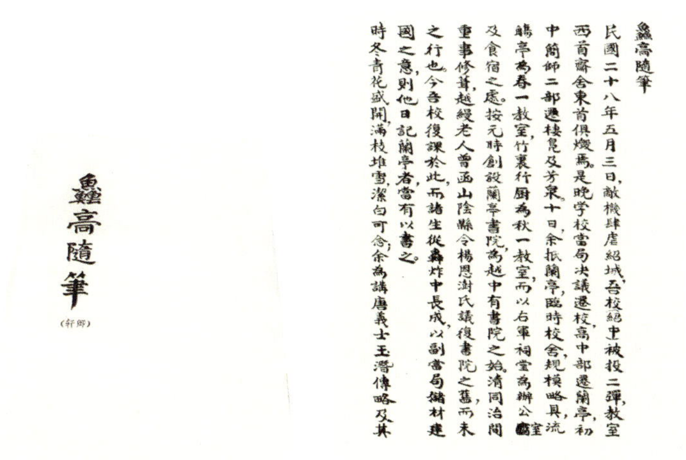

蠡高隨筆

（軒卿）

蠡高隨筆

民國二十八年五月三日，敵機肆虐紹城，吾校（紹中）被投二彈，教室西首齋舍東首俱燬焉。是晚学校當局決議遷校，高中部遷蘭亭，初中簡師二部遷棲鳧及芳泉。十日，余抵蘭亭，臨時校舍，規模略具，流觴亭為春一教室，竹裏行廚為秋一教室，而以右軍祠堂為辦公室及食宿之處。按元時創設蘭亭書院，為越中有書院之始。清同治間重事修葺，越縵老人曾函山陰縣令楊恩澍氏議復書院之舊，而未之行也。今吾校復課於此，而諸生從轟炸中長成，以副當局儲材建國之意，則他日記蘭亭者，當有以書之。

時冬青花盛開，滿枝堆雪，潔白可念，余為講唐義士王潛傳略及其

姚轩卿《蠡高随笔》

曲院文藝

●野草

一

我在『自己的園地』中，
撒下了許多玫瑰花的種子。
玫瑰花倒不開，
野草卻蔓延滿地了！

二

我低着頭在湖畔的途上走着，
湖中的水波——
我已無心鑑賞了！

三

時間飛也似的過去，
往事啊——
只是挽着他的手。
頭也不回地一同去了！

四

大地啊！
你與雪姐姐擁抱着的時候，
不要自己以爲沒有污點啊！

於白馬湖

《春晖》半月刊中的《曲院文艺》

宋崇义

一八八三年—一九四二年

字耀枢，号知方，浙江上虞人。清邑庠生。1908年考入浙江官立两级师范学堂优级班，攻读博物专业，为鲁迅先生的学生。毕业后，曾任浙江省立第六中学教员、宗文中学堂教员。宋崇义的专业虽然是博物，但他也喜欢文史，曾指导他的学生干人俊编写《上虞县志》。宋崇义知识渊博，勤于著述，编著有《生理卫生学》《动物学》《植物学》《矿物学》等教科书，饮誉教育界。

1938年8月—1940年7月，宋崇义任春晖中学校长。宋崇义认为上虞处在战区前沿，日军随时有侵扰之可能，为防患于未然，对学生施行“战时教育”，以激发学生的爱国热情、适应恶劣战时环境之需要。宋崇义积极领导师生开展广泛的爱国抗日活动，成绩卓著，赢得社会舆论的一致好评，1939年11月出版的《浙江战时教育文化》月刊对此有较高评价。

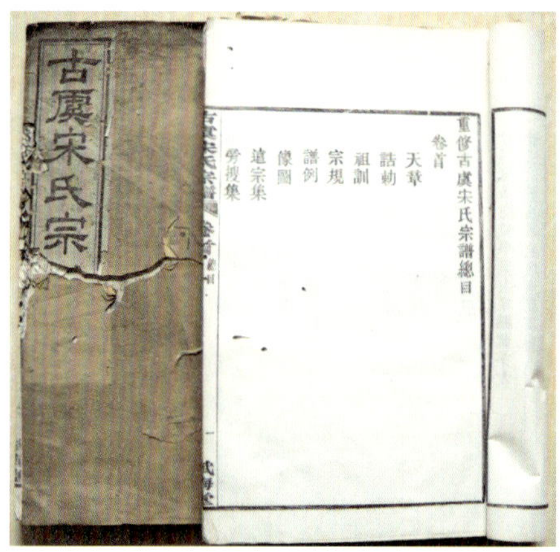

宋崇义家族的《古虞宋氏宗谱》修于民国十三年（1924），八卷首一卷八册。据家谱世系记载，宋崇义字耀枢，号知方，浙江官立两级师范学堂优级班博物科毕业生。

《文化杂志》登载的《未发表的鲁迅先生遗札》。查鲁迅日记，1920年5月4日有“下午寄朱可铭信。寄宋知方信。晚许骏甫来”。

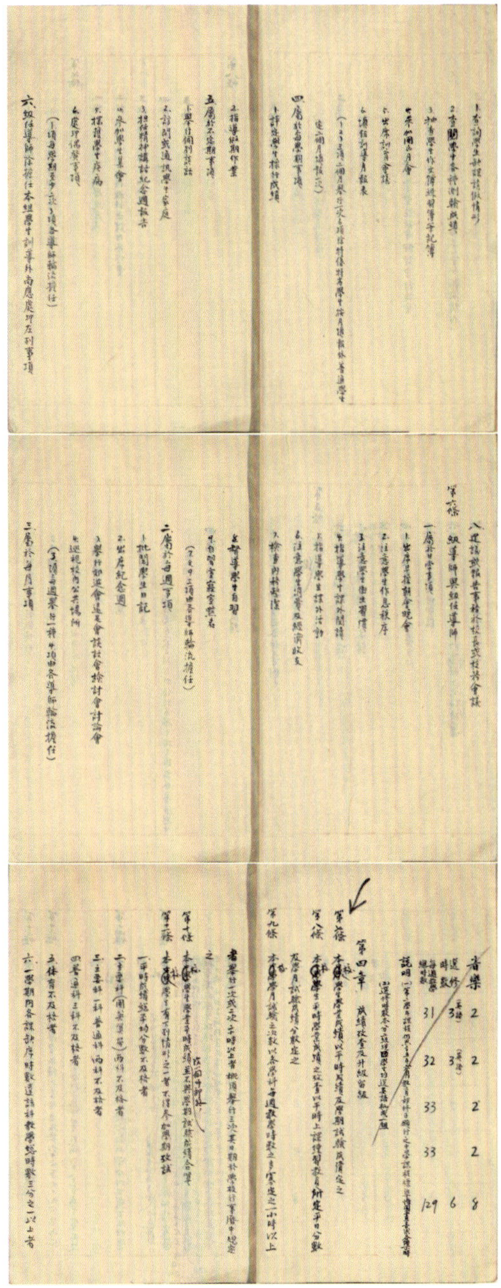

早期《春晖中学校务制度》

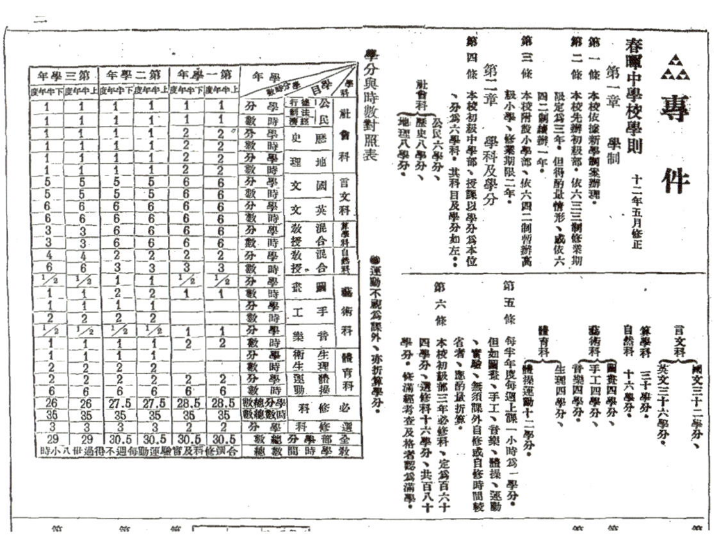

1923年5月修正《春晖中学校学则》

陈树人

一八八四年—一九四八年

名韶，一名哲，又名政，字树人，以字行，别署猛进，号二山山樵、葭外渔子、得安老人，广东番禺人。中华民国时期著名革命家、画家，岭南画派创始人之一。自幼喜爱美术，师事著名岭南画派大师居廉。早年留学日本，毕业于京都府立绘画专门学校和东京立教大学，并追随孙中山从事资产阶级民主革命，历任要职，后在香港的《广东日报》《有所谓报》《时事画报》任主笔，和兴中会办的《中国日报》共同宣传革命，反对康、梁的君主立宪。曾在两广优级师范学堂、广东高等师范学校任教。1922年在香港策划讨伐陈炯明，次年参与国民党改组工作。1924年任国民党中央工人部部长、广州国民政府秘书长、广东省代省长等职。1928年后历任国民党中央执行委员会委员、国民政府中央侨务委员会委员长、国民党中央海外部部长等职。1947年辞职，定居广州，专心作画，与高剑父、高奇峰合称“岭南画派三杰”。其画风清新、恬淡、空灵，独树一帜。1948年10月4日，陈树人因胃溃疡不治，在广州逝世。

陈树人一直拥护孙中山改组国民党的主张和“联俄、联共、扶助农工”的三大政策。大革命失败后，他和何香凝、经亨颐等人组织“寒之友社”。他们三人不仅政治立场一致，在绘画、书法、金石、诗词方面也各有独到的造诣。

白马湖曾经是“寒之友社”同人的雅集之地，1929年4月，经亨颐组织了首次白马湖雅集，参与者就有何香凝、方介堪、陈树人、居若文夫妇等。当时廖仲恺已遇刺身亡，何香凝愤然与蒋介石决裂，时局纷乱，风雨飘摇，社中同人暂时从纷繁复杂的人事与时事中抽身，游历了周边的兰亭山、曹娥江、东湖、禹陵、兰亭、柯岩、鉴湖等地。把酒唱和、诗画言志成为他们表达内心不同流于当局的方式与手段，因此这次雅集的意义非比寻常。

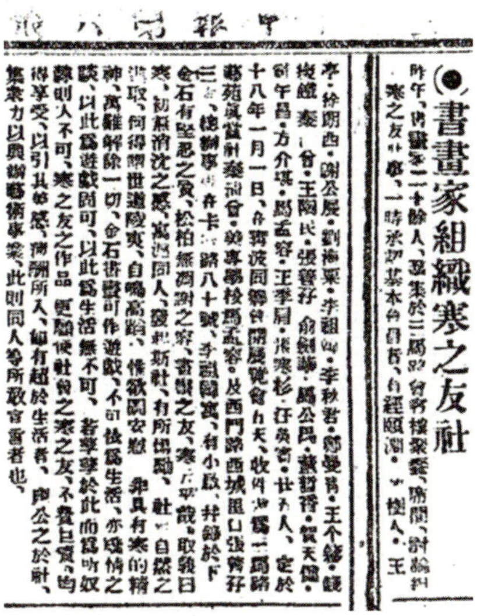

書畫家組織寒之友社

1928年12月17日《申报》报道“寒之友社”成立盛况及《寒之友社宣言》

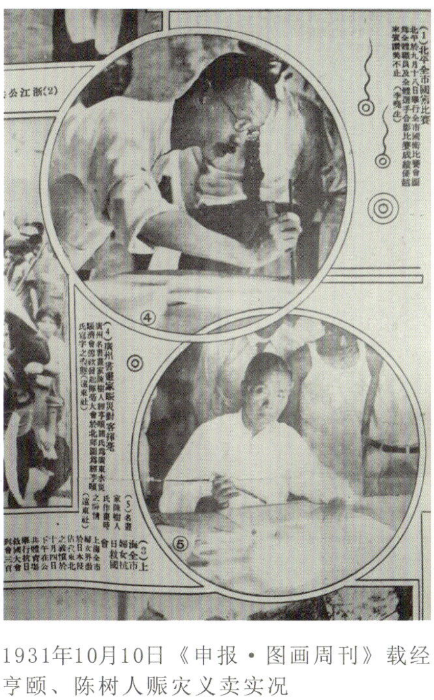

1931年10月10日《申报·图画周刊》载经亨颐、陈树人赈灾义卖实况

1931年元旦陈树人、经亨颐合作《赤松寒友》

1931年7月陈树人、经亨颐合作《名花顽石》，何香凝、刘海粟等题跋。

陈树人、何香凝、经亨颐合作《寒之友》，于右任题跋。

丁超五

一八八四年—一九六七年

丁超五

名得心，字立夫，福建邵武人。革命家、政治家、易学家。清末秀才。1910年毕业于福州格致书院。1911年在邵武中学堂任教，其间加入中国同盟会。1912年当选福建省议会议员。1913年当选国会众议院议员。1917年任孙中山大元帅府参议。1921年任中国国民党本部特设办事处福建省主盟人。1924年被指派为福建省代表，参加国民党第一次全国代表大会。1926年当选国民党第二届全国代表大会候补中央执行委员，任广州国民政府委员会参事。北伐军入闽后，任福建省党部筹备处主任，兼临时政治委员会委员。1927年任福建省建设厅厅长、公路局局长。1928年递补国民党中央执行委员，后历任国民党中央政治会议委员、国民党中央临时特种刑事法庭庭长、国民党中央训练部副部长、立法院立法委员等，因不满蒋介石的独裁政策，旋即去职。1930年参加邓演达领导的中国国民党临时行动委员会（农工民主党前身），又出任华东大学校长。“九一八”事变发生，丁超五当即密电中央，建议团结国内一切力量，联络苏联，共同抗日。在国民党中央执行委员会上，与宋庆龄、何香凝、冯玉祥等联名提案要求恢复中苏邦交。同时与台胞谢南光建立华联通讯社，自任董事长，专事供应反日通讯稿件，鼓舞国人抗战情绪。1935年任检察院江苏区监察使。抗日战争全面爆发后迁居内地，潜心研究《易经》，出版《易理新诠》等。1940年返回邵武创办赈济第十四工厂，所得收入用于接济在抗战中牺牲的英烈遗孤。1945年加入三民主义同志联合会（民联），任中央监察委员。1946年当选福建省参议会会长，通过反对在福建征兵征粮的决议，呼吁“恢复和平，实行民主，以慰群情，而纾民困”，并协助掩护中国共产党地下组织进行革命活动。1947年参与筹组民联福建省地方组织，担任召集人。中华人民共和国成立后任华东军政委员会委员、福建省人民政府副主席、福建省副省长。1955—1958年连续被选为第一、二届中国国民党革命委员会上海市委主任委员。其间先后担任第三、四届民革中央委员和第二、三届中国人民政治协商会议全国委员会委员。

丁超五曾偕夫人徐敏如于1936年8月上旬应经亨颐之邀游览白马湖，宿长松山房。

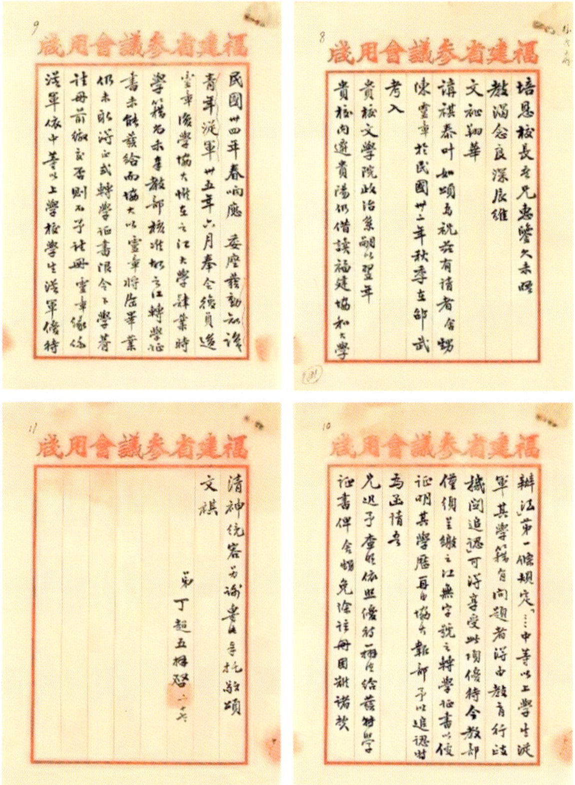

福建省參議會用箋

丁超五致私立之江大学校长李培恩的信札

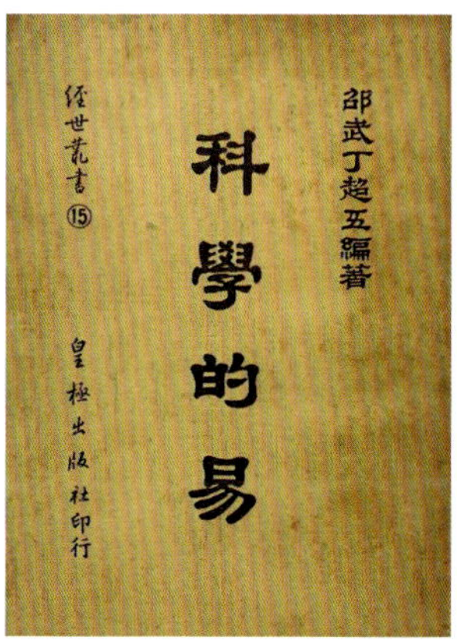

丁超五著《科学的易》

1930年徐悲鸿为丁超五作《伫立秋风》

姜丹书

一八八五年—一九六二年

字敬庐，号赤石道人，斋名丹枫红叶楼，江苏溧阳人，居浙江杭州。中国现代著名书画家、美术理论家，美术教育之先驱。1910年毕业于南京两江优级师范学堂图画手工科，1911年7月应聘到杭州的浙江两级师范学堂，与吕凤子、李健、汪采白、沈企侨等成为20世纪中国第一批美术教师。1924年开始在上海美术专科学校、新华艺术专科学校、国立艺术院、国立杭州艺术专科学校等艺术院校任教。中华人民共和国成立后随上海美术专科学校并入无锡华东艺术专科学校任教授直至1958年退休。先后任教40余年，桃李遍天下，同事有经亨颐、马叙伦、鲁迅、李叔同、夏丏尊、沈尹默、沈兼士、张宗祥等，弟子有吴梦非、刘质平、潘天寿、丰子恺、郑午昌、来楚生等。著述有《美术史》《美术史参考书》《艺用解剖学》《透视学》《丹枫红叶室诗稿》等。

站在美术史的立场上看，姜丹书是旧美术教育的亲历者和终结者，又是新美术教育的开创人。作为一位披荆斩棘的开拓者，姜丹书历时数年，三易讲稿，编纂出《美术史》，1917年由商务印书馆出版，这是第一本中国人撰写的美术史教材。

姜丹书和经亨颐既是同事，又是同道挚友，1928年经亨颐创立“寒之友社”，姜丹书积极响应加入，多次参与展览雅集。1936年7月，姜丹书前往白马湖贺经亨颐周甲之寿，陈纯人、潘天寿同行，长松山房高朋满座，作《白马湖边称觥记》为贺。1937年春，姜丹书应经亨颐之托与潘天寿、姜心白在西湖边仁寿山麓里东山弄内购得坡地数亩，预建“寒之友社”社所。1938年9月经亨颐病逝于上海，六年后其子经利涉遵父遗嘱，放弃“寒之友社”社址继承权，由李祖韩董成其事，姜丹书、汪亚尘副署为证。1949年冬，姜丹书叙写《寒之友社记》，概述建社之渊源，凭吊先生之高怀。

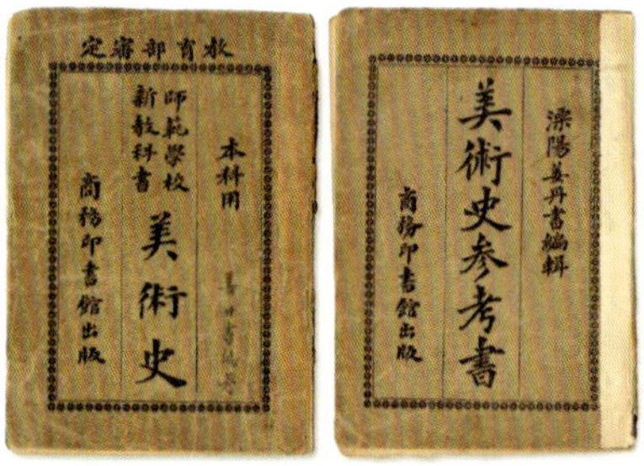

姜丹书的部分著作

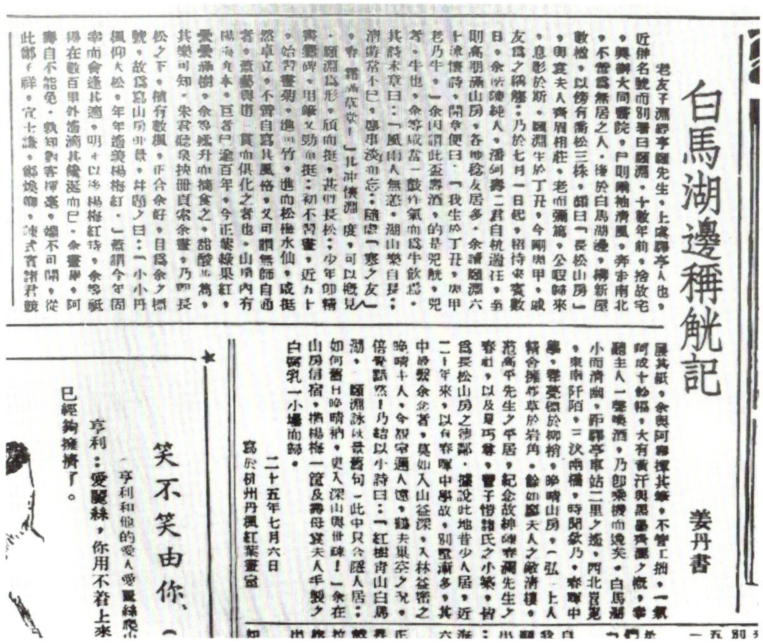

白馬湖邊稱觥記

姜丹書

老友子淵經亨頤先生，上虞驛亭人也。近併名號而別署曰頤淵，十數年前，捨故宅，興辦大同書院，戶則兩袖清風，奔走南北，不嘗為無居之人。後於白馬湖邊，構新屋數椽，以傍有喬松三株，顏曰「長松山房」，與夏夫人齊眉相莊，老而彌篤，公暇歸來，息影於斯。頤淵生於丁丑，今剛周甲，咸友為之稱觴；乃於七月一日既，招待來賓數日。余與陳純人，潘劍壽二君自杭邀往，爰則高朋滿山房，各地稔友居多，余讀頤淵六十述懷詩，開章便曰：「我生於丁丑，周甲老乃牛。」余因謂此盃壽酒，的是兕觥，兕者，牛也，余等咸舉一觥作氣而為牛飲焉。其詩末章曰：「風雨人無恙，湖山樂自長；濟夢常不已，學事淡而忘。」隨處「寒之友」，「亦霜高節豪」，此中懷淵度，可以概見。頤淵為形，頎而挺，其似長松；少年卯精寫碑，用筆又勁而挺；初不習畫，近[illegible]，始習畫菊，進而竹，進而松梅水仙，咸挺然卓立，不嘗自寫其風格，又可謂無師自通者。蓋藝與道，貫而俱化之者也。山房內有楊梅先本，巨者已逾百年，今正纍纍果紅，累累滿樹，余等攀升而摘食之，甜酸兼為，其樂可知。朱君競泉挾冊頁索余畫，乃寫長松之下，植有數楓，正合余好，自為余之標號，故為寫山房小景，并題之曰：「小小丹楓仰大松，年年遙羨楊梅紅。」蓋謂今年固樂而會逢其適，明年以後楊梅紅時，余等祇得在數百里外遙濟其饞涎而已。余畫畢，阿壽自不能免，執知對客揮毫，竭不可開，從此鄭重辭，宜士議，鄭煥卿，陳式育諸君競展其紙，余與阿壽揮其筆，不管工拙，一氣呵成十餘幅，大有黃汗與黑墨齊灑之概，寧朝主人一壺喚酒，乃即乘機而逸矣。白馬湖小而清幽，距驛亭車站二里之遙，西北岸[illegible]，東南阡陌，二次兩橋，時聞欸乃，春暉中學，巍然峙於柳梢，晚晴山房，一弘一上人精舍，擁於草於岩角，餘如廖夫人之敞清樓，范高平先生之平居，紀念故紳陳春瀾先生之春社，以及夏丏尊，豐子愷諸氏之小築，皆為長松山房之德鄰。據說此地昔少人居，近二十年來，以有春暉中學故，別墅漸多，其中最擊余念者，莫如入山益深，入林益密之晚晴十人，今[illegible]遁人遠，鶴去巢空之況，倍覺黯然！乃結以小詩曰：「紅樹青山白馬湖，頤淵詠以景舊句，此中只合隱人居；如何暫日晚晴衲，更入深山與世疎！」余在山房信宿，攜楊梅一筐及壽母夏夫人手製之白腐乳一小罈而歸。

二十五年七月六日
寫於杭州丹楓紅葉畫室

笑不笑由你

（亨利和他的愛人愛麗絲爬山……）

亨利：愛麗絲，你用不着上來……

巳經夠擠了。

1936年7月姜丹书作《白马湖边称觥记》

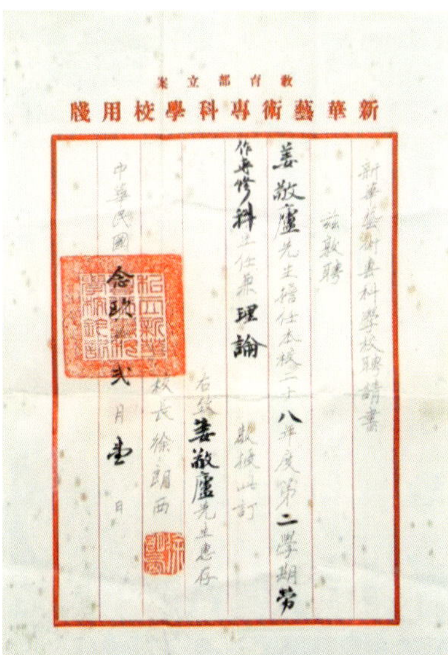

教育部立案

新華藝術專科學校用牋

新華藝術專科學校聘請書

茲敦聘

姜敬廬先生擔任本校二十八年度第二學期

作曲修科主任兼理論

教授此訂

右致

姜敬廬先生惠存

校長徐朗西

中華民國念玖年弍月壹日

1940年新华艺术专科学校致姜丹书聘书

1913年姜丹书于浙江省立女子师范学校留影

20世纪30年代姜丹书、吴茀之、宋寿昌（前排左至右）与同事在上海美术专科学校楼梯前合影

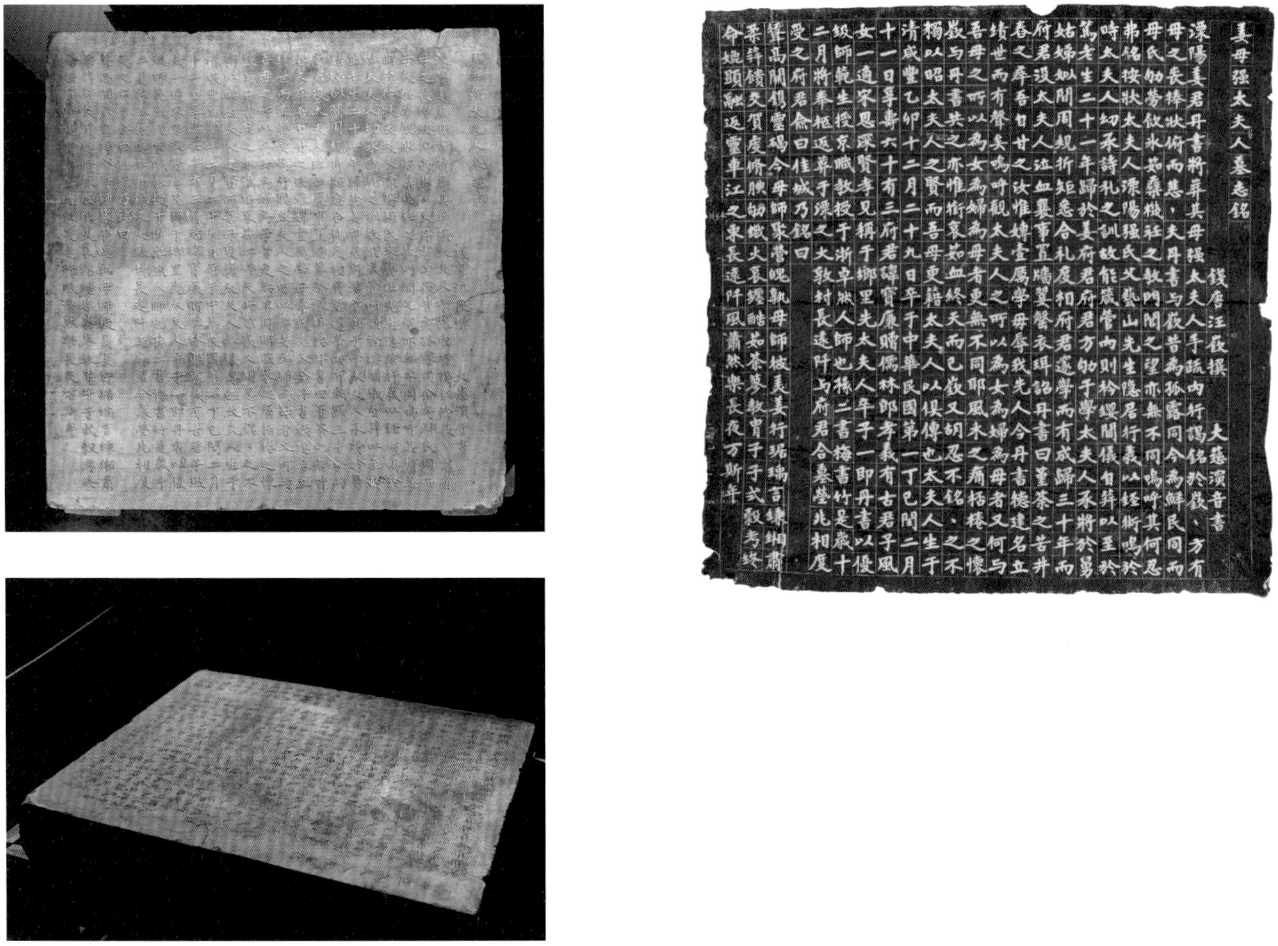

1918年李叔同在俗时绝笔《姜母强太夫人墓志铭》

1917年春，姜丹书之母强太夫人患胃癌逝世。不久，姜丹书即登门求请志同道合、相交甚契的同事李叔同书写墓志铭。此举触动了李叔同悼念自己亡母的哀思，两人相对唏嘘良久，李叔同才答应了下来。但不知为何，当时并未动笔，直到第二年夏天，就在李叔同准备出家的前一天晚上，他才点起一对红烛，伸纸濡毫，一笔不苟地写完了《姜母强太夫人墓志铭》。墓志铭一写完，他就把毛笔折成了两段，了却了在尘世最后一件心事。翌晨，他即悄然入山，到虎跑的大慈寺披剃当了和尚。当姜丹书和经亨颐、夏丏尊等同事好友闻讯赶往学校送行时，已是人去楼空，房中唯见残烛断笔，伴随着这篇端端正正地放在书桌上的墓志铭，上面的署款已是“大慈演音书”了。故此件墓志铭可说是李叔同在俗时的绝笔，又是出家成了弘一法师后的开笔之作。

1961年姜丹书作《红到梢头甜到老》

姜丹书作《旭日东升天下明》

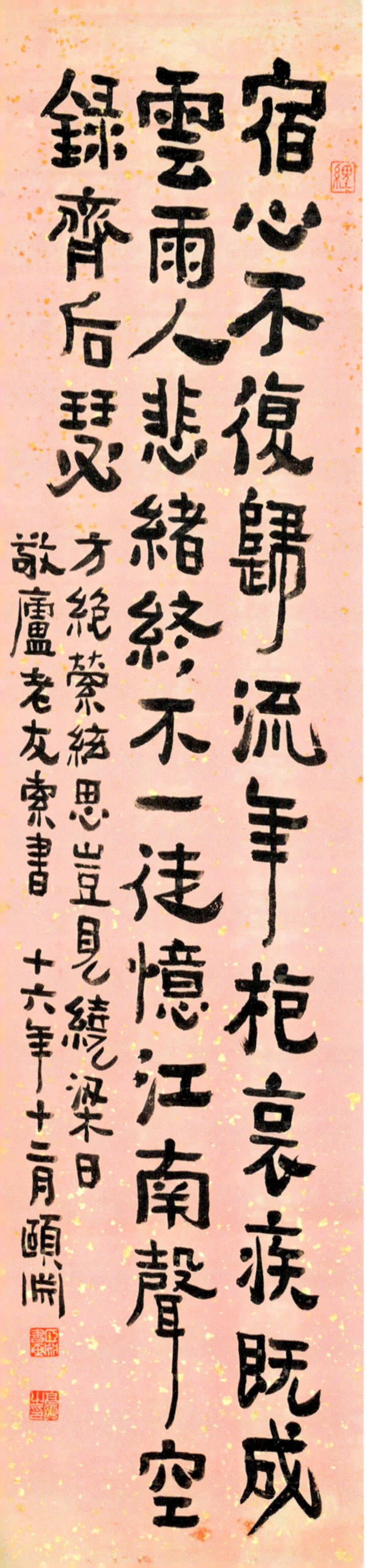

1927年经亨颐为姜丹书作《登云阳九里埭诗》

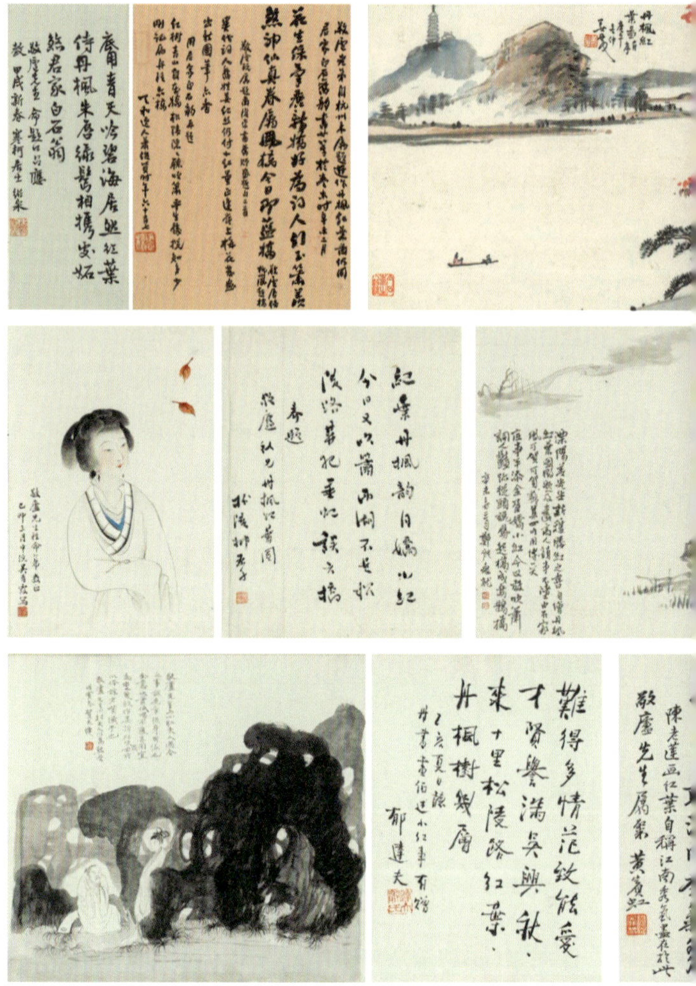

姜丹书、吕凤子、萧俊贤、余绍宋、郑午昌、谢公展、潘天寿、诸闻韵

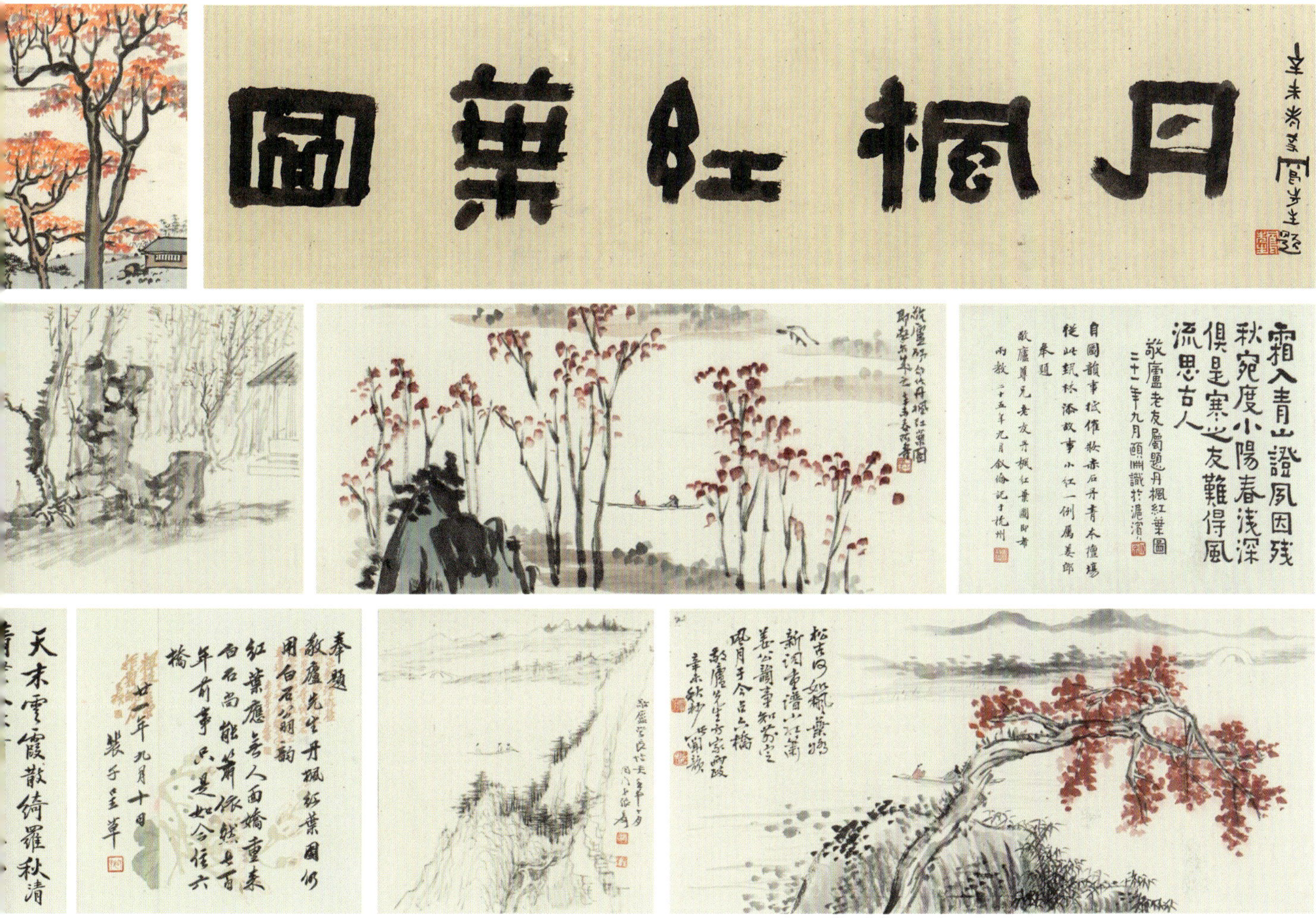

大千、邵裴子、黄宾虹、柳亚子、吴青霞、经亨颐、马叙伦、郁达夫、贺天健、张宗祥等作《丹枫红叶图》卷局部

1930年4月，姜丹书原配夫人汤蕖华第二次中风，久医未愈，遂成半身不遂，瘫痪在床，家庭生活的日常打理出现问题。由夫人提议，姜丹书于当年冬置副室硖石朱红君，乃允先入门作候补，万一正室出缺，即递补。入门后，朱红君服侍病人，甚得欢心，合家安乐。朱红君小字小红，姜丹书姓姜，老师萧俊贤以南宋词人白石道人姜夔之故事相比拟，其他同道好友附和之，姜丹书亦乐得借题作戏，遂将居所取名“丹枫红叶室”，又取别号“赤石道人”，并画《丹枫红叶图卷》，以为定情纪念。同道师友作画、咏诗、题跋者四五十人，有吕凤子、萧俊贤、余绍宋、郑午昌、谢公展、潘天寿、诸闻韵、张大千、邵裴子、黄宾虹、柳亚子、吴青霞、经亨颐、马叙伦、郁达夫、贺天健、张宗祥等，蔚为壮观，一时传为美谈。

张聿光

一八八五年—一九六八年

字鹤苍头，别号冶欧斋主，浙江绍兴人。中国现代画家、艺术教育家、舞台美术家。1885年生于广东高州府，10岁学画，1904年在上海华美药房画照相布景。1905年到宁波盍智堂任国画教师。1907年又返上海，在中国青年会学堂任图画教员。1908年在上海新舞台任舞台布景绘画师。1909年在上海为《民报》绘漫画。1912年与刘海粟创立上海图画美术院并任教授，后改名上海美术专科学校，1914年任校长。1919年，参与创办研制生产绘画颜料的上海马利工艺厂，其产品马头颜料及文化美术用品驰名海内外。1926年起进明星影片公司任美术主任。他在美术布景方面的成就，可算是沪上的先驱。1927年应邀为革命先烈赵声（伯先）塑铜像。1928年任上海新华美术专科学校副校长，参加“寒之友社”。1935年出版《聿光画集》二集。1937年离沪赴宜昌，转重庆，在西南美术专科学校教授国画，在四川、云南、贵州举办画展，特作历代民族英雄系列以唤起民众抗日爱国的热情。中华人民共和国成立后历任上海文史研究馆馆员、中国美术家协会理事及上海分会理事、上海中国画院画师。

张聿光一生兼治中西绘画，为国内外有一定影响的画家，法国、德国艺术馆均收藏其作品。凡花卉翎毛、风景山水、人物、走兽等无所不能。其绘画继承清末杰出画家任伯年的画风，吸取西画技巧而形成自己的面目。构图较多变化，不落俗套，有天真自然之趣。

张聿光原配夫人经麟书，是经亨颐族叔经元善的长女。张聿光和经亨颐既是挚友，又是亲戚，张聿光多次往来白马湖畔，参与“寒之友社”雅集活动，并与经亨颐合画多帧。

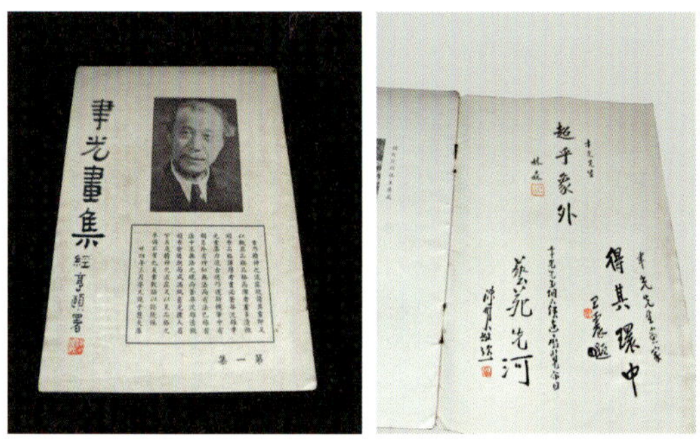

经亨颐题签《聿光画集》

张聿光、经亨颐合作《松鹰图》扇面

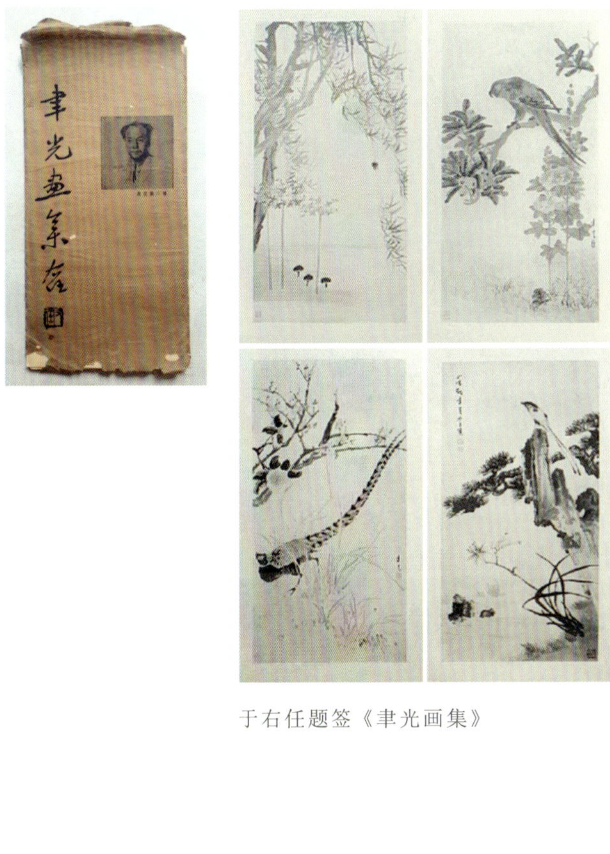

于右任题签《聿光画集》

菊 補 雞 聿光

五夜既無人起舞花開又不見陶公清風晚節
未成幅踏補琅玕葉一叢

经亨颐、张聿光为寄庵合写《踏补琅玕》

五夜既无人起舞，花开又不见陶公。

清风晚节未成幅，踏补琅玕叶一丛。

寄庵即经亨泰，为经亨颐堂兄、三伯经元智长子，字大来，号谱花、寄庵。曾管理敬修义塾日常校务，与经亨颐感情深厚。

张聿光《建设祖国》

张聿光《松鹤寒友》

夏丏尊

一八八六年—一九四六年

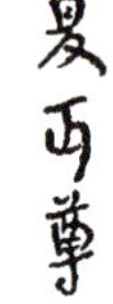

原名铸，字勉旃，后改字丏尊，号闷庵，浙江上虞人。中国著名教育家、文学家、出版家。1901年考中秀才，1905年去日本留学，1908年应聘任浙江两级师范学堂通译助教，后任国文教员，与李叔同为至交，曾与鲁迅先生等参加反对尊孔复古的“木瓜之役”，在浙江省立第一师范学校积极支持校长经亨颐提倡新文化，与陈望道、刘大白、李次九等推行革新语文教育，被誉为“四大金刚”。“一师风潮”后，在湖南省立第一师范学校任教，曾与毛泽东同事。1922年，受经亨颐邀请返回上虞到春晖中学任职。1925年离开白马湖去上海，参与立达中学（后改为立达学园）、立达学会及该会杂志《立达》季刊和《一般》月刊的创办，同时兼开明书店的编辑工作。1927年任上海国立暨南大学中国文学系主任，1929年任开明书店编辑所所长，1930年创办《中学生》杂志。夏丏尊长期从事语文教育和编辑工作，积累了丰富的经验。1933年与叶圣陶共同写成的读写故事《文心》，连载于《中学生》，次年由开明书店出版，该书被誉为“在国文教学上划了一个时代”。还出版了《文艺讲座》、散文集《平屋杂文》等书。1936年当选中国文艺家协会主席。抗日战争期间，坚守气节，矢志不为日本人做事，被捕后亦正气凛然，坚贞不屈。1946年病逝于上海，归葬白马湖故居后象山上。著译作品结集为《夏丏尊文集》凡三集。夏丏尊一生为文化运动和民主运动建立了不可磨灭的功绩。

任教春晖中学期间，夏丏尊协助经亨颐筹备开校事宜，邀请一批志同道合的朋友如丰子恺、刘薰宇、朱自清、刘叔琴等到春晖践行教育理想。其间，他担任国文教师兼出版部主任，倡导“爱的教育”，主张男女同校，注重教学改革，积极参与“五夜讲话”，创办《春晖》半月刊，投入文学创作，成为白马湖作家群的核心人物，为春晖之名闻遐迩做出重要贡献。夏丏尊还在春晖北校门外择地建造私宅“平屋”，寄寓“平凡”“平淡”之意。在平屋，创作有《平屋杂文》，翻译了《爱的教育》，更留下文人雅聚、把酒言欢的佳话。1991年，夏丏尊亲属将平屋捐赠给上虞市人民政府，由春晖中学管理。

1939年6月，夏丏尊（前排左六）与立达学园高中部普通科第十二班毕业生合影。

1928年3月，叶圣陶、章锡琛、胡愈之等来白马湖访夏丏尊（右一），在平屋前摄影留念。

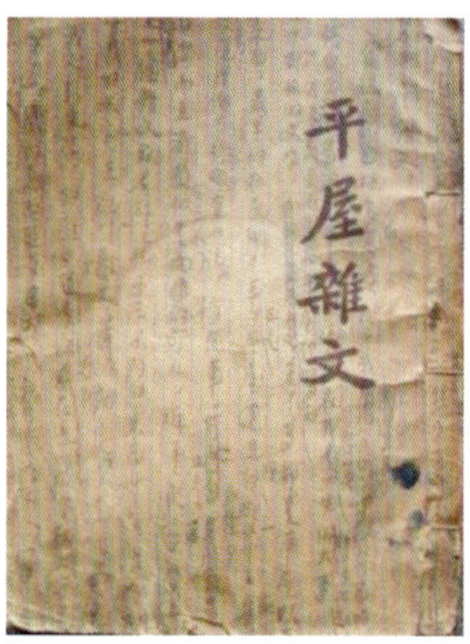

夏丏尊著《平屋杂文》

平屋外景

平屋庭院

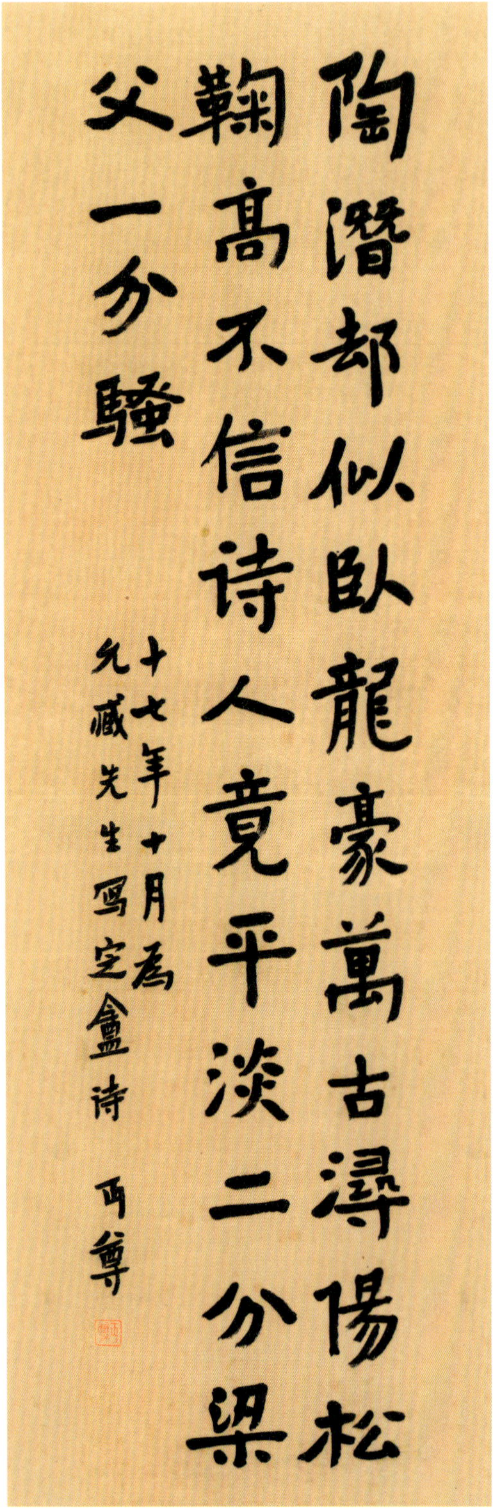

1928年10月夏丏尊书赠范寿康《定庵诗》

20世纪30年代初“开明书店”聚会，前排左二为章锡琛，左三为索菲。二排左四为巴金，三排右三为林语堂，右四为夏丏尊，右五为宋云彬。后排左一为叶圣陶，左二为徐调孚，左三为钱君匋，左四为胡愈之，左五为茅盾，左七为章克标，左八为夏衍。

1936年6月，夏丏尊（左三）在中国文艺家协会成立之日。

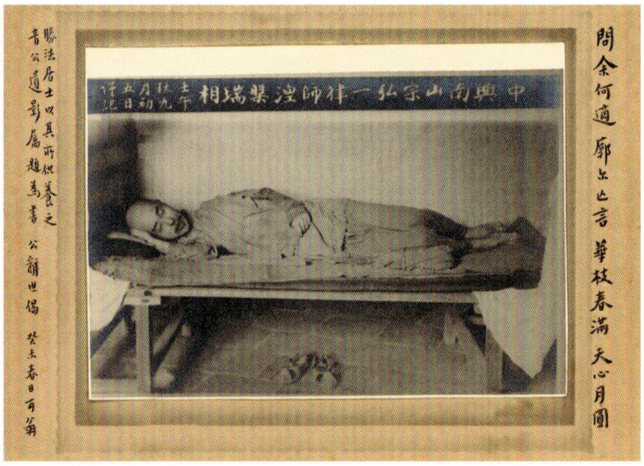

夏丏尊题弘一法师圆寂照片

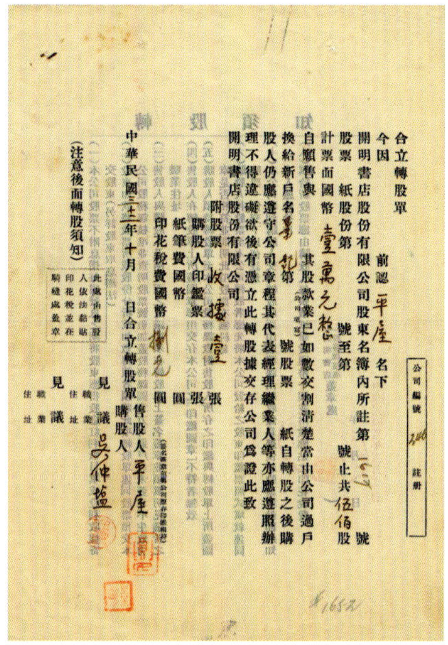

夏丏尊开明书店转股单签字“平屋”

夏丏尊（左）在浙江省立第一师范学校任教时，与李叔同祭孔时留影。

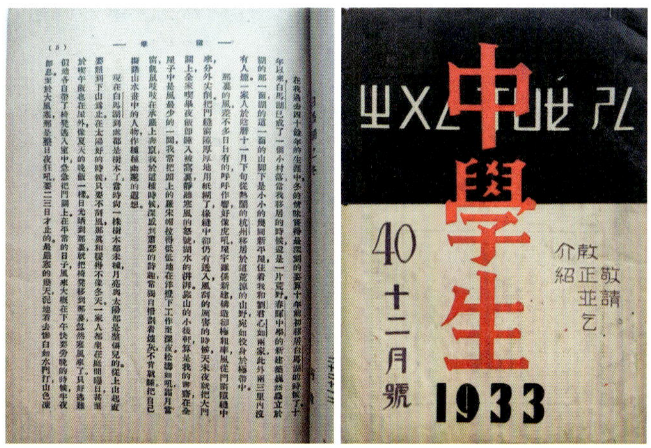

1933年12月《中学生》杂志刊登夏丏尊散文《白马湖之冬》

文萃 •15•

悼念夏丏尊先生

夏丏尊先生傳略：

夏丏尊先生浙江上虞人。早歲留學日本，學陶磁工業。歸國後，歷任浙江兩級師範學堂——辛亥革命後改組爲浙江省立第一師範學校舍監及國文教師十餘年。五四運動時，第一師範爲東南新文化運動主要堡壘，校長經子淵先生等受反動派攻擊去職，丏尊先生同時離校。其後歷任湖南省立第一師範，浙江春暉中學等校國文教師，與匡互生、劉薰宇、豐子愷諸氏在上海創辦立達學園，兼任暨南大學國文教授。十五年起，專任開明書店編譯所主任，先後創辦「一般」及「中學生」雜誌。「八一三」全面抗戰後，留居上海，物質生活極爲貧困，文化漢奸及其日本友人，常相糾纏，先生艱貞自守，絲毫不爲所動。民國卅二年冬，一度被日憲兵所逮，羈囚十日。去年夏季患肋膜炎，臥病數月。從此體力愈發衰弱。今年一月下半月起，病勢轉劇，醫治無效，至四月二十三日晚九時四十五分逝世，享年六十一歲。夏先生譯著有「文藝論ABC」（世界書局出版），「平屋雜文」，「愛的教育」，「續愛的教育」，「近代戀愛觀」，「文章作法」（與劉薰宇合著），「文心」，「文章講話」（上兩書與葉聖陶合著）（以上各書均開明書店出版）「棉被」（商務印書館出版）等十餘種。未完成著作有開明小辭典。

從此不再聽見他的聲音

葉聖陶

四月二十二日上午，去看丏翁。他朝裏側睡，連聲呻吟。醫生還沒來，昨日醫生說他心臟轉弱，開了強心劑給他服下，又吩咐預備葡萄糖，將給他注射。過了一小時光景，他作勢要坐

《中学生》上悼念夏丏尊的文章

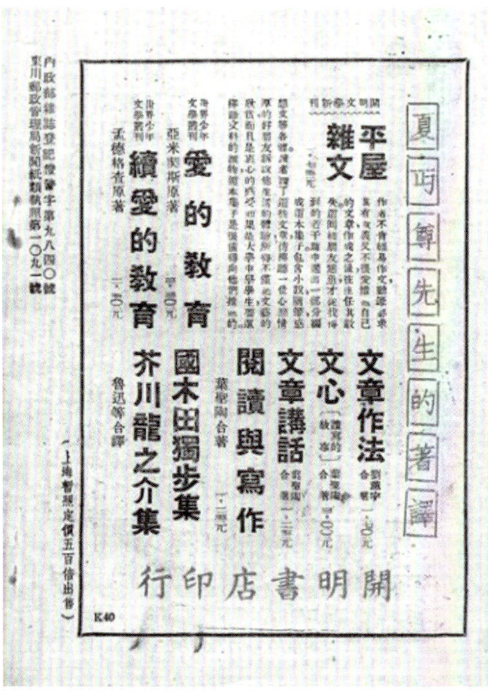

夏丏尊先生的著譯

平屋雜文

愛的教育 亞米契斯原著

續愛的教育 孟德格查原著

文章作法 劉薰宇合著

文心 葉聖陶合著

文章講話 葉聖陶合著

閱讀與寫作 葉聖陶合著

國木田獨步集

芥川龍之介集 魯迅等合譯

開明書店印行

夏丏尊部分著译

社論

悼夏丏尊先生

1946年4月27日重庆《新华日报》发表社论《悼夏丏尊先生》

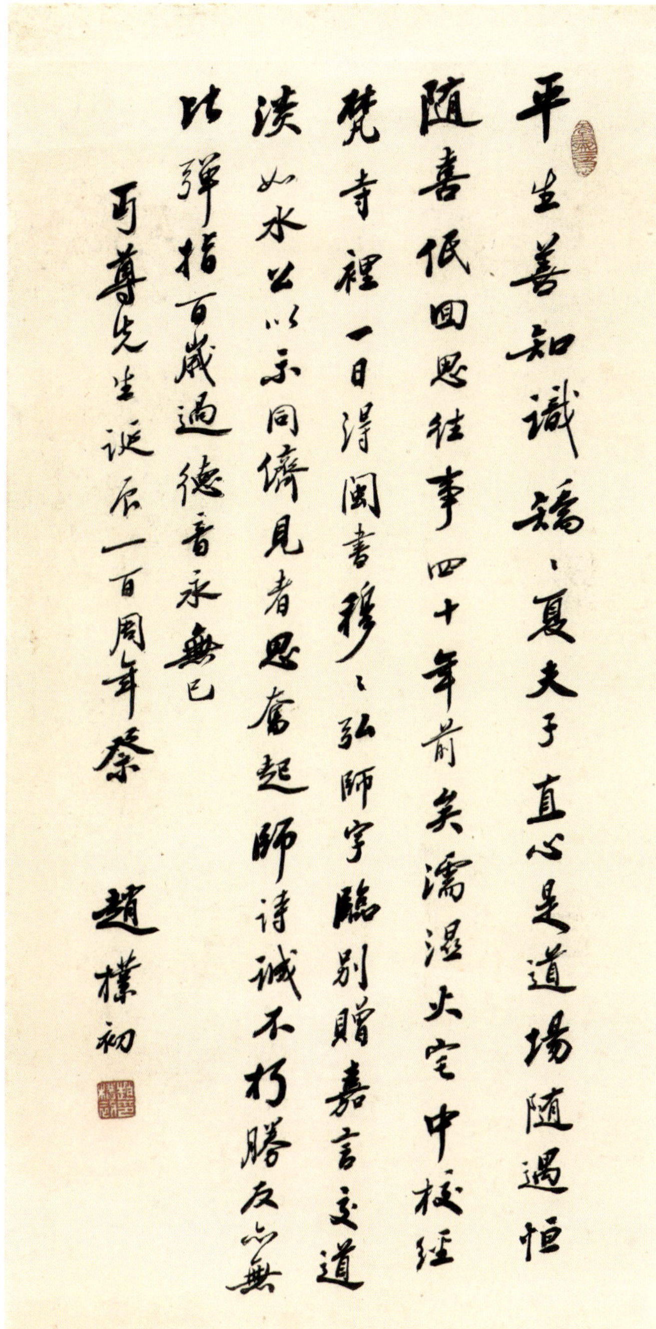

赵朴初《丏尊先生诞辰一百周年祭》

平生善知识，矫矫夏夫子。
直心是道场，随遇恒随喜。
低回思往事，四十年前矣。
濡湿火宅中，校经梵寺里。
一日得闽书，穆穆弘师字。
临别赠嘉言，交道淡如水。
公以示同侪，见者思奋起。
师诗诚不朽，胜友亦无比。
弹指百岁过，德音永无已。

陶冶公

一八八六年—一九六二年

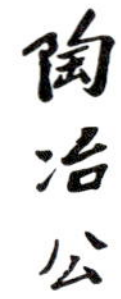

原名铸，字冶公，号望潮，别号浩霜，祖籍浙江绍兴，生于福州。民主革命家。少年时就读于福州蒙学新会。1904年进入绍兴东湖通艺学堂，后考入浙江高等学堂预科，师从马叙伦、张宗祥、邵裴子等。1905年赴日留学，其间结识孙中山、鲁迅、廖仲恺等，并加入中国同盟会。同时任《民报》发行部干事。1909年毕业后考取长崎医学专门学校药科。1910年加入光复会。辛亥革命爆发后休学回国，任沪军先锋队第五队指挥官，参加光复南京之役。1912年返回长崎继续求学。1918年，入保定陆军军官学校陆军讲武学堂。1923年任陆军少将咨议。1926年加入国民革命军，随军北伐。武汉光复后被湖北政务委员会主席邓演达任命为汉口特别市卫生局局长。同年加入中国国民党。1927年后任国民政府军事委员会政治训练部代理主任、国民革命军第四集团军前敌总指挥部政治训练主任。1930年参加反蒋活动。1933年任中央公务员惩戒委员会委员。中华人民共和国成立后，历任浙江省人民代表大会代表、中国人民政治协商会议浙江省委员会委员、中国国民党革命委员会浙江省委员会委员、民革中央团结委员、绍兴市人民委员会委员、中国人民政治协商会议绍兴市委员会常委、民革绍兴市委员会副主委、浙江省文史研究馆馆员等职。

陶冶公曾于1932年3月25日来白马湖访经亨颐。

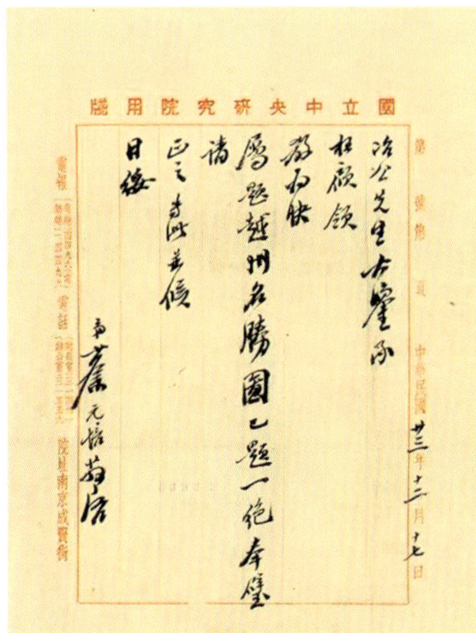
國立中央研究院用牋

1934年12月17日蔡元培致陶冶公便笺

陶冶公（左二）、陈伯平（左三）等绍兴籍光复会会员在上海蠡城学社拍摄的合影

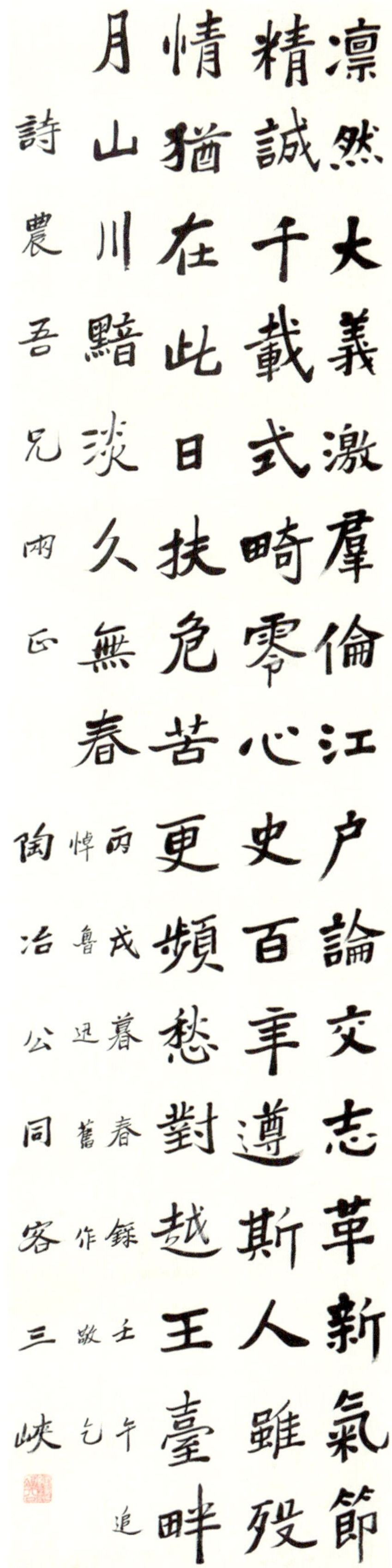

1946年陶冶公书录《追悼鲁迅旧作》

柳亚子

一八八七年—一九五八年

本名慰高，字安如，改名人权，字亚卢，再改名弃疾，字稼轩，江苏吴江人。政治家、文学家。早年中秀才。1903年就读于上海爱国学社，结识章炳麟、蔡元培等。1906年经陈陶遗、朱少屏等介绍加入中国同盟会，并在健行公学任国文教员，主编反清刊物《复报》。又经蔡元培介绍加入光复会。1909年与高天梅、陈去病等组织“南社”，以文学号召民族革命，任书记员。1912年任南京临时总统府秘书。1914年当选南社主任。1923年在家乡创办《新黎里》杂志，倡导新文化运动。同年与叶楚伧、邵力子等组织“新南社”，被推为社长。1926年当选国民党第二届中央监察委员，出席中央委员会全体会议。1931年“九一八”事变后与何香凝在沪创办国难救护队，任后方理事会副主席兼经济部长。1932年被聘为上海通志馆馆长。1933年参与营救被国民党当局拘捕的廖承志。抗日战争全面爆发后困守上海，从事南明史料搜集整理工作。1941年为“皖南事变”与宋庆龄、何香凝等联合发表宣言斥责当局，被开除国民党籍。1945年底与李济深、谭平山等筹组三民主义同志联合会，任文教委员会主任委员。1948年发起中国国民党革命委员会，当选中央监察委员会主任。1949年作为民革代表出席中国人民政治协商会议第一届全体会议。中华人民共和国成立后，历任中央人民政府委员、华东行政委员会副主席、中央文史研究馆副馆长、全国人民代表大会常务委员会委员等职。著有《磨剑室诗集》《南社纪略》《怀旧集》《乘桴集》《南游集》等。编著《苏曼殊全集》。

柳亚子夫妇曾于1932年10月16日同朱少屏、徐蔚南来白马湖游览，宿长松山房，留有《题白马湖图》诗：“红树青山白马湖，雨丝烟缕两模糊。欲行未忍留难得，惆怅前溪闻鹧鸪。”

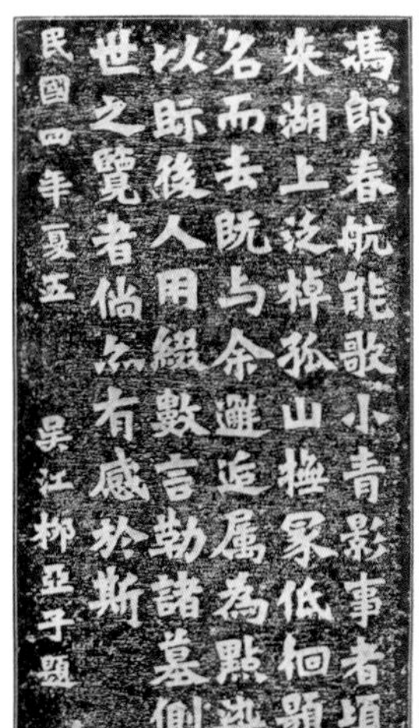

《冯小青墓题名》，柳亚子撰，李叔同书。

1904年，同里自治学社，前排中站立者金松岑，前排右四单腿跪者柳亚子。

南社在苏州虎丘张公祠举办首次雅集，前排右二为柳亚子。

1944年西南剧展期间，柳亚子与田汉、欧阳予倩等著名文化界人士在桂林合影。

柳亚子的“磨剑室”

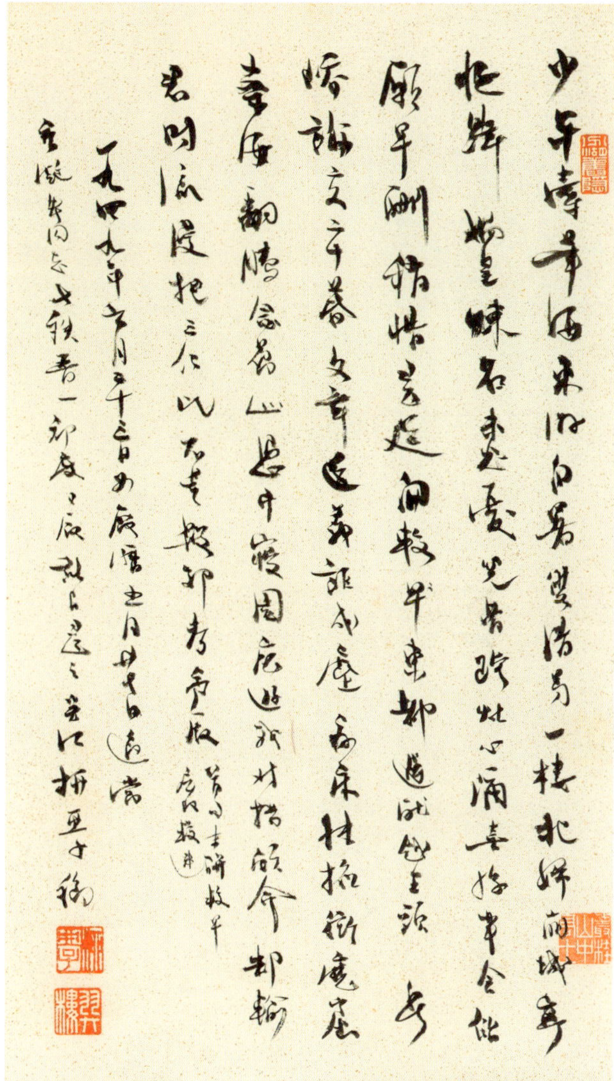

柳亚子诗颂书作

辛亥革命时期的柳亚子

1931年何香凝作《松菊》，柳亚子小楷款题300多字长诗。

卌年革命中山孙，廖何仙俪同及门。
苌弘埋血死不朽，周嫠恤纬今犹存。
当年南粤盛才人，跋扈早识桓将军。
新亭涕泪河朔饮，酒徒一散都如云。
微言愧我称先见，慷慨长辞粤王殿。
杜门已悔锥处囊，亡命还愁剑到面。
多君仍挺鲁阳戈，赣鄂从征冒矢箭。
武昌虽小正朔尊，巍然坐看玄黄战。
可怜驽马啮骗骢，水火朝端论不同。
三户亡秦乖语谶，九章哀郢悲回风。
过江名士多于鲫，惟君杰出群流中。
一恸昭陵毕万缘，誓言去国凌长空。
去国三年居海上，笔床茶灶东西向。
补天炼石梦荒唐，滴粉研朱情惘怅。
余技丹青迥绝伦，羞为凡葩写形相。
后凋松菊入画图，雪虐霜饕岂沮丧。
文章有道交有神，唯我与君同性真。
江山摇落千行泪，家国兴亡我辈人！
秦庭大夫宁足骂，陶家三径岂嫌贫。
吁嗟乎！
劲质孤芳世已稀，愿君善葆坚贞身。
二十年春奉题香凝松菊巨幅，亚子柳弃疾稿，时客海上。

沈仲九

一八八七年—一九六八年

原名铭训，号仲九，浙江绍兴东浦人。陈仪内弟，光复会会员，“绍兴三杰”之一。少时师从徐锡麟，后去日本、德国留学，归国后任浙江两级师范学堂、浙江省立第三师范学校、上海吴淞中国公学教师，中华书局编辑。陈仪主闽时，他出任福建省府秘书，被人称为陈的“智囊”“理论权威”；后改任顾问，在“县政人员训练所”代陈仪主持工作，成为福建省人事制度的策划者和执行者，其新制度曾得到国民党中央嘉奖。在新文化运动中提倡新思想，激扬文字，与陈望道、李汉俊、邵力子、刘大白等同为星期评论社成员，主编浙江省教育会《教育潮》。对巴金那一代青年有过甚大影响，被曹聚仁誉为“五四运动中转移东南风气的人”和“社会运动的导师”。上海解放前夕，沈仲九策划陈仪起义，因被汤恩伯出卖，陈仪被判死刑。1950年起沈仲九在中华书局修订《辞海》，1955年2月，任上海文史研究馆馆员。著有《中国伦理思想史料辑书》《中国伦理思想史略》等书。1968年在上海病逝。

沈仲九曾于1923年11月和1924年4月两次到访春晖中学。第二次来时在大礼堂做了讲演，题为《现代青年课外必修的一种科目》。

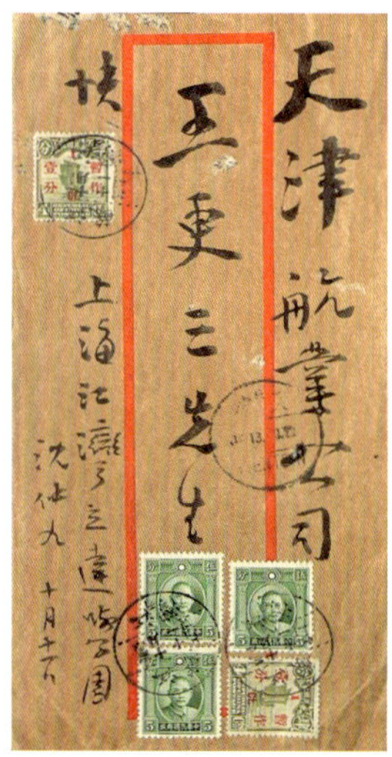

沈仲九在立达学园时致王更三信件

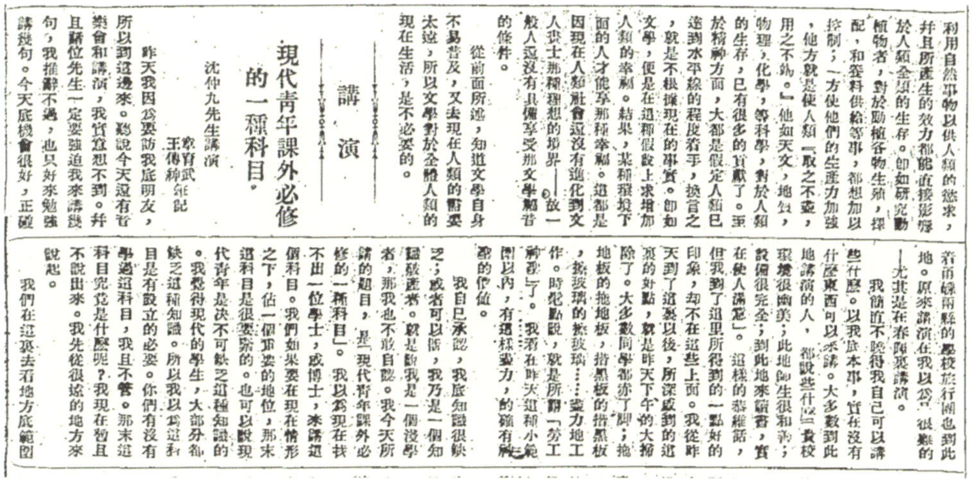

利用自然事物以供人類的慾求，并且所產生的效力都能直接影響於人類全類的生存。即如研究動植物者，對於動植各物生殖，採配，和蠶料供給等事，都想加以控制；一方使他們的生產力加強，他方就是使人類『取之不盡，用之不竭。』他如天文，地質，物理，化學，等科學，對於人類的生存，已有很多的貢獻了。至於精神方面，大都是假定人類已達到水平線的程度着手，換言之，就是不根據現在的事實。即如文學，便是在這種假設上求增加人類的幸福。結果，某種環境下面的人才能享那種幸福。這都是因現在人類社會還沒有進化到文人我士那種理想的境界——故一般人還沒有具備享受那文學藝術的條件。

從前面所述，知道文學自身不易普及，又去現在人類的需要太遠，所以文學對於全體人類的現在生活，是不必要的。

講演

現代青年課外必修的一種科目。

沈仲九先生講演

黎育武 王傳紳 筆記

昨天我因爲要訪我底朋友，所以到這邊來。聽說今天這有音樂會和講演，我實意想不到。并且諸位先生一定要強迫我來講幾句，我推辭不過，也只好來勉強講幾句。今天底機會很好，正碰着[illegible]兩縣的學校旅行團也到此地。原來講演在我以爲很難的——尤其是在春暉裏講演。

我簡直不曉得我自己可以講些什麼。以我底本事，實在沒有什麼東西可以來講。大多數到此地講演的人，都說些什麼「貴校環境很幽美；此地師生很和藹；設備很完全；到此地來簡直，實在使人滿意」。這樣的恭維話，但我到了這里所得到的一點好的印象，却不在這些上面。我從昨天到了這裏以後，所深感到的這裏的好點，就是昨天下午的大掃除了。大多數同學都赤了脚；拖地板的拖地板，揩黑板的揩黑板，揩玻璃的揩玻璃……盡力地工作。時髦點說，就是所謂「勞工神聖」了。我看在昨天這種小範圍以內，有這樣盡力，的確有神聖的價值。

我自己承認，我底知識很缺乏；或者可以說，我乃是一個知識破產者。就是說我是一個沒學者，那我也不敢自認。我今天所講的題目，是「現代青年課外必修的一種科目」。我以爲現在找不出一位學士，或博士，來講這個科目。我們如果要在現在情形之下，佔一個頂要的地位，那末這科目是很要緊的。也可以說現代青年是決不可缺之這種知識的。我覺得現代的學生，大部分都缺乏這種知識。所以我以爲這科目是有設立的必要。你們有沒有學過這科目，我且不管。那末這科目究竟是什麼呢？我現在暫且不說出來。我先從很遠的地方來說起。

我們在這裏去看地方底範圍

1924年5月《春晖》半月刊登载沈仲九讲演的《现代青年课外必修的一种科目》记录稿

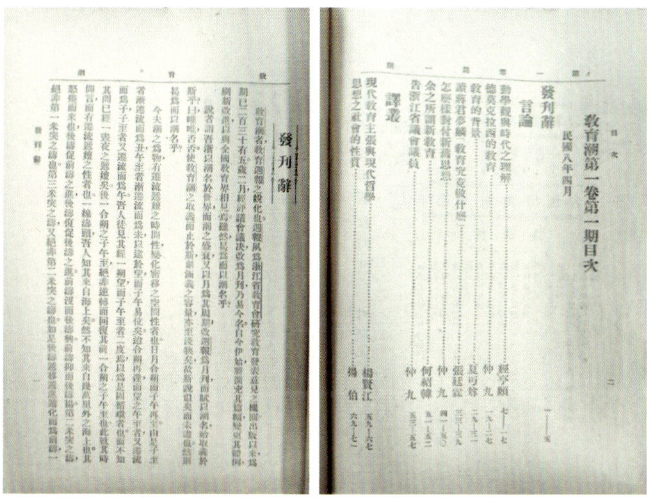

教育潮

第一卷第一期

民國八年四月出版

浙江省教育會發行

1919年4月沈仲九主编的《教育潮》第一卷第一期

冯寿梅

一八八八年—一九五七年

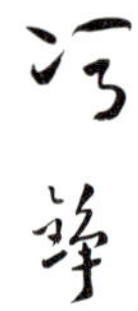

名铮，字铁生，号钝伯，上虞横塘人。1904年入绍兴乡绅陶浚宣创办的东湖通艺学堂学习，1905年考入上虞官立县学堂。1907年考入国立浙江高等学校读预科，1912年正科毕业，执教于杭州公立外国语专门学校。1914年任上虞县立第一高等小学校长。1922年8月起，先后任教于上海私立澄衷中学、上虞县中学生战时补习学校、浙江省立第四中学、宁波效实中学等。系上虞县参议会议员、越风社发起人。擅书法篆刻及诗词，编著有《钝伯印存》《鸡鸣集》，其中《鸡鸣集》由陈布雷题写书签。

冯寿梅1917—1922年任春晖小学校长，1938—1939年任春晖中学国文史地教员。先生学养深厚，为人刚正，对学生勤教严管之余不乏诙谐幽默。1947年出版的《鸡鸣集》中，有《哀春晖》一诗，记录了抗日战争时期春晖中学图书、仪器、药物被日军劫掠惨状，强调“此恨此仇慎勿忘”，教育后人要“歼灭丑类先除狼”。此诗文可谓春晖中学校史中的一页实录写真、一曲沉痛悲歌。

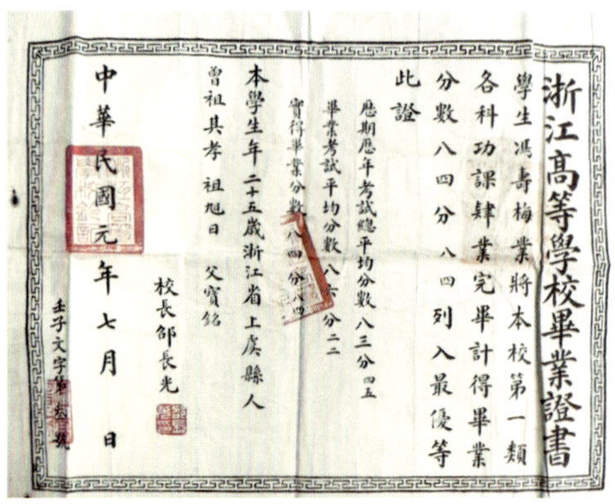

浙江高等學校畢業證書

學生馮壽梅業將本校第一類各科功課肄業完畢計得畢業分數八四分八四列入最優等

此證

歷期歷年考試總平均分數八三分四五
畢業考試平均分數八六分二二
實得畢業分數八四分八四

本學生年二十五歲浙江省上虞縣人

曾祖具孝 祖旭日 父寶銘

校長邵長光

中華民國元年七月 日

壬子文字第[illegible]號

1912年7月冯寿梅浙江高等学校毕业证书

1936年冯寿梅与家人合影留念

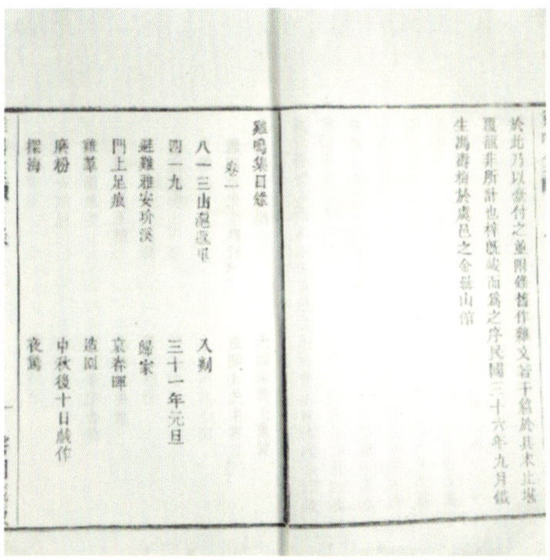

覆瓿非所計也梓既竣而爲之序民國三十六年九月鐵
生馮壽梅於虞邑之金嶽山館

雞鳴集目錄
卷一
八一三由滬返里　入剡
四一九　三十一年元旦
避難雅安圻溪　歸家
門上足疾　哀春暉
雜草　遊園
藥粉　中秋後十日戲作
探海　夜驚

1947年冯寿梅出版的《鸡鸣集》目录，此书由其抗日战争全面爆发后撰写的避乱及时事见闻文稿整理而成，文章血泪珠玑，铿锵有力，堪称“抗日诗史”。

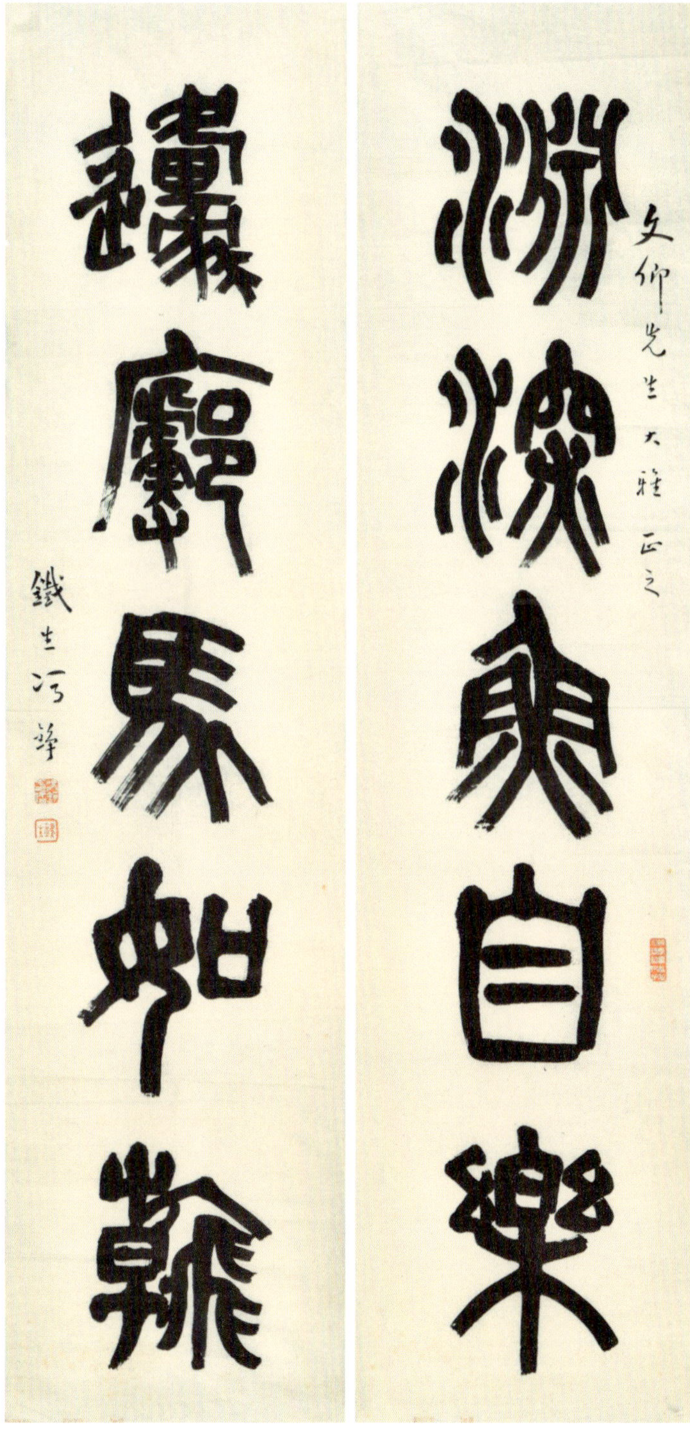

冯寿梅篆书“渊深鱼自乐；原廓马如翰”联

尤墨君

一八八八年—一九七一年

尤墨君

原名为尤志痒，字玄甫，亦作玄父，号墨君，江苏吴县（今属苏州）人。曾任浙江省立第一师范学校、浙江省立衢州师范学校、浙江省立第六中学、绍兴稽山中学、上海浦东中学等学校教员。尤墨君是南社社员，与弘一法师颇有交往，1931年5月，弘一法师由上虞法界寺致弟子刘质平一函中谈到“尤玄父居士，人甚忠厚，于去冬曾寄《募资缘起》至法界”。1934年8月18日，鲁迅以“白道”的笔名在《中华日报》上发表《奇怪（二）》一文，开头就是：“尤墨君先生以教师的资格参加着讨论大众语，那意见是该极看重的。”抗日战争开始，尤墨君回到了苏州，受聘于崇范女子中学，常在《苏州新报》撰文，署名“槁蝉”。20世纪50年代后期，尤墨君由费孝通推荐任职于苏州文物管理委员会（今苏州博物馆）。著作有《碧玉串》《新苏州导游》等，又与蒋箸超、张冥飞等合作《古今小说评林》。20世纪30年代尤墨君曾应春晖讲演之约，游白马湖两次。

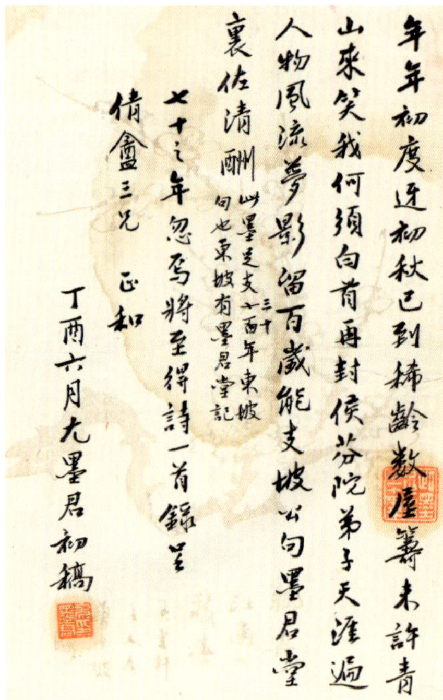

年年初度近初秋已到稀龄数屡筹未许青山来笑我何须白首再封侯芬陀弟子天涯遍人物风流梦影留百岁能支坡公句墨君堂裏佐清酬 此墨[illegible]年东坡句也东坡有墨君堂記

七十之年忽焉将至得诗一首录呈

倩盦三兄 正和

丁酉六月尤墨君初稿

尤墨君致吴湖帆诗稿

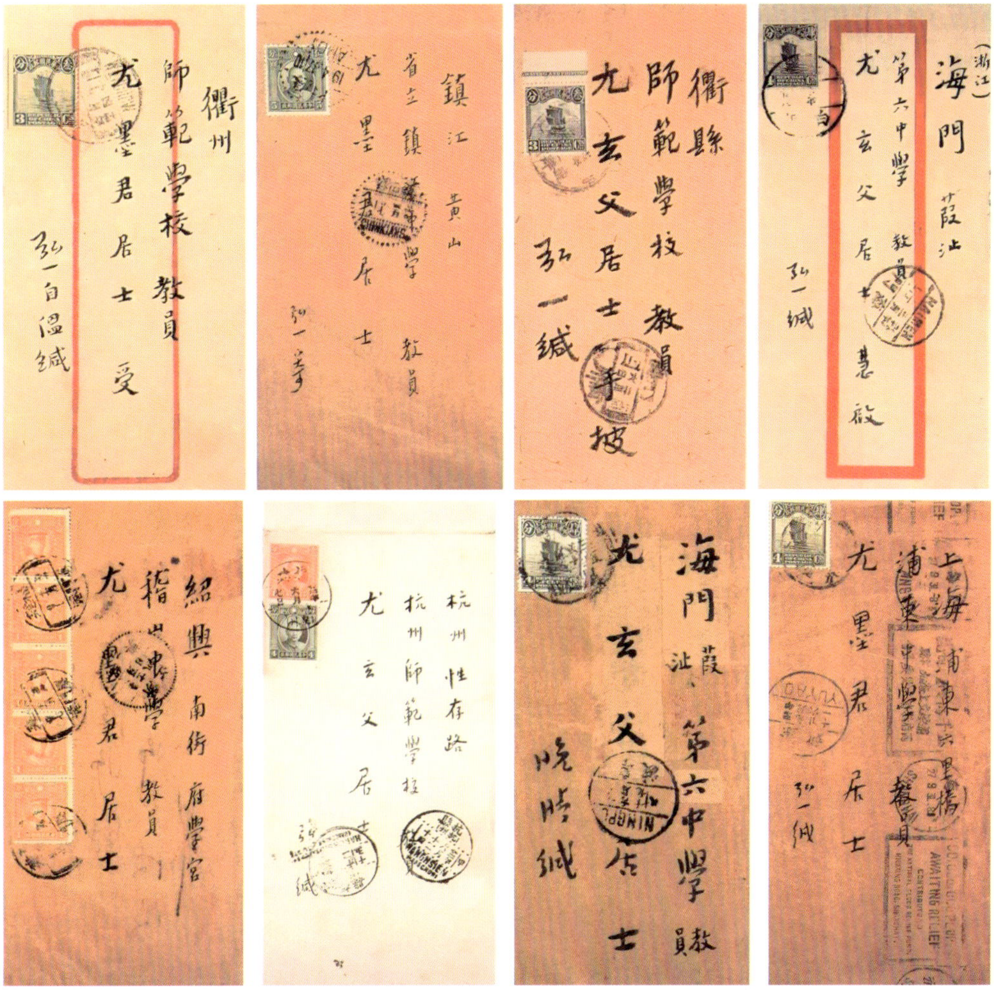

弘一法师致尤墨君在各个学校时期的信件

1924年4月弘一法师离衢赴瓯，临别在祥符寺拍照留念，后三人左起为尤墨君、吴南章、毛善力。

红树青山白马湖

尤墨君《槁蝉文集》

在沪杭甬铁路的甬段间，有个小小的车站，叫作驿亭站。位于上虞县北，相传是昔越王勾践折梅一枝，令驿使寄吴处。

出站折而左，迤逦走去，不多路，即可望见一个莹然澄澈的碧湖，那就是白马湖。水光若镜，万象倒入，映人须眉都碧。若论湖水的澄澈，一个西湖也不足以比拟，因为西湖水是清中带浊的；还是湖州的碧浪湖和绍兴的鉴湖可以差相伯仲罢。

湖三面环山，三十六涧水悉汇于此。虽无波澜壮阔之观，然当三秋佳日，驾一叶扁舟放乎中流，曳纶垂钓，仰而四眺，则那红的树，青的山，真如一幅幅的山水小品，在我面前展开来，仿佛人在画图中。此景又岂碧浪湖和鉴湖所能比拟。因为碧浪湖终嫌离市廛太近，而鉴湖则已渐废为田，故亦无复如太白所咏“鉴湖三百里，菡萏发荷花”之观了。

湖岸人家，寥寥可数，已故中委经亨颐及近代作家夏丏尊二氏寓庐即筑于湖旁，然亦“门虽设而常关”的。还有一座巍巍大厦，这即是经、夏二氏等所创立的春晖中学，在以前亦曾闻名于东南各省过。湖岸既无市廛，又鲜民舍，倘使没有春晖中学弦歌之声，则除棹樵歌渔唱外，所可闻到的，恐不过是鸡犬之声，简直可把白马湖当作世外桃源观了。

湖边小丘上还有一所晚晴山房，已故弘一法师曾在那里习静过。这山房是法师五十世寿时，其故旧弟子为他醵金而筑的，小舍三楹，中悬法师在俗得意弟子李鸿梁君所绘佛像，至山房取名“晚晴”之故，盖本于义山“天意怜幽草，人间重晚晴”之句。诗人之言，可云温厚！然弘师并没有住过山房多时，因他还嫌太闹。其巨著《四分律比丘戒相表记》即成于此时；又成《晚晴寱词》，都短篇文字，手稿前承赐寄，迄今视之若拱璧。

七年前笔者于役绍兴，曾应春晖讲演之约，得游白马湖二次，且俱在秋日，故这“红树青山白马湖”的印象，至今还深深地留在脑际，所引以为惆怅的，两参晚晴山房，每起“蒹葭伊人”之想。

1941年1月7日《苏州新报》副刊

陈秋山

一八八九年—一九七四年

名炳耀，字景浩，号秋山，陈春澜侄子陈桢的次子，后过继为春澜嫡孙，继承陈氏家业，也承担了作为继承人对春晖的责任。少时入私塾读书，主持家业后成为事实上的春晖新校主，定居沪上“觉庐”。1921年以后，参与发起或合伙创办了五丰钱庄、滋丰钱庄、厚丰钱庄、春元钱庄等，为中央信托公司（后改为中一信托公司）长期股东，长期与南通大生纱厂（张謇）、申新纺织公司（荣宗敬、荣毅仁）、中国银行、上海商业储蓄银行、金城银行等保持合作关系。他谨遵家风祖训，不忘实业兴国，于1931年收购英国人1901年独资开设的老牌电器公司依巴德电器股份有限公司，1936年投资创办中国兴业热水瓶厂，1948、1949年投资创办兴业砖瓦厂、兴业纸浆厂，投资无锡维新织漂印染厂、新华酸碱厂，为民族工业发展壮大做出了积极贡献。1974年在上海逝世。陈秋山继承家德家风，不忘春澜公的教诲，用实际行动回馈了家乡和春晖中学，1922年妥善解决校名之议，1928年出资十五万元支持校董会扩办春晖高中部，1935年积极支持护校运动，为春晖中学历经风雨而弦歌不辍做出贡献。

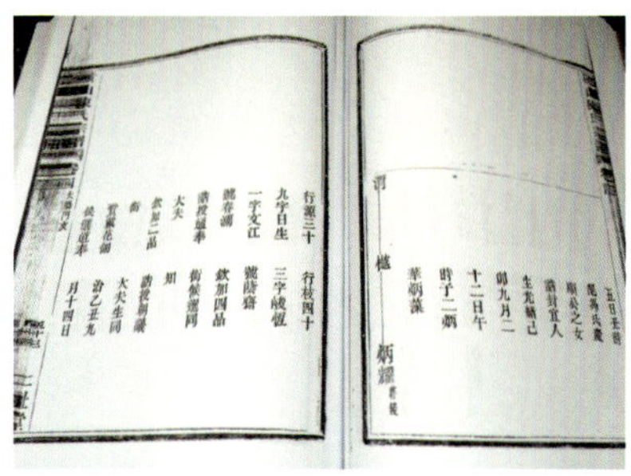

《陈氏宗谱》

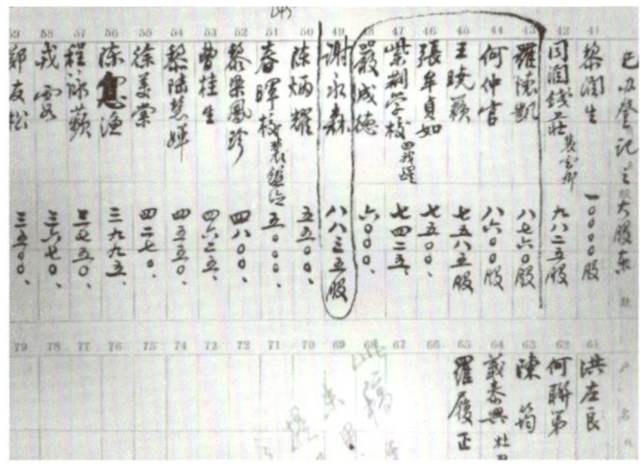

中央信托公司创立时股东档案

上虞横山陈氏故居“春记”外景

陈秋山与夫人在陈氏故居“春记”留影

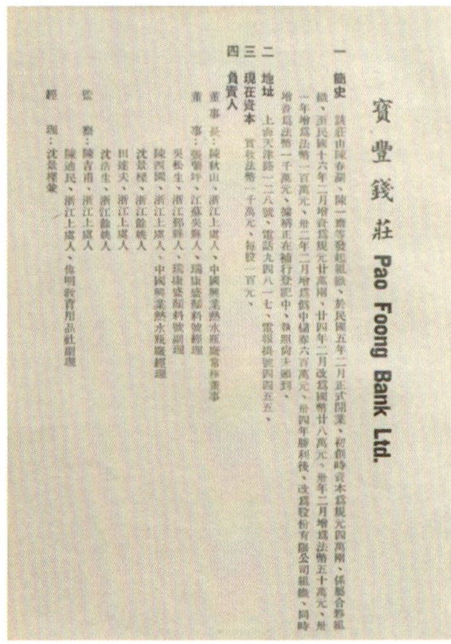

寶豐錢莊 Pao Foong Bank Ltd.

一 簡史 該莊由陳春瀾、陳一齋等發起組織，於民國五年二月正式開業，初創時資本爲規元四萬兩，係屬合夥組織，至民國十六年二月增資爲規元廿萬兩，廿四年二月改爲國幣廿八萬元，卅年二月增爲法幣五十萬元，卅一年增爲法幣一百萬元，卅二年二月增資爲中儲券六百萬元，卅四年勝利後，改爲股份有限公司組織，同時增資爲法幣一千萬元，據稱正在補行登記中，執照尚未領到。

二 地址 上海天津路一二八號，電話九四八一七，電報掛號四四五五。

三 現在資本 實收法幣一千萬元，每股一百元。

四 負責人

董事長：陳秋山，浙江上虞人，中國興業熱水瓶廠常務董事

董　事：張肇圻，江蘇吳縣人，瑞康盛顏料號經理

吳松生，浙江鄞縣人，瑞康盛顏料號副理

陳西園，浙江上虞人，中國興業熱水瓶廠經理

沈景樑，浙江餘姚人

田鏈夫，浙江上虞人

沈浩生，浙江餘姚人

監　察：陳吉甫，浙江上虞人

陳迪民，浙江上虞人，俱明教育用品社副理

經　理：沈景樑兼

宝丰钱庄档案，董事长陈秋山。

曹慕管

一八八九年—一九二九年

字微吾，浙江上虞人。教育家。1901年进入上海澄衷蒙学堂学习，因勤奋好学，文笔出众，受到校长蔡元培、章一山的赏识。1905年公费赴日本，入早稻田大学师范科。1909年毕业后仍留日深造。辛亥革命后，与陶成章回国谋事。陶就义后，曹遵父命不问政治。1912年起任澄衷学校校长。时局动荡，澄衷学校各部门存废无常，曹慕管呈请校董会恢复中学，经营一年，即将学生人数从二百余人扩张至千余人。又次第成立商业专修科、高中部，增置校产。其间浙江省教育厅厅长夏敬观欲聘其继任浙江省立第一师范学校校长，浙江省省长夏超欲聘其为顾问，均坚辞不就。1919年任绍兴旅沪同乡会议长。1920年被推举为国民大会策进会代表，前往洛阳、北京、天津等地商议直皖战争善后事宜。1923年被上海总商会派赴两粤，接洽各界定期举行全国裁兵游行。同年被推选为上海民治委员会委员。1925年任浙属各县旅沪同乡会联合会主任、上海对日外交市民大会评议长。1926年任全浙公会董事。积极参与保护进步学生、筹赈浙江水灾、提倡使用国货等。1928年复任上海总商会秘书。

曹慕管曾于1922年12月2日在春晖中学开学纪念会上作为来宾致辞，并在次日演讲，题为“文化之趋势”。

春暉

本刊啓事

本期作爲本校成立紀念號改運一日

1923年12月2日《春晖》半月刊春晖学校成立纪念刊

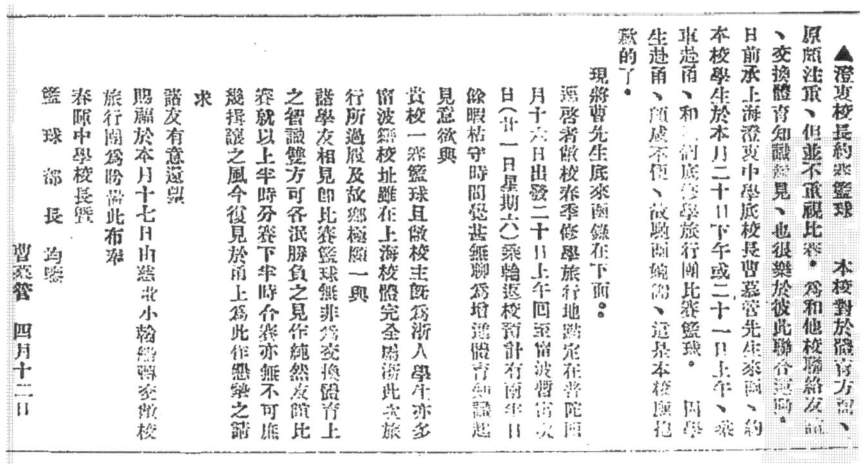

▲澄衷校長約來籃球　本校對於體育方面、原頗注重、但並不重視比賽。爲和他校聯絡友誼、交換體育知識起見、也很樂於彼此聯合遊戲。日前承上海澄衷中學底校長曹慕管先生來函、約本校學生於本月二十日下午或二十一日上午、乘東送甬、和[illegible]們底修學旅行團比賽籃球。因學生赴甬、頗感不便、故覆函婉辭、這是本校應抱歉的了。

現將曹先生底來函錄在下面。

逕啓者敝校春季修學旅行地點定在普陀四月十六日出發二十日上午回至甯波擬留甯一日（廿一日星期六）乘輪返校預計有兩半日餘暇枯守時間殊甚無聊爲增進體育知識起見茲欲與

貴校一舉籃球且敝校主既爲浙人學生亦多甯波籍校址雖在上海校體完全屬浙此次旅行所過殷及故鄉極願一與

諸學友相見即比賽籃球雖非爲交換體育上之智識雙方可各泯勝負之見作純然友誼比賽就以上半時分賽下半時合賽亦無不可庶幾揖讓之風今復見於甬上爲此作懇摯之請求

諸友有意遊與賜覆於本月十七日由慈北小輪轉交敝校旅行團爲盼當此布達

春暉中學校長暨

籃球部長　均鑒

曹慕管　四月十二日

1923年5月1日《春晖》半月刊第十一期登载曹慕管来信

澄衷学校旧影

章锡琛

一八八九年—一九六九年

字雪村，浙江绍兴人。出版家。1909年毕业于绍兴山会初级师范学堂。1912年进入上海商务印书馆，任《东方杂志》编辑。1921年接任《妇女杂志》主编。1922年兼任《时事新报·现代妇女》及《民国日报·妇女周报》编辑。1925年创办《新女性》杂志。1926年从商务印书馆离职，将《新女性》杂志社改组为开明书店，先后延聘叶圣陶、赵景深、夏丏尊等主持编译所。“四一二”反革命政变后，在公开信上签名抗议国民党屠杀平民。1929年任开明书店股份有限公司总务主任，并创办美成印刷厂。1932年与谢冰心、洪雪帆等发起组织中国著作人出版人联合会。1934年被推选为开明书店总经理。1935年秘密承接鲁迅编校的瞿秋白遗著《海上述林》的排版工作，成型后运往日本印刷出版。1936年任上海市商会图书教育委员会委员。1937年参与组织上海各界统一救国大联盟，被推为执行委员。抗日战争全面爆发后，被聘为上海市文化界救亡协会经济委员。“八一三”事变中，开明书店和美成印刷厂毁于战火。抗战胜利后，应范寿康之邀，到台湾协助接收日本在台湾总管印刷教科书的印刷厂，并筹设开明书店台北分店。中华人民共和国成立后，任中央人民政府出版总署专员、调查研究处处长。1954年奉调至古籍出版社任编辑、副总编辑。1957年改任中华书局副总编辑。同年加入中国民主同盟。译著有《妇女问题十讲》《文学概论》等。

章锡琛曾于1923年应夏丏尊之邀，答应任春晖中学教员，后因不愿折返宁波、上虞两地兼课而婉辞。1928年3月偕叶圣陶、周予同等游览白马湖，并在平屋前合影留念。

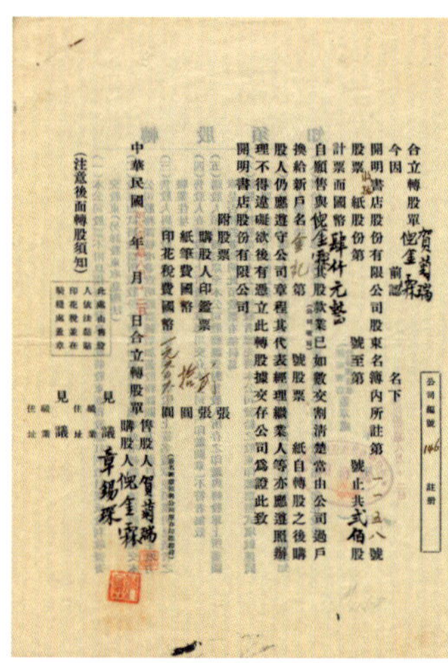

开明书店转股单，见议人章锡琛。

开明书店门面及门市

1941年开明书店同仁合影，前排左起第三至七位依次为徐调孚、章锡琛、范洗人、王伯祥、夏丏尊。

1948年5月开明书店部分编辑同仁合影，前排三人从左至右为叶圣陶、章锡琛、傅彬然，后排四人从左至右为徐调孚、金仲华、贾祖璋、顾均正。

林语堂著、丰子恺绘《开明第三英文读本》封面及内页

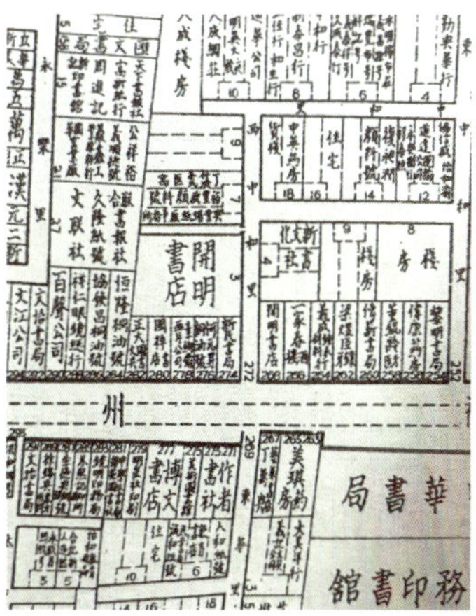

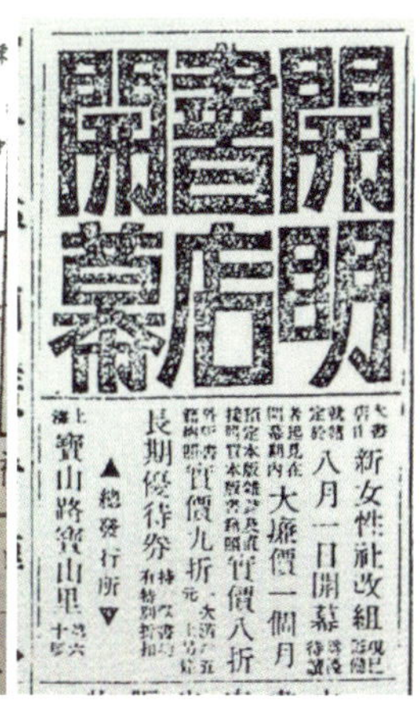

开明书店地图及开幕报道

蔡冠洛

一八九〇年—一九五五年

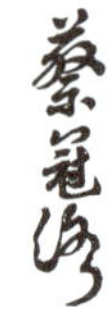

字丏因，号可园，浙江诸暨人，晚年移居浙江桐乡县濮院镇。曾就读于浙江两级师范学校优级史地科，后留学日本，毕业于东京帝国大学。中国同盟会会员。归国后参加诸暨进步青年组织“励社”，创办《诸暨民报》。后进入上海世界书局任编辑，1936年编撰出版了170万字的《清代七百名人传》，并为世界书局编写了《大众实用辞林》等。蔡冠洛精通国学、日语、英语，曾任教于浙江省立第五中学、浙江省立第六中学、浙江省立第二中学、上海立达学园等。蔡冠洛是弘一法师的弟子之一，两人关系密切，交谊深厚。蔡生前曾收藏一大批弘一法师的书画、写经、信札及生活用品等遗物。

蔡冠洛20世纪30年代曾执教于春晖中学，任国文主任。春晖中学校园内至今仍保存有1933年蔡冠洛书写的凿井济旱记事碑。

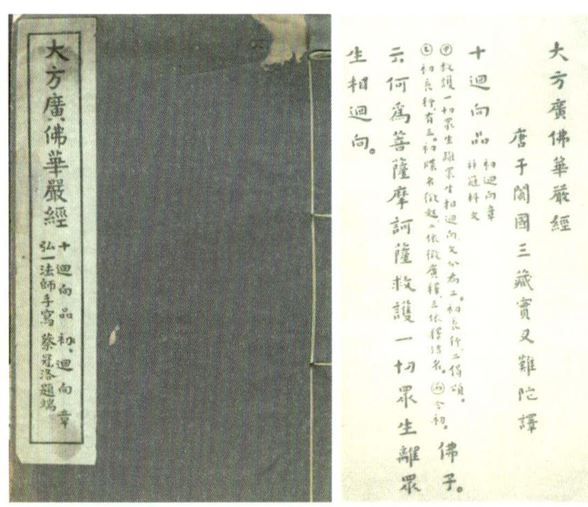

弘一法师手写《大方广佛华严经十回向品》，蔡冠洛题签。

前排蔡冠洛、王式壬夫妇，后排蔡大可、蔡铭华兄妹。

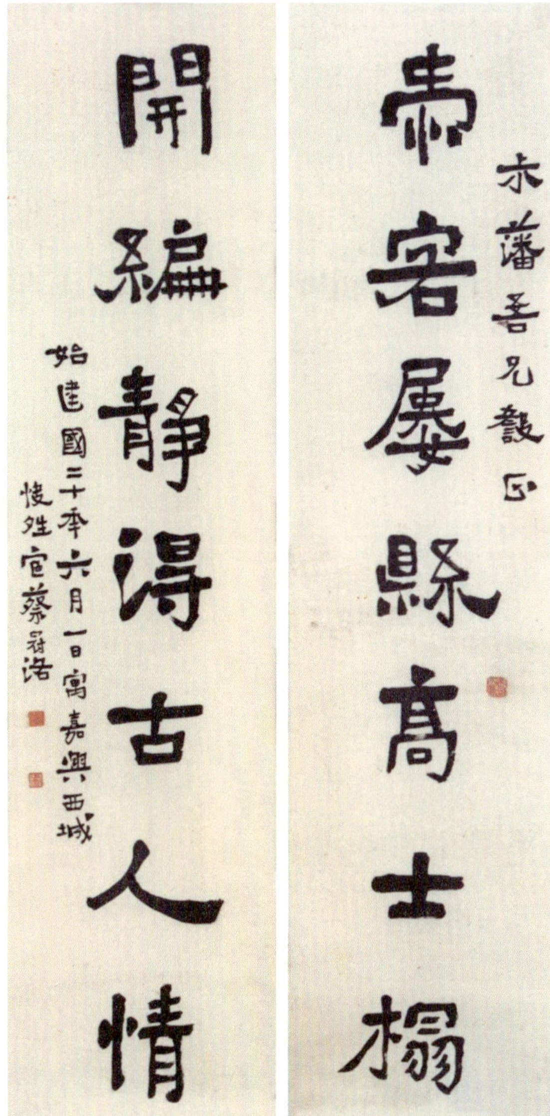

1931年蔡冠洛作“爱客屡悬高士榻；开编静得古人情”联

弘一法师所用铁画轩刻心经紫砂钵，后赠于蔡冠洛。

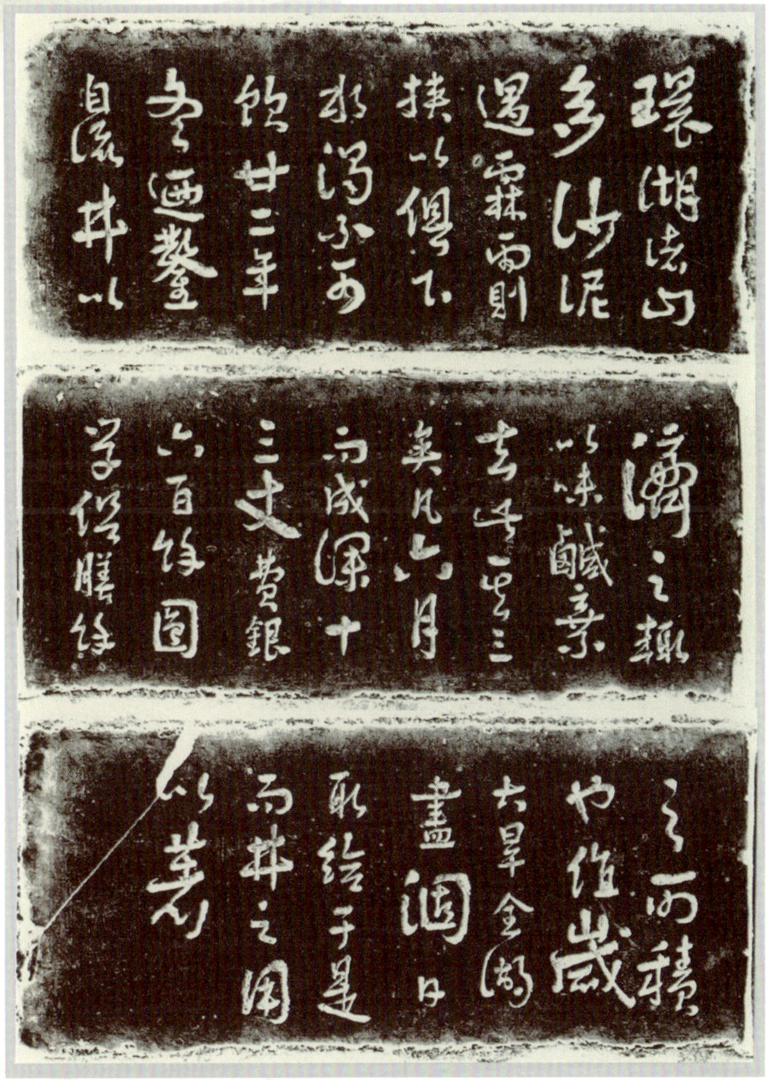

春晖中学《浚井碑记》 蔡冠洛

环湖诸山多沙泥，遇霖雨则挟以俱下，水浊不可饮。廿二年冬，乃凿自流井以济之，辄以味咸弃去，此其三矣。凡六月而成，深十三丈，费银六百余圆，学侣膳余之所积也。值岁大旱，全湖尽涸，日取给于是，而井之用以著。

陈望道

一八九一年—一九七七年

原名参一，浙江义乌人。教育家、语言学家、翻译家。我国共产主义运动先驱，《共产党宣言》首译者。早年就读于义乌绣湖书院、金华中学、之江大学，1915年赴日本留学。1919年回国后，被浙江省立第一师范学校校长经亨颐聘为国文教师，与夏丏尊、刘大白、李次九并称提倡新文化运动的“四大金刚”。曾任《新青年》编辑，1920年起在复旦大学任教。1949年之后，积极支持文字改革和普通话推广工作。1955年当选中国科学院哲学社会科学学部委员。曾任华东行政委员会高教局局长、复旦大学校长、中国民主同盟中央委员会副主席等职。担任《辞海》修订第一任总主编，另著有《修辞学发凡》《文法简论》《作文法讲义》等。译著有《艺术简论》《艺术社会学》等。

1922年7—8月，春晖中学尚未开学，陈望道即来校考察，在白马湖逗留了近20天，写成《从鸳鸯湖到白马湖》并发表。1923年8月，陈望道又应邀来校参加夏期讲习会，做题为“国文教授资料”的讲演。《共产党宣言》出版后被摆上学校白马湖图书馆的书架，并由夏丏尊列入学生读书目录。

陈望道翻译的《共产党宣言》

陈望道与夫人蔡慕晖

1944年9月1日，陈望道（二排右四）参加复旦大学新闻馆奠基典礼。

陈望道（右三）与苏步青、谈家桢在一起

陈望道故居

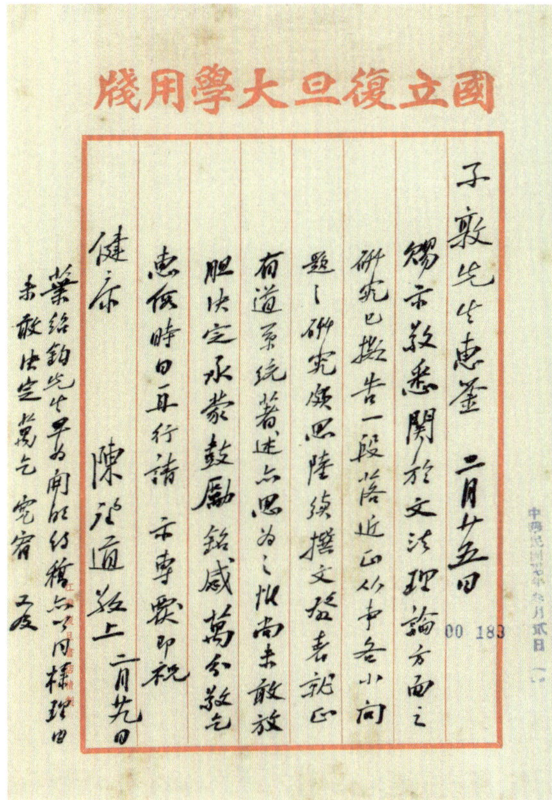

國立復旦大學用箋

子敦先生惠鑒：

賜示敬悉。關於文法理論方面之研究，已擬告一段落，近正從事各小問題之研究，或思陸續撰文，發表就正有道。至系统著述，亦思為之，但尚未敢放膽決定。承蒙鼓勵，銘感萬分。敬乞惠假時日，再行請益。耑此奉覆，即祝

健康

陳望道敬上 二月廿九日

1948年2月29日陈望道致金兆梓函

陈望道开明书店股份转让单

匡互生

一八九一年—一九三三年

名颂美，字人俊，号务逊，又号日休，湖南邵阳人。著名民主革命家、教育思想家，五四运动先驱。五四运动时，他率先冲进赵家楼，火烧曹汝霖住宅，严惩国贼。1919年从北京高等师范学校毕业后回湖南参加“驱张运动”，后任湖南省立第一师范学校教务主任，引荐毛泽东在校任教，并与夏丏尊同事。参加毛泽东发起的“新民学会”。1924年3月应聘到春晖中学执教。1925年在上海创办立达中学（后改名立达学园），并创办立达学会，汇聚一大批文化教育界名流共倡新学，成为上海教育界的一颗明珠。1932年发生“一·二八”事变，立达校园被毁，匡互生为重建校园日夜操劳，不幸于1933年英年早逝。朱自清著文赞他“互生最叫我们纪念的是他做人的态度。他本是一副铜筋铁骨，黑皮肤衬着那一套大布之衣，看去像个乡下人。他心里那一团火，是热，是力，是光”。巴金著文称他是“一位有理想、有干劲、为国为民的教育家”，称其“以理想与实干照亮教育之路”。

匡互生与夏丏尊、丰子恺、朱光潜、朱自清等都是莫逆之交。1923年11月8日，他曾和沈仲九一起来到春晖中学参观，受到好友夏丏尊热情招待，亲切情感油然而生，产生了到春晖执教的念头。1924年春天，应聘担任春晖中学舍务主任兼数学教员，住在“曲院”，敦行“感化教育”，深得学生拥戴。

匡互生（二排左二）与家人的合影

1924年匡互生在春晖中学任教时与部分师生合影。前排右一为匡互生，右二为朱自清。

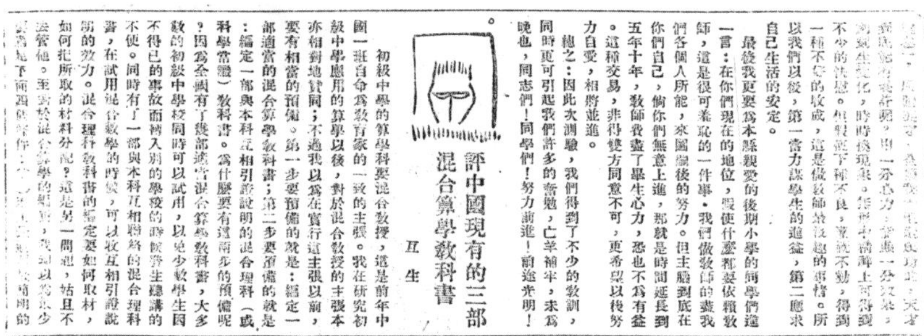

[illegible]

[illegible]

不少的快慰。但假使下種不良，灌溉不勤，得到一種不好的收成，這是做教師最沒趣的事情。所以我們以後，第一當力謀學生的進益，第二應求自己生活的安定。

最後我更要爲本縣親愛的後期小學的同學們進一言：在你們現在的地位，假使什麽都要依賴教師，這是很可羞恥的一件事。我們做教師的盡我們各個人所能，來圖繼後的努力。但主腦到底在你們自己，倘你們無意上進，那就是時間延長到五年十年，教師費盡了畢生心力，恐也不爲有益。這種交易，非得雙方同意不可，更希望以後努力自愛，相將並進。

總之：因此次測驗，我們得到了不少的教訓，同時更可引起我們許多的奮勉，亡羊補牢，未爲晚也，同志們！同學們！努力前進！前途光明！

評中國現有的三部混合算學教科書

互生

初級中學的算學科要混合教授，這是前年中國一班自命爲教育家的一致的主張。我在研究初級中學應用的算學以後，對於混合教授的主張本亦相對地贊同；不過我以爲在實行這主張以前，要有相當的預備。第一步要預備的就是：編定一部適當的混合算學教科書；第二步要預備的就是：編定一部與本科互相引證說明的混合理科（或科學常識）教科書。爲什麽要有這兩步的預備呢？因爲全國有了幾部適當混合算學教科書，大多數的初級中學校同時可以試用，以免少數學生因不得已的事故而轉入別的學校的時候發生隱講的不便。同時有了一部與本科互相聯絡的混合理科書，在試用混合數學的時候，可以收互相引證說明的效力。混合理科教科書的編定要如何取材，如何把所取的材料分配？這是另一問題，姑且不法管他。至於混合算學的編[illegible]，我[illegible]以爲[illegible]少[illegible]

匡互生在《春晖》半月刊上发表的文章

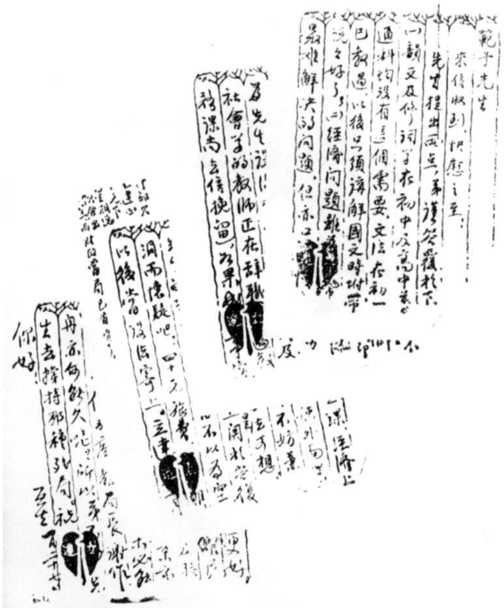

匡互生墨迹

匡互生（右二）、丰子恺（右一）与工友和学生在立达学园中学部门口

朱云楼

一八九一年—一九三四年

名溪，字云楼，浙江上虞人。出版家。早年随私塾先生课读，后在由经正书院改设的师范讲习所进修。毕业后任东门外明德小学校教员，又应余姚上塘士绅之请主理私立学校校务。因不善逢迎官宦，辞职赴上海，拜绍兴名宿董竟吾为师，为其所藏各省、县志书做检校。1915年赴南昌，任中国银行文牍。旋返沪任懋利洋行文牍，治事之余自习英文及日文，翻译研究外国学说，在《东方杂志》《妇女杂志》等发表。1920年与胡愈之、胡仲持等在上海组织上虞声社，创办《上虞声》月刊，联络同乡，促进地方事业。1924年任绍兴七邑旅沪同乡会议董。1925年五卅运动时被聘为上海各团体外交后援会名誉文书主任。同年秋与夏丏尊、范寿康将上虞声社改组为上虞青年协进社，任出版委员。1926年与周予同、夏丏尊等联名签署《人权保障宣言》，为牺牲的上海总工会副委员长刘华哀悼并抗议暴行。同年将《上虞声》扩充为《上虞声三日报》，被推选为主任。北伐战争后以个人名义接办报馆，身兼编辑、校对、发行数职。同时短暂担任国民党上虞县党部筹备委员兼宣传部长。1928年与葛维生创办产科传习所，摒弃旧式接生方法，为虞邑女界谋福。1929年应章锡琛、夏丏尊之邀，任上海开明书店美成印刷所协理。1930年夏应黄树滋之请，任春晖中学总务主任。时校中发生绑案，一时主持乏人，朱云楼以事关桑梓，义不容辞，即将上虞声报馆迁回白马湖，以便兼及。1933年为经亨颐筹建驿亭大同医院奔走募捐，任后援董事。1934年因积劳成疾病逝。

朱云楼之子朱鸿恩是春晖中学1931届初中毕业生，曾留校任教。弟朱云台是1945年春晖中学校董。

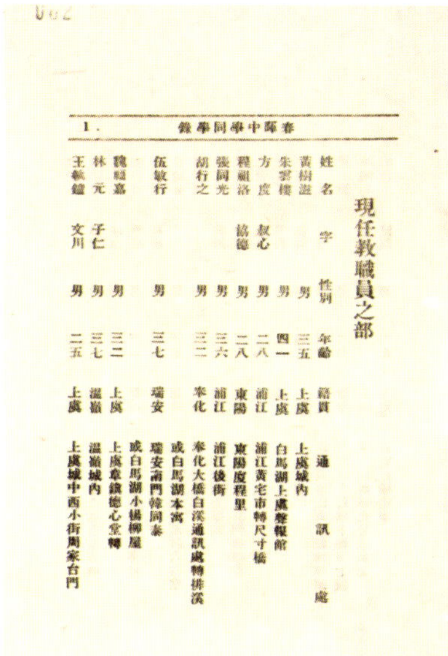

1. 春暉中學同學錄

現任教職員之部

姓名	字	性別	年齡	籍貫	通訊處
黃樹滋		男	三五	上虞	上虞城內
朱[illegible]樓		男	四一	上虞	白馬湖上虞聲報館
方虔	叔心	男	二八	浦江	浦江黃宅市轉尺寸橋
程[illegible]洛	鎬德	男	二八	東陽	東陽度程里
張同光		男	三六	浦江	浦江後街
胡行之		男	三二	奉化	奉化大橋白溪通訊處轉排溪 或白馬湖本寓
伍敏行		男	三七	瑞安	瑞安南門韓同泰 或白馬湖小楊柳屋
魏[illegible]嘉		男	三二	上虞	上虞章鎮德心堂轉
林元	子仁	男	三七	溫嶺	溫嶺城內
王[illegible]鏞	文川	男	二五	上虞	上虞城中西小街周家台門

1931年6月《春晖中学同学录》教职员表

民國十五年七月十二號 上虞聲三日報 （丙寅年五月初三日）

上虞聲三日報

來論

為上德校及六高當局進一言

自由論壇

1926年7月12日《上虞声三日报》

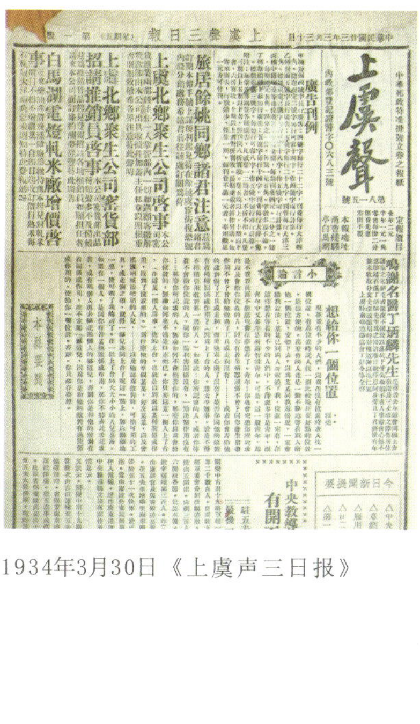

上虞聲三日報

上虞聲

小言論

旅居餘姚同鄉諸君注意

上虞北鄉乘生公司啓事

白馬湖電燈碾米廠增價啓事

1934年3月30日《上虞声三日报》

上虞驿亭大同医院旧址

朱兆萃

一八九一年—一九四三年

字少卿，浙江绍兴人。教育家。1908年毕业于山阴县学堂（原蕺山书院）。1915年毕业于浙江省立第一师范学校。次年赴日留学，先入预备学校，后就读于东京高等师范学校文科。1922—1923年任春晖中学代理校长、英文教员。1923年任绍兴明道女子师范学校校长，因主张校务革新，支持学生出演新剧、自由组织社团、参与社会运动，受到守旧派攻击，引发“停办女师”风波。1924年加入中国国民党。1926年任温州浙江省立第十中学教员。1927年任浙江省政务委员会委员兼教育科长，曾通令各县提倡办农工中小学校。“四一二”反革命政变后避居余姚马渚。1928年被聘为国民政府审计院协审。后历任世界书局编辑，开明书店董事，中华学艺社交际干事、编审委员会委员，中央政治委员会各专门委员会委员秘书，台州中学、黄岩师范学校教师等职。抗日战争全面爆发后应汤恩伯之召，任鲁苏豫皖边区战地党政分会秘书处主任，并任三一出版社社长。1943年病逝于安徽临泉。著有《论理学ABC》《教育心理ABC》《实验主义与教育》《现实主义与教育》《非常时期之精神训练》等。主编丛书《第三十一集团军抗战史话》。

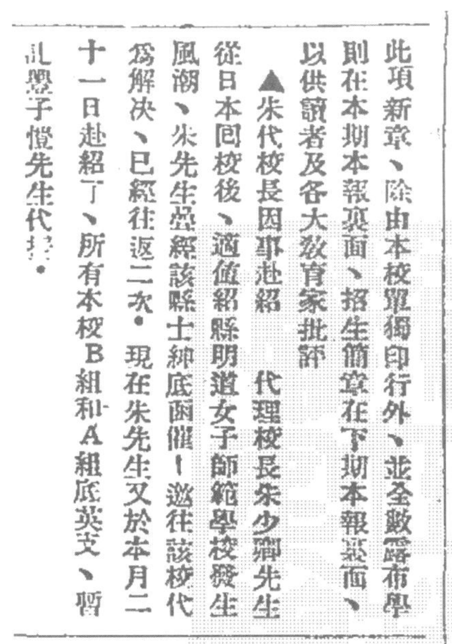

此項新章、除由本校單獨印行外、並全數露布學則在本期本報裏面、招生簡章在下期本報裏面、以供讀者及各大教育家批評

▲朱代校長因事赴紹　代理校長朱少卿先生從日本回校後、適值紹縣明道女子師範學校發生風潮、朱先生疊經該縣士紳底函催！邀往該校代爲解決、已經往返二次・現在朱先生又於本月二十一日赴紹了、所有本校B組和A組底英文、暫託豐子愷先生代授・

1923年6月《春晖》半月刊登载朱兆萃代理校长赴绍记事

1926年《春晖》半月刊中的图书馆与大教室

1923年《春晖》半月刊插画“写生”（王执中作）、“洗物的人”（徐炳荣作）。

朱兆萃著《现实主义与教育》《实验主义与教育》

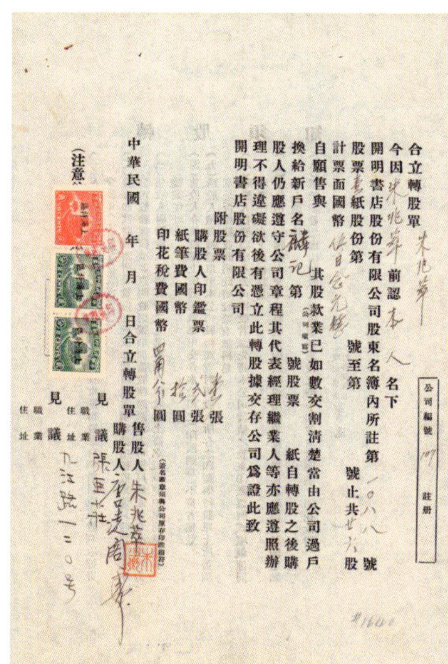

公司編號　　註册

合立轉股單
今因　　前認本人名下
開明書店股份有限公司股東名簿內所註第　　號
股票　紙股份第　號至第　號止共　股
計票面國幣
自願售與　　其股款業已如數交割清楚當由公司過戶
換給新戶名　　第　號股票　紙自轉股之後購
股人仍應遵守公司章程其代表經理繼業人等亦應遵照辦
理不得違礙欲後有憑立此轉股據交存公司為證此致
開明書店股份有限公司
附股票　張
購股人印鑑票　張
紙筆費國幣　圓
印花稅費國幣　圓
中華民國　年　月　日合立轉股單
售股人
購股人
見議　職業　住址
見議　職業　住址

朱兆萃开明书店股份转让股单

黎锦晖

一八九一年—一九六七年

字均荃，湖南湘潭人。音乐家、教育家，中国流行音乐的奠基人，中国儿童歌舞剧的创始人。1909年毕业于湘潭县立中学堂，考取湖南优级师范学堂。1912年任北京《大中华民国日报》主笔。1914年返回长沙，任弘文图书编译社《公言》杂志编辑。同年兼任长沙明德、修业、周南、广育四校乐歌教员，尝试采用民间乐曲进行填词。1919年参加“国语统一运动”，成为教育部国语统一筹备委员会首批成员之一。同年加入北京大学音乐研究会。1921年任上海中华书局国语文学部部长。同年受教育部委托办理国语专修学校，首倡“学国语最好从唱歌入手”。1922年主编儿童周刊《小朋友》，此后所作的大部分儿童音乐作品陆续通过该刊发表，其中歌舞剧《葡萄仙子》，表演曲《可怜的秋香》《寒衣曲》等被制成唱片，广泛流传。1927年创办中华歌舞专修学校，任校长。同年以歌舞专修学校为基础，发起中国最早的商业化歌舞演出团体——中华歌舞大会，成员有徐来、王人美、王人路等三十余人。1929年又组织明月歌剧社，在北平、天津、大连等地公演，引起巨大反响。1931年“九一八”事变后开始创作爱国救亡歌曲。1936年返回长沙，任中华平民教育促进会编辑干事，编写《乡村小学国语教科书》。抗日战争全面爆发后赴南昌，任中华平民教育促进会地方政治研究会文艺组组长。1939年转赴重庆。1941年任中国电影制片厂编导兼主任秘书。中华人民共和国成立后在上海美术电影制片厂担任作曲工作。著有歌曲集《民间采风录》《家庭爱情歌曲100首》《爱国歌曲》《幽默之歌》等。

黎锦晖曾于1923年8月出席白马湖夏期教育讲习会，演讲“国语正音”。

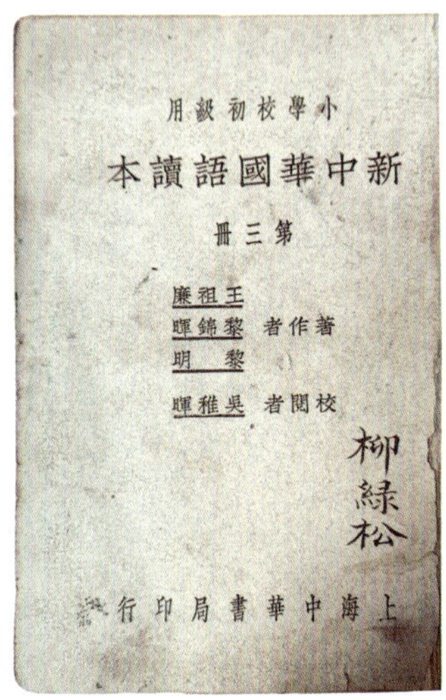
小學校初級用
新中華國語讀本
第三冊
著作者 王祖廉 黎錦暉 黎明
校閱者 吳稚暉
柳綠松
上海中華書局印行

《新中华国语读本》，黎锦晖等著。

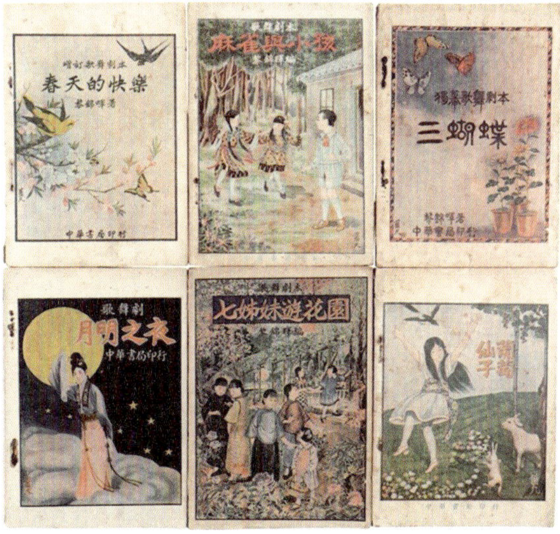

黎锦晖著作系列

"黎氏八骏"合影，左起：黎锦扬、黎锦光、黎锦明、黎锦炯、黎锦纾、黎锦耀、黎锦晖、黎锦熙。

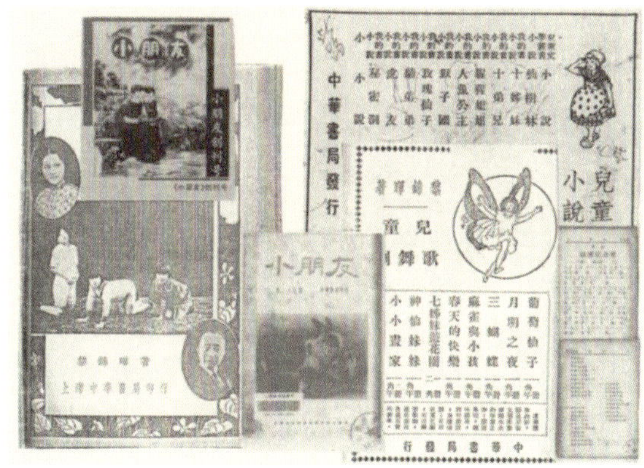

黎锦晖创办于上海的《小朋友》杂志

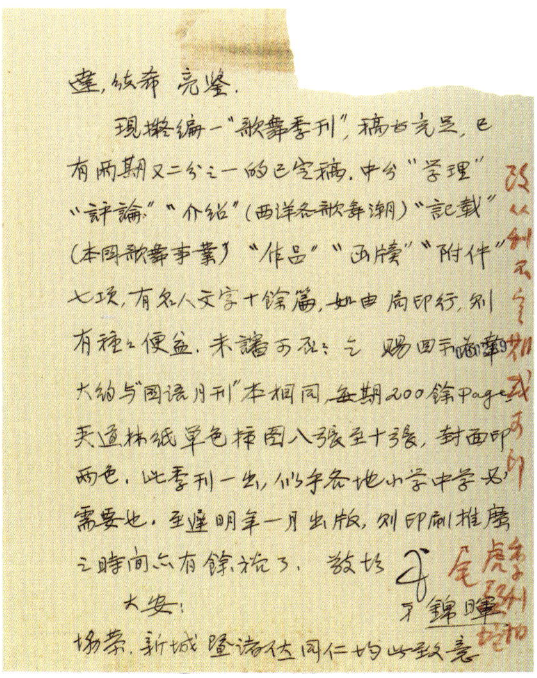

逵、镜希 兄鉴

现拟编一"歌舞季刊"，稿已完竣，已有两期又二分之一的已定稿。中分"学理""评论""介绍"（西洋各歌舞潮）"记载"（本国歌舞事业）"作品""函牍""附件"七项，有名人文字十馀篇。如由局印行，则有种种便益。未谙可否，乞赐回示。篇幅大约与"国语月刊"本相同，每期200馀page，另道林纸单色插图八张至十张，封面印两色。此季刊一出，似乎各地小学中学必需要也。至迟明年一月出版，则印刷推广之时间亦有馀裕了。敬候

大安！

弟 锦晖

伯鸿、新城、逵诸位同仁均此致意

1930年8月31日黎锦晖致陆费达函

俞寄凡

一八九一年—一九六八年

又名义范，江苏吴江人。画家、翻译家、美术教育家，也是艺术学理论的重要奠基人。毕业于南京两江优级师范学堂，曾任江苏省立第二师范学校教师。1915年春，在沪参加洋画研究机构东方画会，1916年夏赴日本留学，1921年夏毕业返沪，曾任教育部新学制课程标准委员会艺术科课程纲要起草员，江苏省教育会美术研究会评议员，上海美术专科学校学术教授兼师范部主任、高等师范科西洋画主任，上海艺术学会会长，《新艺术》主编。1926年冬，上海美术专科学校发生学生革新运动，俞寄凡与潘伯英、潘天寿、张聿光、俞剑华、诸闻韵、练为章、谭抒真等创立上海新华艺术学院（下简称学院），提出民主办学。学院于1927年春正式成立，实行委员会制。1928年根据教育部令，学院更名为新华艺术大学，俞寄凡为校长，张聿光为副校长；1929年更名为新华艺术专科学校，1931年重组校董会，俞寄凡任校务委员兼总务等职。1937年发生“八一三”事变，日军侵犯上海，学校遭焚毁，1944年学校停办。1949年后俞寄凡被聘为上海市文史研究馆馆员。著作颇丰，出版有《艺术概论》《近代西洋绘画》《人体美之研究》《水彩画纲要》等。

俞寄凡擅画山水，亦涉及人物、花鸟等题材。与徐悲鸿等共同倡导新艺术的改革，参与创建“艺苑”组织，推动中国美术界的发展和创新。同时俞寄凡又是“寒之友社”社员，曾受经亨颐之邀，赴白马湖长松山房小住。社友雅集，诗画言志。

1932年6月，白马湖“寒之友社”雅集，俞寄凡、张大千、张善孖、黄宾虹、经亨颐在长松山房合写《寒之友》贻赠范寿康。

1920年8月第二届“天马会”于上海国恩寺办展览，后排左起王季眉、丁悚、杨清磬、江小鹣，中排左起刘雅农、王济远、陈晓江、徐笃人，前排左起祁佛青、张辰伯、汪亚尘、戈公振、刘海粟、李超士、俞寄凡。

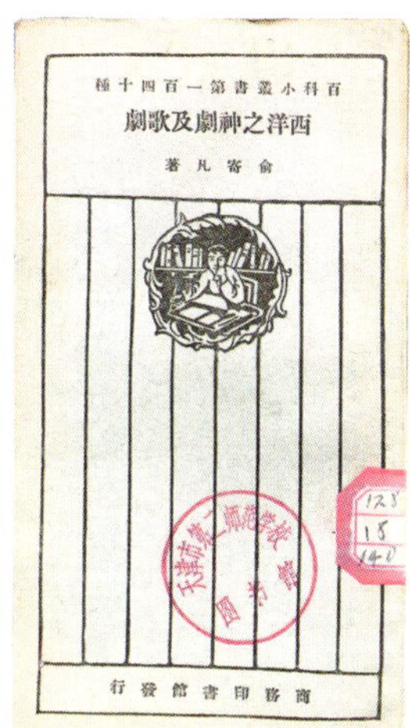

俞寄凡部分著作

1929年除夕俞寄凡作《岁朝颂寿》

1926年端午前五日潘天寿为俞寄凡作《送瑞图》

俞易晋

一八九一年—一九七〇年

字肇康，浙江嵊州人。地理教育家。1912年毕业于浙江省立第一师范学校。1916年毕业于北京高等师范学校，并留校任教。两年后，为充实我国西北地区师资，应聘任甘肃省立第一师范学校教务主任。1923年起，分别在杭州、绍兴、天台等地中学执教，致力中学地理教育四十余年。曾任中国地理学会杭州市分会副理事长，编著有《初中本国地理》《本国地理纲要》。

1925年，为庆祝春晖中学创立三周年，经亨颐校长邀俞易晋在暑假其间来春晖中学，请其在布面上绘制了巨大的中国地图和世界地图各一幅。这两幅地图后来被悬挂在白马湖图书馆的墙上，见者无不叹为观止。1930年俞易晋被黄树滋校长聘为地理课教员，执教五年余。他讲课融合文、史、地，形象生动，出神入化。教学之余，还编写了四册《初中本国地理》，由世界书局出版发行。1949年再次受胡玉堂校长之聘执教春晖中学，不久，调往杭州第一中学。

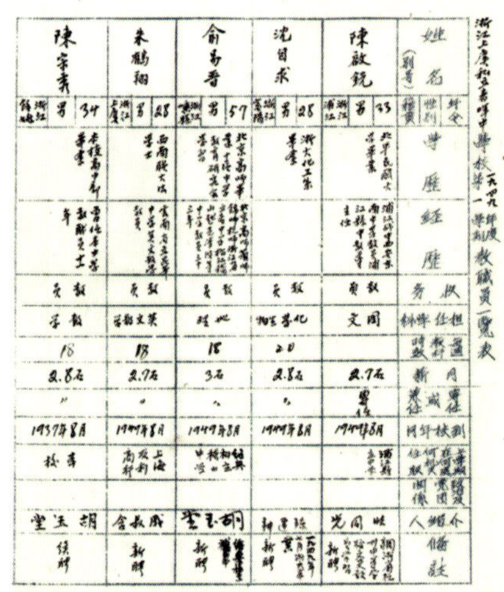

1949年俞易晋任职时的教职员一览表

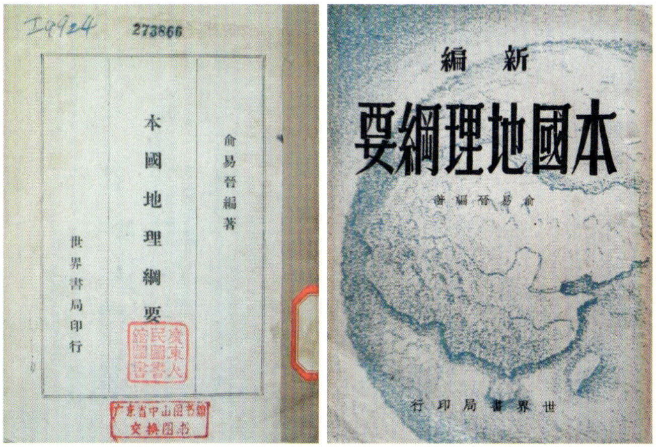

俞易晋著《本国地理纲要》

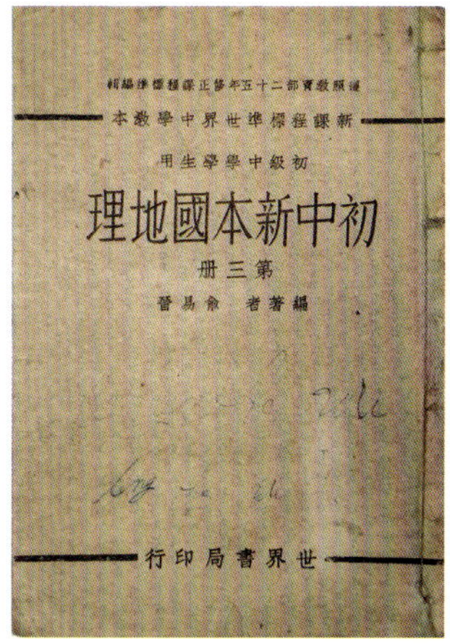

俞易晋著《初中新本国地理》

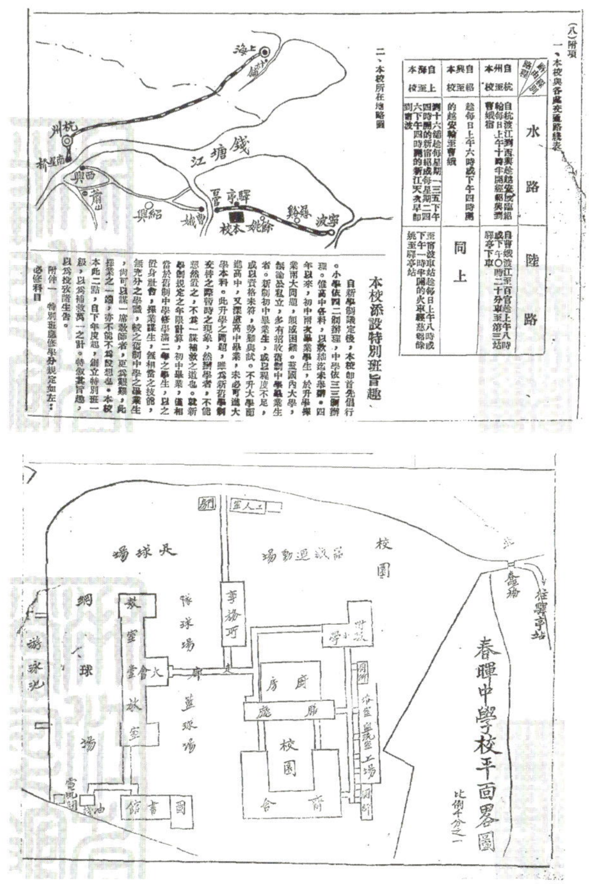

1926年春晖中学水陆路图和学校平面图

马孟容

一八九二年—一九三二年

谱名瑞萱，名毅，字孟容，号容斋，浙江温州人，1905年考入温州府中学堂，1908年后考入浙江高等学堂理科。毕业后任教于温州府中学堂、浙江省立第十师范学校、温属甲种商业学校。1914年与同仁在温创办东瓯美术会。1926年应上海美术专科学校校长刘海粟之聘，任该校国画系教授。1929年与同仁在上海创办中国艺术专科学校，同年在上海创办中国文艺社，1930年任中国文艺学院教务长。著有《墨趣专述》《花鸟画集》《草虫鱼蟹谱》《听松阁古今集诗》《听松阁题画诗》《中西画法之异同》等。

马孟容天资聪颖，笃嗜书画，志在发扬国粹，殚心于艺术事业。思合古今中外于一炉，博采众长，熔铸百家，在20世纪20年代即走出一条非常成功的中西结合的道路。1928年参加何香凝、柳亚子、经亨颐等人创立的“寒之友社”，1932年在上海组织中华学艺社上海分会，积极参加上海书画界活动，与吴昌硕、王一亭、朱古微、赵叔孺、张大千、褚德彝诸名家交往。蔡元培先生为其画集作序说：“吾国画有文人派与画院派之别，文人之画，大都气韵生动，寄托遥深，而放者为之，或流于疏脱。画院派之作，大抵界画精细，描写逼真，而拘者为之，或失之板滞。孟容先生折中两派而兼取其长，诚出色当行，有艺术价值之作也。”其作品在巴拿马万国博览会、比利时博览会、法兰西美术展览会、日本东京绘画展览会展出。因急病英年早逝，年仅40岁。于右任先生闻噩痛悼：“孟容之逝，使中国美术界、文艺界俱有损失，愿爱孟容者努力，令其精神不死！”

马孟容与经亨颐意气相投，在上海时常会晤雅集，亦受经亨颐邀约，曾在白马湖长松山房小住。

1915年马家全家福，后排左起五子马素达、三子马味仲、次子马公愚、长子马孟容、女马智愔、四子马颂平；前排左起次媳黄氏、夫人周氏、马寿洛、长媳沈氏。

1925年马氏三雄马孟容、马公愚、马味仲摄于上海

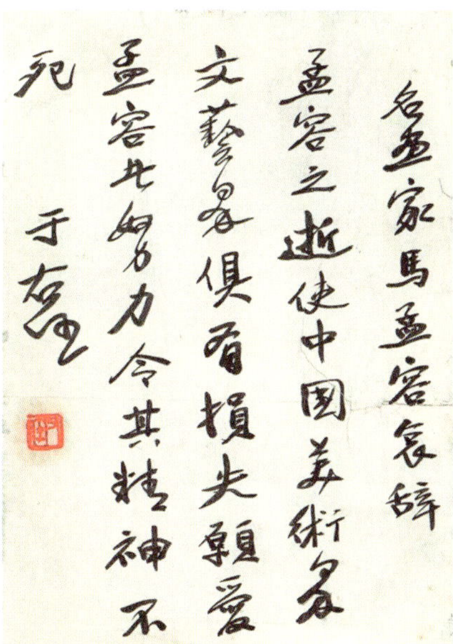

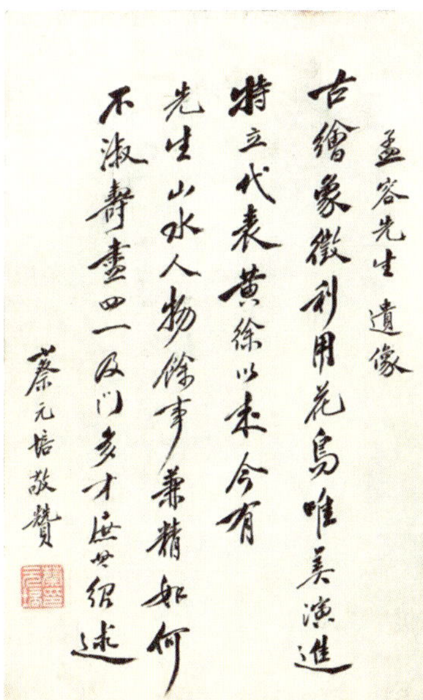

左　于右任《名画家马孟容哀辞》：“孟容之逝，使中国美术界、文艺界俱有损失，愿爱孟容者努力，令其精神不死。于右任”

右　蔡元培《孟容先生遗像》：“古绘象征，利用花鸟。唯美演进，特立代表。黄徐以来，今有先生。山水人物，余事兼精。如何不淑，寿尽四一。及门多才，庶其绍述。蔡元培敬赞”

1931年冬马孟容作《看尔横行到几时》

马孟容速写稿二帧

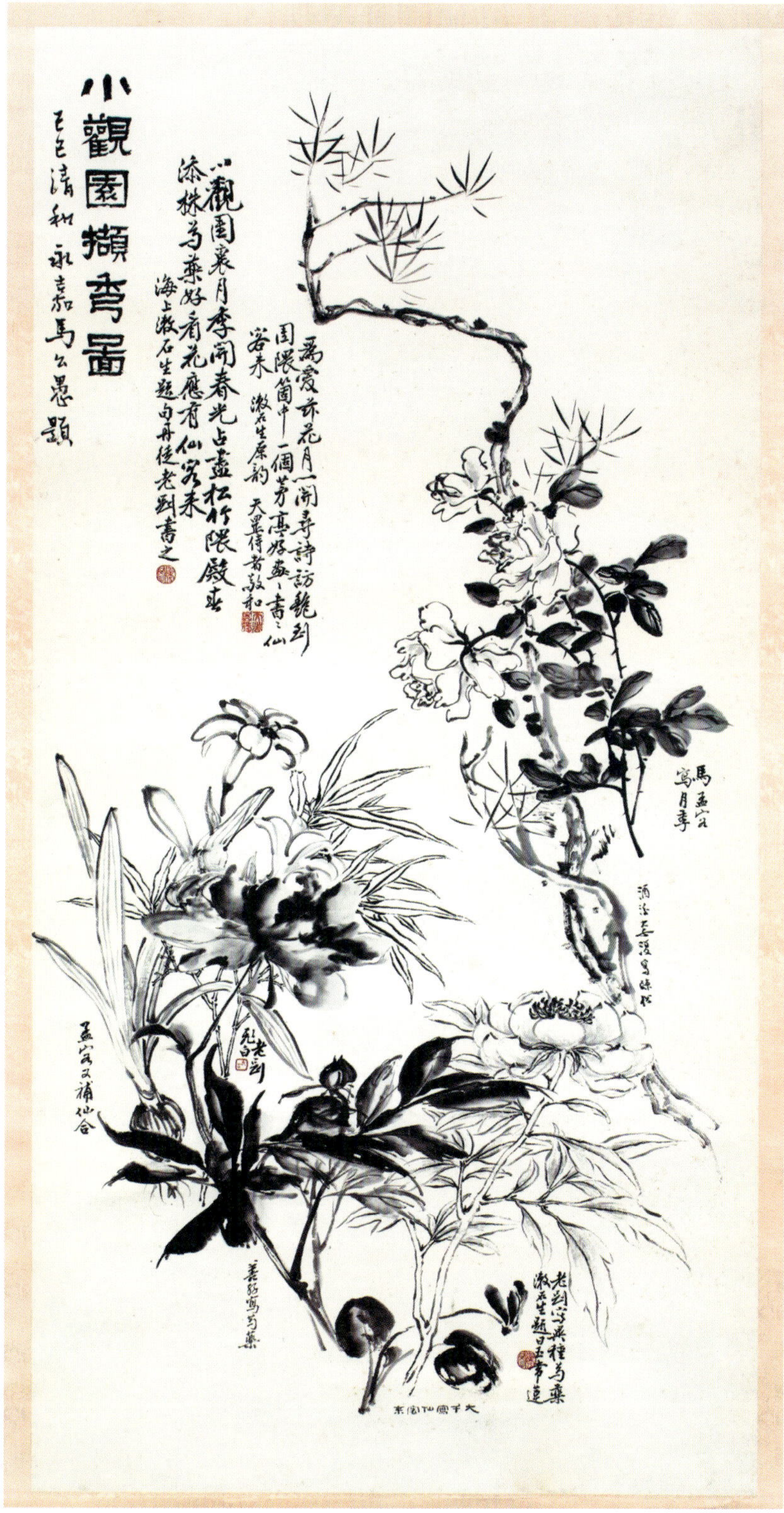

1929年，马孟容、马公愚、张善孖、张大千、陈刚叔合作《小观园撷秀图》。

刘叔琴

一八九二年—一九三九年

原名祖徵，字叔琴，浙江镇海人。早年就读于浙江省立第五中学，毕业后东渡日本留学，毕业于东京高等师范学校。归国后，任浙江省立第四中学（下简称“四中”）教员，1923年兼聘为春晖中学教员。1925年离开春晖，在立达学园任教，并任上海开明书店编辑，是开明书店发起和策划者之一。1927年聘为四中校长，贯彻与经亨颐相似的教育主张，使四中面貌一新。后复任职于开明书店，负责编辑《开明文史丛书》和《一般》杂志，并参与世界书局“ABC丛书”编写，出版《生活进化史ABC》。同时兼任国立劳动大学教授。译作有《社会学概论》《近世社会学成立史》等。

1923年，经亨颐兼任春晖中学和四中校长，兼聘刘叔琴为春晖中学公民、史地、日文课教员，并任总务主任，还负责“五夜讲话”的组织和主持。1923年刘叔琴即接家眷住小杨柳屋，与丰子恺为邻。其教育思想与夏丏尊、丰子恺、刘薰宇、匡互生等基本一致。他还是白马湖作家群的成员，在《春晖》校刊上常有文章、讲话稿发表，如《十月十日》《欧洲思想的三次大改动》《五四》《选修课的说明》《个人主义和社会主义》《从旅行的感想推论到公民教育》等，这些演讲和文章从自然、科学、历史等角度对青少年进行熏陶与培养，对青少年的人生观、世界观进行正确引导。

春晖

由仰山楼

白马湖书录

《春晖》半月刊登载刘叔琴文章《赠我们底协治会全体会员》《汉民族西来说》

1924年刘叔琴在春晖中学任教时与友人合影。前排右为刘叔琴，后排左为朱自清。

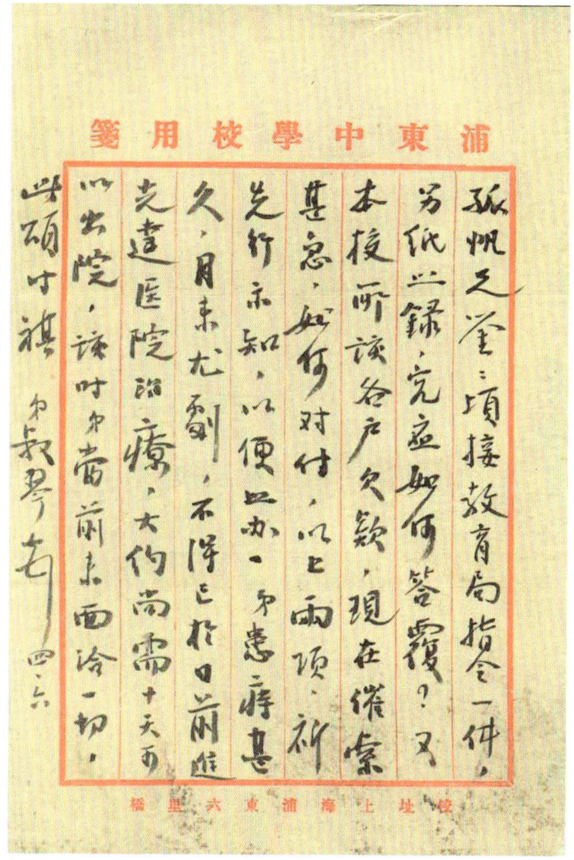

浦東中學校用箋

孤帆之荃：頃接教育局指令一件，另紙照錄，究應如何答覆？又本校所該各户欠款，現在催索甚急，如何对付，以上兩項，祈先行示知，以便照办。弟患痔甚久，月末尤劇，不得已于日前進克達医院治療，大約尚需十天方可出院，請吋弟當前來面洽一切。此頌日祺

弟叔琴上 四·六

校址 上海浦東六里橋

刘叔琴致李孤帆信札

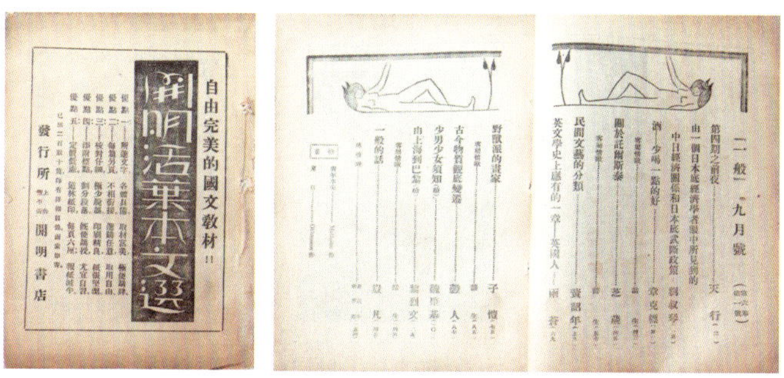

开明书店活页本文选，刊载有刘叔琴、丰子恺等人文稿。

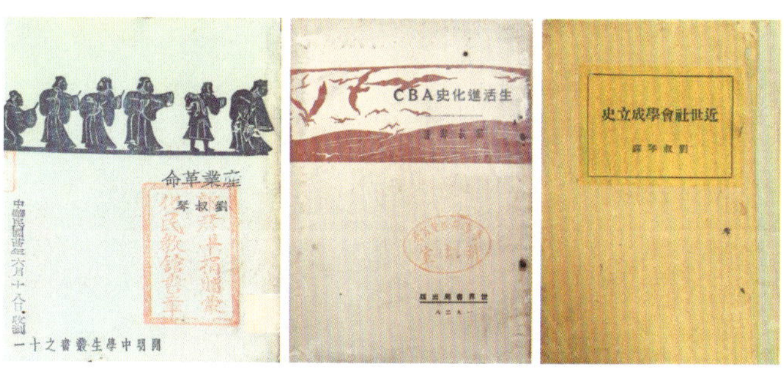

刘叔琴部分著作

陈鹤琴

一八九二年—一九八二年

浙江上虞百官人。著名儿童教育家、心理学家，是我国幼儿教育事业的奠基人，被称为“中国幼教之父”。1900年入私塾学习旧学，1906年入杭州蕙兰中学学习，1911年春考入上海圣约翰大学，1911年秋考入北京清华学堂高等科。1914年夏从清华学堂毕业，公费留学美国，就读于约翰·霍普金斯大学，1917年毕业，获文学学士学位。1917年秋入哥伦比亚大学师范学院攻读教育学与心理学，1919年毕业获教育硕士学位，同年8月回国。1919年9月，在国立南京高等师范学校教育科任心理学、儿童教育学教授，与陶行知等人倡导学生自治。1920年春，参加新教育共进社。1923年在南京创办中国第一所幼儿园——鼓楼幼稚园，试验科学化、中国化的幼稚教育。1927年发起幼稚教育研究会，创办《幼稚教育》并任主编。1929年7月，创建中华儿童教育社。1940年夏在江西泰和创办我国第一所幼稚师范学校——江西省立实验幼稚师范学校，任校长。1941年，创办《活教育》。中华人民共和国成立后，任南京师范学院首任院长，建立了中国第一个幼儿教育系。曾任中国人民政治协商会议全国委员会常委、江苏省委员会副主席，九三学社中央委员，全国幼儿教育研究会名誉理事长等职。

1949年8月，陈鹤琴担任上虞解放后新一届春晖中学校董会委员。

1914年留美学生在赴美国的船上合影，前排左一为陶行知，后排左二为涂羽卿，后排左六为陈鹤琴。

陈鹤琴与新教育共进社成员合影，前排左二为陈鹤琴。

中华儿童教育社成立时合影，二排左一为陈鹤琴。

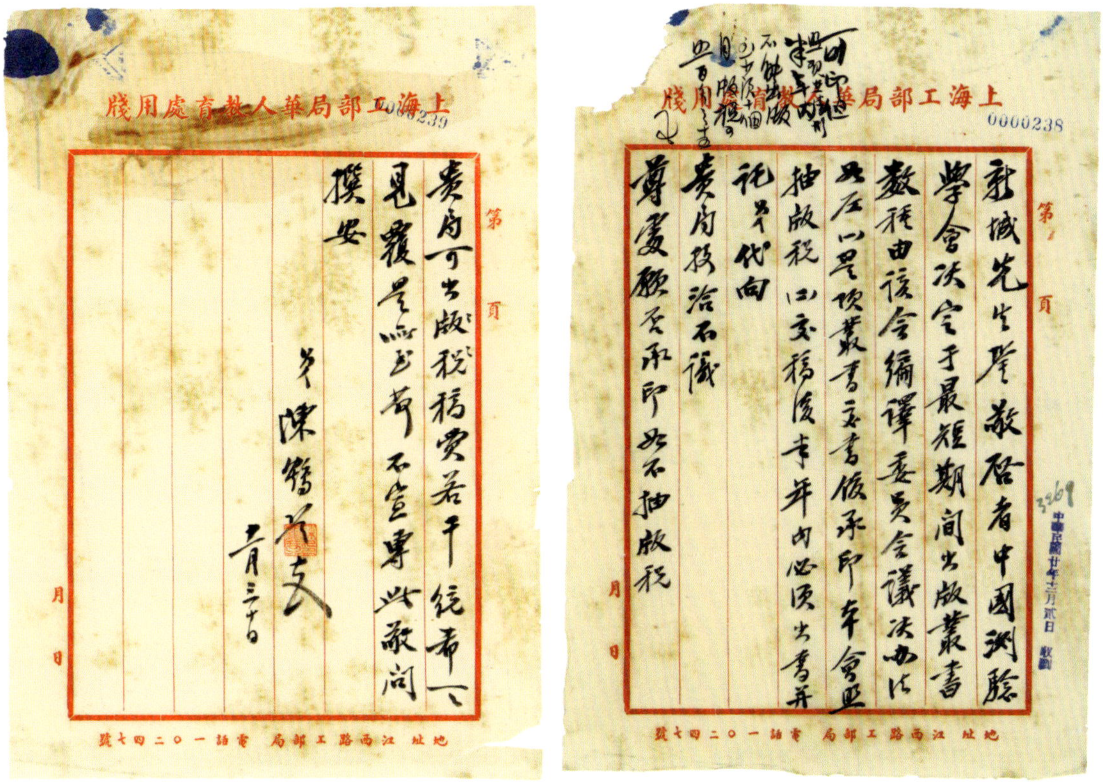

1931年11月30日陈鹤琴致舒新城函

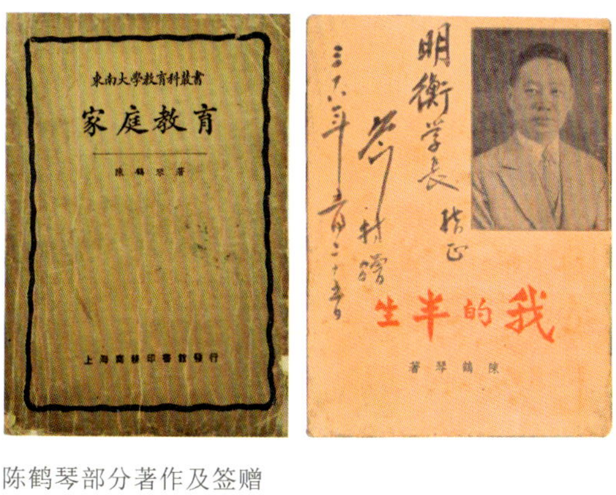

陈鹤琴部分著作及签赠

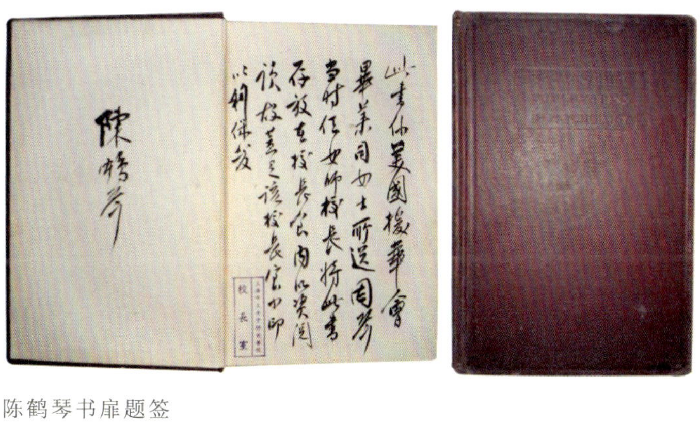

陈鹤琴书扉题签

舒新城

一八九三年—一九六〇年

原名玉山，字心怡，号畅吾庐，曾用名舒建勋，湖南溆浦人。出版家、教育家。1917年毕业于湖南高等师范学校，后在长沙兑泽中学、湖南省立第一中学及福湘女学等校任教务主任。曾创办《湖南教育月刊》。1920年任中国公学中学部主任。1923年任南京东南大学附中研究股主任，推行道尔顿制，并赴上海、武昌、长沙等地讲演，同年加入少年中国学会。1924年任国立成都高等师范学校教授。1925年返南京专门从事著述。1928年，应中华书局总经理陆费逵之聘，任《辞海》主编。中华人民共和国成立后被推选为中国人民政治协商会议上海市委员会副主席。1957年秋，他提议重新修订《辞海》。次年春，中华书局《辞海》编辑所成立，1959年夏，《辞海》编辑委员会成立，舒新城任主任委员。编著有《道尔顿制研究集》《中华百科辞典》《近代中国教育思想史》等。

舒新城于1929年8月在春晖中学做夏期讲习会讲演，题为《道尔顿制与青年心理》。

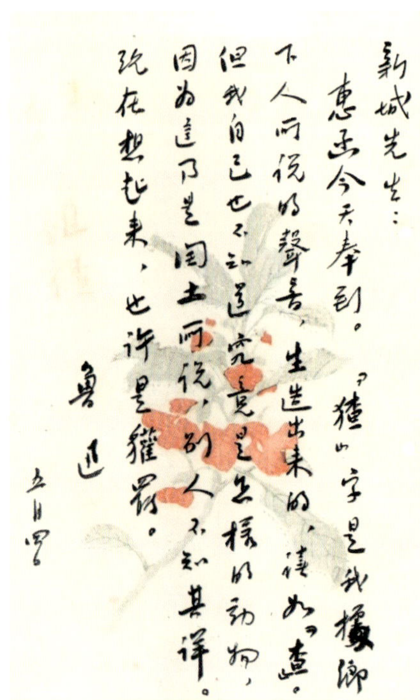

新城先生：

惠函今天奉到。"猹"字是我据乡下人所说的声音，生造出来的，读如"查"。但我自己也不知道究竟是怎样的动物，因为这乃是闰土所说，别人不知其详。现在想起来，也许是獾罢。

鲁迅

五月四日

鲁迅致舒新城函

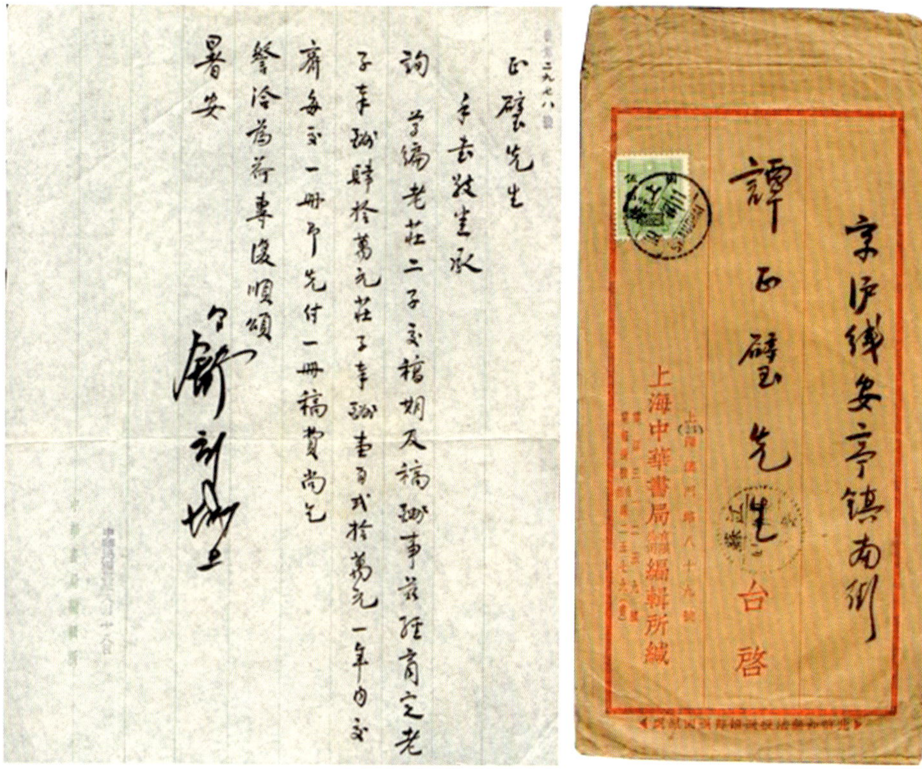

正璧先生：
手示敬悉。承
询子编老庄二子文稿，拟及稿酬事，兹经商定老
子、庄子稿酬肆拾万元，庄子稿酬……
……一年内交
齐，每交一册即先付一册稿费，尚乞
察洽为荷。专复，顺颂
暑安
弟 舒新城 上

舒新城致谭正璧函

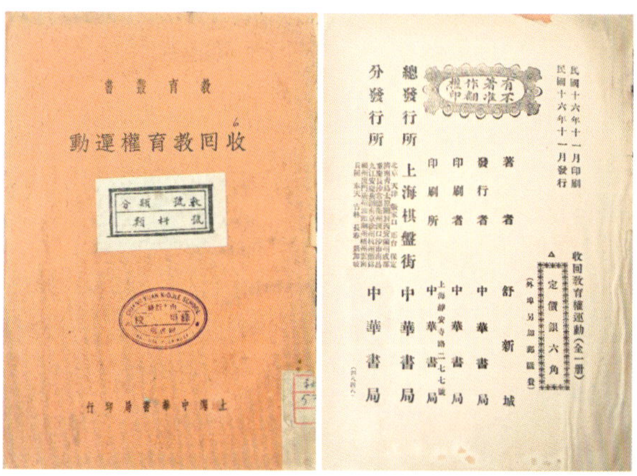

1927年中华书局印行舒新城著《收回教育权运动》

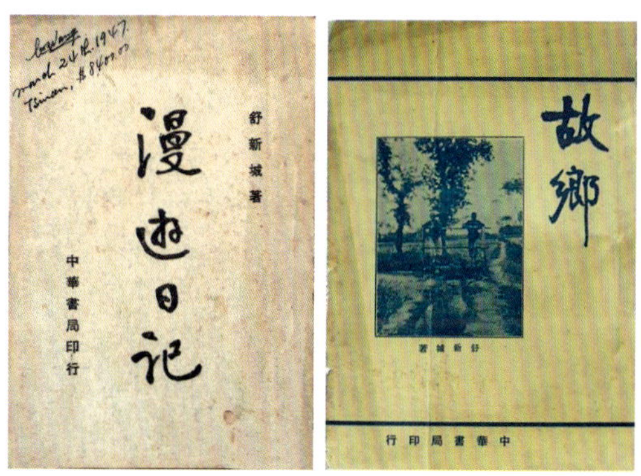

中华书局印行舒新城著《漫游日记》《故乡》

《夕照》，舒新城摄，徐悲鸿题。

《静》，舒新城摄，徐悲鸿题。

吴梦非

一八九三年—一九七九年

名翼荣，浙江东阳人。中国现代著名音乐教育家、美学理论奠基人之一。1909年官费考入浙江官立两级师范学堂（后更名为浙江省立第一师范学校），1912年入高级师范科，师从李叔同学音乐、美术，成绩斐然。毕业后在上海、浙江、江西等地中学任教。1919年与刘质平、丰子恺等创办上海专科师范学校，任校长，并创立中华美育会，主编《美育》杂志。1926年，应聘到春晖中学任教音乐、美术。1928年在江西举行的中学校长会议上主讲艺术教育，影响颇大。曾任《民国日报》副刊《觉悟——艺术评论》编辑。历任上海美术专门学校教务主任，中国国民党中央宣传部干事，中央文化计划委员会专门委员，教育部中学、师范课程编订委员，浙江省教育厅督学，正中书局编审等职。中华人民共和国成立后，任中国音乐家协会杭州分会执委兼秘书主任、浙江省文联组织部副部长、浙江省人大代表，后调任上海音乐学院教务处副处长。编著多种音乐艺术教科书及学术著作，晚年口述整理《五四运动前后的美术教育》，参编《中国音乐史》。

吴梦非任教春晖中学期间，住小杨柳屋（后由夫人王元振改称蓼花居），经亨颐曾以《柳蓼》诗相赠。同时任教浙江省立第四中学，每周往返于宁波和春晖，是继夏丏尊、朱自清等人之后的又一位“火车教员”。

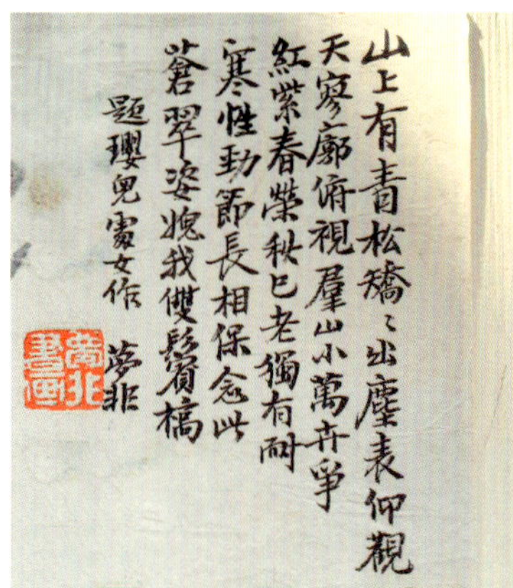

吴梦非题跋

前排吴梦非（左）、丰子恺（中）、刘质平（右）。后排丰一吟（左）、钱君匋（右）。

1948年奉送弘一法师灵骨（舍利）上供于杭州北山街招贤寺。前排左起刘质平、刘胜觉、普行法师、弘伞法师；后排左起吴梦非夫人王元振、李鸿梁、吴梦非、李季谷、乐欢法师、林咨青、巨赞法师、潘锡九。

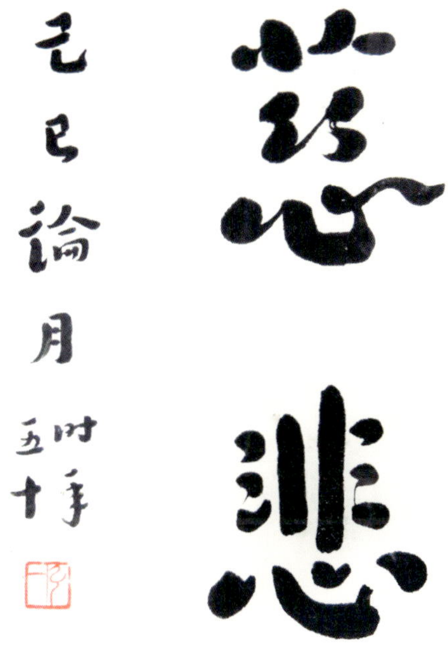

1929年弘一法师书“慈悲”字幅，赠学子吴梦非。

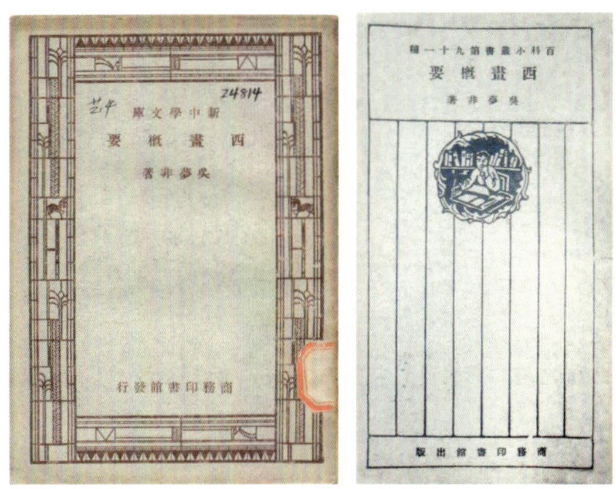

吴梦非部分著作

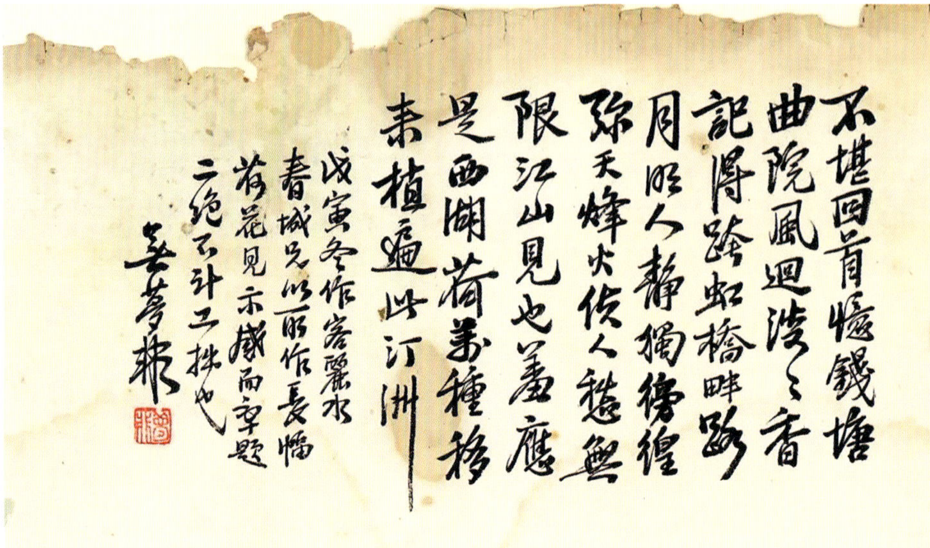

吴梦非诗跋

吴梦非作《红树青山》

吴梦非作《长松山房》

章培

一八九三年—一九七九年

字益栽，原籍浙江青田，1929年后多居住于上虞白马湖畔。18岁进武汉讲武学堂，后毕业于保定军官学校第三期，在浙江军警界任见习排长、连长等职。1926年参加北伐，任国民革命军总司令部中校参谋，前代总指挥部情报科长、吴江警备司令部参谋长、陆军机械化学校教育处长，陆军大学机甲战术系中将主任兼第四期将官班主任。1948年，因公开反对国民党打内战，脱离陆军大学去香港。1949年2月，应中国共产党邀请从香港返京，1950年受周恩来、朱德委托，参加筹建中国人民解放军军事学院，并任战事组长、装甲兵战术教授会第一副主任。1954年转业到济南，后任中国人民政治协商会议山东省委员会常委。

章培在“四一二”反革命政变后，通过其弟秋阳联络，掩护营救多名共产党员。为避开反共的国民党军队，章培将团部迁至上虞百官，在白马湖畔象山之麓修筑了小别墅，名“章家花园”。其间与春晖中学的经亨颐、夏丏尊、章育文、范寿康、何香凝、弘一法师等交往，并把子女送往春晖中学就读。1949年8月，章培担任了上虞解放后的新一届春晖中学校董会委员。1979年病逝归葬于白马湖畔。

齐燕铭、章培（右）合影

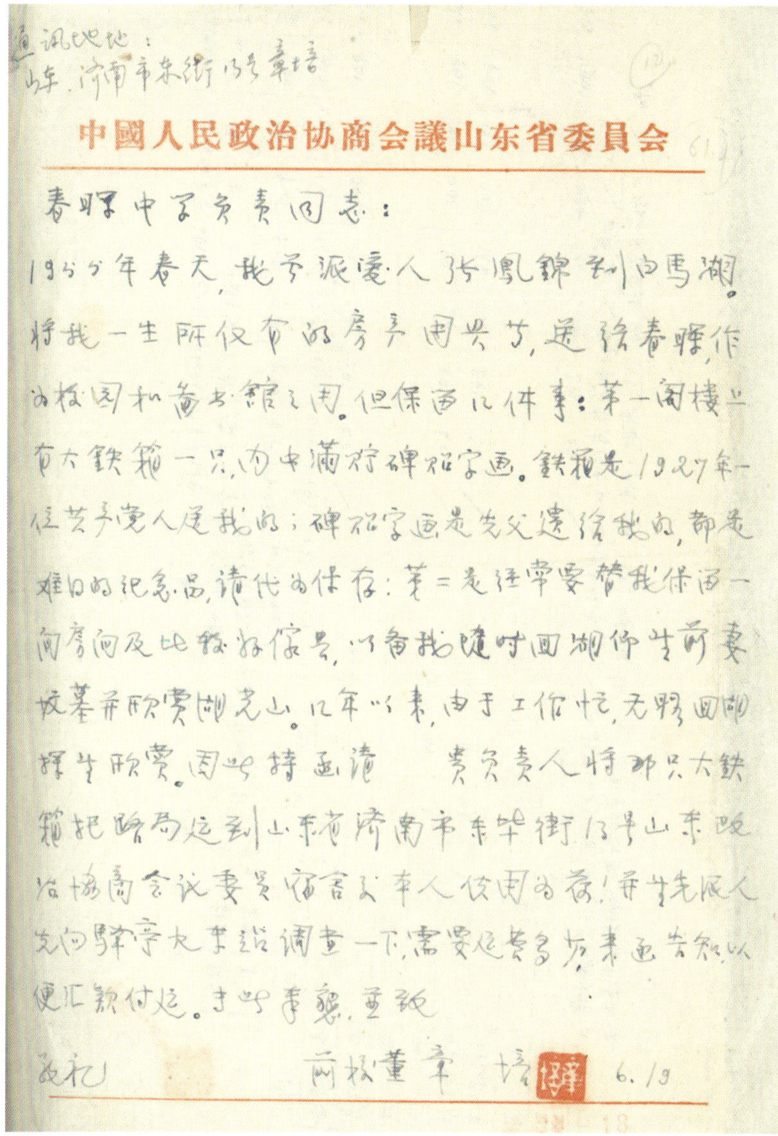

通讯地址：山东.济南市东华街13号 章培

中國人民政治协商会議山东省委員会

春晖中学负责同志：

1955年春天，我曾派爱人张凤锦到白马湖，将我一生所仅有的房子田地等，送给春晖作为校园和图书馆之用，但保留二件事：第一，阁楼上有大铁箱一只，内中满存碑帖字画。铁箱是1927年一位艺术爱人送我的；碑帖字画是先父遗给我的，都是难得的纪念品，请代为保存；第二是经常要替我保留一间房间及比较好家具，以备我随时回湖省前妻坟墓并欣赏湖光山色。二年以来，由于工作忙，无暇回湖稍事欣赏。因此特函请 贵负责人将那只大铁箱托路局运到山东省济南市东华街13号山东政治协商会议委员会宿舍本人使用为荷！并先托人先向驿亭火车站询查一下，需要运费多少，来函告知，以便汇款付运。专此奉恳，并颂

敬礼

前校董章培 6.19

章培致春晖中学关于捐赠房产的信札

章培夫人郑坚与章曼华、经普椿等人在章家花园

章培夫妇墓地

叶圣陶

一八九四年—一九八八年

原名绍钧，字秉臣，后改字圣陶，以字行。江苏苏州人。文学家、教育家、出版家。早年就读于长元吴公立高等小学堂、苏州公立第一中学堂。1912年中学毕业后在家乡任小学教员，从事文学创作及教育研究。1919年加入新潮社，在甪直设立《新潮》杂志代卖处。1921年与茅盾、郑振铎等发起组织文学研究会。同年任中国公学中学部国文教员，与朱自清、俞平伯等创办“五四”以来最早的《诗》月刊。1923年进入商务印书馆任编辑，主编《小说月报》《文学周报》等刊物。1925年“五卅运动”时期被推选为上海教职员救国同志会执行委员，在《公理日报》上发表反帝时论。同年加入中国共产党领导的中国济难会。1926年与胡愈之、郑振铎等联名签发《人权保障宣言》。1931年应夏丏尊之邀，任开明书店编译所副主任，主编《中学生》杂志。“九一八”事变后发起上海文化界反帝抗日大联盟。抗日战争全面爆发后内迁四川、重庆，先后在巴蜀学校、复旦大学、国立戏剧专科学校、武汉大学教授国文。1940年任四川省教育厅教育科学馆专门委员。1942年回开明书店成都办事处主持编辑事务。抗战胜利后返回上海，任中华全国文艺界协会总务部主任，投身爱国民主运动。1949年赴北平任华北人民政府教育部教科书编审委员会主任，并应邀出席中国人民政治协商会议第一届全体会议。中华人民共和国成立后，历任中央人民政府出版总署副署长兼编审局局长、教育部副部长兼人民教育出版社社长、教育部顾问、中央文史研究馆馆长、中华全国文学艺术界联合委员会委员、中国作家协会顾问等职。是第一、二、三、四届全国人大代表和第五届全国人大常务委员会委员。1962年加入中国民主促进会，1984年当选民进中央主席。主要著作收入《叶圣陶集》。

叶圣陶与夏丏尊是挚友、亲家，二人在开明书店共事十余年，商讨国文标准改革，合作编写《文心》《国文百八课》《初中国文教本》等多种国文教材。叶曾于1928年3月偕周予同、贺昌群等来白马湖游玩，在平屋前合影留念。1981年为春晖中学题词“教学相长　德才并美”，题“白马湖图书馆”匾额。

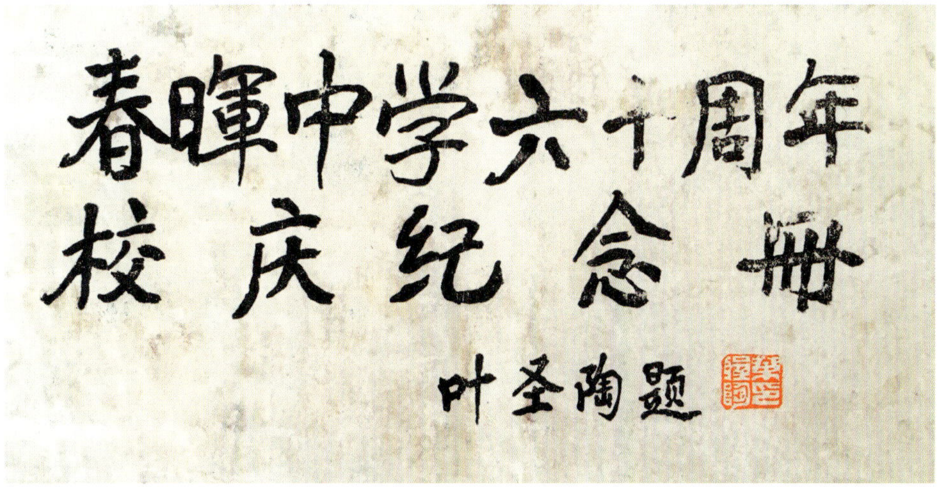

叶圣陶题春晖中学六十周年校庆纪念册

吴县第五高等小学全体教师合影，二排左二为叶圣陶。

1946年上海开明书店同仁参观联华影院时合影，前右者为叶圣陶。

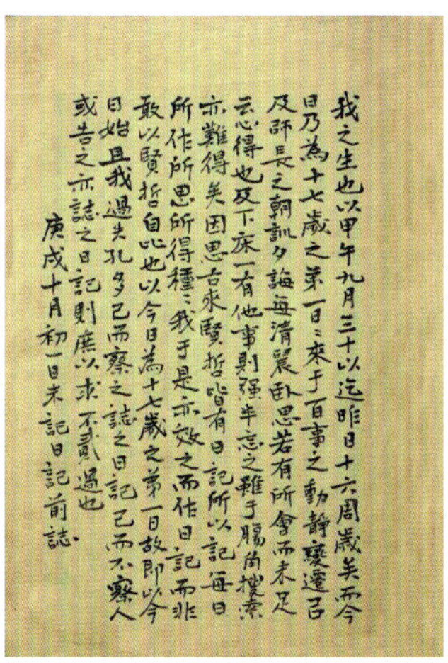

我之生也以甲午九月三十以迄昨日十六周歲矣而今日乃為十七歲之第一日日日來于百事之動靜變遷已及師長之朝訓夕誨每清晨臥思若有所會而未足云心得也及下床一有他事則强半忘之雖于腸内搜索亦難得矣因思古來賢哲皆有日記所以記每日所作所思所得種種我于是亦效之而作日記而非敢以賢哲自比也以今日為十七歲之第一日故即以今日始且我過失孔多已而察之誌之日記已而不察人或告之亦誌之日記則庶以求不貳過也

庚戌十月初一日未記日記前誌

1910年叶圣陶书日记前志

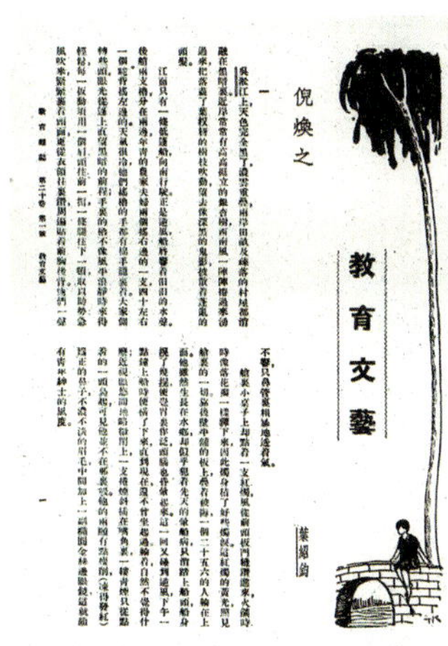

叶圣陶代表作《倪焕之》片段

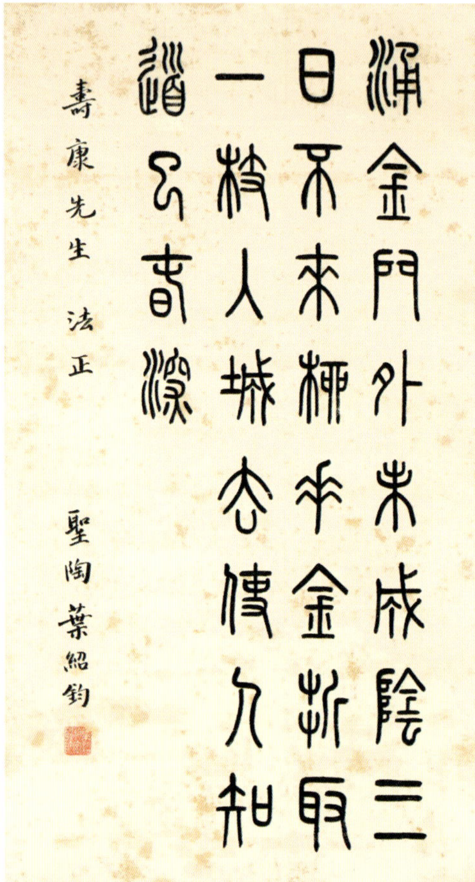

叶圣陶为范寿康作篆书诗屏

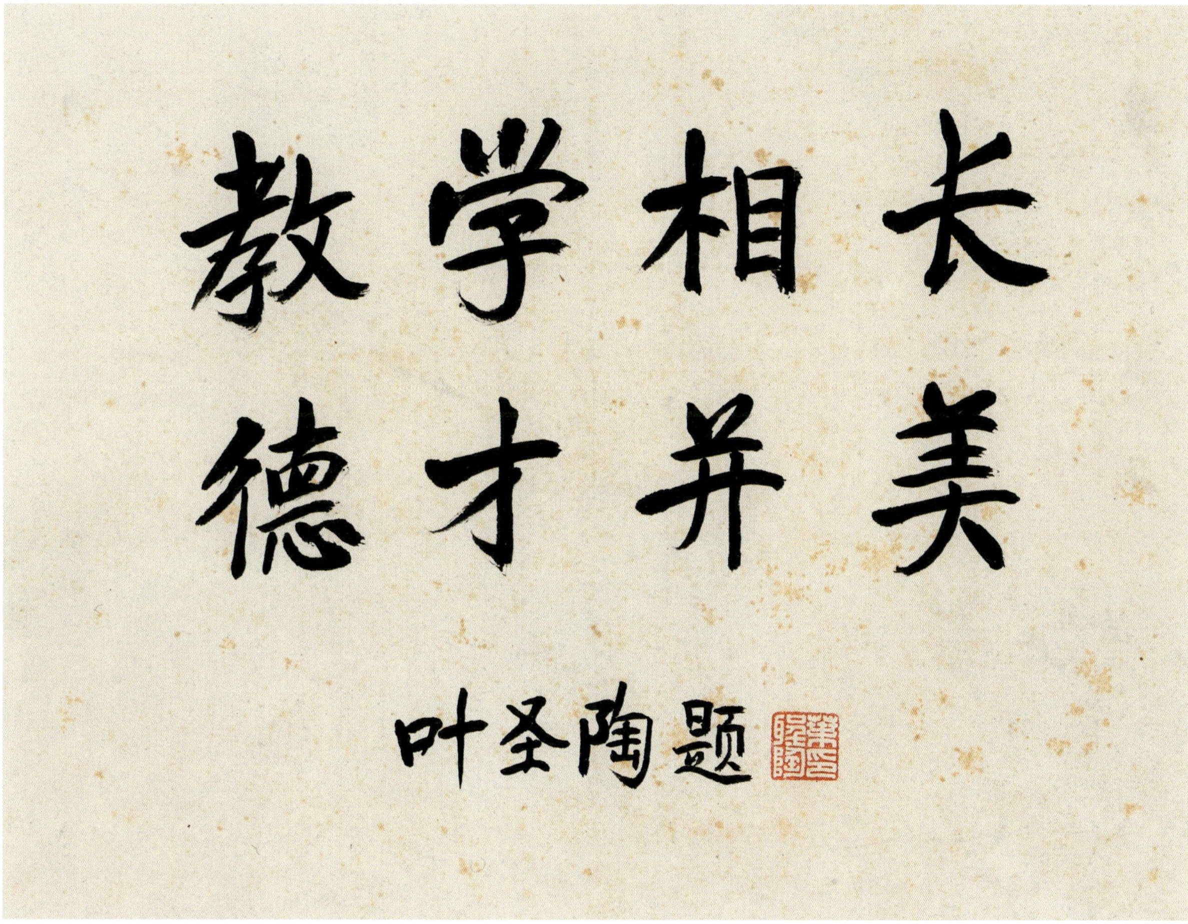

叶圣陶为春晖中学题词“教学相长 德才并美”

白马湖图书馆叶圣陶题匾以及借书证

范寿康

一八九四年—一九八三年

字允臧，浙江上虞丰惠人。中国近现代著名教育家、哲学家。1913年与郭沫若、郁达夫等留学日本。毕业于东京帝国大学，获硕士学位，1923年回国，在商务印书馆编译所任哲学教育编辑。1926年任国立中山大学教授兼秘书长。1932—1938年任省立安徽大学教授兼文学院院长、国立武汉大学教授兼文学院教育哲学系主任等职。抗日战争期间，应郭沫若之邀，任国民政府军事委员会政治部第三厅副厅长。抗战胜利后，赴台湾任行政长官公署教育处处长、台湾大学文学院哲学系教授兼图书馆馆长等职，其间为弘扬中华文化、普及国语做过许多贡献，至1970年退休。1982年4月回到北京定居，致力于祖国统一大业。同年12月当选中国人民政治协商会议第六届全国委员会委员、常委。1983年2月27日因病逝世。著有《个性教育》《教育哲学大纲》《中国哲学史通论》等。

1927年8月，范寿康受经亨颐之聘出任春晖中学代校长。范寿康主持校务期间，得到陈氏后裔支持，苦心筹划，于1928年扩办高中部，使春晖成为完全中学。1930年，因遭遇绑架惜别春晖。1982年5月回到故乡专访春晖中学，给师生做热情洋溢的讲演，并题词勉励。

1982年范寿康在北京寓所客厅留影

范寿康故居

春暉中学留念

百年樹人

壬戌夏日 范壽康

一九八二、五、一四 於蘇春樓

時年八十有八

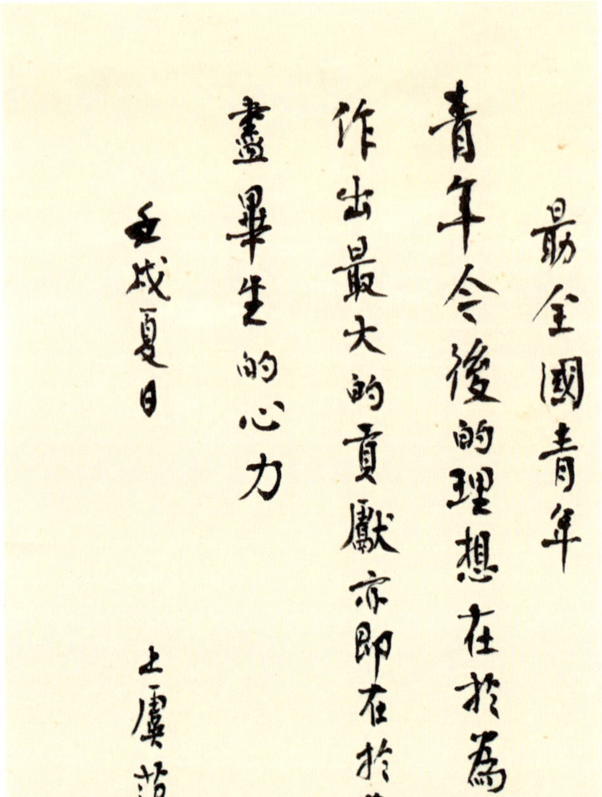
勗全國青年

青年今後的理想在於爲建設社會主義的新中國作出最大的貢獻亦即在於爲實現國家四個現代化竭盡畢生的心力

壬戌夏日

上虞范壽康書於北京時年八十有六

1982年范寿康书《勗全国青年》

1982年范寿康与廖承志、经普椿留影

1982年春晖中学欢迎范寿康老校长

1982年范寿康在春晖中学大礼堂做《人生的价值》讲演

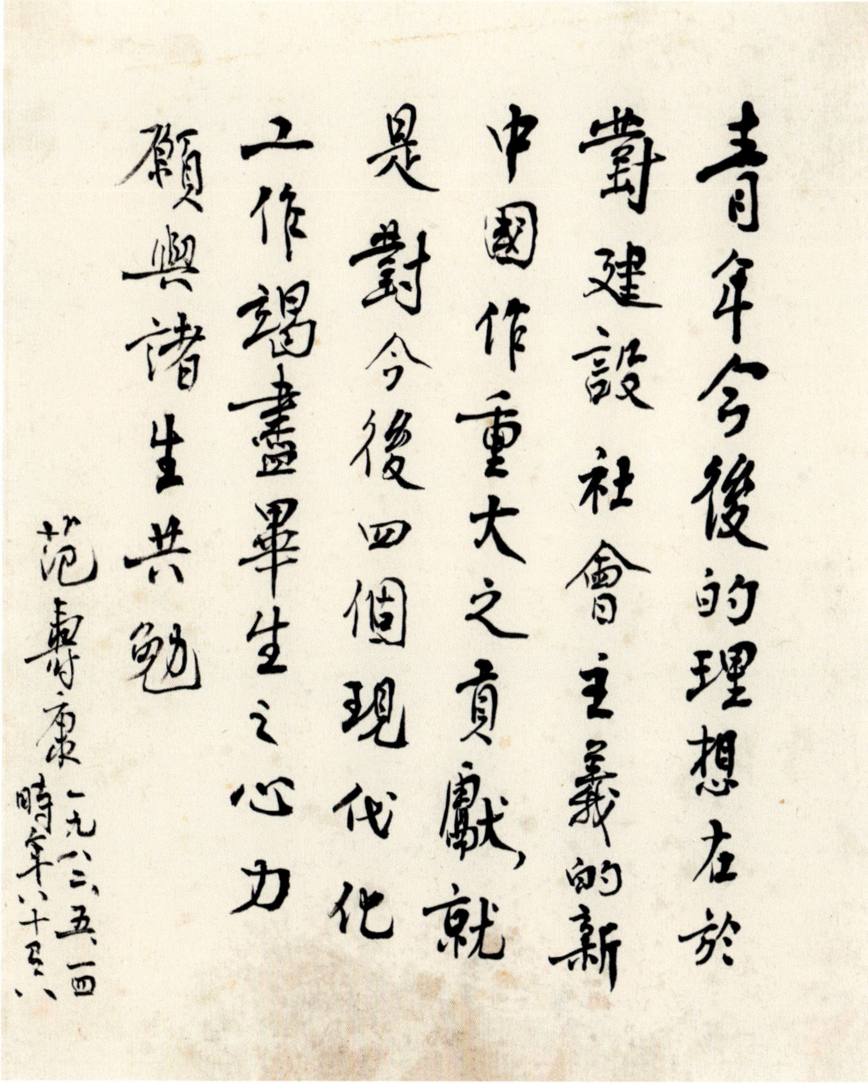

青年今後的理想在於對建設社會主義的新中國作重大之貢獻，就是對今後四個現代化工作竭盡畢生之心力，願與諸生共勉

范壽康 一九八二、五、一四 時年八十五、

1982年5月14日范寿康为春晖学生题词

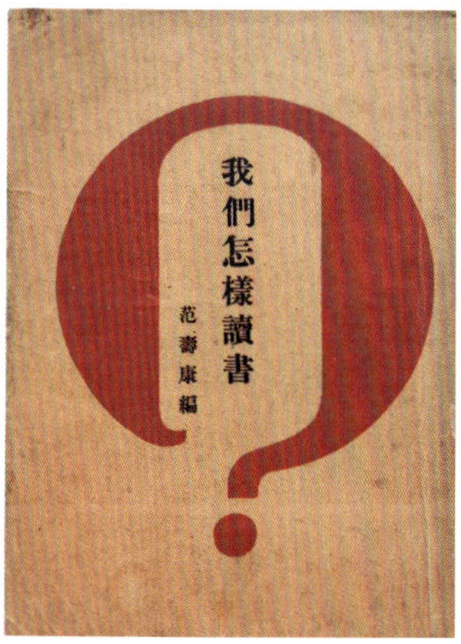

范寿康在春晖时所编《我们怎样读书》

刘质平

一八九四年—一九七八年

原名毅，字季武，浙江海宁盐官人。音乐教育家。民国初年（1912）就读于浙江第一师范学堂，受老师李叔同赏识，资助他赴日留学，入东京音乐学校，1918年回国。1919年秋与吴梦非、丰子恺一起创办私立上海专科师范学校，任教务主任。1921年被上海美术专科学校校长刘海粟聘为图音系音乐组主任，在上海美术专科学校辛勤耕耘达10年，培养了不少音乐人才。刘质平亦是中华美育会的发起人之一，并任会刊《美育》的编辑。1931年与徐朗西、汪亚尘等在上海创立新华艺术专科学校及附属艺术师范学校。1937年出任杭州音乐馆教务主任。1918—1937年，刘质平兼任十余所学校的音乐课，为音乐教育事业付出了极大的努力。1947年被聘为国立福建音乐专科学校教务主任与作曲教授。1951年被聘为山东师范学院艺术专修科任教授和音乐组主任，并被推选为首届山东省音乐工作者协会副主席。

刘质平多次看望驻锡于上虞晚晴山房或法界寺的弘一法师。1929年农历九月二十三日，弘一法师五十寿诞后第三日，刘质平与徐仲荪购买鱼虾资助弘一法师在白马湖的放生活动，事后，刘质平记录了事情梗概。同年农历十二月，弘一法师移锡厦门后补书此《白马湖放生记》，一份赠与刘质平，一份赠与徐仲荪。

弘一法师书赠刘质平团扇

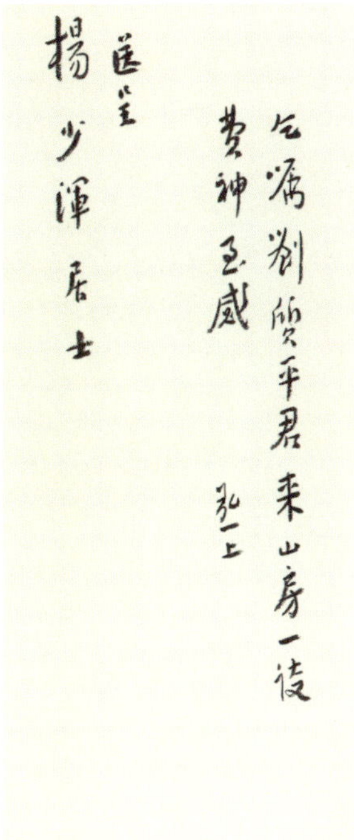

弘一法师致刘质平来晚晴山房一谈便条

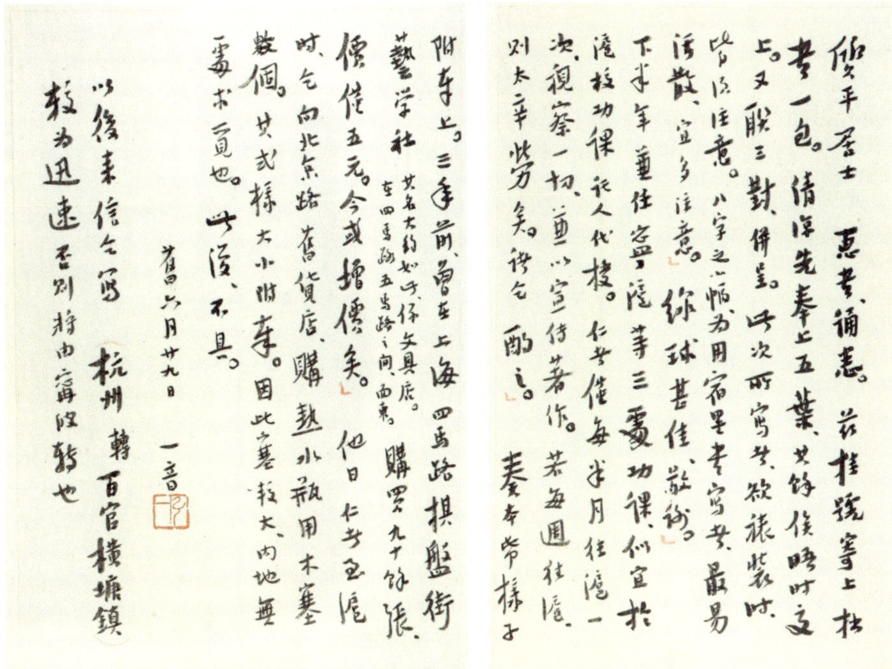

弘一法师在上虞时致刘质平函

1943年初上海鹿苑佛学会出版《妙音集》，内含多首弘一法师、刘质平等创作的佛学歌曲。

1948年出版的刘质平、丰子恺、叶圣陶、马叙伦、夏丏尊等怀念弘一法师的短文集《人间爱晚晴》。

1918年李叔同出家之前与弟子刘质平（右）、丰子恺（左）于杭州留影

江翼时

一八九四年—一九七一年

江翼時

浙江温岭人。1915年考入南京高等师范学校，毕业后初任温岭宗文高等小学校长，不久后被聘至浙江省立第四中学任教。在宁波执教期间，他结识了校长经亨颐，并备受其关注。1925年，经亨颐退职，江翼时也随即离开，转聘上海美术专科学校，执教国文课。1930年起分别在台州、绍兴、宁波等地执教。1941年起，任黄岩中学总导师，后转至宁波的效实中学执教，一直至中华人民共和国成立。江翼时喜好书画收藏，中华人民共和国成立后这些藏品被悉数捐赠给了宁波天一阁藏书楼。

江翼时1928—1938年在春晖中学执教，任国文教员，并曾兼任训育主任，1936年2月—1937年12月任代校长，主持校务。他了解学生、熟悉学生，在学生中享有很高的威信。在担任代校长期间，为了使学生健康成长，他实施了几项有效的举措：改善伙食，注重学生营养；扩大阅览室，鼓励学生多读书；培养学生的尚武精神，增强体质；组织美术研究会，培养学生全面发展。他爱好书画艺术，亦曾多次参加经亨颐校长组织的长松山房雅集。

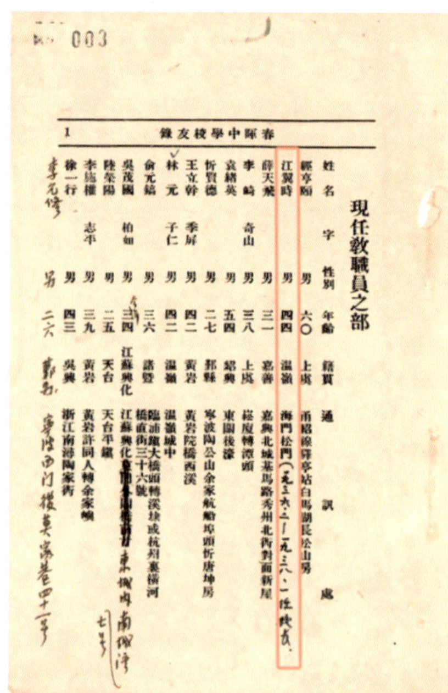
春暉中學校友錄 1

現任教職員之部

姓名	字	性別	年齡	籍貫	通訊處
經亨頤		男	六〇	上虞	甬紹線驛亭站白馬湖長松山房
江翼時		男	四四	溫嶺	海門松門
薛天槃		男	三一	嘉善	嘉興北城菜馬路秀州北街對面新屋
李崎	奇山	男	三八	上虞	崧廈轉漂頭
袁緒英		男	五四	紹興	東關後漾
忻賢德		男	二七	鄞縣	寧波陶公山余家航船埠頭忻唐坤房
王立幹	季屏	男	四二	黃岩	黃岩院橋西溪
林元	子仁	男	四二	溫嶺	溫嶺城中
俞元鎬		男	三六	諸暨	臨浦鎮大橋頭轉溪埭或杭州裏橫河橋直街三十六號
吳茂國	柏如	男	三四	江蘇興化	江蘇興化[illegible]
陸榮陽		男	二五	天台	天台平鎮
李施權	志平	男	三九	黃岩	黃岩許同人轉余家嶼
徐一行		男	四三	吳興	浙江南潯陶家街

1936年江翼时任代校长时的通讯录

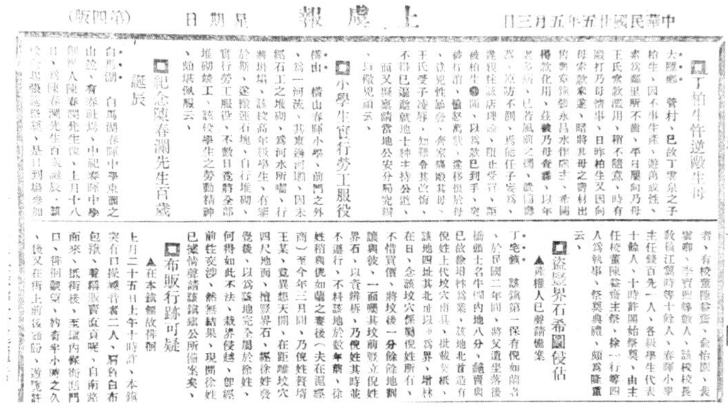
中華民國廿五年五月三日 上虞報 星期日 (第四版)

丁柏生忤逆毆生母

小學生實行勞工服役

紀念陳春瀾先生百歲誕辰

盜竪界石希圖侵佔

布販行跡可疑

1936年5月3日《上虞报》报道春晖校长江翼时纪念陈春澜先生百岁诞辰

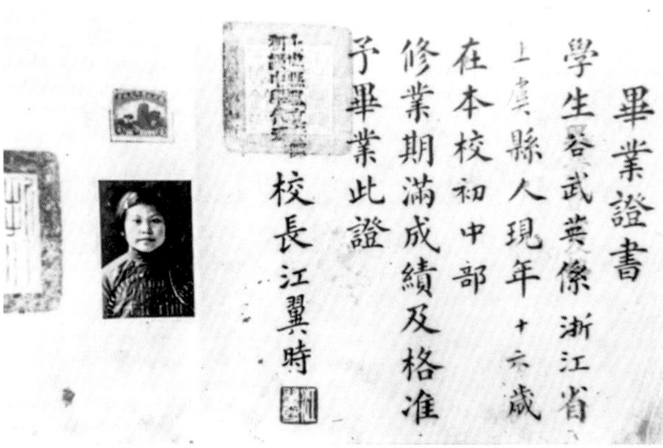
畢業證書

學生谷武英係浙江省上虞縣人現年十六歲在本校初中部修業期滿成績及格准予畢業此證

校長 江翼時

春晖学生谷武英毕业证书由校长江翼时颁发

春晖学生谷武英等在仰山楼留影

仰山楼旧照

杨贤江

一八九五年—一九三一年

字英父，浙江慈溪人。中国早期马克思主义教育理论家，杰出的青年运动领导人，坚定的共产主义战士。1912年考入浙江省立第一师范，1917年以“模范学生”的最高荣誉毕业，深得校长经亨颐器重。五四运动使杨贤江接触到新思想和新学说，极大地触动了他，让他产生“教育救国”思想。1921年，被商务印书馆聘为《学生杂志》主编，任职六年。1922年5月，由沈雁冰（茅盾）、董亦湘介绍，加入中国共产党，与恽代英一起负责青年学生运动，参与了五卅运动和上海三次工人武装起义的组织工作。大革命失败后，他转移到日本进行革命活动，从事社会科学和教育科学的研究及翻译工作。1929年回国后以隐蔽身份从事革命斗争，因环境恶劣，工作繁重，积劳成疾，于1931年逝世，年仅36岁。著有《教育史ABC》《新教育大纲》等。

杨贤江是春晖师生的思想引路人。1923年初，受邀到春晖做题为《春晖与春晖学生》的讲演，指出现在需要远如聂政、荆轲，近如徐锡麟、史坚如这样的有血性的青年先驱。1924年在《春晖的学生》第二期（3月1日出版）看到王福茂《我底理想的教师底条件》一文观点有偏颇，便写了一篇文章发表在《学生杂志》，题为《要怎样一种人做我们的教师》。1925年受恩师经亨颐之邀任春晖中学教务主任，将马克思主义书籍介绍给青年教师和学生，积极开展“五卅惨案后援会”等讲演、募捐爱国运动，开创了春晖师生积极投身爱国运动的光荣传统。积极创办具有革新精神的学生刊物《白马嘶》，建立学生自治会。他的全人生指导教育观孕育并实践于这段时间。为加强师资力量，后引荐赵廷为来校从教并接任教务主任。

杨贤江与战友们的合影

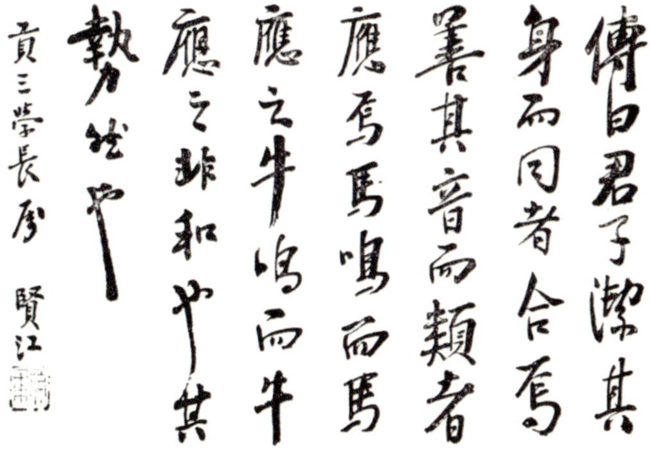

杨贤江手迹

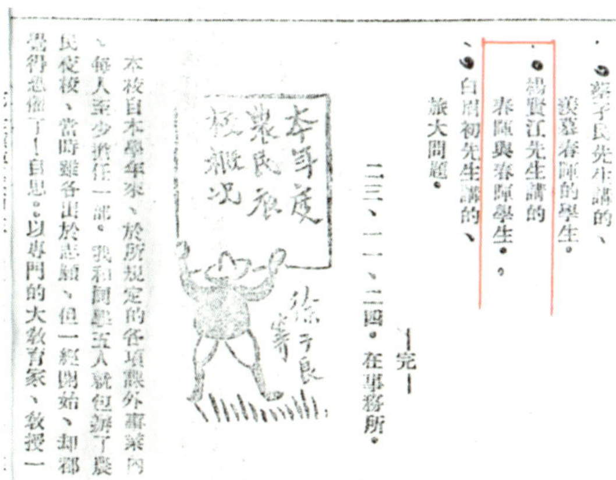

●楊賢江先生講的
春暉與春暉學生。

●白周初先生講的、
衆大問題。

一三、一一、二四。在事務所。

—完—

本年度農民夜校概況

徐子良

本校自本學年來、於所規定的各項課外事業內、每人至少擔任一部。我和同學五人就包辦了農民夜校、當時雖各由於志願、但一經開始、却都覺得悲觀了！自思。以專門的大教育家、教授一

《春晖》半月刊登载杨贤江1923年到春晖中学讲学的简讯

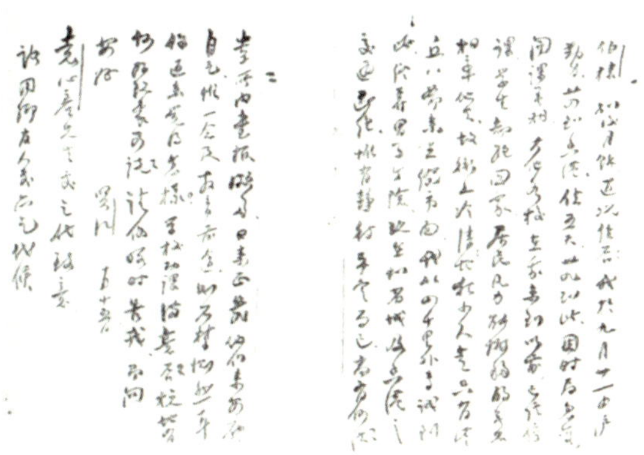

杨贤江手书信函

杨贤江故居

李文政

一八九五年—一九五三年

字庆酮，号五马山人，浙江上虞人。自幼好学，年轻时赴日留学，在东京高等师范学校攻读农博科。学成归国后，在浙沪一带中学执教生物学科，研究生物科学。曾任教于衢州中学、温州中学、宁波中学、杭州高级中学、春晖中学、余姚中学等，抗战胜利后到上海新沪中学执教，直到1953年5月病逝。其在“五马山”的简易书房里，曾珍藏着大量古今中外典籍。藏品中还有一本丰子恺漫画手稿，可见李文政与丰子恺有过不凡的交往。

1919年春，李文政受经亨颐之托“调查日本中学校最新办法，为计划横山中学（即春晖）之参考”。1929年8月，李文政受聘为春晖中学高中生物科教员。1930年夏，春晖中学发生绑架事件，李文政临危受命，孤身闯关，有礼有节地与匪徒理论，才有后来赎票成功的结局。1941年日军侵犯上虞。暑期，春晖中学被迫迁往泰岳寺。校董朱鸿恩与李文政等商量，遂有次年9月的“白马湖春晖中学”，李文政被推为校长，学校得到民主政府的领导和关怀。李文政是力护白马湖春晖校园的最大功臣。

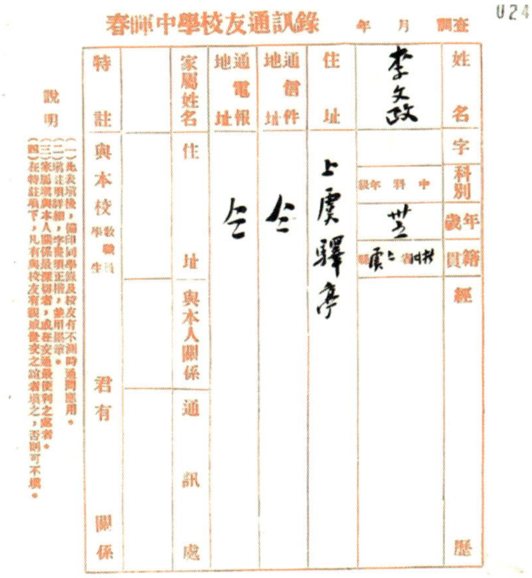
春暉中學校友通訊錄　年　月　調查　U24

姓名	字	科別	年歲	籍貫	經歷	住址	通信地址	通電報地址	家屬姓名	住址	與本人關係	通訊處	特註
李文政		中 科 年級	卅三	上虞		上虞驛亭	仝	仝					與本校（教職、學生） 君有 關係

說明

（一）此表填後，備印同學錄及校友有不測時通問應用。
（二）填註須詳細，字畫須正楷，勿用隱語。
（三）家屬須與本人關係最深切者，或在交通最便利之處者。
（四）在特註項下，凡有與校友有親或戚交之誼者填之，否則可不填。

1929年李文政任职春晖中学期间的通讯录

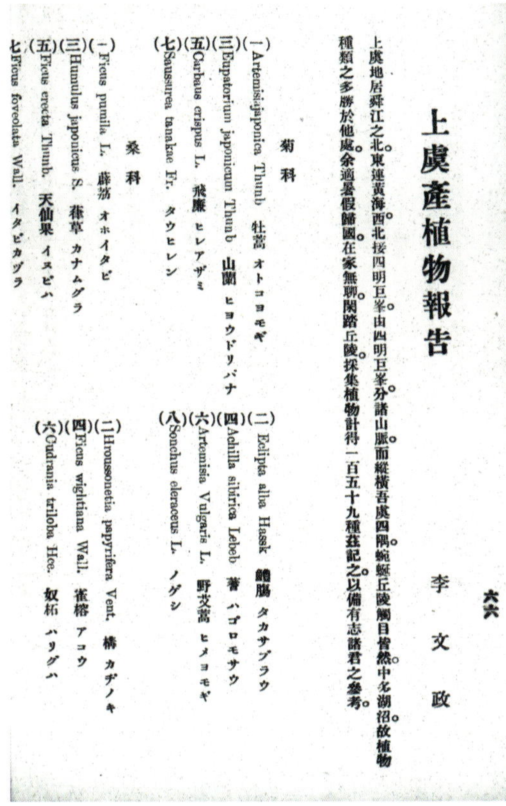
上虞產植物報告

六六

李文政

上虞地居舜江之北。東連黃海西北。接四明巨峯由四明巨峯。分諸山脈。而縱橫吾虞四隅。蜿蜒丘陵。觸目皆然。中多湖沼。故植物種類之多勝於他處。余適暑假歸園。在家無聊。閑踏丘陵。採集植物計得一百五十九種茲記之。以備有志諸君之參考。

菊科

(一) Artemisia japonica Thunb 牡蒿 オトコヨモギ
(二) Eclipta alba Hassk 鱧腸 タカサブラウ
(三) Eupatorium japonicum Thunb 山蘭 ヒヨウドリバナ
(四) Achilla sibirica Lebeb 蓍 ハゴロモサウ
(五) Carbaus crispus L. 飛廉 ヒレアザミ
(六) Artemisia Vulgaris L. 野艾蒿 ヒメヨモギ
(七) Saussurea tanakae Fr. タウヒレン
(八) Sonchus eleraceus L. ノゲシ

桑科

(一) Ficus pumila L. 薜荔 オホイタビ
(二) Hroussonetia papyrifera Vent. 構 カヂノキ
(三) Humulus japonicus S. 葎草 カナムグラ
(四) Ficus wightiana Wall. 雀榕 アコウ
(五) Ficus erecta Thunb. 天仙果 イヌビハ
(六) Gudrania triloba Hce. 奴柘 ハリグハ
(七) Ficus foveolata Wall. イタビカヅラ

李文政在《中华留日东京高等师范学校同学会同窗会志》发表《上虞产植物报告》

早期白马湖春晖中学

谢似颜

一八九五年—一九五九年

名濬荃，一字公异，浙江上虞人。体育教育家。早年就读于上虞县立第一高等小学。1914年进入杭州私立安定中学，同学有黄树滋、魏福嘉等。1918年赴日留学，1925年毕业于东京高等师范学校体育科。后应经亨颐之邀任浙江省立第四中学体育教员。1926年任春晖中学体育主任。1927年任浙江省立杭州体育场场长。1929年应曾仲鲁之请，任国立北平师范大学体育系主任。1932年任私立北平民国学院体育系主任。次年任北平大学体育系主任，兼女子文理学院教授，同时在北平市立体育专科学校任教。1936年与马叙伦、齐燕铭等联名发表《北平文化界救国会第一次宣言》，呼吁国民政府变更妥协的外交政策，团结民众一致抗日救国。在此期间，还被聘为北平市公共体育场建筑委员会委员、华北体育改进社委员、文化建设协会北平分会干事、国民政府教育部体育委员会常务委员等。抗战全面爆发后出走陕西，任西安临时大学（后为西北联合大学）体育系教授。1940年后辗转安徽临泉、河南漯河，在鲁苏豫皖边区三一子弟学校任校长。1946年应许寿裳之请，任台湾省立编译馆编辑。同年底任台湾省立师范学院体育科主任兼理论教授。1949年转任台湾开明书店董事。1959年病逝。著有《奥林匹克沧桑录》《田径赛的理论与实际》《西洋体育史》等，另有诗集《排闷集》。

谢似颜在任教春晖中学之前，曾于1924年9月16日来校参观，并于次日做演讲，题为“体育家的资格及体育的目的”。

春晖中学运动会纪念章

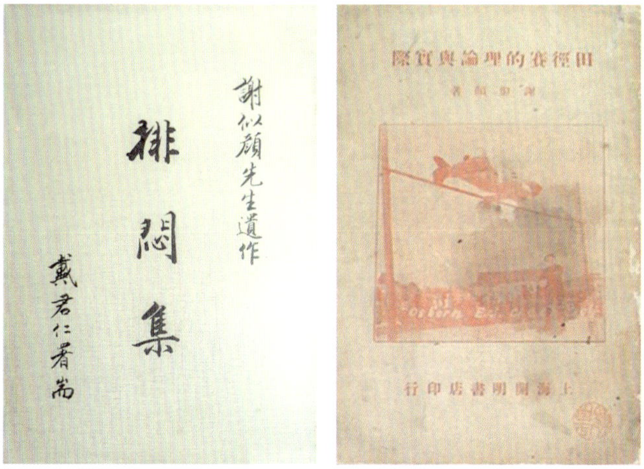

谢似颜部分著作

1936年春晖中学女子篮球锦标队留影

1932年春晖中学参加浙江省第二区运动会全体运动员留影

1935年春晖中学女子组爬山锦标队留影

林子仁

一八九五年—一九六五年

名元，浙江温岭城关人。少年即有志于科学救国，辛亥革命后带头剪辫。毕业于上海南洋中学，后考入大同大学攻读数学，其间积极参与“五四”新文化运动。大学毕业后，执教于浙江省甲种水产学校并担任过竟成中学校长。1930年到春晖中学任教数学，历时八年，有“授课足使顽石点头”的赞誉。当年的学生曾回忆，他“慈祥和蔼，上课一丝不苟。六月暑天，一节课下来，汗衫、衬衫、长衫三衫俱湿，却怡然自乐，不以为苦”。林子仁受赠有“诲人不倦”“作育英才”等银盾。抗日战争爆发后，先后在浙江省立黄岩中学、温岭县立中学和温岭简易师范学校任教。中华人民共和国成立后，继续在温岭中学任教。数十年教坛生涯，教绩显著，曾被评为浙江省优秀教师，并连续三届当选浙江省人大代表，1956年起连续四届任温岭县副县长。

在春晖任教期间，林子仁与弘一法师、经亨颐、张大千、黄宾虹等相识，保藏不少名家书画珍品，其中有一幅是经亨颐乘兴与方介堪合作相赠的《黄菊图》，右上角题写如下款识：“十八年四月，香凝、树人、介堪在白马湖三宿合作十余帧，皆子仁先生家藏陈纸，助兴不少，与介堪合作贻之。”其子女于20世纪80年代将林子仁先生珍藏的白马湖名人字画赠予春晖中学，计有经亨颐、张大千、黄宾虹合作的《寒之友》，弘一法师的书法条幅，经亨颐、方介堪合作的《黄菊图》等。

1932年7月春晖中学毕业学生赠林子仁“诲人不倦”银盾

1937年林子仁（后排中）与家人合影

春晖中学学生在校门前船上合影

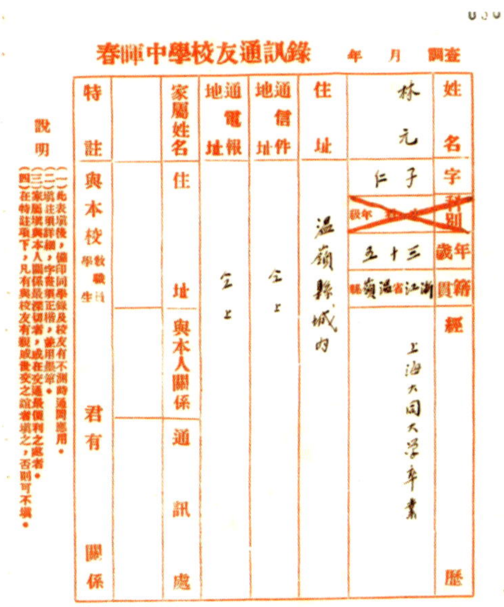

春暉中學校友通訊錄　年　月　查調

姓名　林元

字　子仁

年歲　三十五

籍貫　浙江省溫嶺縣

經歷　上海大同大學卒業

住址　溫嶺縣城內

通信地址　仝上

通電報地址　仝上

家屬姓名　住址　與本人關係　通訊處

特註　與本校　君有　關係

說明

（一）此表填後，備印同學錄及校友有不測時通問應用。

（二）填注須詳細，字實須正楷，最用墨筆。

（三）家屬填與本人關係最深切者，或在交通最便利之處者。

（四）在特註項下，凡有與校友有親戚世交之誼者填之，否則可不填。

1929年林子仁任职春晖中学期间的通讯录

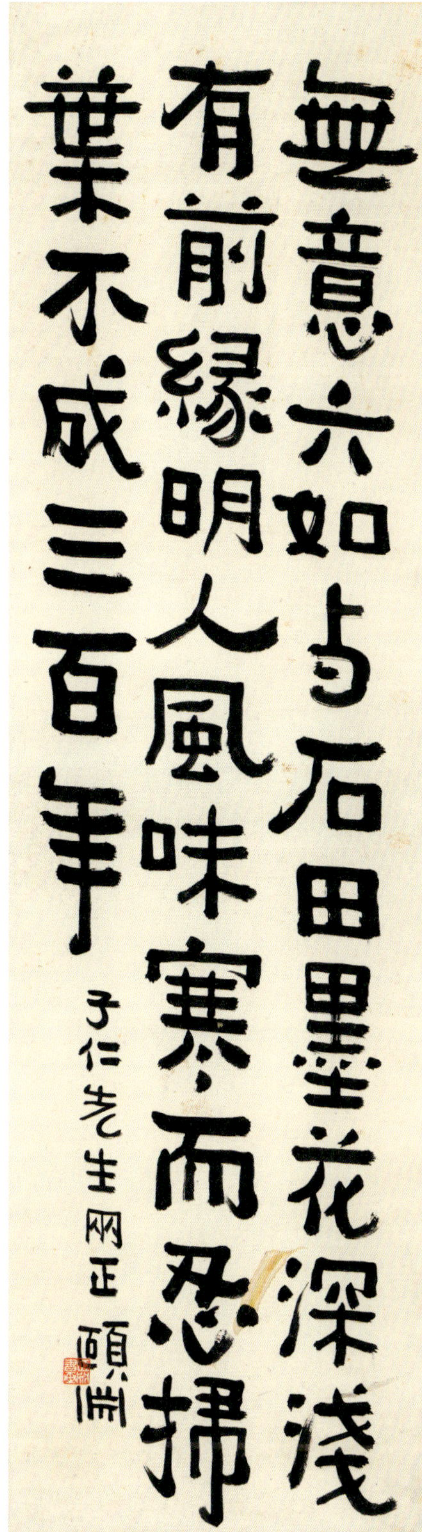

经亨颐书赠林子仁

李宗武

一八九五年—一九六八年

字季谷，浙江绍兴人。历史学家、教育家。早年就读于诸暨大东公学。1917年毕业于浙江省立第一师范学校。1919年赴日本东京高等师范学校留学。1922年与吴觉农、茅盾、夏丏尊等发起妇女问题研究会。1923年应经亨颐之邀，任浙江省立第四中学教员。1926年任北京大学教授，在《京报副刊》发表《民国以来日本挑拨我国内乱之手段》《五十年来日本侵略中国之七阶段》等文。1927年任浙江省立第一中学校长。1928年留学英国，初入布里斯托大学，后入剑桥大学三一学院，专攻近代史。回国后仍任北大教授。1934年应许寿裳之邀，任北平大学女子文理学院文史系主任。1938年任西北联合大学教授、历史系主任，与何士骥、黄仲良等组织考古学会，成立考古室，考察研究张骞墓、武侯墓等。1939年任国立中山大学教授。1941年任四川大学历史系主任。1943年赴西安、洛阳、临泉等地视察，任鲁苏皖豫边区学院教务长、界首战地失学失业青年招致训练分会副主任。抗战胜利后任台湾省立师范学院院长。1948年任浙江省教育厅厅长。中华人民共和国成立后，任华东师范大学教授。主要著作有《日本生活》《西洋近百年史》《日本通史》等，编写《济南惨案史》。

李宗武曾于1923年8月出席白马湖夏期教育讲习会，演讲“近代文学中的性别意识”。

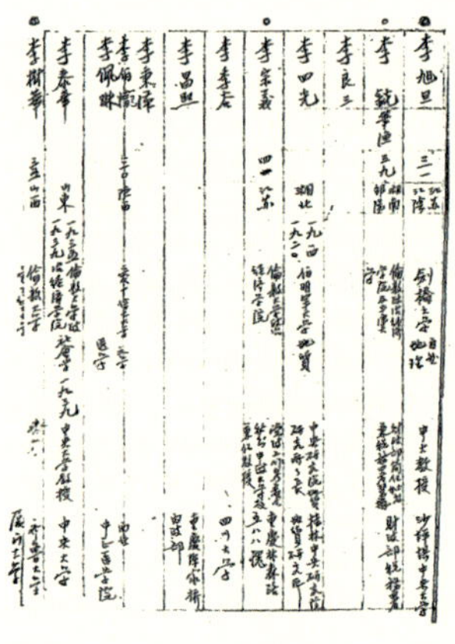

《留英同学录》（1943）中的李宗武，时在四川大学任教。

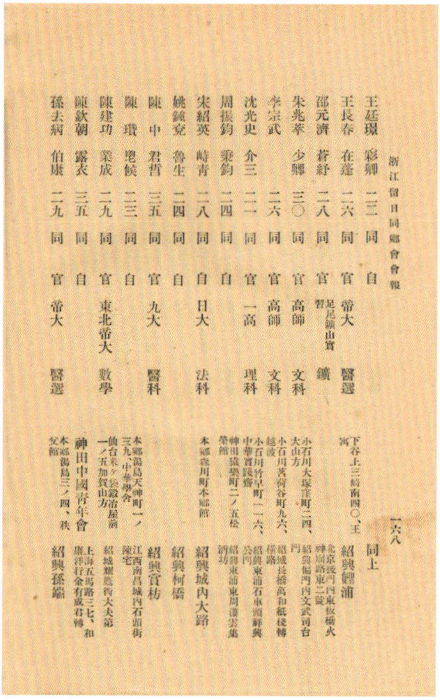

李宗武、朱兆萃在浙江留日同乡会登记的会员信息

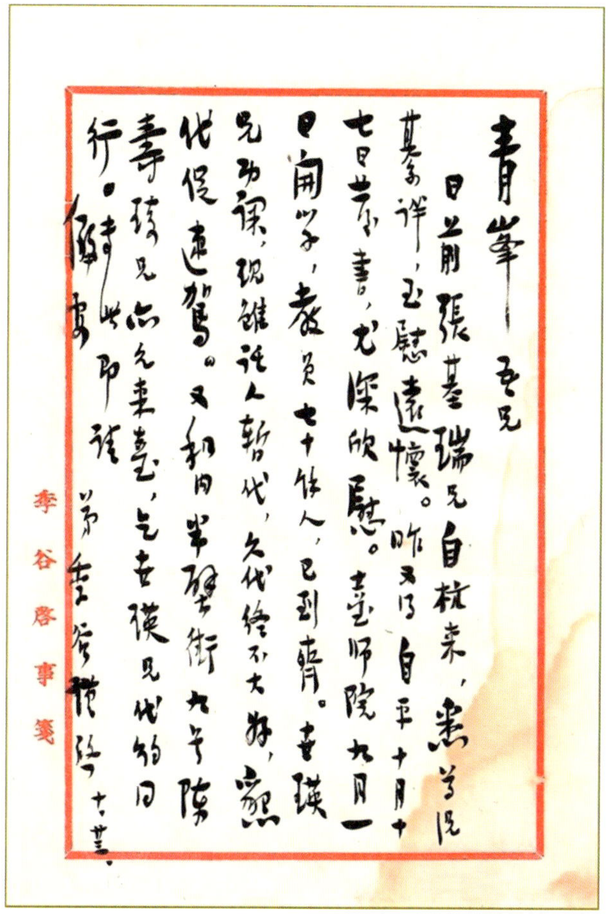

李宗武致柴德赓函

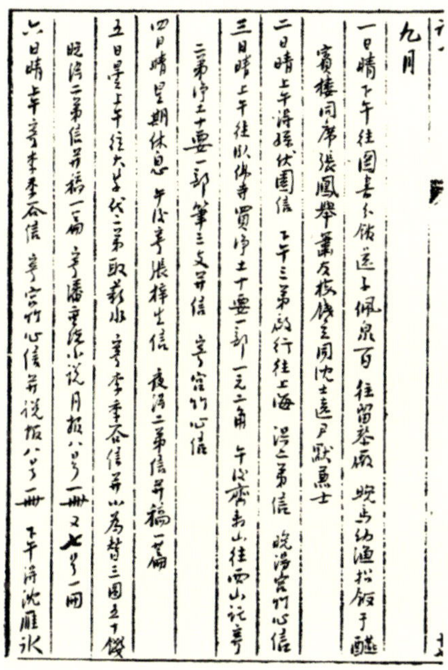

鲁迅日记中的李宗武

李宗武编著的《济南惨案史》

徐浩

一八九六年—一九四七年

字子梁，浙江上虞人。教育家、政治家。早年在下管方山学堂学习。1915年毕业于上虞县立第一小学，同年考入浙江省立第一师范学校，师从经亨颐、夏丏尊等。毕业后返回上虞，任上虞县劝学所巡回指导员，上虞县立第一高等小学校、上虞县立女子高等小学校教员。1923年任春晖中学附属小学主任。1927年应罗霞天之邀，曾短暂赴杭州任浙江省政府日刊编辑。旋任上虞县立中山公学校长、国文科主任，并兼国民党上虞县党部执行委员、教育委员会委员。1928年被推选为上虞代表之一，出席“全国反日大会”。1929年赴日留学，先在文化学院学习，后考入明治大学法学部，其间兼任浙江省留日学生经理处经理员。1932年回国后任浙江省立水产学校训育主任。1933年任国民党上虞县党部组织科科长。1936年任中国青年励志会总会常务理事、国民党浙江省党部组织科主任。1940年升任国民党浙江省党部书记长，兼浙江省第一届临时参议员及驻会委员。1941年上虞沦陷后被推举为春晖中学董事长，募资筹议，仅用两月即在南乡泰岳寺复校，使得春晖学子弦歌不辍。1944年任国民党浙江省党部执行委员。1945年辞去党务，任浙江省教育会常务委员。1946年任浙江省参议员、全省县银行联合办事处主任，襄助成立上虞县银行。后又兼任上虞旅杭同乡会理事长、曹娥江水利参事会副主任、春晖中学校友会杭州分会监事等职。1947年倡办海宁励志农业职业学校、绍兴七邑联立职业学校，俱任董事长。同年病逝。

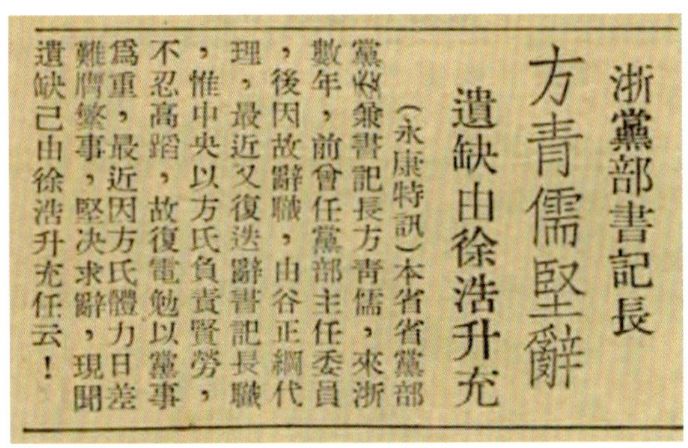

浙黨部書記長

方青儒堅辭

遺缺由徐浩升充

（永康特訊）本省省黨部黨務兼書記長方青儒，來浙數年，前曾任黨部主任委員，後因故辭職，由谷正綱代理，最近又復迭辭書記長職，惟中央以方氏負責賢勞，不忍高蹈，故復電勉以黨事爲重，最近因方氏體力日差，難膺繁事，堅決求辭，現聞遺缺已由徐浩升充任云！

1940年徐浩升任国民党浙江省党部书记长

1945年5月泰岳寺春晖中学全景

1945年徐浩（右坐者）与家人合影

刘薰宇

一八九六年—一九六七年

又名心如，贵州贵阳人。我国杰出的数学教育家。1919年毕业于北京高等师范学校数理系，是匡互生的同学。历任河南省立第一师范学校、湖南常德第二师范学校、上海大学附中、立达学园教员。1922年至1924年7月在春晖中学任教。1928年留学法国，在巴黎大学研究数学。1930年回国后，返回立达学园，并在暨南大学、大夏大学、同济大学兼课。后到贵阳高中、国立西南联合大学任教。中华人民共和国成立后，曾任贵阳中学校长。1950年调往人民教育出版社，任副总编辑，负责全国中学数理科教材统编工作，审定了当时我国全部中小学使用的数学教材，为中国数学教科书的编写倾注了大量心血。1956年加入中国共产党。著有《初中代数》《解析几何》《数学的园地》《数学趣味》《因数与因式》《马先生谈数学》以及《文章作法》和散文集《苦笑》等。刘薰宇与杨振宁父亲为同窗，他的科普读物曾给予杨振宁数学概念的启迪，杨曾说：“有一位刘薰宇先生，他是位数学家，写过许多通俗易懂和极其有趣的数学方面的文章。我记得，我读了他写的关于一个智力测验的文章，才知道排列和奇偶排列这些极为重要的数学概念。”

刘薰宇任教春晖中学期间，毗邻夏丏尊而居，担任学校教务主任兼数学教员，提出“成立学校自治会”的主张，施行学分制，主持制定了《春晖中学校学则》的“学科及学分”部分，制订选修科施行办法。同时勤于笔耕，在《春晖》半月刊留下《所希望到春晖来的学生》《本校选修科施行的实际》等十多篇文章。

春暉
學潮評議
薰宇
第二十六期
浙江上虞 春暉中學 發行 每月一日十六日出版

1924年4月《春晖》半月刊登载刘薰宇《学潮评议》

刘薰宇（左三）与杨明轩（左四）等合影

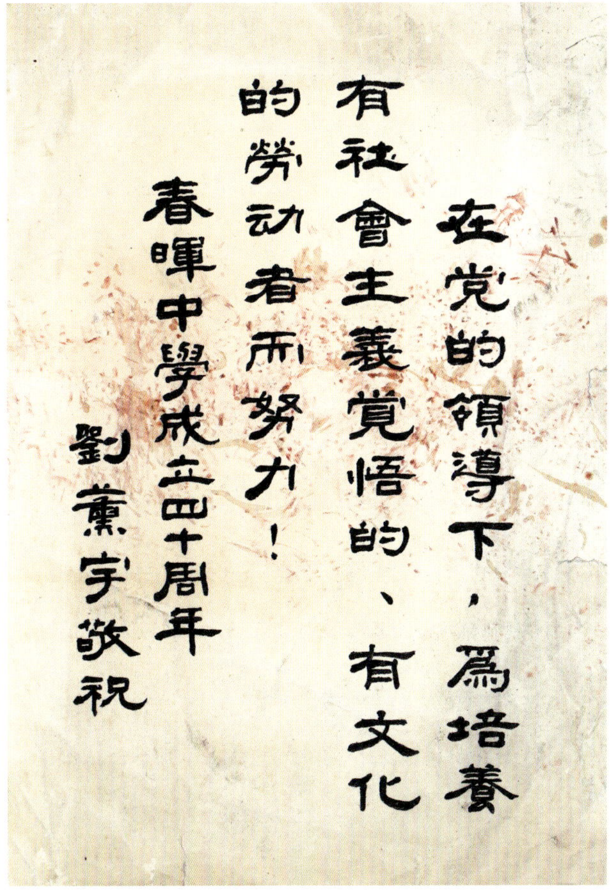
在党的領導下，爲培養有社會主義覚悟的、有文化的勞动者而努力！
春暉中學成立四十周年
劉薰宇敬祝

春晖中学成立四十周年时刘薰宇贺词

刘薰宇编著的部分著作

张同光

一八九六年—一九七一年

原名若桐，字洞观，号峄阳，书斋名“问耕耘室”，浙江浦江人。1919年考入国立北京高等师范学校史地部。毕业后，先后在浙江省立第五中学、浙江省立第二中学、浙江省立第八中学、浙江省立第九中学、杭州私立安定中学、嵊县清波中学、浙江省立杭州师范学校、国立社会教育学院等校执教。1933年8月，张同光为上海开明书店撰稿，著《戊戌政变》《作文概说》。1934年8月，张同光任上海开明书店编译所活页文选部主任，开中国出版活页文选之先河，影响深远。抗日战争爆发后，张同光与中共党员王耘庄率浙江省立杭州师范学校学生组成工作队至浦江，开展抗日救亡宣传活动，担任浦江县抗日自卫委员会委员兼经济组组长。1939年起，分别任浙江省第四区行政督察专员公署战时政治工作指导室主任、浙江省战时国民出版社编审、福建省训练团讲师、国立浙江大学龙泉分校讲师。

张同光1925—1934年执教于春晖中学，任社会科、言文科教员。张同光擅诗画，能篆刻，曾加入经亨颐组织的“寒之友社”，多次参加在长松山房的书画雅集。

张同光在白马湖时为夏丏尊作《长松》

1933年初夏，张同光与何香凝于经亨颐寓所长松山房合作《枯木碎石图》。

张同光与丰子恺等一起参加弘一法师之塔落成典礼，左五穿长衫者为张同光。

张同光作《九品莲花》，弘一法师题跋。

南无阿弥陀佛。全心即佛，全佛即心。该法报化，绝去来今。当阳独露，遍界难寻。突兀妙峰，未足为高，渊澄香海，未足为深。脑后一锤，顶门一针。七珍池沼水投水，九品莲华金博金。岁在星纪初霜，访旧友丐尊居士于白马湖上，为写佛名并彻悟偈赞。沙门论月。

伍馬讀書錄

驛亭

同光

校聞

1925年10月16日《春晖》半月刊登载张同光《驿亭》一文

张同光作《修篁》

胡愈之

一八九六年—一九八六年

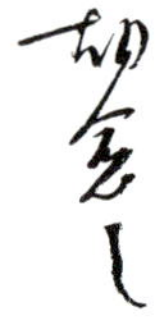

原名学愚，浙江上虞人。为集记者、编辑、作家、翻译家、出版家于一身的文化名人，也是著名的国际问题专家和社会活动家。1910年毕业于上虞县高等小学堂。1911年以县试第一名考入绍兴府中学堂。1912年转入杭州英语专科学校学习。18岁考入商务印书馆编译所当练习生，刻苦自学成才。五四运动时期，他是新文化运动的积极战士；“五卅”运动中，创办《公理日报》指导运动发展。1927年上海工人武装起义取得胜利，他作为编译出版工会的代表出席上海市市民代表会议。“四一二”反革命政变时，公开发表对国民党反动派的抗议信。1928年初，被迫出国，到法国巴黎大学研习国际法，并到苏联等国考察，思想上实现了由民主主义向社会主义的转变，1931年回国。1933年应鲁迅之邀，参加由宋庆龄、蔡元培领导的中国民权保障同盟。同年9月，被中国共产党吸收为秘密党员，组织引领上海文化界的抗日救亡运动，为救国会的发起人之一。抗日战争爆发后，转战于上海、武汉、桂林等地，从事抗日救亡宣传。1940年受周恩来派遣去南洋，直至战后，先后在新加坡主持《南洋商报》，创办《南侨日报》、《风下》周刊等进步报刊，为支持南洋侨领陈嘉庚的爱国正义活动、扩大党在南洋侨界的统一战线，做出重要贡献。1948年回国进解放区后，参加新政治协商会议的筹备工作，并担任全国新华书店总编辑和新创办的《光明日报》总编辑。中华人民共和国成立后曾任中华人民政府出版总署署长、文字改革委员会副主任、文化部副部长，以及中国世界语协会理事长、中国外交学会副会长等职。改革开放后，以中国民主同盟副主席、代主席身份，担任中国人民政治协商会议全国委员会副主席和第六届全国人民代表大会常务委员会副委员长。其光辉一生，被誉为“中华民族的脊梁”和“中国知识分子的杰出楷模”。

胡愈之1913年入小越横山春晖学堂读小学，随薛朗轩学国文一年，国文水平大有长进。1924年初首次到访春晖中学，1928年春与开明书店友人在夏丏尊平屋聚会，并留下珍贵合影。1961年给春晖中学写信。1981年为春晖中学题词：“庭园满春晖，四化需英才。建设新中国，五讲又四美。”

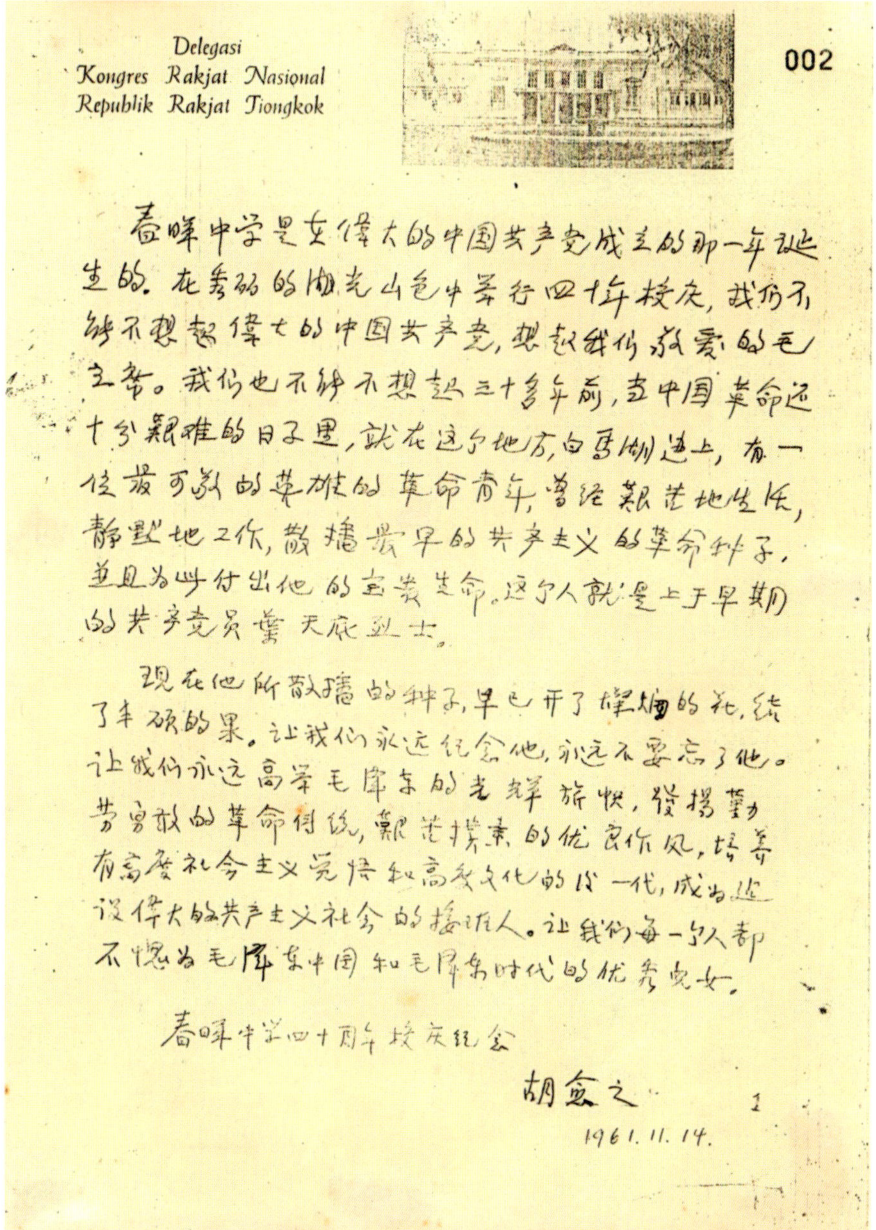

Delegasi
Kongres Rakjat Nasional
Republik Rakjat Tiongkok

002

春晖中学是在伟大的中国共产党成立的那一年诞生的。在秀丽的湖光山色中举行四十年校庆，我们不能不想起伟大的中国共产党，想起我们敬爱的毛主席。我们也不能不想起三十多年前，当中国革命还十分艰难的日子里，就在这个地方，白马湖边上，有一位最可敬的英雄的革命青年，曾经艰苦地生活，静默地工作，散播最早的共产主义的革命种子，并且为此付出他的宝贵生命。这个人就是上虞早期的共产党员叶天底烈士。

现在他所散播的种子，早已开了灿烂的花，结了丰硕的果。让我们永远纪念他，永远不要忘了他。让我们永远高举毛泽东的光辉旗帜，发扬勤劳勇敢的革命传统，艰苦朴素的优良作风，培养有高度社会主义觉悟和高度文化的下一代，成为建设伟大的共产主义社会的接班人。让我们每一个人都不愧为毛泽东中国和毛泽东时代的优秀儿女。

春晖中学四十周年校庆纪念

胡愈之

1961.11.14.

1961年胡愈之致春晖中学函

胡愈之故居上虞丰惠勅五堂

1928年胡愈之（左二）赴法留学前，与夏丏尊等在平屋前留影。

1932年12月，中国民权保障同盟成员合影，左起：鲁迅、胡愈之、黎沛华、宋庆龄。

1947年，沈兹九（左）、费孝通（中）、胡愈之（右）在南洋出版社前合影。

胡愈之出席《中国报道》创刊35周年庆典

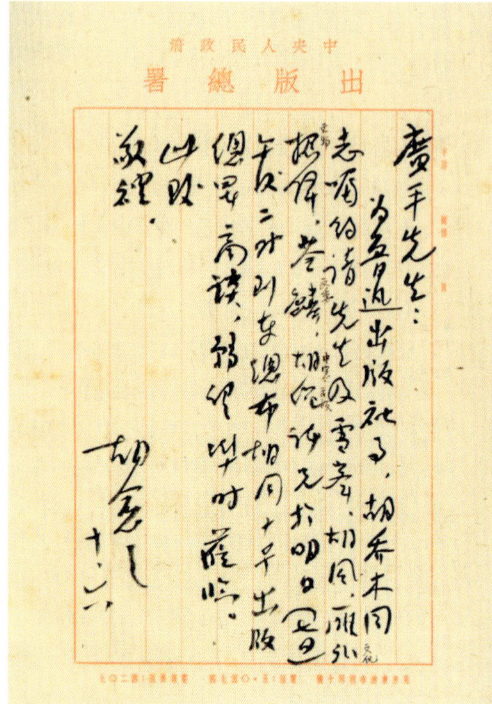

中央人民政府
出版總署

廣平先生：

胡愈之

胡愈之致许广平函

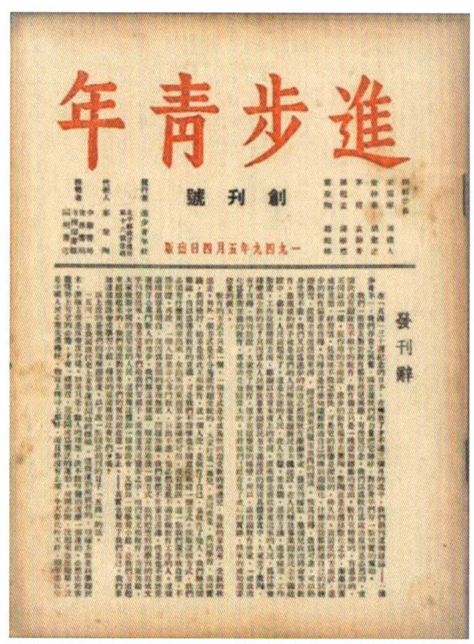

1949年5月叶圣陶、胡愈之、茅盾、周建人等编《进步青年》创刊号

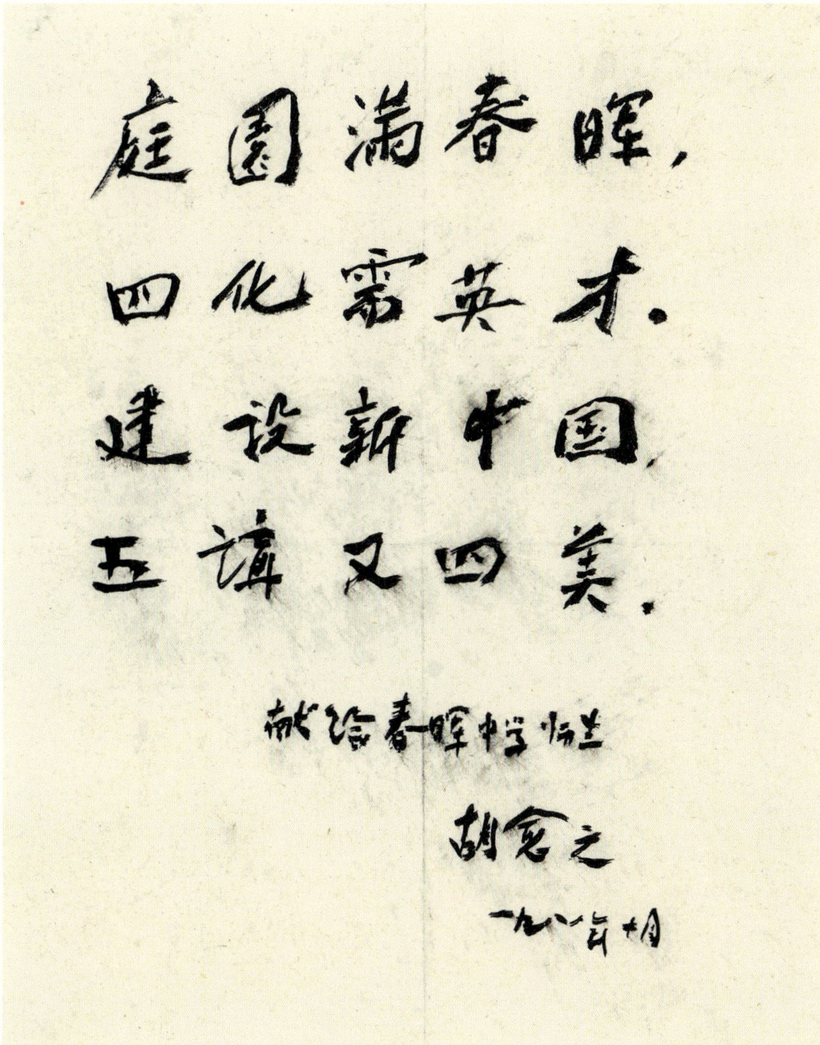

1981年10月胡愈之给春晖中学师生题词："庭园满春晖，四化需英才。建设新中国，五讲又四美。"

朱光潜

一八九七年—一九八六年

笔名孟实，安徽桐城人。中国现代美学的重要开拓者和奠基人、文艺理论家、教育家、翻译家。1922年毕业于香港大学文学院，在中国公学任教。1924年应聘到春晖中学任教英文，与夏丏尊、朱自清、丰子恺、匡互生等厚交。1925年赴欧入英国爱丁堡大学学习，毕业后转入英国伦敦大学、法国巴黎大学、斯特拉斯堡大学深造，获文学博士学位。1933年回国，先后在北京大学、四川大学、武汉大学任教，曾任国立四川大学文学院院长、国立武汉大学教务长、国立北京大学文学院代院长。1946年后一直在国立北京大学任教，讲授美学与西方文学。中国人民政治协商会议全国委员会委员、常委，中国社会科学院哲学社会科学部学部委员，中华美学学会会长。

朱光潜学贯中西，博古通今，潜心研究中西方美学，是中国美学史上纵贯古今、沟通中外、享有崇高国际声誉的美学大师。朱光潜的美学处女作《无言之美》是在白马湖时写成的，长六千余言，于1924年10月25日春晖中学的“五夜讲话”时向全校学生做了演讲，全文载入《春晖》半月刊第二十五期。朱光潜在回忆文章中曾说：“大家朝夕相处，宛如一家人，佩弦、丏尊、子恺诸人都爱好文艺，常以所作相传视，我于无形中受了他们的影响，开始学习写作，我的处女作《无言之美》就是在丏尊、佩弦两位先生鼓励下写成的。”

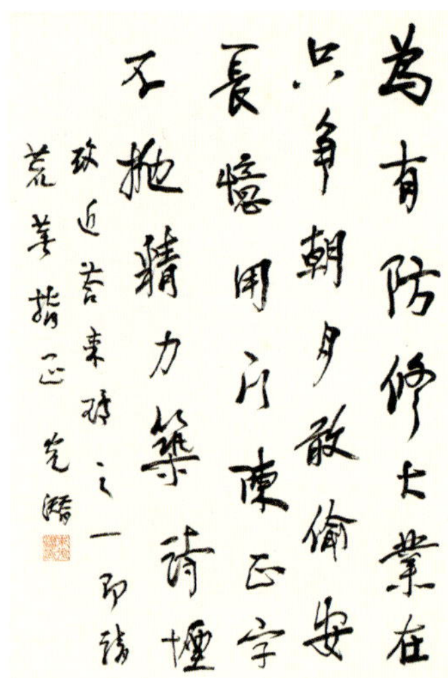

朱光潜自作诗

百碼十五秒　立定跳遠六尺
跳高三尺四寸　八磅鉛球二十尺
引體向上六次　跳遠十二尺九寸

百磅以下
百碼十四秒五分三　立定跳遠六尺二寸
跳高三尺五寸　八磅鉛球二十一尺
引體向上六次　跳遠十三尺二寸

百十磅以下
百碼十四秒五分一　立定跳遠六尺四寸
跳高三尺六寸　八磅鉛球二十二尺
引體向上六次　跳遠十三尺六寸

百十磅以上
百碼十三秒五分四　立定跳遠六尺六寸
跳高三尺七寸　八磅鉛球二十三尺
引體向上六次　跳遠十三尺九寸

一九二四，十一，二十。

（附）這是改行學年制後體育上的一個嘗試，其中定難免有不妥的地方，還希閱者指正為幸！

五夜講話

無言之美

朱光潛

孔子有一天突然很高興地對他的學生們說，『予欲無言』！子貢就接着問他，『子如不言，則小子何述焉』？孔子說：『天何言哉？四時行焉，百物生焉。天何言哉』？

儒家言教育，往往拿時雨春風來比擬，主張潛移默化。佛教和其他宗教也大半利用沈默神秘的勢力去誘接信徒。大半都有見於孔子所謂『無言』之美。歷來教育學者對於這點沒有盡量發揮。現在從美術觀點來研究『無言』的意蘊。

言所以達意，然而意決不是完全可以言達的。因為言是固定的，有跡象的；意是瞬息萬變，飄渺無蹤的。言是散碎的，意是混整的。言是有限的，意是無限的。以言達意，好像用斷續的虛線畫實在的事物一樣，祇能得其近似。

所謂文學，就是以言達意的一種美術。凡……

1924年11月1日《春晖》半月刊第三十五期发表朱光潜美学处女作《无言之美》

朱光潜与夫人奚今吾1933年在伦敦合影

朱光潜留学英国时与师友合影

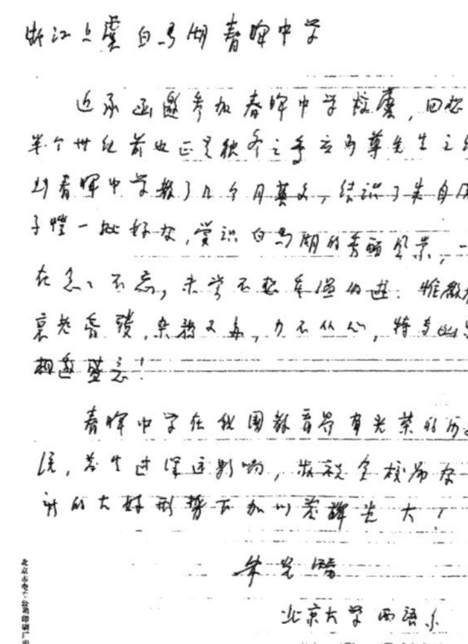

1981年11月朱光潜致春晖中学信札

潘天寿

一八九七年—一九七一年

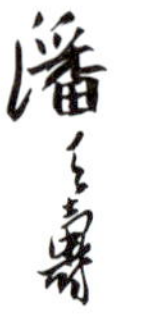

早年名天授，字大颐，号寿者，又号雷婆头峰寿者，浙江宁海人。幼年自学书画篆刻，1915—1920年就读于浙江省立第一师范学校，得经亨颐、李叔同指导。1923年起，先后任上海美术专科学校及新华艺术专科学校教授。1928年任国立艺术院教授，翌年赴日本考察美术教育。抗日战争后，随校内迁。1944年至1947年任国立艺术专科学校校长。1949年后，历任中国美术家协会副主席、浙江分会主席，浙江省文学艺术界联合会副主席，中央美术学院华东分院副院长，中国美术学院院长，为第一、二、三届全国人民代表大会代表，中国文学艺术界联合会委员。著有《中国绘画史》《中国书法史》《听天阁画谈随笔》《顾恺之》《治印丛谈》《听天阁诗存》《中国画院考》《中国书款之研究》等。他的艺术博采众长，擅画寓意花鸟及山水，尤于石涛、八大山人、吴昌硕诸家中用宏取精，形成个人独特风格。亦画人物，并长于指画。书法从钟繇、颜真卿、史孝山入手，后学秦汉、魏晋碑文，参以卜文猎碣。不仅笔墨苍古、凝练老辣，而且大气磅礴，雄浑奇崛，具有摄人心魂的力量感和现代结构美。他对继承和发展民族绘画充满信心与毅力，为捍卫传统绘画的独立性竭尽全力，毕生致力于中国画独立教学体系的建构和完善。他提出中国画分科教学，首创书法篆刻专业，设置传统诗词等课程。他的教学思想和主张，深刻影响到中国画现代教育的发展进程。他是20世纪最具影响力的艺术大师和美术教育家。

经亨颐是潘天寿的授业恩师。艺术上他从经亨颐那里受到了《爨宝子碑》的影响，并融入创作，教育上又吸取经亨颐主张“与时俱进、适应新潮流”的办学方针，对学生因材施教，重启发和感化，反对压制和约束，着重培养学生的德育。他曾说：“经亨颐先生主张人格教育，身教重于言教，对后学有深刻影响。”1927—1928年，潘天寿曾多次到访白马湖，入住经氏听秋老屋，与恩师论道谈艺，并作《听秋图》等数纸。“寒之友社”成立，潘天寿积极参与展事雅集，并协助社务。1930年，经亨颐在白马湖畔的长松山房落成，潘天寿创作《长松山房图》为贺。1937年7月，潘天寿又专程从杭赴白马湖贺先生六十寿辰，入住长松山房。1937年春，受经亨颐托付，潘天寿与姜丹书、姜心白在杭州西子湖畔仁寿山麓购坡地数亩，拟营建“寒之友社”社址，并处理相关社务，后因战火兵燹被毁，深憾筑社之志未遂。

1934年元旦，经亨颐、潘天寿合作《丹枫幽禽》。

潘天寿24岁时所书《五叶流芳》匾额

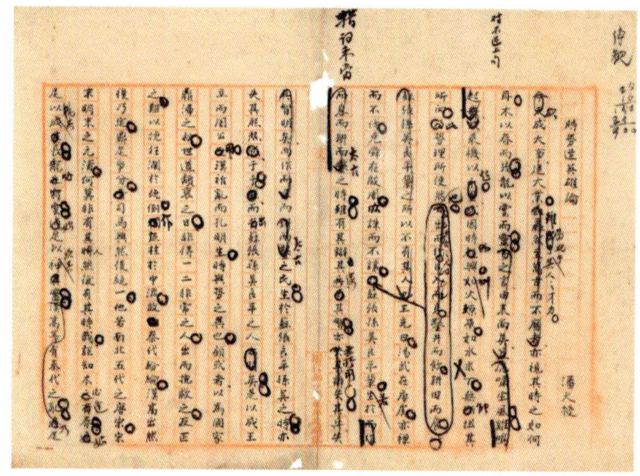

1917年潘天寿就读于浙江省立第一师范学校时作文《时势造英雄论》手稿

20世纪30年代，林风眠、潘天寿（后排左一）、李苦禅、李超士等在国立杭州艺术专科学校。

潘天寿（左三）与诸闻韵、诸乐三、张书旂、吴茀之等合影于西泠印社。

1928年秋潘天寿作《听秋图》

去冬，颐渊师约来白马湖，属写听秋图，匆促未应。翌年重到驿，正木樨开候，小住听秋老屋，漫涂此帧，报命而已。戊辰秋，阿寿。

1930年夏潘天寿作《长松山房图》

虬松虬松岸白马，
叶青青兮干深赭，
参天欲与齐者寡，
吾师颐公结屋于其下。
大风来，涛声起，
虬化龙，天尺咫，
腾行云，千万里，
作霖雨，寂秋水，
师颐公，闲负手，
永欢喜。
颐渊师筑长松山房于白马湖滨，
命作是图并歌之以诗。
十九年夏初，阿寿。

夏禅臣

一八九七年—一九六三年

名绍虞，字宗黄，号梅禅，笔名禅谷，浙江上虞人。教育家。早年在胡愈之父亲开办的正蒙学堂读书。毕业后在上虞下管区立小学、县立城区进步国民学校任教员，王一飞曾为其同事。1920年考入浙江省立第一师范学校，与华林、宣中华、叶天底等成为校友。1925年毕业，同年秋与范寿康、夏丏尊等发起上虞青年协进社，任出版委员。后赴上海大学中国文学系进修。返上虞后历任县立第一小学教员、校长，县立中山公学数学科主任，县教育局教育委员等职。1929年代理县立中山小学校长。1932年应黄树滋之邀，任春晖中学教员、文书。1933年任上虞县政府督学，后擢升教育科科长。1935年春晖中学护校运动中被推选为各方委员之一，负斡旋接洽之责。抗战时期仍从事地方教育指导工作。1938年被聘为上虞县抗日自卫委员会《战鼓》周刊及《怒吼》半月刊特约撰述。1942年重任春晖中学教员，教授国文与历史。被浙江省教育厅审定为“优良教师”。抗战胜利后再三婉拒出任上虞县教育局局长的邀请。在春晖中学工作至1962年退休。

1963年，夏禅臣将珍藏半生的书箱交付给了儿子夏云奇（春晖中学1954届学生），其中就有一本钤“华林之印”的中文首译本《共产党宣言》。1991年中国共产党成立70周年前夕，夏云奇将此书郑重捐赠给了上虞档案馆。2003年，这本《共产党宣言》经国家档案局中央档案馆审定，入选第二批《中国档案文献遗产名录》。

夏禅臣在春晖中学时的语文备课本

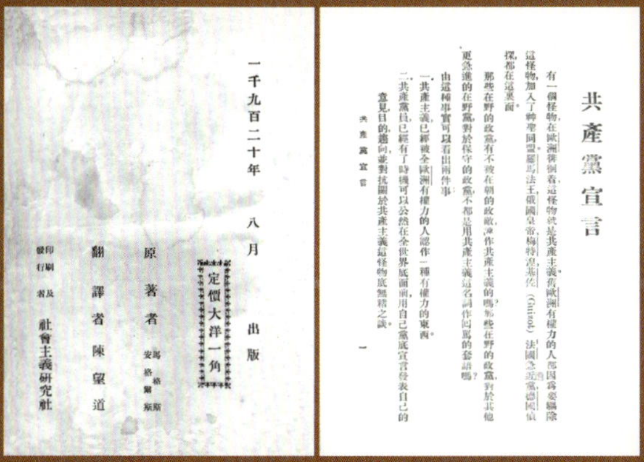

夏禅臣珍藏半生的书箱和钤有“华林之印”的中文首译本《共产党宣言》

钱瘦铁

一八九七年—一九六七年

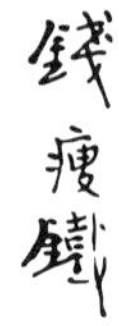

名崖，一字叔崖，号瘦铁，以号行，别号数青峰馆主等，斋名有瘦铁宦等，江苏无锡人。中国画会创始人之一。擅长中国画及书法、篆刻。山水画法石涛，曾被誉为“江南三铁”（吴昌硕称“苦铁”、王冠山称“冰铁”）之一。14岁入苏州汉贞阁碑帖铺当学徒，向郑文焯、吴昌硕等学习书画篆刻。19岁自苏至沪鬻艺谋生，是吴昌硕主持的“题襟馆”书画会会员，篆刻已为时人称誉。1922年3月，应日本名画家桥本关雪之邀赴日本，在京都举办个人书画篆刻展览，备受赞赏。其间又先后参与于右任、黄宾虹、吴昌硕、刘觉民、孙雪泥、郑午昌、贺天健、刘山农等组织的停云画会、蜜蜂画社、中国画会等美术团体。1924年返沪，应刘海粟之聘，任上海美术专科学校国画系主任，并主编出版《美术生活画报》和《国画月刊》。1928年冬加入经亨颐、何香凝创立的“寒之友社”。1935年携家眷侨居日本。抗日战争爆发前夕，他力助郭沫若秘密回国，因此被日本当局拘捕入狱，幸得友人搭救，才于1942年被提前释放，归国后被选为上海美术协会监事。1949年后，钱瘦铁任上海中国画院画师、中国美术家协会上海分会理事。他的山水画近石涛，画风朴拙；花卉似沈周、徐渭，设色沉着古艳，着墨苍秀。其篆书拙朴醇厚，沉逸潇洒；隶书萧疏奇宕，不受绳墨；草书用笔拙重而凝练洒脱。其篆刻取周秦金石文字之神韵，熔铸入印，自创一格。结集成《钱瘦铁画集》《瘦铁印存》等出版。

钱瘦铁的原配夫人韩秀，字步伊，上虞人。她内心聪慧，外表娟秀，亦精书画治印，以印人自称，受时人赞誉。夫妻共同为“寒之友社”社员，皆为经亨颐挚友，1929年1月的“寒之友社”美术展览会上，夫妻均有作品展出。1934年春钱瘦铁应经亨颐之邀，小住白马湖长松山房，相晤诗画论艺，奈何韩秀早已于1930年7月病逝于上海松江，年仅24岁。兰摧玉折，叹少一人，犹如白马湖畔长空过雁，唯金石诗画永年。

▲婚禮誌　五月二十四日金石家錢瘦鐵、與松江韓潤秀女士、行結婚禮於靜安寺路海軍總會、冰人爲孫雪泥楊了公二君、請曾農髯君證婚、來賓多數爲海上文藝美術兩界名人、並有中日海軍界要人、頗形熱鬧、（見圖）

1927年5月24日《申报》钱瘦铁、韩秀结婚报道

钱瘦铁（左一）、吴藏龛（左二）、吴昌硕（左三）、韩秀合影（右一）在西泠印社

钱瘦铁、孙雪泥、杨清磬、贺天健、黄玄翁合作《观自在》

前左起：王济远、朱屺瞻、谢公展、江小鹣、丁悚、杨清磬、钱瘦铁；后左起：滕固、张辰伯、戈公振、徐心芹、姜丹书。

前排左一为钱瘦铁

1963年钱瘦铁作《含烟》

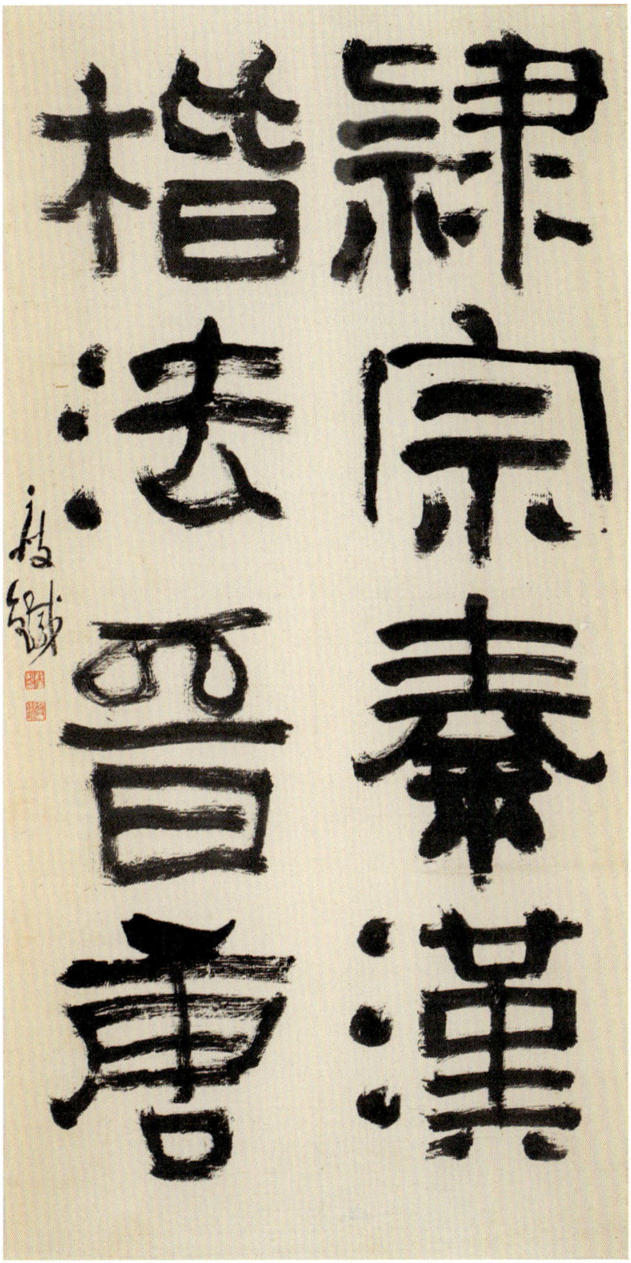

钱瘦铁书《隶宗秦汉楷法晋唐》

1926年钱瘦铁作《一览五岳》

黄树滋

一八九七年—一九七〇年

浙江上虞人。1921年毕业于南京高等师范学校，后公费赴日本留学，入东京高等师范学校。1925年回国，初在浙江省教育厅任职，后执教于浙江省立严州中学和浙江省立湖州中学。在叶天底领导浙江上虞农民运动期间，黄树滋曾回家乡丰惠祖宅创办免费农民夜校。抗日战争期间，在叶剑英同志领导下工作。抗战结束后，任上海私立京沪中学校长。国民党败退台湾前夕，巧妙避开汤恩伯的威逼利诱，留居大陆。中华人民共和国成立后出任省立杭州初级中学校长、杭州市第四中学校长，此后全身心地投入教育事业。

黄树滋1930年8月—1935年7月任春晖中学校长。在这五年中，春晖中学的教学活动在和谐健康的氛围中发展：恢复了中断的《春晖》半月刊和“五夜讲话”；开凿自流井、重建春晖桥。面对“九一八”事变后日益严重的民族危机，他支持春晖中学学生积极投入抗日救亡斗争。鼓励学生组织“白马湖爱国剧社”，用演剧宣传抗日斗争。1934年12月2日，春晖中学学生把曹禺的话剧《雷雨》全剧搬上舞台，被称为《雷雨》的“全球首演”。

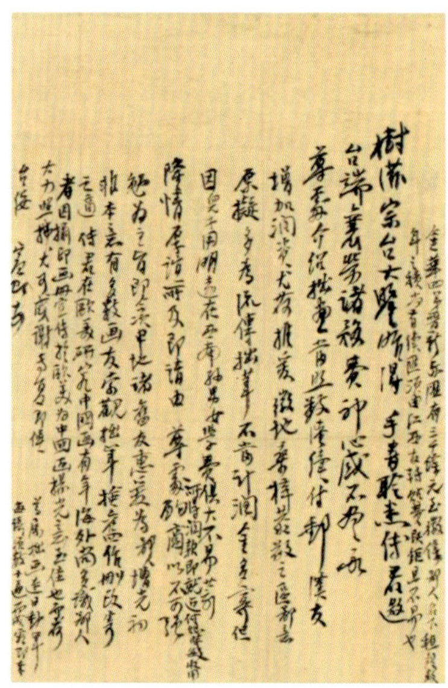

黄宾虹致黄树滋有关傅雷及沪上首次个人画展的信札

黄树滋与战友合影

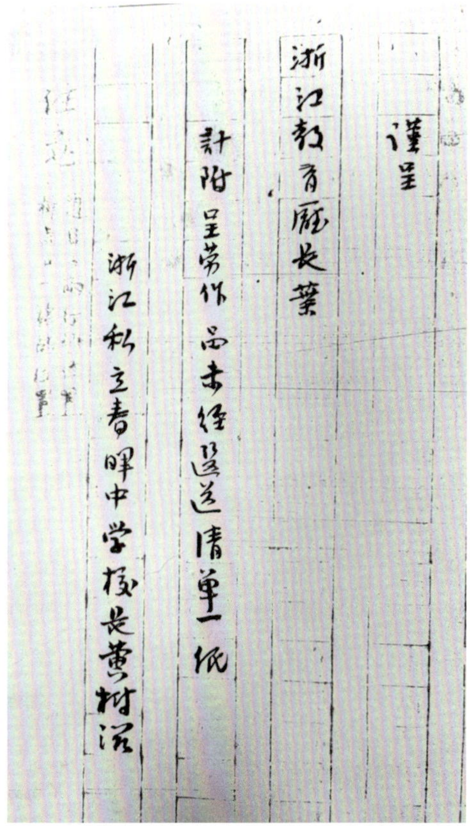

謹呈

浙江教育廳長葉

計附呈劳作品未經選送清單一紙

浙江私立春暉中學校長黃樹滋

黄树滋申呈书

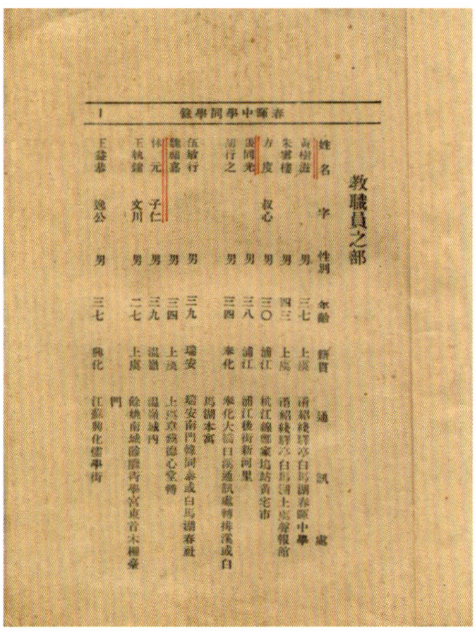

春暉中學同學錄 1

教職員之部

姓名	字	性別	年齡	籍貫	通訊處
黃樹滋		男	三七	上虞	浙紹綫驛亭白馬湖春暉中學
朱寄樓		男	四三	上虞	浙紹綫驛亭白馬湖上虞聲報館
方度	叔心	男	三〇	浦江	杭江綫鄭家塢站黃宅市
裘岡光		男	三八	浦江	浦江後街新河里
湯行之		男	三四	奉化	奉化大橋口湯通訊處轉萍溪或白馬湖本寓
伍翰行		男	三九	瑞安	瑞安衙門前韓同泰或白馬湖春社
魏福嘉		男	三四	上虞	上虞章家埠德心堂轉
林元	子仁	男	三九	溫嶺	溫嶺城內
王執鐘	文川	男	二七	上虞	餘姚南城餘學宮東首木柵臺門
王益恭	逸公	男	三七	興化	江蘇興化儒學街

1931年《春晖中学同学录》教职员表

1947年春晖中学湖风话剧团《雷雨》演职员合影

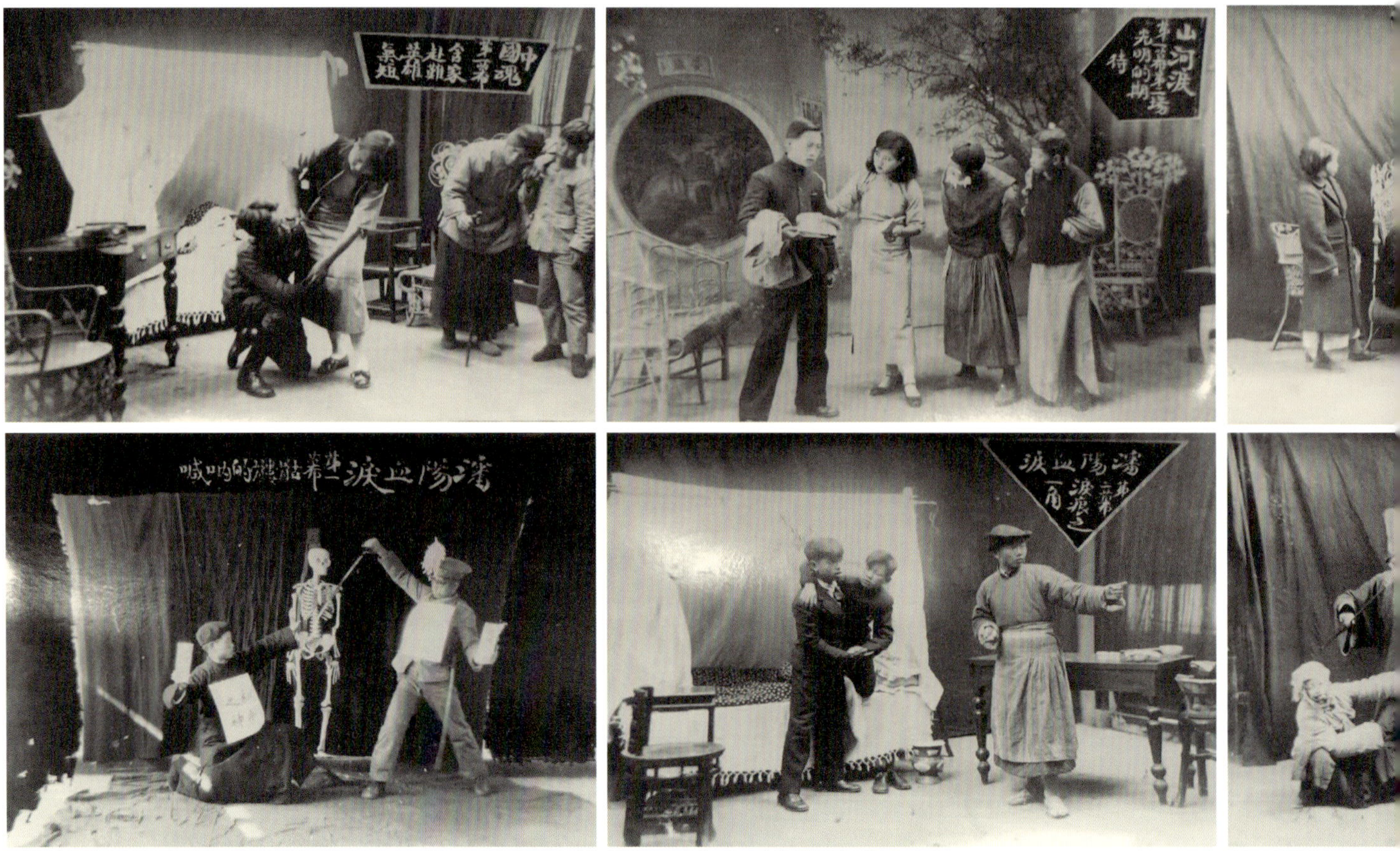

白马湖爱国剧社剧照

1932年白马湖爱国剧社全体演员留影

叶作舟

一八九七年—一九七四年

原名寿衡，字作舟，笔名一苇等，浙江上虞人。1918年毕业于浙江省立第一师范学校，后在上虞、海宁等地小学任教。1929年毕业于上海东亚同文学院。1926年出任《上虞声三日刊》理事。1927年任上虞县教育局局长。1932年任《东方杂志》编辑，后任职于国民政府外交部亚洲司研究室，编写《日本人物志》。1941年担任国民政府财政部贸易委员会茶叶研究所研究员，主编《茶叶月刊》。1944年起分别执教于国立暨南大学、绍兴稽山中学、国立英士大学、浙江省立杭州高级中学。中华人民共和国成立后执教于杭州大学。著有《非洲各国史抄》《非洲史略》等。

1938年2月—7月，叶作舟出任春晖中学代校长。除管理教育事务外，他积极支持学生抗日救亡进步活动，曾出任上虞县战时教育文化事业委员会会刊《战鼓》编委，后被污为“赤化”春晖中学而遭撤职。

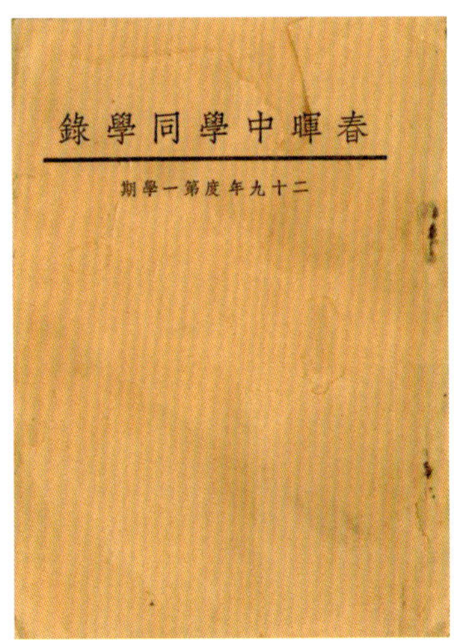

1940年《春晖中学同学录》

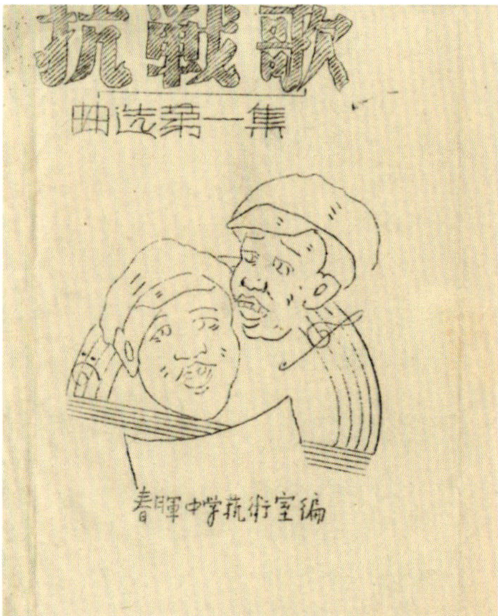

春晖中学艺术室编《抗战歌曲选第一集》

1938年出版的《战鼓》杂志

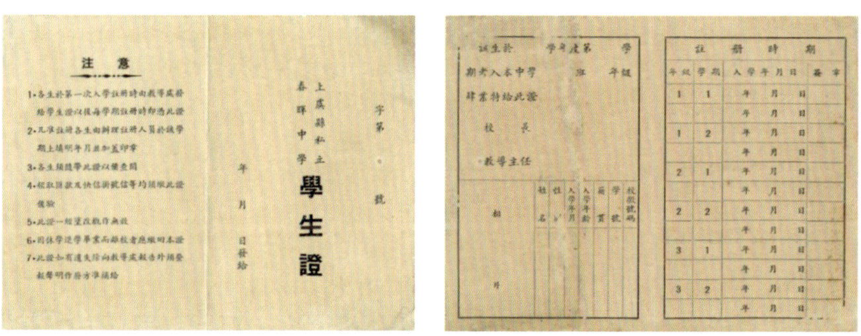

春晖中学早期学生证

章育文

一八九七年—一九八五年

字守宪，浙江上虞人。早年留学日本，攻读机械制造专业。春晖中学创办之初，由夏丏尊推荐，到白马湖畔筹建春晖中学校舍，后担任学校事务主任，恪尽职守，为学校初创时期的建设与教育工作做出较大贡献。1923年6月—1926年8月任春晖中学代校长。由陈兼善、范寿康代理校长之职后，仍担任学校事务主任。1930年6月，范寿康等师生三人遭歹徒绑架，章育文冒着生命危险，代表学校与匪徒谈判，几经周折，将范校长师生三人赎回。经此事后，章育文心力交瘁，辞去校职，赴上海工作，曾任开明书店董事、上海市轻工业局高级工程师，在繁忙工作之余，负责学校在上海股产的收息工作，直至20世纪60年代停息。1949年5月上虞解放，他以原校董身份奔波四方，重组春晖中学校董会，被推为主任校董，延聘校长、教员，联系校务工作，为春晖的延续发展做出努力，直至1956年学校由私立转为公立。他还将开明书店并入中国青年出版社时获赠的图书悉数转送白马湖图书馆。章育文是位兼教师、校长、校董主任于一身，数十年情注春晖的实干家。1961年春晖中学举办校庆，章育文不顾年事已高，欣然来白马湖参加校庆活动。

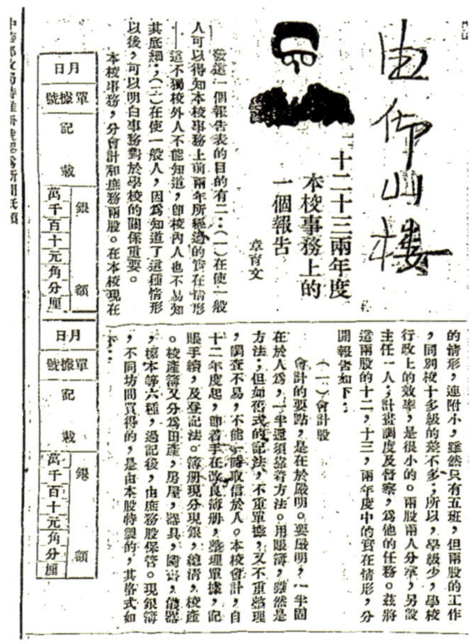

由仰山樓

十二十三兩年度本校事務上的一個報告

章育文

發這一個報告表的目的有二：(一)在使一般人可以得知本校事務上前兩年所經過的實在情形——這不獨校外人不能知道，卽校內人也不易知其底細；(二)在使一般人，因爲知道了這種情形以後，可以明白事務對於學校的關係重要。

本校事務，分會計和庶務兩股。在本校現在的情形，連附小，雖然只有五班，但兩股的工作，同別校十多級的差不多；所以，學級少，學校行政上的效率，是很小的。兩股兩人分掌，另設主任一人，計畫調度及督察，爲他的任務。茲將這兩股的十二，十三，兩年度中的實在情形，分開報告如下：

（一）會計股

會計的要點，是在於嚴明。要嚴明，一半固在於人爲，一半還須靠着方法。用賬簿，雖然是方法；但如舊式的記法，不重單據，又不重整理，關查不易，不能取信於人。本校會計，自十二年度起，卽着手在改良簿册，整理單據，記賬手續，及登記法。簿册現分現銀，總清，校產。校產簿又分爲田產，房屋，器具，圖書，儀器，標本等六種，過記後，由庶務股保管。現銀簿，不同坊間買得的，是由本股特製的，其格式如下：

月日	單據號	記載	銀額
			萬千百十元角分厘

月日	單據號	記載	銀額
			萬千百十元角分厘

《春晖中学》半月刊登载章育文《本校事务上的一个报告》

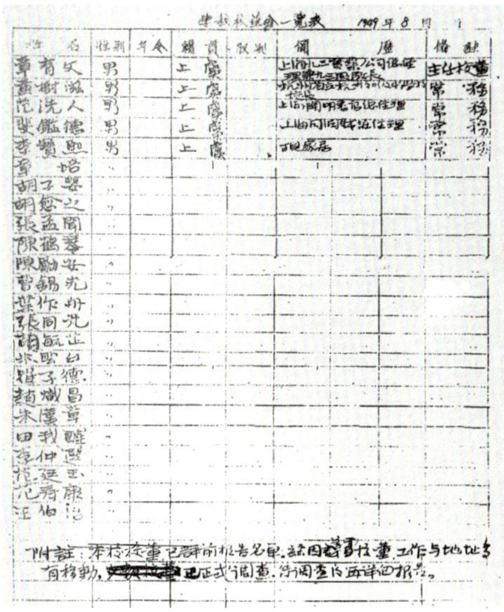

1949年8月春晖中学校董会一览表

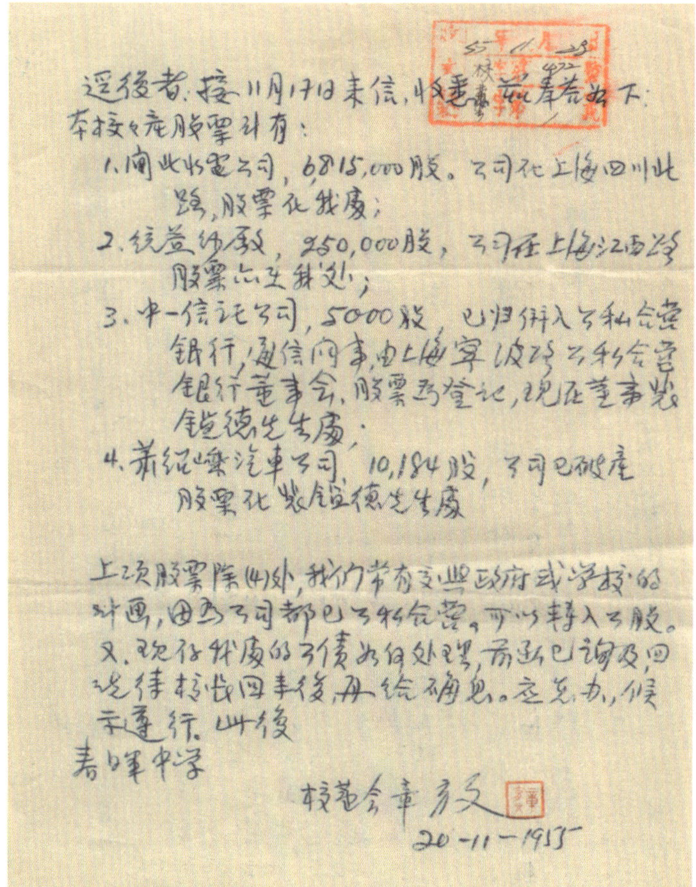

逕復者：接11月17日来信，校董事会存卷如下：

本校々産股票計有：

1.閘北水電公司，6,815,000股。公司在上海四川北路，股票在我處；

2.统益纱厂，250,000股，公司在上海江西路，股票亦在我处；

3.中一信託公司，5000股，已归併入公私合营银行，通信问事由上海宁波路公私合营银行董事会，股票未登记，现在董事张镜德先生處；

4.兼纪缫汽車公司，10,184股，公司已破產，股票在张镜德先生處

上项股票除(4)外，我们希望交與政府或學校的計画，因為公司都已公私合營，可以轉入公股。又，现存我處的公债如何处理，前函已詢及，回说待校长回来後再给确息。查究办，候示遵行。此復

春晖中学

校董会章育文

20-11-1955

1955年章育文致春晖中学函

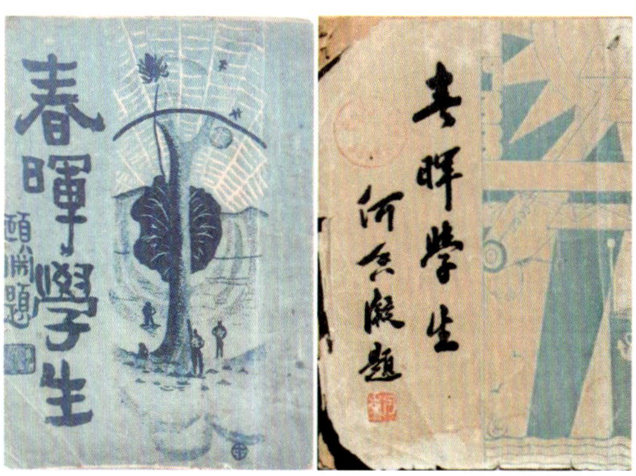

春晖中学1929年创办的学生刊物《春晖学生》

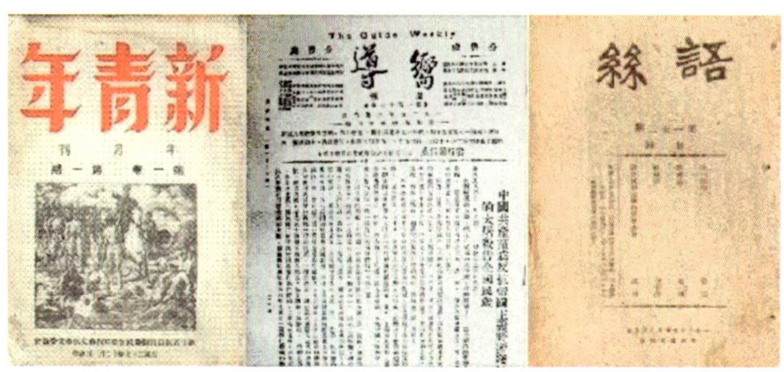

春晖中学选作课外读物的进步刊物

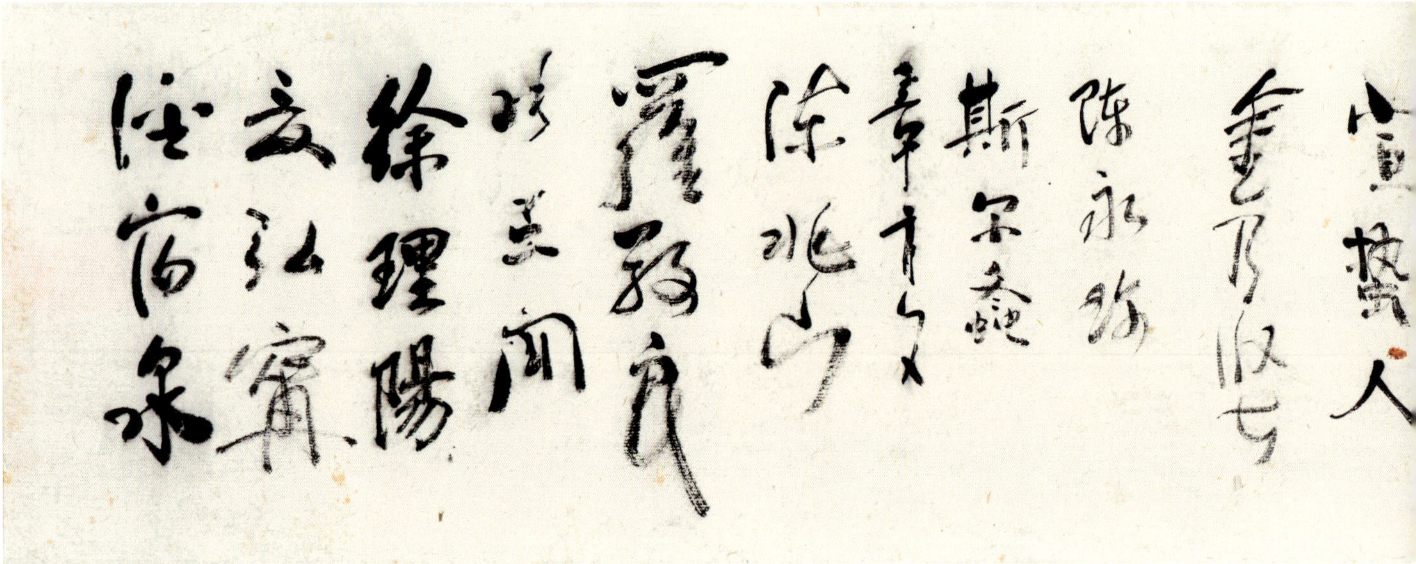

1981年9月迎接春晖中学六十周年校庆上海校友集会签名单

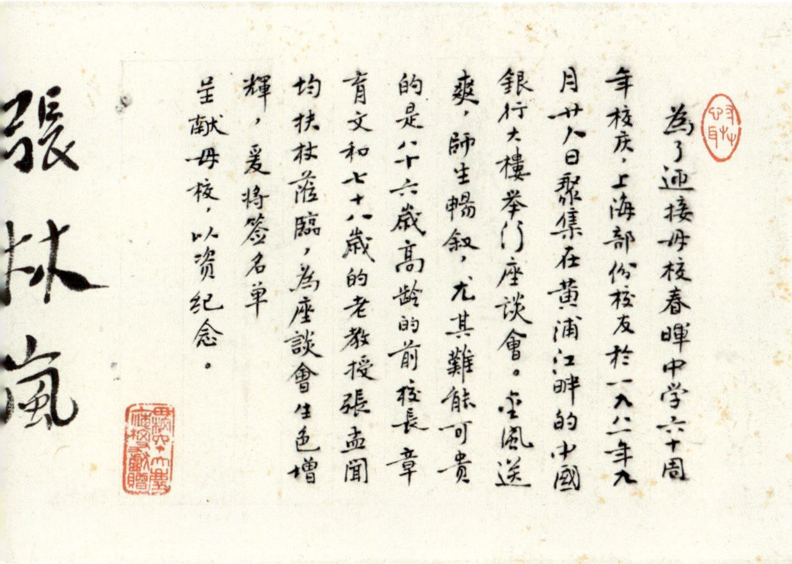

為了迎接母校春暉中学六十周年校庆，上海部份校友於一九八二年九月廿八日聚集在黄浦江畔的中國銀行大樓举行座談會。空氣送爽，師生暢叙，尤其難能可貴的是八十六歲高龄的前校長章育文和七十八歲的老教授張孟聞均扶杖蒞臨，為座談會生色增輝，爰將簽名单呈献母校，以資紀念。

張林嵐

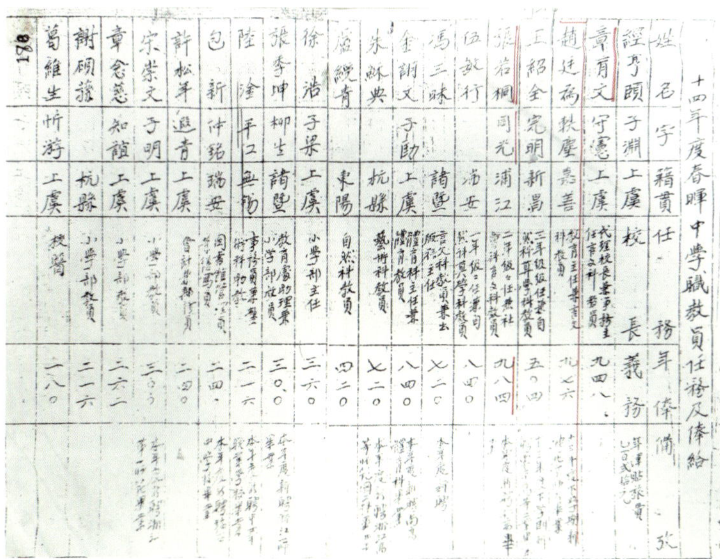

十四年度春暉中學職教員任務及俸給

姓名	字	籍貫	任務	年俸	備攷
經亨頤	子淵	上虞	校長	義務	[illegible]
章育文	守憲	上虞	代理校長兼事務主任言文科教員	九四八、	
趙廷爲	軼塵	嘉善	教育主任兼言文科教員	九七六	[illegible]
王紹全	完明	新昌	三年級級任兼自然科算學科教員	五〇四	[illegible]
張若桐	同光	浦江	二年級級任兼社會科言文科教員	九八四	[illegible]
伍敏行		淳安	一年級級任兼自然科算學科教員	八四〇	
馮三昧		諸暨	言文科教員兼出版部主任	七二〇	[illegible]
金訓文	子勛	上虞	體育科主任兼體育教員	八四〇	[illegible]
朱穌典		杭縣	藝術科教員	七二〇	[illegible]
盧繼青		東陽	自然科教員	四二〇	
徐浩	子梁	上虞	小學部主任	三六〇	
張季坤	柳生	諸暨	教育處助理兼小學部教員	三〇〇	[illegible]
陸塗	平江	無錫	事務員兼藝術科助教	二一六	[illegible]
包新	仲銘	瑞安	圖書館管理員、會計	二四〇	[illegible]
許松年	遐青	上虞	會計兼小學部教員	二四〇	
宋崇文	子明	上虞	小學部教員	三〇〇	[illegible]
章念慈	知館	上虞	小學部教員	二六二	
謝硐蓀		杭縣	小學部教員	二一六	
葛維生	忻游	上虞	校醫	一八〇	

1925年春晖中学职教员表

吴觉农

一八九七年—一九八九年

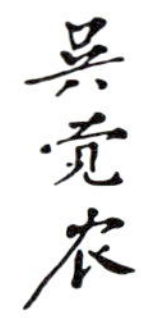

原名荣堂，后更名“觉农”，以示为振兴祖国农业而奋斗之志，浙江上虞丰惠人。1916年从浙江公立农业专门学校毕业，1919年官费留学日本，为中国第一位去国外攻读茶叶专业的学生。1935年任中国茶叶股份有限公司总技师，翌年在嵊县三界创办浙江茶叶改良场，1942年在福建崇安创办茶叶研究所。抗日战争胜利后，任上海新华制茶公司总经理。中华人民共和国成立后历任农业部副部长兼中国茶业公司总经理、中国茶叶学会理事长，中国人民政治协商会议第七届全国委员会常委、中国民主建国会第五届中央咨议委员会副主任。有《中国茶叶问题》《茶经述评》等多种著作传世。先生毕生从事茶事，博学多才，艰苦创业，矢志许茶，在中国当代茶学理论、科研育人、产销贸易等方面做出了不可磨灭的贡献，是中国当代茶学的开拓者和奠基人，被誉为“当代茶圣”。

1922年12月，吴觉农受邀参加春晖中学开校典礼，原准备谈谈办在农村的春晖中学如何结合实际办出特色，因为来不及讲，后来写成一篇《对于春晖中学的几个希望》交给学校，其中文稿上篇在1922年12月16日《春晖》半月刊发表。文章中对于学校发展造林、牧畜与养鱼、模范的种植、试办农业银行、农民的教养等问题谈了自己的观点，希望春晖中学创出全新的学校模式。文稿下篇散佚。

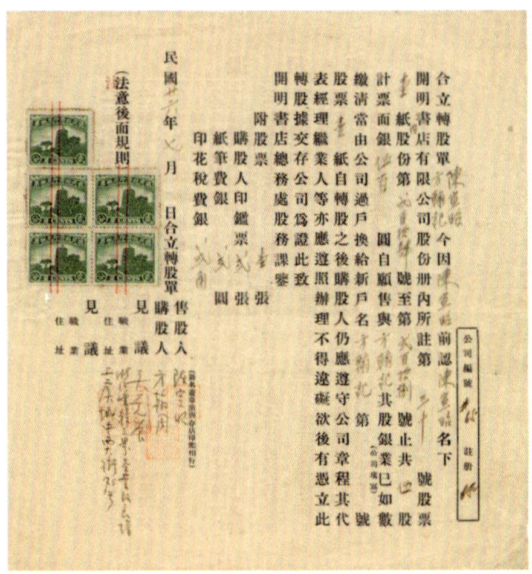

公司編號　註册

合立轉股單　今因　前認　名下

開明書店有限公司股份册内所註第　號股票

計票　紙股份第　號至第　號止共　股

計票面銀　圓自願售與　第　號

繳清當由公司過戶換給新戶名

股票　紙自轉股之後購股人仍應遵守公司章程其代

表經理繼業人等亦應遵照辦理不得違礙欲後有憑立此

轉股據交存公司爲證此致

開明書店總務處股務課鑒

附股票　張

購股人印鑑票　張

紙筆費銀　圓

印花稅費銀

民國　年　月　日合立轉股單

售股人

購股人

見議　職業　住址

見議　職業　住址

（注意後面規則）

开明书店吴觉农及夫人陈宣昭股权转让单

吴觉农部分著作

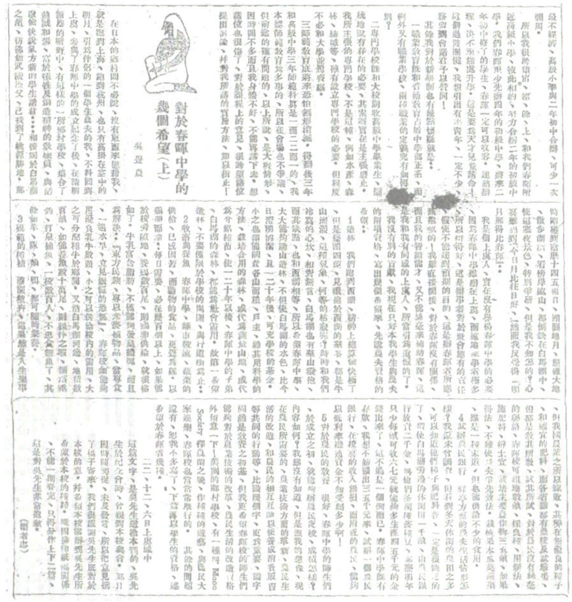

1923年1月《春晖》半月刊登载吴觉农《对于春晖中学的几个希望（上）》

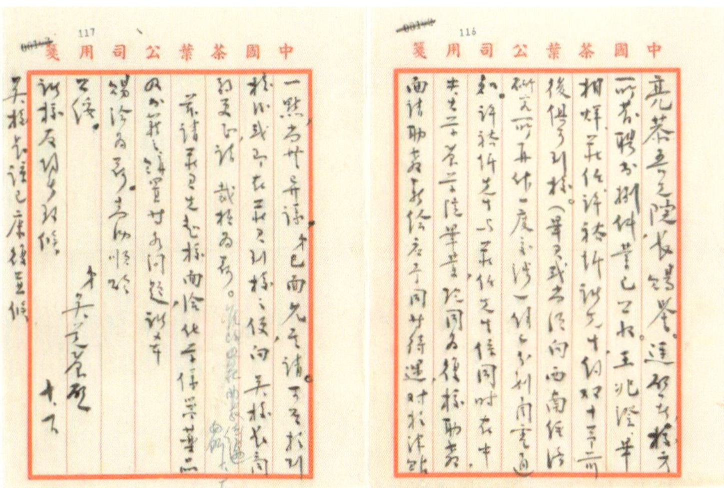

吴觉农致亮恭信札

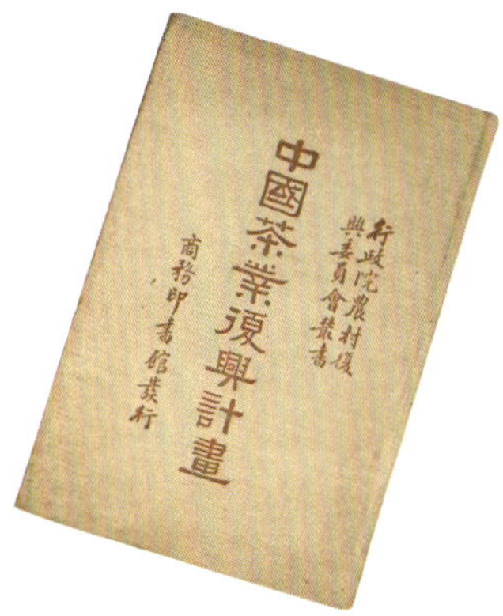

1935年吴觉农和胡浩川编著《中国茶业复兴计划》

吴觉农家人合影

茶叶出口监理成员处合影（前排左四为吴觉农）

董聿茂

一八九七年—一九九〇年

字功甫，浙江奉化人。动物学家、教育家。1917年毕业于浙江省立第四中学。1928年毕业于日本京都帝国大学动物系，入该校研究院，专事甲壳类动物研究，获博士学位。1930年回国后任浙江大学动物学讲师，浙江省立西湖博物馆技师、自然科学部主任。1933年任西湖博物馆馆长。1935年兼任中国文化建设协会浙江分会干事。1936年兼任吴越史地研究会评议员。抗日战争全面爆发后兼任浙江省抗敌后援会设计委员。此时浙江局势日趋紧张，西湖博物馆财产随时有可能落入敌手，而国民政府无暇他顾，董聿茂即拿出个人积蓄，同馆员将馆中文物、动植物标本、档案资料等运送到永康方岩，又辗转至丽水松阳、龙泉，使之得以完璧。抗战胜利后回到杭州，协助接收浙江大学校产事务，后任浙大生物学系主任兼生物研究所主任。1946年与浙大师生上书蒋介石，“请饬令各学校党团组织退出并实行学术自由”。中华人民共和国成立后被聘为浙江省博物馆馆长。1952年加入九三学社，任九三学社杭州分社常务委员。后历任浙江水产学院副院长、浙江动物学会名誉理事长、中国动物学会理事、中国甲壳动物学分会名誉理事长等职。是第一至第五届全国人民代表大会代表。

董聿茂从事教育、科研工作50余年，治学严谨，擅长甲壳动物的分类、区系、生态、繁殖和发育的研究。其主编的《浙江动物志》是目前中国门类最为齐全的地方动物志。所著《切片标本之方向决定法》《抗战文献的搜藏与运用》《中国寄居虾类区系初步报告》《浙江舟山爬行虾类报告》《浙江海产蟹类》《浙江沿海游泳虾类报告》等文至今仍有重要参考价值。

董聿茂曾于1933年5月9日应校长黄树滋之邀，在春晖中学大礼堂演讲“西北现状”，畅谈西北风俗、社会、农村等情形。

20世纪八九十年代，董聿茂将收藏的近400册书捐赠给图书馆，该批赠书以生物学为主。

浙江省立西湖博物馆旧影

1934年6月，浙江省立西湖博物馆全体职员留影，前排左五为馆长董聿茂。

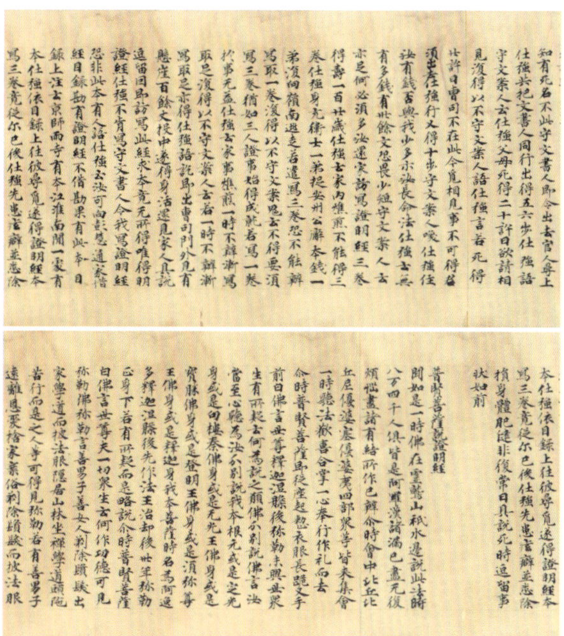

董聿茂捐赠的《唐人写证明经卷》，浙江省博物馆收藏。

董聿茂部分动物学著作

叶天底

一八九八年—一九二八年

原名霖蔚，学名天瑞，又名天砥，浙江上虞人。革命烈士，上海社会主义青年团的创建人之一，中国共产党早期优秀组织领导者。十八岁考入浙江省立第一师范学校，五四运动期间，积极参加学生运动。“一师风潮”时，曾在与警察的抗争中负伤，后因反动当局“驱经”而愤然离校，自觉学习马克思主义，1920年和施存统、俞秀松等在上海成立社会主义青年团，成为青年团的创始人之一。1923年加入中国共产党，1925年建立中共苏州独立支部并任书记，1926年患病回家，建立了第一个上虞县直属支部，从此上虞的革命运动在党的领导下蓬勃发展起来。1927年底因“浙东暴动计划”被泄，遭反动派拘捕，面对敌人威逼利诱，宁死不屈。1928年2月8日，在浙江陆军监狱英勇就义，留下“不愿跪着生，宁愿立着死”的铮铮誓言。由他传入上虞的《共产党宣言》中文首译本至今珍藏在上虞档案馆，是国内保存最好的文本之一。

叶天底与春晖中学有割舍不断的缘分。1915年叶天底从上虞高等小学毕业后，又到驿亭敬修小学补习一年，然后考入浙江省立第一师范学校。敬修小学的创办人是经亨颐的前辈，而浙江省立第一师范学校的校长和春晖中学的首任校长都是经亨颐。1922年春晖中学开校时，叶天底即应聘教务处文书兼美术教员，工作之余和部分教师办起“农人夜校”，组织农民学文化，开设了习字、常识、珠算、时事、农事和国语六门课，叶天底负责国语教学。春晖中学开校前夕，叶天底专门招接到访的陈望道，陈望道在7月31日的日记中有如下记载：“今晨八时到甬绍线的驿亭车站，已有天底和春晖工人从校里划船出来，在湖滨招接。……他们的性灵和我也容易投合，我们见面不过几时，已像是久交的朋友了。”

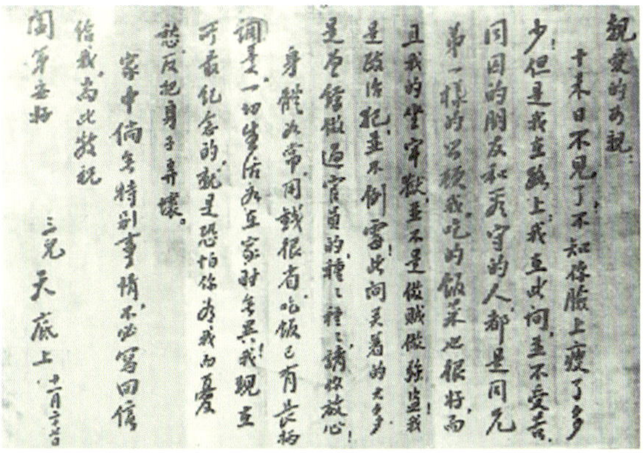

亲爱的母亲：

十来日不见了，不知你脸上瘦了多少！但是我在县上，我在此间，并不受苦。同囚的朋友和兵守的人，都是同兄弟一样的，[illegible]吃的饭菜也很好，而且我的坐牢狱并不是做贼做强盗，[illegible]

[illegible]

三儿 天底上

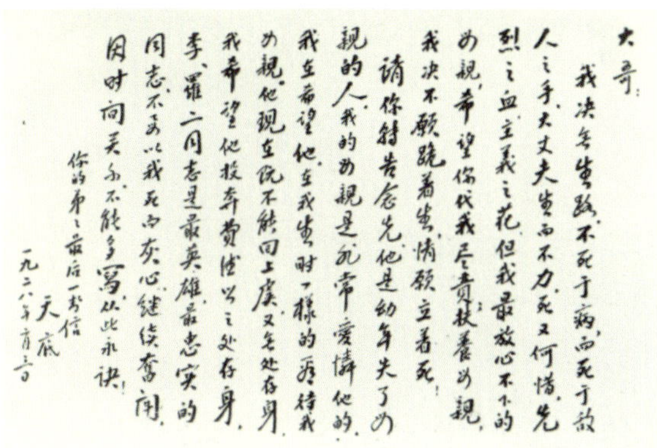

大哥：

我决意牺牲，不死于病，而死于敌人之手，大丈夫生而不力，死又何惜，先烈之血主义之花，但我最放心不下的母亲，希望你代我尽责扶养母亲。

我决不愿跪着生，情愿立着死！

请你转告念先，他是幼年失了母亲的人，我的母亲是非常爱护他的，我在希望他在我牺牲时一样的看待我的母亲。他现在既不能回上虞，又无处存身，我希望他投奔[illegible]之处存身。季、罗二同志是最英雄最忠实的同志，不要以我死而灰心，继续奋斗。

因时间关系，不能多写，从此永诀！

你的弟弟最后一封信 天底

一九二八年二月三日

叶天底致母亲和大哥的绝笔信

叶天底故居

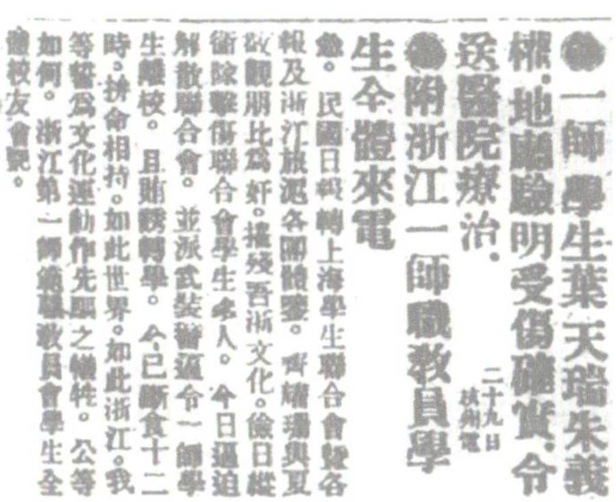

一師學生葉天瑞朱義[illegible]地[illegible]驗明受傷確實令送醫院療治

附浙江一師職教員學生全體來電 二十九日杭州電

民國日報轉上海學生聯合會暨各報及浙江旅滬各團體鑒。齊耀珊與夏敬觀朋比為奸。摧殘吾浙文化。前日縱衛隊擊傷聯合會學生多人。今日逼迫解散聯合會。並派武裝警逼令一師學生離校。且賄誘轉學。今已斷食十二時。拚命相持。如此世界。如此浙江。我等誓為文化運動作先驅之犧牲。公等如何。浙江第一師範職教員會學生全體校友會叩。

《民国日报》刊登“一师风潮”中叶天底（天瑞）受伤消息

1923年《春晖》半月刊登载叶天底《白马湖上伴农民读书半年》

朱自清

一八九八年—一九四八年

原名自华，字佩弦，号实秋，原籍浙江绍兴，出生于江苏东海，6岁起定居江苏扬州。中国现代散文家、诗人、学者、民主战士。18岁考入北京大学预科，19岁升入北大本科哲学系。在北大期间，积极参加五四运动，参加平民教育讲演团，开始发表诗歌。1920年从北大哲学系毕业后开始在江浙沪等地区的学校任教。1921年参加文学研究会，成为五四时期重要的作家之一。1925年，应清华大学之聘，任中文系教授。创作由诗歌转向散文，同时致力于古典文学研究。1930年，代理国立清华大学中文系主任，次年留学英国，并漫游欧洲数国，著有《欧游杂记》《伦敦杂记》。1932年归国，继任清华大学中文系教授兼系主任。“一二·九”运动中，与学生一道上街游行。抗日战争爆发后，随校南迁，任国立西南联合大学教授。1946年10月返回北平，主编《闻一多全集》，同时，积极参加民主斗争，始终保持一个正直的爱国知识分子的气节和情操。1948年8月12日病逝于北平，年仅50岁。

1924年3月2日，朱自清应经亨颐之聘到春晖中学执教，任国文教师，与夏丏尊、丰子恺、朱光潜、刘薰宇等“气味相投”，常切磋文艺，恳谈人生，度过一段美好时光，是白马湖作家群的重要成员。任教期间，全心投入课堂，扎实做好教学，又做讲演，编校刊，并从事创作，仅在《春晖》校刊上就发表文章近十篇，如《春晖的一月》《刹那》《教育的信仰》《团体生活》等。10月，将家眷接到白马湖，借夏丏尊平屋西侧三间为居室，1925年次子朱闰生在此出生。其间同时在浙江省立第四中学兼课，还出版了诗文集《踪迹》。1925年8月赴清华大学任教，家眷仍留在白马湖，至1927年1月，始举家移居北平。1929年回忆散文《白马湖》在《清华周刊》登载。

1925年朱自清与长子朱迈先、长女朱采芷摄于春晖中学。

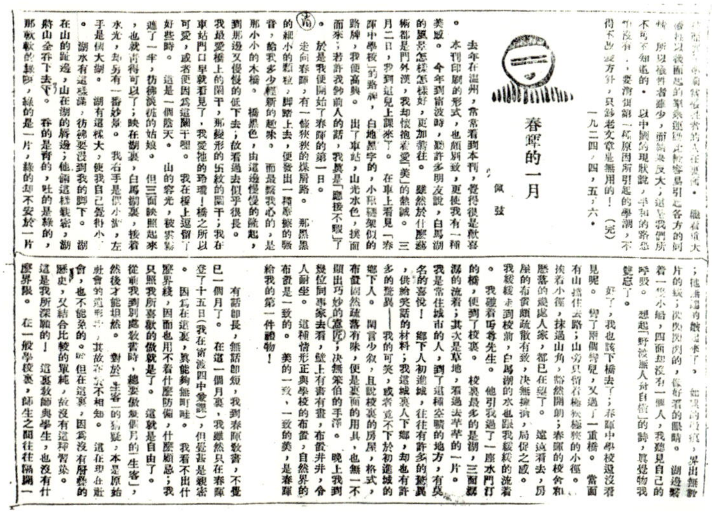

《春晖》半月刊登载朱自清《春晖的一月》

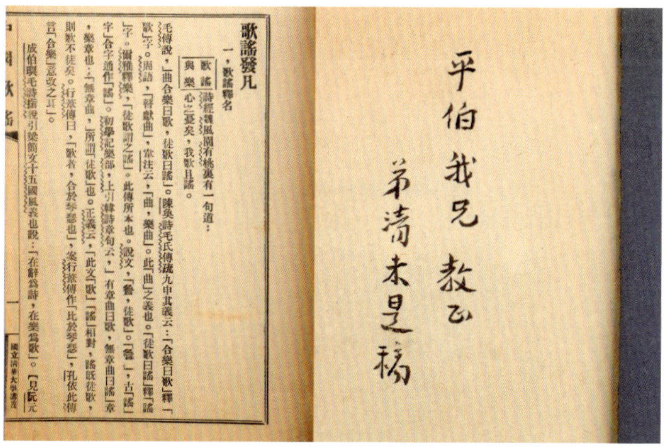

朱自清签赠俞平伯自著《中国歌谣》（第一册）

1947年朱自清与家人在清华园北院宅前留影

1925年朱自清（左二）与友人在清华园合影，左四为俞平伯。

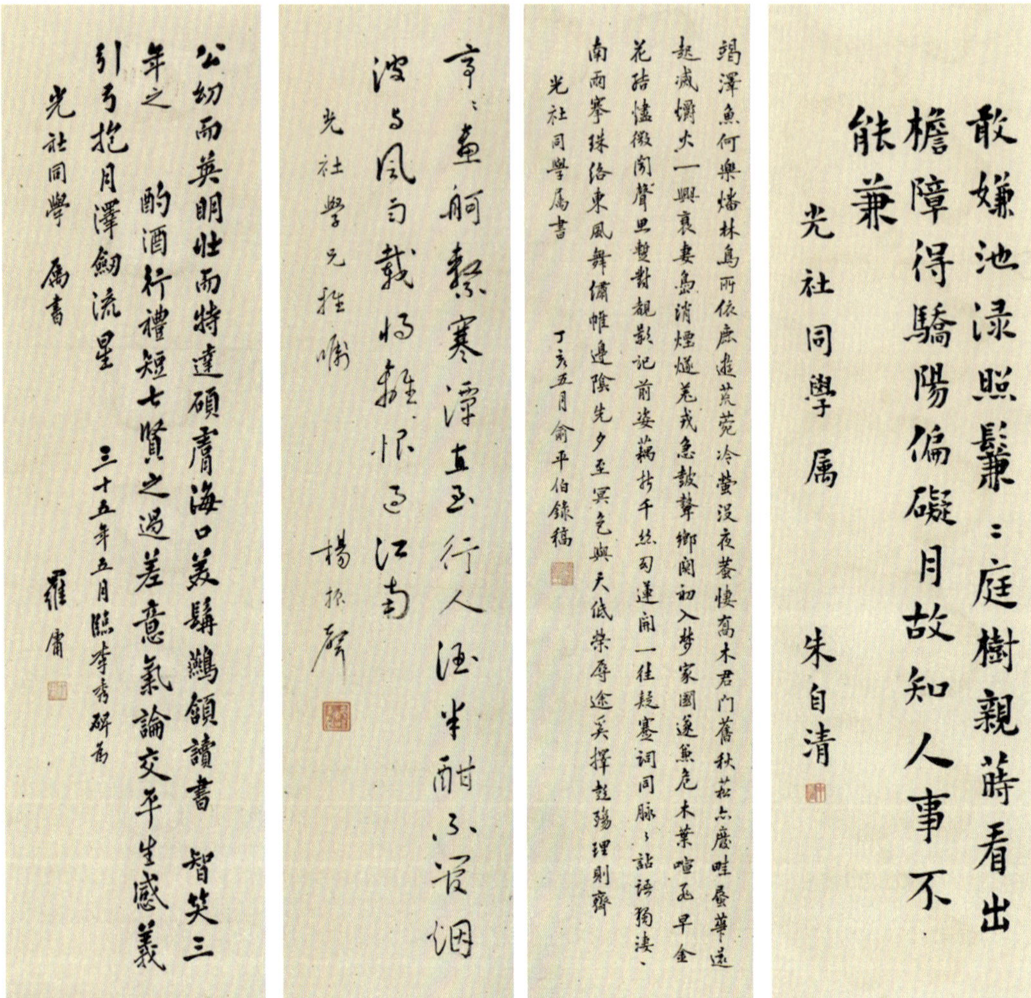

朱自清等书法四屏

朱自清节录陈宝琛《沧趣楼杂诗》、俞平伯节录自作诗《梦雨吟》、杨振声录唐人郑仲贤《竹枝词》、罗庸节录《李秀碑书》书法四屏，作者四人均为清华、北大或西南联大教师，其中朱自清、俞平伯都和春晖有密切关系。四屏作于1946—1947年，上款人杨光社曾受教于朱自清，杨氏其后撰有《朱自清生平思想述略》《朱自清先生的教学与科研》等回忆文章。

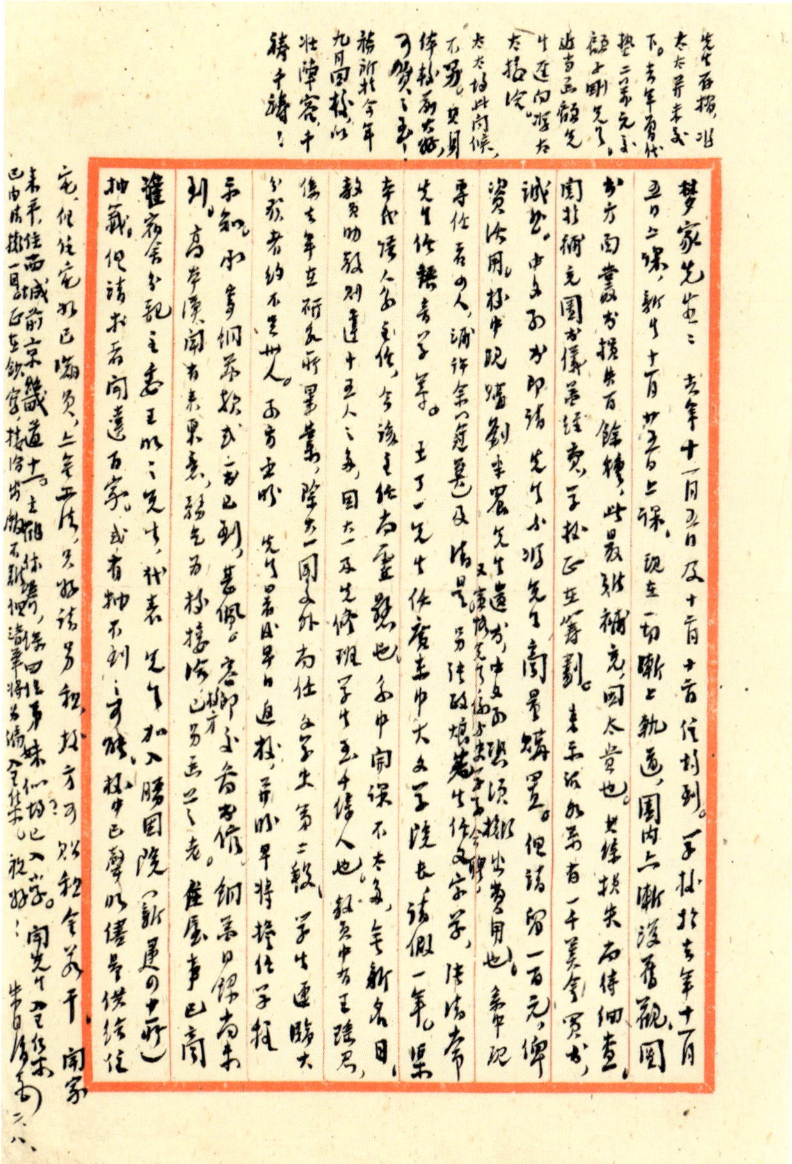

朱自清致陈梦家信札

信件围绕当时清华复校及整理出版闻一多遗著，展现朱自清兼具学人和民主斗士风采，谈及闻一多、陈寅恪、刘半农、冯友兰、顾颉刚、浦江清、许维遹、余冠英、王力、张政烺、张清常、王瑶等。信件详细叙述清华大学复校后之情况，以及整理编纂《闻一多全集》之事。国立西南联合大学迁返北平后不久，梅贻琦即成立“整理闻一多先生遗著委员会”，并指定朱自清为召集人。写信时朱自清已拟好闻一多出版著述目录以及遗文搜集、编辑校正工作，“正在抄字，接洽出版不难，但清华将另编全集”。而全集编好则即送与闻一多家属交开明书店出版。

美的一致，
一致的美，
是春晖给我的第一件礼物。
……
春晖给我的第二件礼物是真诚，
一致的真诚。
……
闲适的生活可以说是春晖给我的第三件礼物！
——朱自清《春晖的一月》

白马湖朱自清旧居

丰子恺

一八九八年—一九七五年

原名润，又名仁，字子觊，后改子恺，堂号缘缘堂，笔名“TK”，浙江桐乡人。中国现代著名书画家、文学家、艺术教育家，被誉为“中国现代漫画的鼻祖”。少时颖悟，尤爱图画，1914年以优异成绩考入浙江省立第一师范学校，师从夏丏尊、李叔同，受李叔同影响极深，师徒情缘深厚。毕业后与刘质平、吴梦非、刘海粟、姜丹书创中华美育会，办《美育》杂志，又参与创办上海专科师范学校。1921年赴日学习，偶见竹久梦二作品并甚为喜欢。1922年，应聘到春晖中学任教图画、音乐，兼教英语，开始漫画创作。1925年参与创办立达学园，1926年参与发起开明书店。抗战时期，全家逃难，辗转于江西、湖南、广西、贵州、四川等地，以任教、著述为生。1949年后曾任中国人民政治协商会议全国委员会委员、中国美术家协会上海分会主席、上海市作家协会副主席等。1960年，上海市中国画院成立，他担任首任院长。1973年完成《护生画集》第六集。1975年9月因病逝世。

丰子恺的漫画、散文创作发轫于白马湖。在春晖任职期间，为校刊《春晖》设计刊头、作题花插图，创作的漫画《人散后，一钩新月天如水》刊登在朱自清与俞平伯合办的杂志《我们的七月》，是公开发表的第一幅漫画。后《文学周报》开始连续刊载丰子恺的画作，郑振铎定画题“子恺漫画”，“子恺漫画”就这样从白马湖走向全国。其间还为学校校歌《游子吟》谱曲，为居所取名“小杨柳屋”，创作《山水间的生活》《青年与自然》等十多篇文章。1961年春晖校庆，丰子恺赠送漫画《源远流长》，上题诗一首：“东风浩荡百花明，白马湖边气象新。今日莘莘群弟子，他年尽是接班人。”诗画相配，相得益彰。

1956年7月，丰子恺和丰一吟在日月楼合译柯罗连科小说。

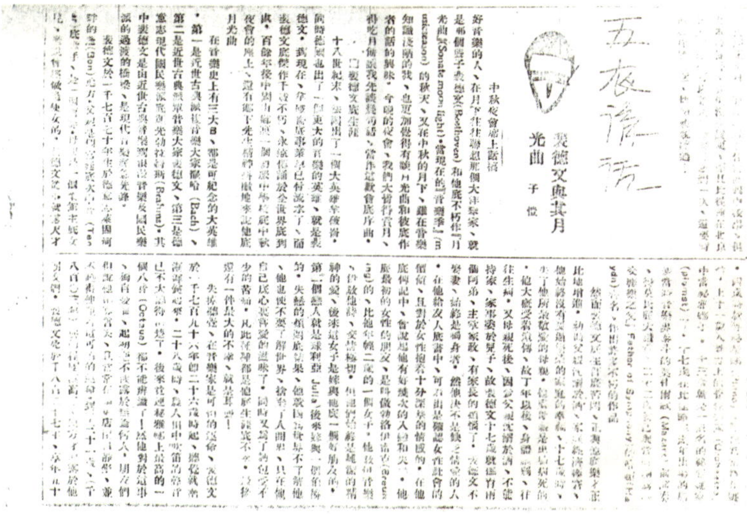

五夜講話

裴德文與其月光曲

子愷

中秋夜會席上講稿

《春晖》半月刊登载丰子恺的《裴德文与其月光曲》

丰子恺作《翠拂行人首》

丰子恺设计的《春晖》半月刊刊头

丰子恺年少时与姑母丰粥红合影

1921年末丰子恺从日本回来时的留影

丰子恺一家在日月楼门口的合影

小杨柳屋

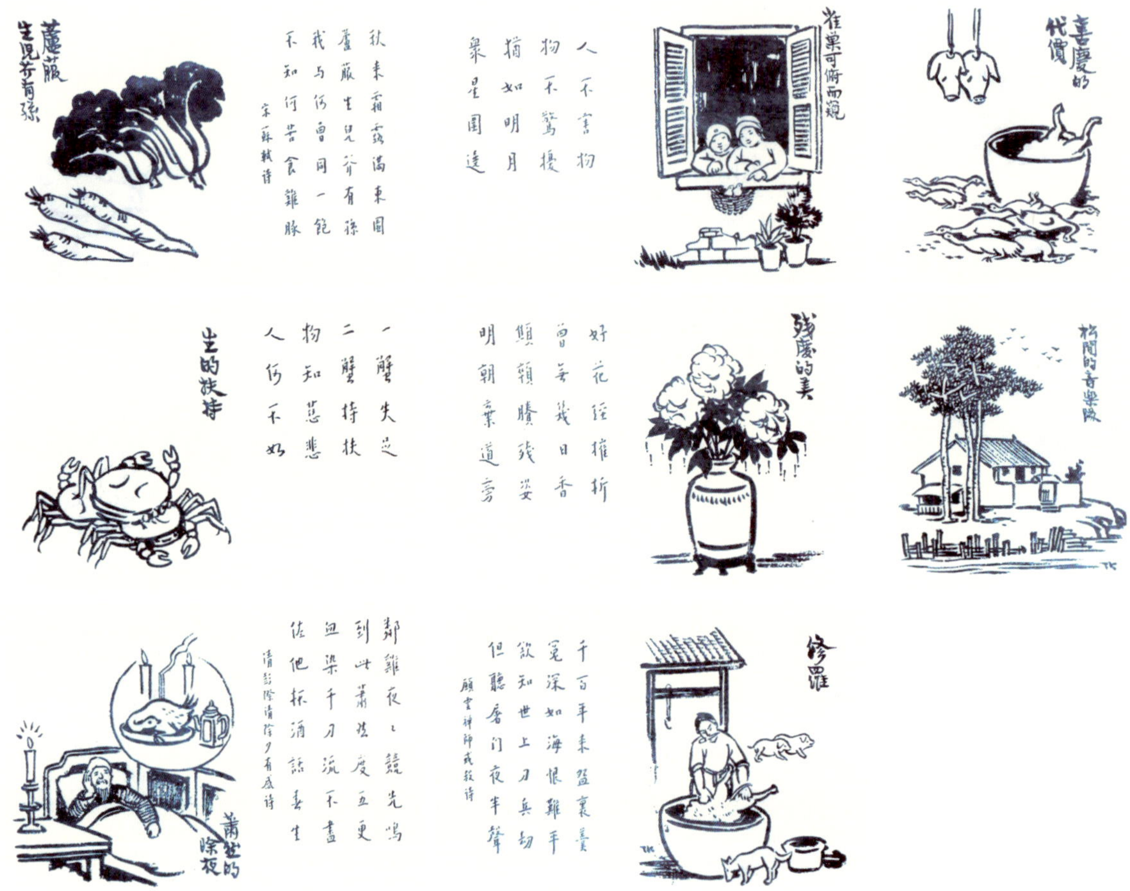

《护生画集》

这是丰子恺最重要的一部漫画巨作。画集的诞生，缘起一份深厚的师生情谊，最初是丰子恺为祝尊师弘一法师五十岁寿辰而作。丰子恺前后花了46年的岁月，坚守着十年画一本的约定，完成了450幅图文并茂的画作。全套共六册，一、二集的文字为弘一法师题写，三集为叶恭绰撰写，朱幼兰题写四和六集，虞愚书写第五集。前后相继，在佛教界、文艺界和广大普通读者中广泛流传，影响深远。它是诸位先贤大师绝世合作的结晶，是一部不可多得的文化精品。

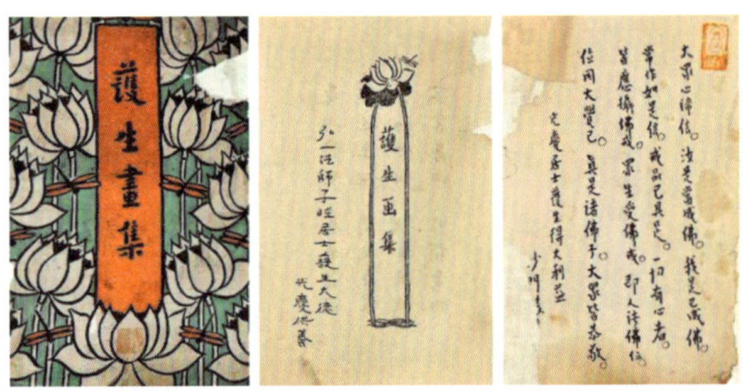

《人散后，一钩新月天如水》

丰子恺在白马湖春晖时的画作，第一次公开发表在朱自清、俞平伯合编的《我们的七月》。郑振铎通过此画辗转找到丰子恺，此后丰子恺的画便经常发表在他主编的《文学周报》上，并冠以“漫画”之名，丰子恺也因此被称为“中国现代漫画的鼻祖”。

《我们的七月》杂志

方光焘

一八九八年—一九六四年

字曙先，号煦先，浙江衢州人。教育家、语言学家。早年在浙江省立第八中学肄业。1918年公费赴日留学。1921年加入新文学团体创造社，与郭沫若、郁达夫、成仿吾等同为早期社员。1924年回国，任浙江省立第四中学师范部英文兼公民教员。同年兼任上海大学教授，主讲《日本文学史》。1926年兼任立达学园文科教员。1927年兼任国立暨南大学外国文学系日文讲师及国立劳动大学讲师。1929年由浙江省教育厅派遣，赴法国里昂大学读研究生，专攻一般语言学和语法理论。1931年“九一八”事变后辍学回国，加入中国左翼作家联盟，先后在安徽大学、复旦大学任教。1935年成为国立暨南大学专任教授。1938年参加中华全国文艺界抗敌协会。1941年随国立暨南大学内迁至福建建阳，任中文系主任。1946年复员返上海，又先后在国立中山大学、国立中央大学执教。1947年与陈望道、徐蔚南等发起中国语文学会。“五二〇”运动时曾保护被国民党当局逮捕的进步学生。1949年南京解放后，协助中国人民解放军南京军管会接管国立中央大学。中华人民共和国成立后，历任南京大学中文系主任、江苏省文联主席、江苏省文化局局长、中国科学院哲学社会科学部学部委员等职。1956年加入中国共产党。著译有《方光焘语言学论文集》《文学之社会学的研究》《语法论稿》等。

方光焘曾于1924年4月13日偕朱自清来白马湖游玩。同年在春晖中学短暂兼任英文教员。

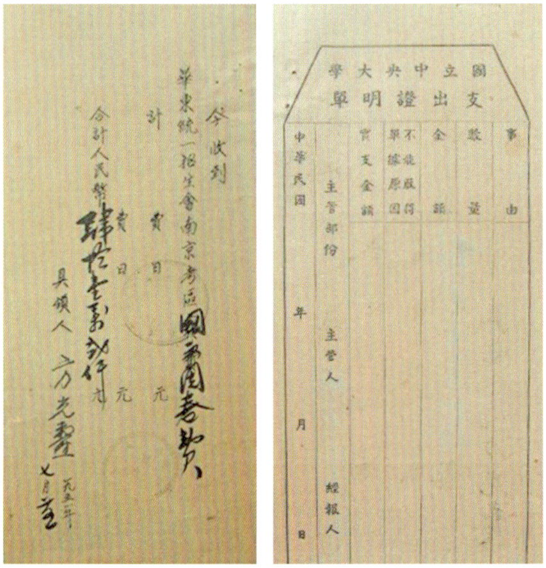
今收到
華東統一招生會南京考區國文閱卷費
合計人民幣肆拾壹萬貳仟元
具領人 方光燾
七月廿三

國立中央大學
支出證明單

事由	數量	金額	不能取得單據原因	實支金額

主管部份 主管人 經報人
中華民國 年 月 日

方光焘国立中央大学支出证明单

方光焘与夫人合影

方光焘译注《姊姊的日记》

1931年5月春晖中学预科班旅行普陀山留影

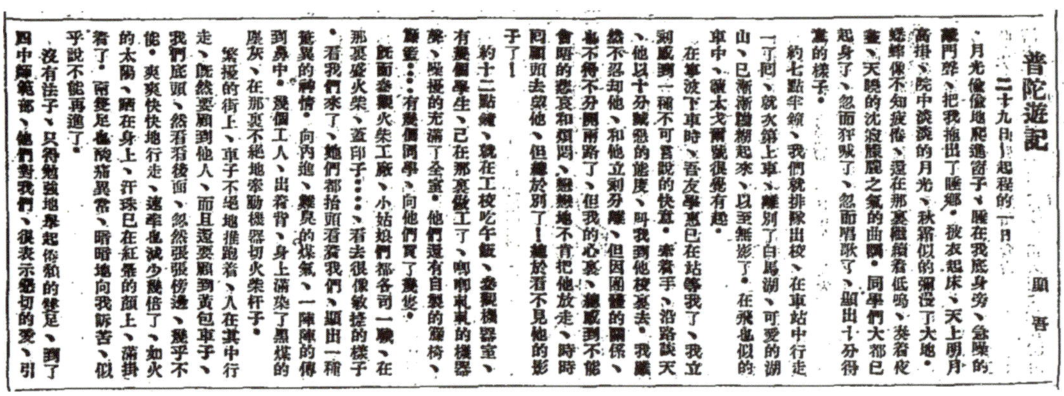

普陀遊記

顯吾

二十九日——起程的一日

、月光偷偷地爬進窗子，睡在我底身旁，急噪的鬧門聲，把我拖出了睡鄉。披衣起床，天上明月高掛，院中淡淡的月光，秋霜似的彌漫了大地。蟋蟀像不知疲倦，還在那裏繼續着低鳴，奏着夜臺，天曉的沈寂朦朧之氣的曲調。同學們大都已起身了，忽而狎喊了，忽而唱歌了，顯出十分得意的樣子。

約七點半鐘，我們就排隊出校，在車站中行走一了回，就次第上車，離別了白馬湖，可愛的湖山，已漸漸糢糊起來，以至無影了。在飛也似的車中，談太戈爾竟很覺有趣。

在寧波下車時，吾友學惠已在站等我了，我立刻感到一種不可言說的快意。牽着手，沿路談天，他以十分誠懇的態度，叫我到他校裏去。我雖然不忍却他，和他立刻分離，但因團體的關係，也不得不分開兩路了，但我的心裏，總感到不能會晤的悲哀和煩悶，戀戀地不肯把他放走，時時回顧頭去望他，但終於別了！終於看不見他的影子了！

約十二點鐘，就在工校吃午飯，參觀機器室，有幾個學生，已在那裏做工了，唧唧軋軋的機器聲，噪擾的充滿了全室。他們還有自製的藤椅，籐凳……有幾個同學，向他們買了幾隻。

既而參觀火柴工廠，小姑娘們都各司一職，在那裏裝火柴，蓋印子……，看去很像敏捷的樣子。看我們來了，她們都抬頭看着我們，顯出一種驚異的神情。向內進，難聞的煤氣，一陣陣的傳到鼻中。幾個工人，出着背，身上滿染了黑煤的塵灰，在那裏不絕地牽動機器切火柴杆子。

繁擾的街上，車子不絕地推跑着，人在其中行走，既然要顧到他人，而且還要顧到黃包車子，我們底頭，然看看後面，忽然張張傍邊，幾乎不能。爽爽快快地行走，速率也減少幾倍了，如火的太陽，晒在身上，汗珠已在紅暈的顏上，蒲掛着了。兩隻足也酸痛異常，暗暗地向我訴苦，似乎說不能再進了。

沒有法子，只得勉強地舉起倦怠的雙足，到了四中師範部，他們對我們，很表示懇切的愛，引

1923年《春晖》半月刊登载春晖学生《普陀游记》

春晖中学白马湖图书馆前校园运动

郭任远

一八九八年—一九七〇年

字陶夫，广东潮阳人。心理学家、教育家。少年时在潮安金山中学读书。1918年毕业于上海复旦大学预科。同年赴美国加利福尼亚大学伯克利分校深造，主攻心理学，师从著名教授托尔曼。1921年发表《取消心理学中的本能说》一文，对美国传统心理学权威提出挑战，引发学界震动，被认为是现代心理学开山之作。1923年博士毕业后被聘为复旦大学心理学系教授。1925年改组心理学院，任系主任，后又兼代理校长、副校长。1929年后任国立浙江大学心理系主任、国立中央大学心理系教授。1933年继任国立浙江大学校长。1935年被选为国民政府中央研究院评议部评议员。1936年因学潮辞去浙大校长之职，后赴美、英讲学。1943年受命主持筹办由教育部和管理中英庚款董事会合办的中国心理生理研究所，在北碚设立所址，聘请童第周、沈霁春等为研究员。1946年定居香港，潜心著述。1970年病逝。主要著作有《心理学与遗传》《人类的行为》《社会科学概论》《行为发展之动力形成论》等。编写教材《行为主义心理学讲义》。

郭任远曾于1923年8月出席白马湖夏期教育讲习会，演讲“教育心理”总计八小时，并在欢迎会上表演用英语谈话。

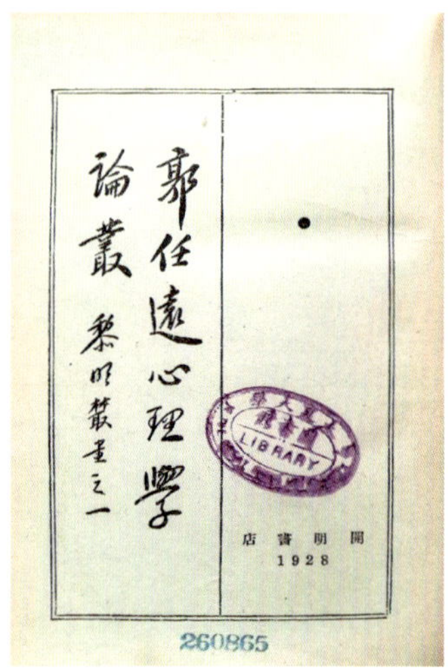

1928年初版《郭任远心理学论丛》

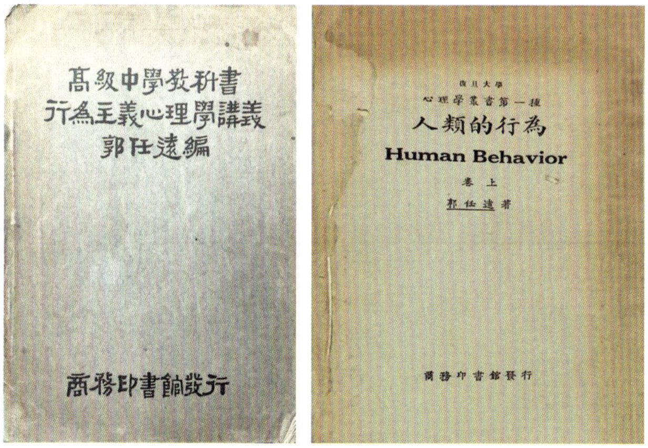

郭任远部分著作

国立浙江大学旧影

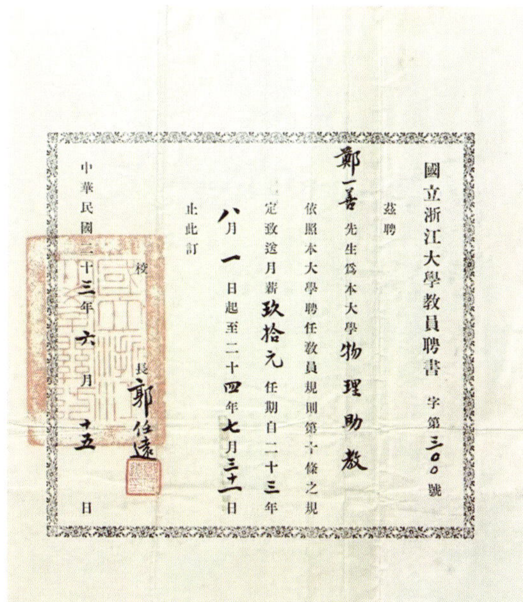

國立浙江大學教員聘書 字第三〇〇號

茲聘

鄭一善先生為本大學物理助教

依照本大學聘任教員規則第十條之規

定致送月薪玖拾元任期自二十三年

八月一日起至二十四年七月三十一日

止此訂

校長郭任遠

中華民國二十三年六月十五日

1934年国立浙江大学教员聘书，校长郭任远签发，受聘人为著名物理学家郑一善。

1925年郭任远向郭子彬募捐的“子彬院”落成，复旦大学心理学院随“子彬院”的建成而成立。

周予同

一八九八年—一九八一年

原名毓懋，学名蘧，字予同，笔名天行、怡安，浙江瑞安人。经学史家、教育家。早年就读于瑞安县立中学。1916年以第一名的成绩考取北京高等师范学校，在校受钱玄同、匡互生等人影响颇深。五四运动时参加“火烧赵家楼”的斗争。1920年毕业后任北京高等师范学校附中教员。1921年任上海商务印书馆国文部编辑，次年任《教育杂志》《学衡》主编。1923年与郑振铎、胡愈之等发起组织“朴社”。1925年参加立达学会，曾在上海持志大学、国民大学及立达学园兼课。1927年与叶圣陶、胡愈之等创立上海著作人公会。“四一二”反革命政变后，与章锡琛、吴觉农、胡愈之等在《商报》联名发表抗议国民党军队屠杀平民的意见书，一度身陷囹圄。1932年“一·二八”事变后返回温州浙江省立第十中学教书。同年任省立安徽大学教授兼中文系主任、文学院院长，主讲《中国教育史》。1935年回沪任国立暨南大学教授兼史地系主任，及编译委员会主席、南洋研究馆主任。抗日战争全面爆发后在复旦大学、无锡国学专修学校上海分校任教。1943年入职开明书店，任编辑兼襄理。1945年抗日战争胜利后任教育部专员，负责接收复旦大学事宜。1946年任复旦大学史地系教授。1952年加入中国民主同盟。后历任上海市文教委员会副主任、上海历史研究所副所长、民盟上海市委副主任、《辞海》副总主编等职。1962年当选第三届全国人大代表。一生著述颇丰，专著有《孔子》《朱熹》《群经概论》《经今古文学》《中国学校制度》《中国现代教育史》等，编写教材《本国史》《开明新编国文课本》《中国历史文选》。

周予同曾于1928年3月偕叶圣陶、章锡琛、贺昌群等游白马湖，并在夏丏尊平屋前合影留念。

周予同部分著作

1928年3月周予同（右二）与友人在白马湖木桥上留影

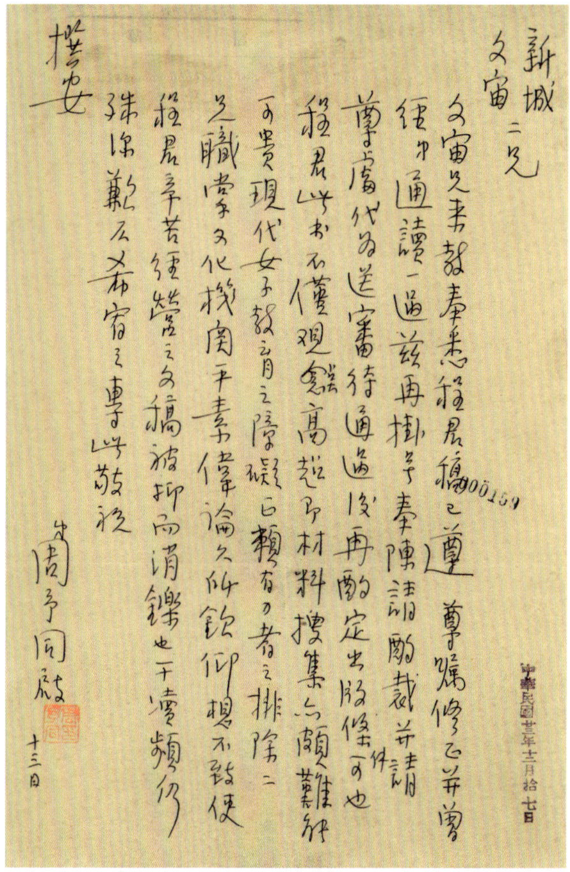

周予同1934年12月致舒新城、倪文宙函

周予同故居修缮前后

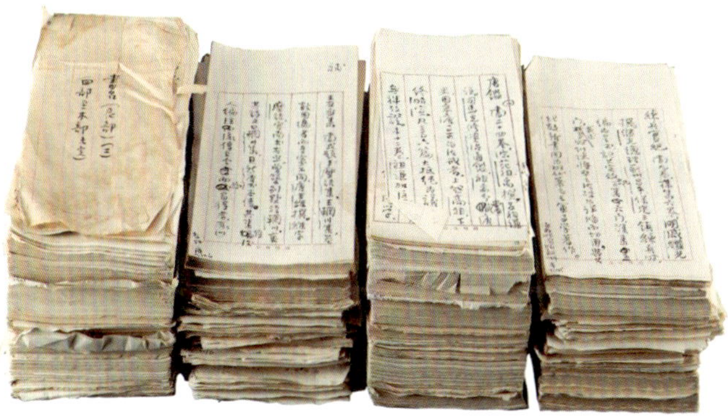

周予同《辞综》编纂手稿

陈之霖

一八九八年—一九八六年

浙江新昌人。化学家。早年毕业于浙江省立第五师范学校。1918年公费留学日本，先后在东京高等师范学校、京都帝国大学理学院及研究院学习。1929年回国，由马叙伦介绍，任国立浙江大学文理学院化学系副教授。1931年“九一八”事变后，日本帝国主义侵略日亟，国内防毒研究尚为空白，陈之霖利用国产核桃壳制成高效活性炭，防毒功效与德国制品相差无几，受到国民政府军政部嘉奖并获得专利。1932年兼任军政部兵工署委员。同年与曾昭抡、郑贞文等发起成立中国化学会。1933年任省立广西大学教授。1934年任国立山东大学化学系教授。1936年被推为国立山东大学校务委员会常务委员，与张怡荪、张逸樵临时主持校务。同年任国立北平大学女子文理学院化学系主任。抗日战争全面爆发后任国立西北联合大学、国立四川大学、私立华西协合大学化学系教授。其时照相底片进口困难，技术设备被外国垄断，陈之霖又发明利用旧底片翻制之法，获经济部专利。1945年抗战胜利后任上海中华酸碱厂副厂长兼实验室主任。中华人民共和国成立后任上海同济大学化学教授、华东化工学院物理化学教研组主任。1951年研制出高效钒催化剂，解决硫酸生产关键技术。1956年加入中国民主同盟。著有《化学本论》《物理化学及胶体化学》等。

陈之霖曾于1933年3月20日应校长黄树滋之邀在春晖中学演讲，题为“毒气”。

陳之霖發明利用照相底片翻製新底片

成都四川大學化學系陳之霖君所發明之利用廢膠片翻製新底片之方法，係將廢片用水洗淨，取大小相同者，用棉膠條以不溶解性當膠貼，合成爲長帶，帶端并接有相當長度之接頭帶，纔將長帶經塗膠機塗布膠液，塗膠機有圓筒及容器各二，圓筒分置於機之兩端，供卷繞廢片長帶及已塗膠長帶之用，容器內均盛溫水，甲器水溫較膠液之凝結溫度爲高，乙器則較低，所塗膠液，則以容器內置於甲器上，方塗膠時，先將廢片長帶卷繞於圓筒，纔將接頭帶以水平方向經過兩個容器上口，卷繞於另一圓筒，搖動此筒把手，則廢片長帶循序前進，經甲器時，其上方丙器內所盛膠液，以一定分量放下平均展布於帶，迨進至乙器上口時，則因溫度較低，膠液凝結，凝結後，利用通風乾燥印成新片。經濟部特准予以新型專利三年。

国民政府经济部准予陈之霖专利的报道

陈之霖（左一）、黄树滋（左二）、李宗武（右一）等留学日本期间的合影

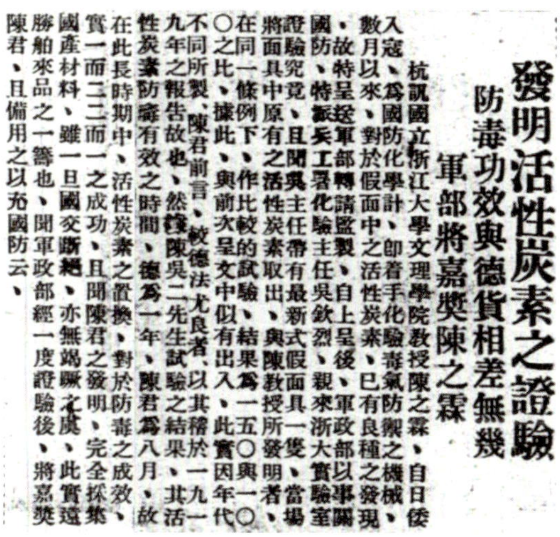

發明活性炭素之證驗

防毒功效與德貨相差無幾

軍部將嘉獎陳之霖

杭訊國立浙江大學文理學院教授陳之霖、自日倭入寇、爲國防化學計、卽着手化驗毒氣防禦之機械、數月以來、對於假面中之活性炭素、已有良種之發現、故特呈經軍部轉請監製、自上呈後、軍政部以事關國防、特派兵工署化驗主任吳欽烈、親來浙大實驗室證驗究竟、且聞吳主任帶有最新式假面具一隻、當場將面具中原有之活性炭素取出、與陳教授所發明者、在同一條例下、作比較的試驗、結果爲一五〇與一〇〇之比、據此、與前次呈文中似有出入、此實因年代不同所製、陳君前言、較德法尤良者、以其稽於一九一九年之報告故也、然後陳吳二先生試驗之結果、其活性炭素防毒有效之時間、德爲一年、陳君爲八月、故在此長時期中、活性炭素之置換、對於防毒之成效、實一而二二而一之成功、且聞陳君之發明、完全採集國產材料、雖一旦國交斷絕、亦無竭蹶之虞、此實遠勝舶來品之一籌也、聞軍政部經一度證驗後、將嘉獎陳君、且備用之以充國防云、

国民政府军部嘉奖陈之霖的报道

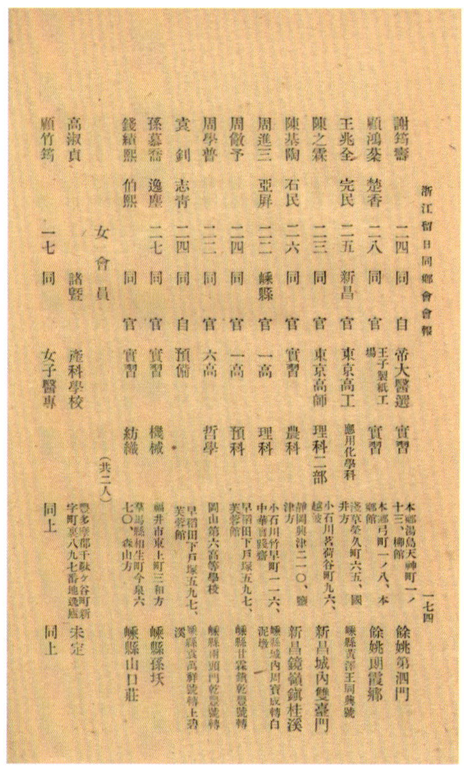

浙江留日同鄉會會報 一七四

謝筠壽		二四	同	自	帝大醫選	實習	本鄉湯島天神町一ノ十三、柳館	餘姚第泗門
顧鴻棨	楚香	二八	同	官	王子製紙工場	實習	本鄉弓町一ノ八、本鄉館	餘姚朗霞鄉
王兆全	完民	二五	新昌	官	東京高工	應用化學科	淺草秦久町六五、岡井方	嵊縣黃澤王同興號
陳之霖		二三	同	官	東京高師	理科二部	小石川茗荷谷町九六、越後	新昌城內雙臺門
陳基陶	石民	二六	同	官	實習	農科	靜岡興津二一〇、鹽津方	新昌鏡嶺鎮柱溪
周進三	亞屏	二二	嵊縣	官	一高	理科	小石川竹早町一一六、中華青錢齋	嵊縣城內周寶成轉白泥墩
周儆予		二四	同	官	一高	預科	早稻田下戶塚五九七、芙蓉館	嵊縣廿霖鎮乾豐號轉
周學普		二三	同	官	六高	哲學	岡山第六高等學校	嵊縣南門乾豐號轉
賓釗	志青	二四	同	自	預備		早稻田下戶塚五九七、芙蓉館	嵊縣袁萬鮮號轉上碧溪
孫慕喬	逸塵	二七	同	官	實習	機械	福井市東上町三和方	嵊縣孫坎
錢績熙	伯熙		同	官	實習	紡織	草焉縣相生町今泉六七〇、森山方	嵊縣山口莊

女會員 （共二人）

高淑貞		諸暨		產科學校	豐多摩郡千馱ヶ谷町新宇町裏八九七番地遞廳	未定
顧竹筠	一七	同		女子醫專	同上	同上

陈之霖在中国留日学生浙江同乡会登记的会员信息

陈兼善

一八九八年—一九八八年

字达夫，浙江诸暨人。动物学家、鱼类学家、教育家，是我国鱼类学的奠基人之一。1917年毕业于浙江省立第一师范学校，在校时，曾加入李叔同组织成立的“乐石社”。1921年毕业于北京高等师范学校博物部。1925年任国立广东大学动物学系讲师，1927年升任教授。1931年起在法国巴黎植物园鱼类研究所、英国伦敦大不列颠博物馆鱼类研究室从事研究工作。1934—1940年任广东省立勷勤大学教授兼博地系主任。1940—1945 年任贵州黔江中学校长。1945—1956年任台湾博物馆馆长兼台湾大学教授、总务长、训导长、秘书长。1956—1972年任台湾东海大学教授兼鱼类研究室主任。在离开大陆30余年后的1978年，陈兼善第一次回大陆探亲，此后多次返回大陆探亲并讲学。1982年5月起定居上海。1982—1988年任上海自然博物馆一级研究员。著有《鱼类学》《普通动物学》等专著10余种。

陈兼善1926年8月至1927年3月担任春晖中学代校长，并兼任生物学课教师，住“山边一楼”。陈兼善在春晖中学编写的教材讲义深得同事以及学生的青睐，编写的《进化论纲要》由商务印书馆出版，在读者中引起较大反响。

陈兼善为李叔同篆“李息私印”

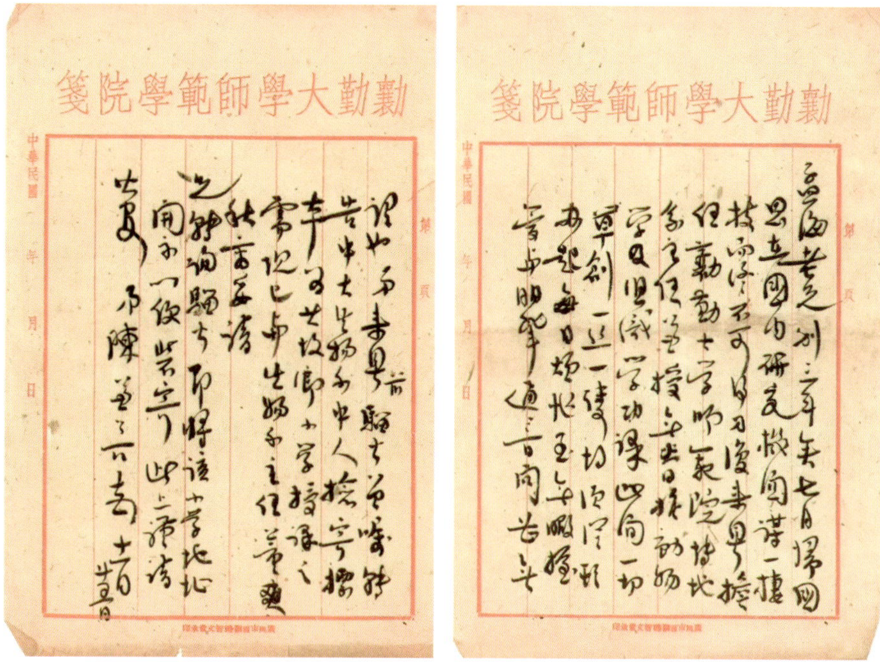
勷勤大學師範學院箋

勷勤大學師範學院箋

陈兼善致沙孟海信札

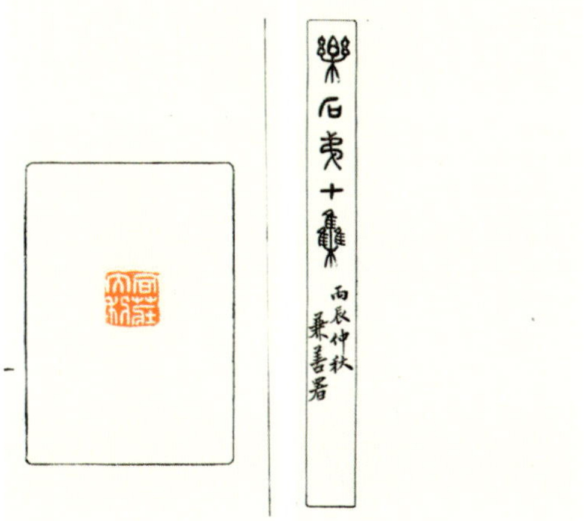

陈兼善《乐石第十集》题签及篆刻“同庄大利”

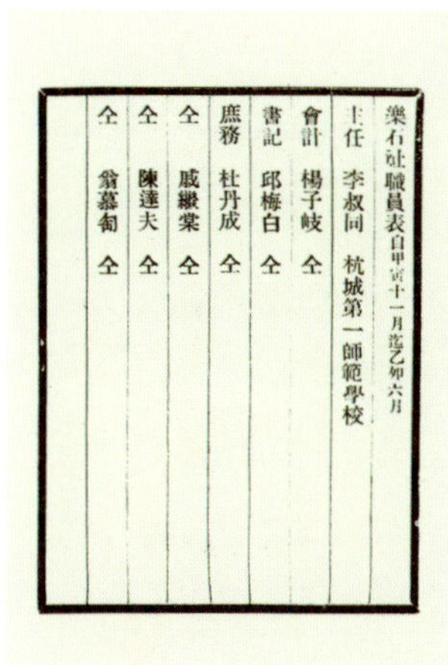
樂石社職員表 自甲寅十一月訖乙卯六月

主任	李叔同	杭城第一師範學校
會計	楊子岐	仝
書記	邱梅白	仝
庶務	杜丹成	仝
仝	戚繼棠	仝
仝	陳達夫	仝
仝	翁慕匋	仝

乐石社职员表，陈达夫即陈兼善。

陈兼善（左一）回国时，方毅会见。

张作人、巴金、许杰与刚回国的陈兼善（左二）

《丙辰息翁归寂之年》

长跋边款：岁次单阏，月旅黄钟，息翁夫子以芙蓉之产，属篆于其门人兼善，顾谓善曰："乃者子平麻衣观予相，推予命，咸曰丙辰之岁恐将不讳。因属汝刻此将以记之，文曰'归寂'，篆用籀斯。"善闻命之下，不禁悲增切怛，窃意昔者韩王与军校同庚，孔子与周公异相，子虚之学，圣人罕言，以顺受命，以心胜形，何夫子信以为然邪？深夜危坐，再三思量，乃知夫子之言别有所指，亦非佛氏之离相，寂实尼圣之乘桴浮海，夫子以为邪然否乎？善将负笈以从夫子游。乙卯，受业陈兼善谨记于虎林师校。落一"灭"字。

李叔同的印藏中有"丙辰息翁归寂之年"印章一枚，此印为1915年11月李叔同嘱其学生陈兼善所刻。印面为白文仿秦玺，具粗头乱服之相，颇有斑驳沧桑之感。边款中记述了师生之间相交之经过，陈兼善将李叔同比作孔子，将自己比作子路，"从夫子游"表达其对先生的追随之心，二人深厚的师生之情昭然可见。

张大千

一八九九年—一九八三年

原名正权，后改名爰，字季爰，号大千，别号大千居士、下里港人，斋名大风堂，四川内江人，祖籍广东番禺。20世纪中国画坛最具传奇色彩的泼墨大家，被西方艺坛赞为“东方之笔”。早年研习古人书画，中年临摹敦煌壁画，晚年周游世界。绘画、书法、篆刻、诗词无所不通，兼容东西方古典艺术精粹，融合中国画气韵与西方印象派风格，画风自成一家，尤其在山水画方面成就卓著。代表作有《爱痕湖》《长江万里图》《水殿暗香图》《庐山图》等。

张大千以其才华和对中国文化的贡献而闻名，其成就主要体现在绘画上。作品题材多样、技艺精湛、结构复杂、风格多变、气象宏大，在中国古今画史上极为罕见，尤其以“泼彩”闻名于世。他还在全世界范围内宣扬中国文化，在韩国、日本、印度、阿根廷、巴西、美国等地举办画展，深受民众的欢迎和赞誉，被誉为“中国文化走向世界第一人”。张大千的艺术思想融合了传统与现代，东方与西方的元素，其展现的深度和广度对后世产生了深远的影响，成为中国美术史上不可忽视的一部分。徐悲鸿曾赞誉：“五百年来一大千。”

1919年张大千日本游学完成返沪，拜上海名书法家曾熙、李瑞清为师，在宁波旅沪同乡会举办了首次个人画展，一鸣惊人，驰名画坛。1929年应邀加入经亨颐、何香凝创立的“寒之友社”，参与展览雅集。1932年6月23日参加上海法租界“寒之友社”古寒花展，24日与张善孖、黄宾虹、俞寄凡、张聿光等赴白马湖，时长松山房的杨梅宴轰动一时。其间合作《山斋珍果》《寒之友》数帧，为经夫人作《仕女图》并赋诗以记，不失为白马湖文人聚会的一段佳话。

张氏兄弟大风堂旧影

大风堂主张善孖与张大千合影

张大千、经亨颐在长松山房合作《双清》

张大千、方介堪、谢公展、何香凝、经亨颐合作《寒之友》

1944年秋张大千作《红树青山》

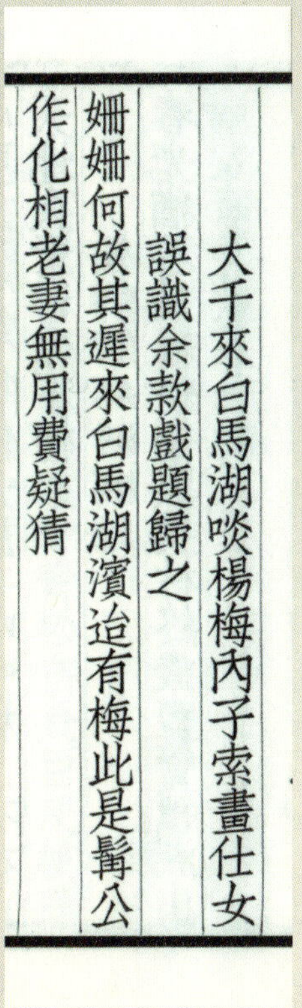

大千來白馬湖啖楊梅內子索畫仕女
誤識余款戲題歸之
姍姍何故其遲來白馬湖濱迨有梅此是髯公
作化相老妻無用費疑猜

1932年6月寒之友社白马湖长松山房雅集，张大千为经亨颐夫人作《仕女图》。

不作风流时世妆，画眉深浅费商量。等闲掩袖还相笑，笑我虬髯如许长。壬申夏日，长松山房坐雨，渊公道长命画，戏书博笑。大千居士爰。

娇态疑红拂，芳心似绿珠。天寒怜袖薄，徙倚竹萧疏。颐渊经夫人见喜此帧，命题小诗。天都山人宾虹。

珊珊何故其迟来，白马湖滨迨有梅。此是髯公作化相，老妻无用费疑猜。二十一年六月，寒之友同人来白马湖啖杨梅。老妻索大千画仕女而误识余款，滋不乐，戏题归之。长松主人颐渊并识。

冯三昧

一八九九年—一九六九年

原名水鑫，又名颐，字伯年，浙江义乌人。1917年留学日本，1919年肄业于东京早稻田大学文学系。1921—1932年先后任教于湖南省立第一师范学校、浙江省立第四中学、浙江省立第六中学、上海大学、暨南大学、复旦大学心理学院附属中学、中华艺术大学、义乌县立初级中学。1927年春，参与上海工人首次武装起义。1931—1936年在共产党员徐强领导下专司地下组织的保卫工作。第五次反“围剿”时，曾奉中央使命到山东和广西工作，均圆满完成任务。曾在邵力子和陈望道等开办的大江书铺工作，著有《小品文作法》《小品文讲话》等书。为鲁迅翻译的《艺术论》画了封面。中华人民共和国成立后，先后任教于金华中学、树国中学、大成中学、义乌中学。

冯三昧1925年9月起在春晖中学执教，离职时间不详。在校期间担任国文教员及出版部主任。他特别喜欢写小品文，到校后的第二个月，就在仰山楼里写出了具有里程碑意义的研究文章《论小品文》，刊于1925年10月1日的《春晖》第37期。在他的努力下，已经停刊的《春晖》恢复出版。

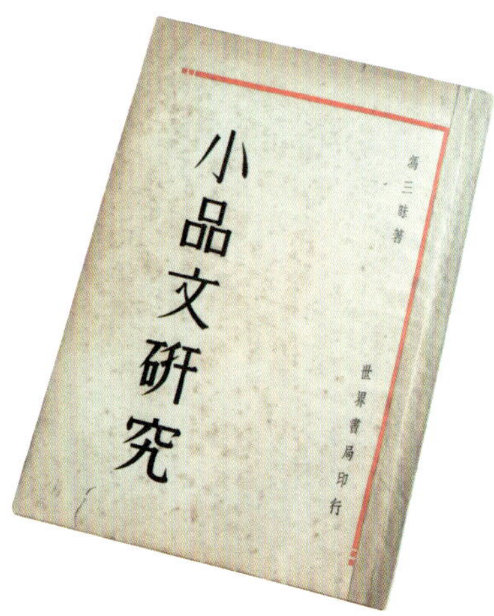

冯三昧著《小品文研究》

冯三昧著《小品文作法》

1925年10月《春晖》半月刊登载冯三昧《论小品文》

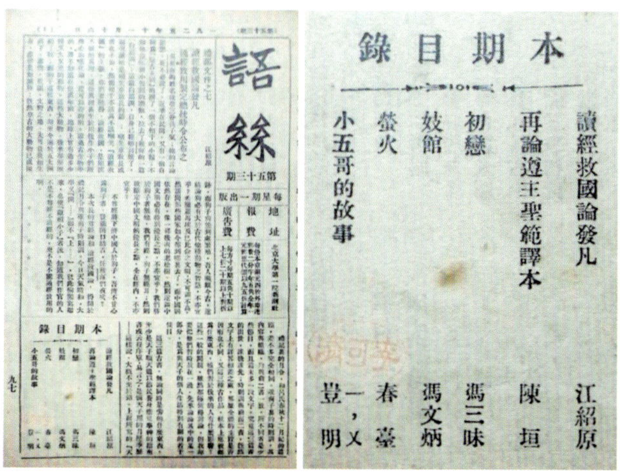

新文学期刊《语丝》1925年第53期载江绍原、冯三昧等所作文章

施存统

一八九九年—一九七〇年

后改名施复亮，浙江金华人。社会活动家、经济学家。早年在金华长山高等小学校读书。1917年考入浙江省立第一师范学校。五四运动时参加杭州学生联合救国会，在校内组织书报贩卖部，销售进步刊物。1919年在《浙江新潮》发表《非“孝”》，引发“一师风潮”。1920年赴北京参加工读互助团，到上海《星期评论》杂志社工作。同期参加上海马克思主义研究会，讨论建立中国共产党。1921年在陈独秀指导下建立旅日中共早期组织。1922年受党组织委派，担任社会主义青年团临时中央局负责人，主编团刊《先驱》。同年被推选为团中央执行委员会第一任书记，作为青年团代表出席中国共产党第二次全国代表大会。1926年任国立中山大学教授，同时在中央军事政治学校武汉分校讲授政治经济学。1927年任武汉中央军事政治学校教官、政治部主任。抗日战争全面爆发后投身抗日救亡运动，任《文化战线》主编。1940年转赴重庆，任南方印书馆总编辑、四川银行经济研究处处长等职。抗战胜利后与黄炎培、章乃器等发起中国民主建国会，当选常务理事。1946年作为民建代表之一参加陪都各界庆祝政治协商会议成功大会，与一众民主人士被国民党特务打伤。次日在《新华日报》发表《愤怒的抗议》一文，对此惨案提出严正控诉。1949年上海解放后任华东军事管制委员会顾问。同年出席中国人民政治协商会议，当选政协第一届全国委员会委员。中华人民共和国成立后任劳动部第一副部长。是第一、二、三届全国人大常委会常委，民建第一、二届中央委员会副主任委员。主要著译有《马克思学说概要》《中国革命的理论问题》《经济科学大纲》《社会意识学大纲》等。去世后骨灰放入八宝山革命公墓。

施存统曾于1923年1月22日在春晖中学出席共产主义者恳谈会，讨论浙江省农民运动、创立上虞社会主义青年团等事项。

施存统一家合影

中華民國八年十一月八日　浙江新潮　(一)

浙江新潮

非『孝』　存統

1919年11月8日《浙江新潮》刊发施存统《非“孝”》

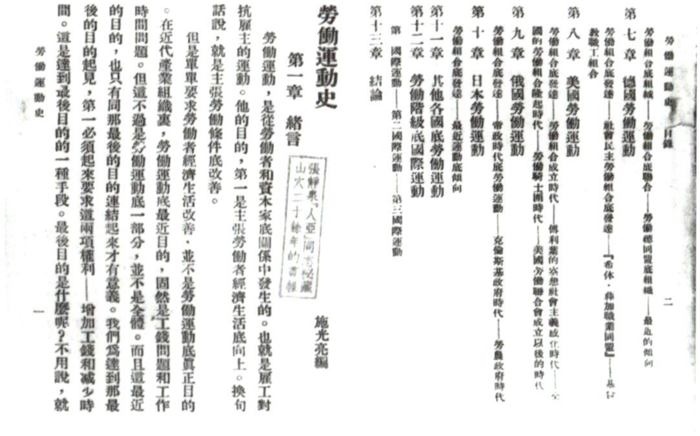

勞動運動史　目錄　二

第七章　德國勞動運動

勞動組合底組織——勞動組合底聯合——勞動總同盟底組織——最近的傾向

勞動組合底發達——社會民主勞動組合底發達——『希休·鼎加職業同盟』——基督教職工組合

第八章　美國勞動運動

勞動組合底發達——勞動組合成立時代——傅利業的空想社會主義盛行時代——全國的勞動組合隆起時代——勞動騎士團時代——美國勞動聯合會成立以後的時代

第九章　俄國勞動運動

勞動組合底發達——帝政時代底勞動運動——克倫斯基政府時代——勞農政府時代

第十章　日本勞動運動

勞動組合底發達——最近運動底傾向

第十一章　其他各國底勞動運動

第十二章　勞動階級底國際運動

第一國際運動——第二國際運動——第三國際運動

第十三章　結論

勞動運動史

施光亮編

第一章　緒言

勞動運動，是從勞動者和資本家底關係中發生的。也就是雇工對抗雇主的運動。他的目的，第一是主張勞動者經濟生活底向上。換句話說，就是主張勞動條件底改善。

但是單單要求勞動者經濟生活改善，並不是勞動運動底眞正目的。在近代產業組織裏，勞動運動底最近目的，固然是工錢問題和工作時間問題。但這不過是勞動運動底一部分，並不是全體。而且這最近的目的，也只有同那最後的目的連結起來才有意義。我們爲達到那最後的目的起見，第一必須起來要求這兩項權利——增加工錢和減少時間。這是達到最後目的的一種手段。最後目的是什麼呢？不用說，就

勞動運動史　一

1922年4月，中国劳动组合书记部发行施存统编的劳动学校教科用书《劳动运动史》。

施存统任教的上海大学西摩路校舍

张闻天

一九〇〇年—一九七六年

原名应皋（也作荫皋），字闻天，化名洛甫，江苏南汇（今属上海）人。中国无产阶级革命家、理论家。中国共产党的重要领导人，理论宣传和干部教育工作中成绩卓著的领导人。五四运动爆发后，投身学生运动，并开始从事文艺创作和翻译，后在南京加入少年中国学会。1925年加入中国共产党，同年前往苏联，先后在莫斯科中山大学、红色教授学院学习、任教。1931年2月回到上海，不久担任中共中央宣传部部长。同年夏，被指定为临时中央政治局委员及政治局常委。1933年1月到达中央革命根据地。1934年1月，当选中央政治局委员、中央书记处书记，2月，在中华苏维埃二大上当选中央政府人民委员会主席。1934年10月参加长征并出席遵义会议。在遵义会议上，根据毛泽东的意见做了批判“左”倾军事路线的报告，为会议的成功召开做出了贡献。遵义会议后成为党内工作总负责人，和毛泽东、周恩来形成党内领导核心。延安时期，长期主管全党的理论宣传和干部教育工作。抗日战争胜利后赴东北，为东北根据地的开辟和建设做出了贡献。中华人民共和国成立后，转到外交部门工作。主要著作编为《张闻天选集》。

据《张闻天年谱》记载，1924年春，张闻天到浙江上虞白马湖畔春晖中学探望在那里读书的胞弟张健尔、妹夫马景园，并被邀在该校讲演，介绍美国情况，讲文学问题。此行他还去拜访了画家丰子恺，请其为准备出版的剧本《青春的梦》设计封面。

1951年张闻天赴苏担任驻苏联大使

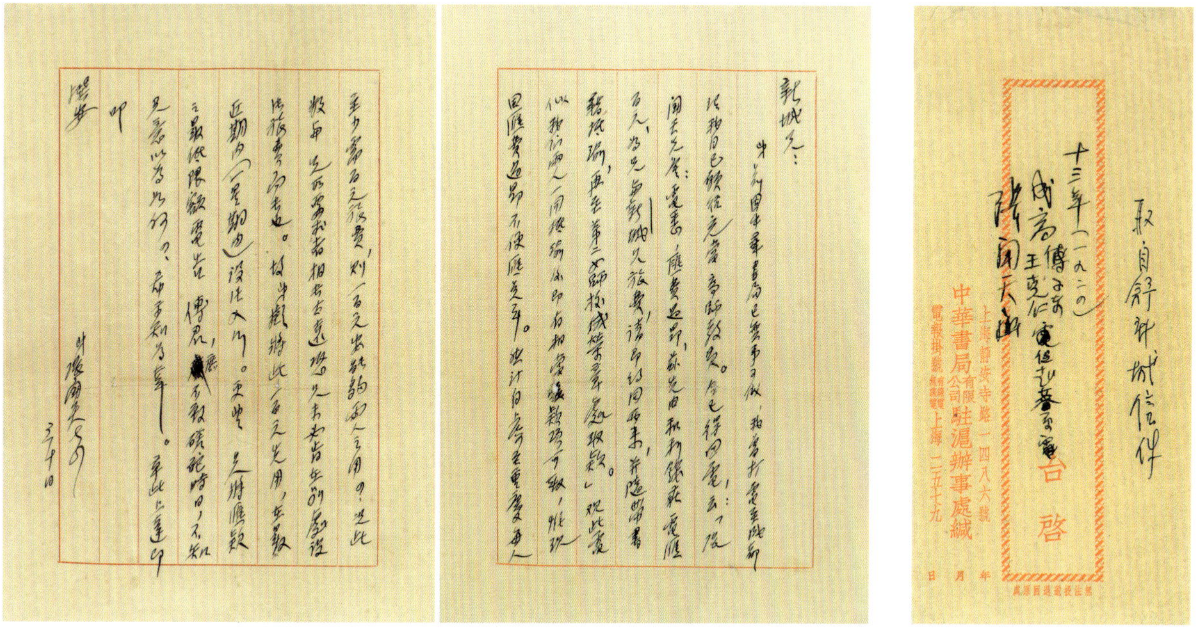

张闻天1924年3月致舒新城函

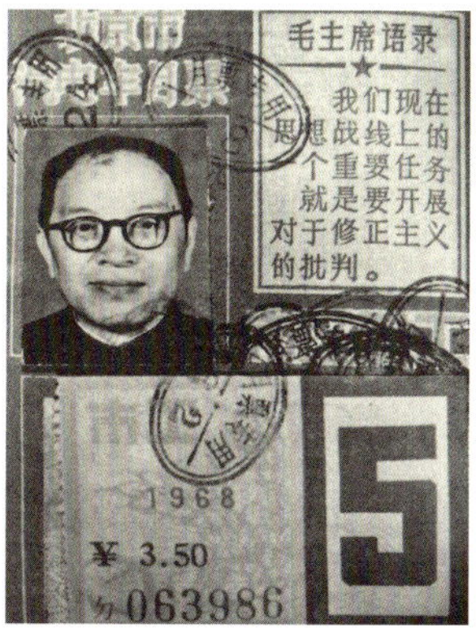

张闻天的汽车月票

张闻天著《旅途》

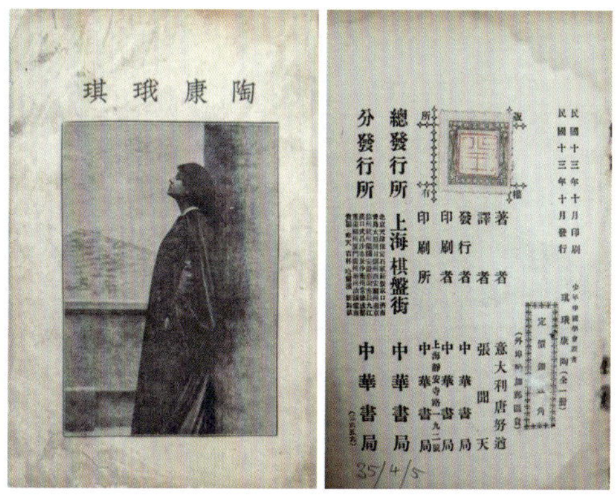

1924年初版张闻天早期译著《琪珴康陶》

1920年夏沈雁冰（左）、张闻天（中）、沈泽民（右）在上海合影

1965年张闻天、刘英一家

1973年张闻天、刘英同侄女刘晓红在肇庆住处亲植的芭蕉树旁留影

徐蔚南

一九〇〇年—一九五二年

原名毓麟，笔名半梅、泽人，江苏吴江人。文学家、出版家、新闻工作者。早年就读于盛泽盛湖公学、上海震旦学院。1918年公费赴日本庆应大学留学。1922年加入上海青年进步学会，创办综合性刊物《前进》。1923年经邵力子介绍，在浙江省立第五中学任国文教员。同年由柳亚子推荐，加入新南社。1925年任上海复旦大学附属中学国文教员，与陈望道、刘大白等组织黎明社，出版社刊《黎明》。同年加入文学研究会。1928年起任世界书局编辑。1932年被聘为上海市通志馆编纂主任，后主持成立通志馆内部民间学术团体“上海通社”。1933年任国立浙江大学副教授。1937年随邵力子赴南京，任国民政府中央宣传部主任秘书。抗战全面爆发后转往武汉，参与组织中华全国文艺界抗敌协会。1938年秘密返沪组建“正论社”，集合孤岛文化教育界人士撰写抗日社论，供给各大报刊。同时与中国共产党驻沪人员晤面，商谈抗日反汪事宜。1943年辗转至重庆，先后任国民政府参政会秘书、中央图书杂志审查委员会主任秘书、《出版界》月刊社社长、中国著作人协会理事等职。抗战胜利后回沪，任上海通志馆副馆长，并主持《民国日报》复刊工作。1947年任上海文献委员会副主任委员。中华人民共和国成立后，仍任上海市文化局文献委员会副主任委员。生平著作宏丰，主要有散文集《春之花》《艺术家及其他》《水面落花》《龙山梦痕》，通信集《寄云的信》，纪实文学《从上海到重庆》及译作《她的一生》《女优泰伊思》《孤零少年》等。

徐蔚南曾于1932年10月16日同柳亚子、朱少屏来白马湖访何香凝，并在经亨颐长松山房前取景摄影。

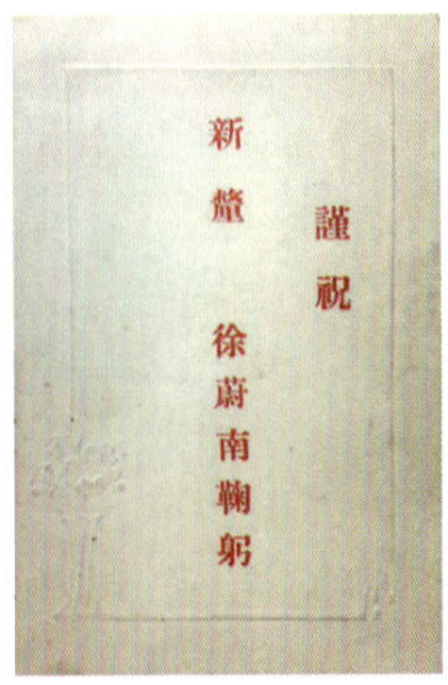

徐蔚南新春贺卡

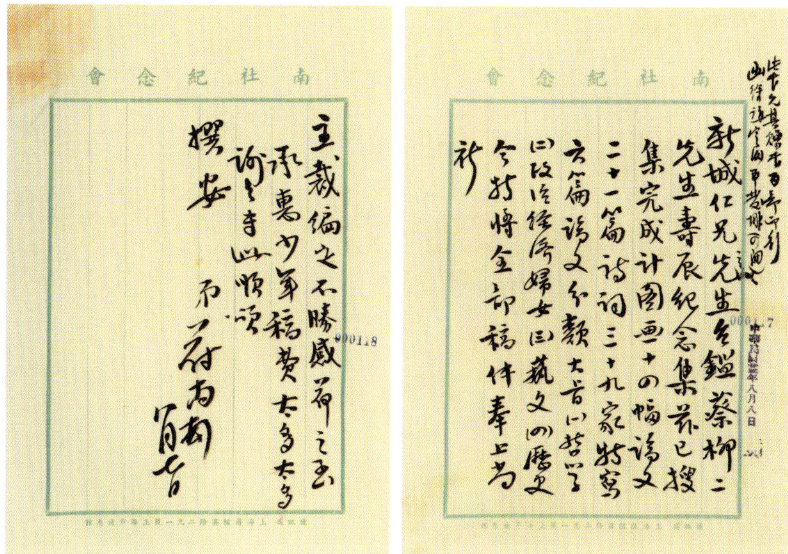

徐蔚南1936年8月致舒新城函

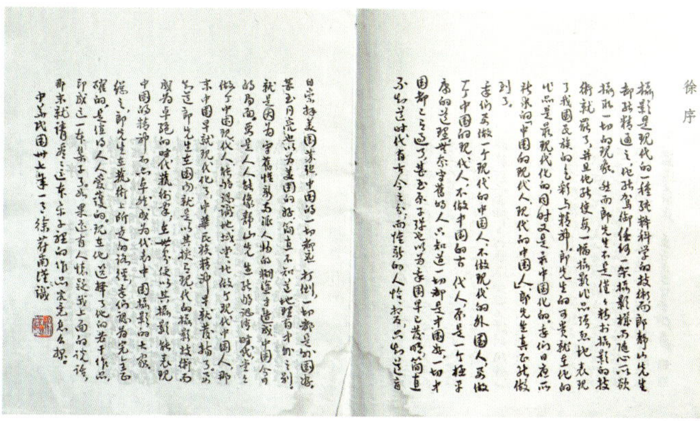

徐蔚南为郎静山1948年出版的《静山集锦》作序

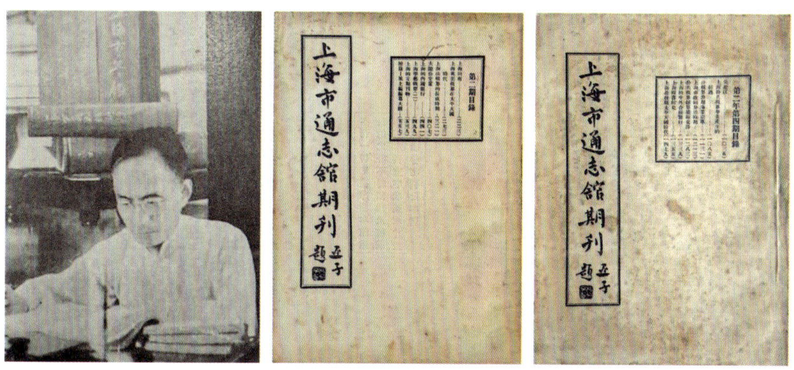

1937年徐蔚南在上海市通志馆工作照和所编期刊

宅址乔松预入图，
今秋此处有吾庐。
愿君再写门前景，
红树青山白马湖。

经亨颐《宅址乔松》

1932年10月白马湖之行徐蔚南拍摄的长松山房照片

张书旂

一九〇〇年—一九五七年

原名世忠，字书旂，号南京晓庄、七炉居，室名小松山庄，浙江浦江人。张书旂勤于写生，工于设色，尤善用粉，画风浓丽秀雅，以色、粉与笔墨兼施的清新流丽画风而独标一格，与徐悲鸿、柳子谷三人被称为画坛的“金陵三杰”，是近现代最有影响的花鸟画家之一。1922年考入上海美术专科学校，拜在绘画大师、艺术教育家吕凤子门下。1928年作《雄鹰》图挂在中国共产党上海的中央机关里，画上题：“千里江山一击中。”周恩来看到后称赞说：“这张画意义深重，气象万千，象征着中华民族一往无前的精神和我党事业鹏程万里，无限光明。”同年，安徽某县山洪暴发，哀鸿遍野，他即在南京举办赈济义卖画展，将全部收入捐献给灾民。1929年，应徐悲鸿之聘于南京中央大学任教，从事教育工作十多年。1932年与诸闻韵、潘天寿、吴茀之、张振铎结成“白社”。抗战期间去美国创办画院，讲学作画，后定居旧金山。1941年，创作的《和平的信使》以中国政府的名义赠送给美国总统罗斯福，现珍藏于美国罗斯福纪念图书馆。抗战胜利后归国，执教于中央大学与安徽大学。1949年初春再度赴美，应聘担任加利福尼亚等大学教授，在北美各大城市举办画展。1956年在美国西部举办国际画家名作展览，其作品《雄鹰》获“水彩首奖”。1957年病逝于美国，其时《人民日报》载文称其为“爱国主义画家”。出版有《书旂花鸟集》《翎毛集》《张书旂画集》《中国风格的绘画》等。

由诸闻韵、潘天寿、吴茀之、张书旂、张振铎五人组成，以继承和革新中国画为己任的“白社”与“寒之友社”同时存在，两社虽“任”不同，然相惜相生，其中诸闻韵、潘天寿、吴茀之、张书旂四人皆是“寒之友社”社员，张书旂亦曾应经亨颐之邀约，在白马湖畔作寒之友雅集。

1932年白社五位创社成员合影，左起：张振铎、潘天寿、诸闻韵、张书旂、吴茀之。

张书旂翎毛画作

张书旂著《翎毛集》

1939年张书旂（右）在重庆中央大学与吴作人合影

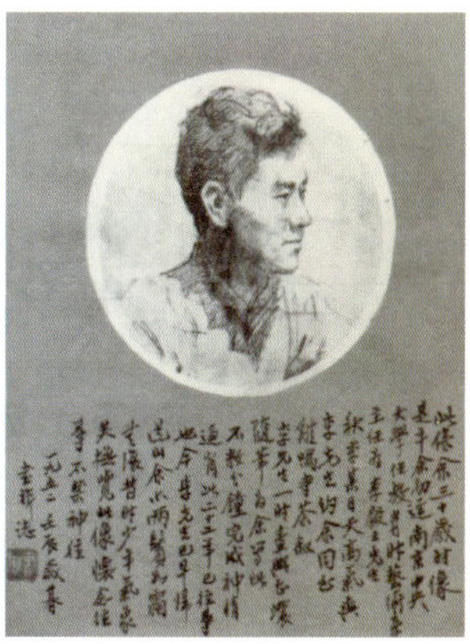

1929年南京中央大学李毅士为张书旂写像

1949年张书旂在美国旧金山与夫人及长子合影

1944年张书旂在美国加州伯克莱大学与教务长斯图瓦特合影

1942年张书旂在芝加哥大学现场创作

张书旂作《湖畔春深》

白马湖一隅

俞平伯

一九〇〇年—一九九〇年

原名铭衡，浙江德清人。文学家。1915年在苏州平江中学读书，半年后考入国立北京大学文科国文门，师从黄侃、蔡元培、胡适、周作人等。1918年在《新青年》发表新诗《春水》，成为中国白话诗创作的先驱者之一。同年与傅斯年、罗家伦等人发起新潮社，任干事部书记。1919年毕业后曾短暂赴英国留学。1920年经蒋梦麟介绍，到浙江省立第一师范学校任教，与朱自清等相识。1921年加入文学研究会。1922年与刘延陵、叶圣陶等人创办《诗》月刊。1923年任上海大学中国文学系教授。同年出版《红楼梦辨》一书，指出《红楼梦》后四十回是高鹗续作，对红学界产生深远影响。1925年后在燕京大学、北京女子文理学院、国立清华大学、国立北平大学等校任教，讲授戏曲、小说、中国文学史等。1932年被聘为国立清华大学中国文学系教授。1935年在清华园与浦江清、杨文辉等成立谷音社，推广昆曲。抗战期间任北平中国大学国学系主任，讲授《论语》《清真词》。抗日战争胜利后，经许德珩介绍加入九三学社。1946年任国立北京大学文学院教授。1947年与北大教授联合签发《为反内战运动告学生与政府书》，次年又发表《我们对于政府压迫民盟的看法》，支持民主改革，反对一党独裁。1949年与九三学社同人发文，拥护中国共产党提出的《关于时局的声明》及和平八项主张。同年出席中华全国文学艺术工作者代表大会，当选中华全国文学艺术界联合会全国委员会委员。中华人民共和国成立后，历任北京大学文学研究所研究员、中国作家协会理事会理事、九三学社中央委员会委员、北京昆曲研习社主任委员、中国社会科学院文学所学术委员会委员等职。是第一、二、三届全国人大代表，第五、六届全国政协委员。有《俞平伯全集》。

俞平伯曾于1924年3月9日应朱自清之邀来白马湖，当夜在夏丏尊平屋用晚餐。次日在春晖中学演讲，题为“诗的方便”。讲稿发表于《春晖》半月刊第25期。后在日记中赞曰“春晖校址殊佳，四山拥翠，曲水环之。菜花弥望皆黄，间有红墙隐约”。

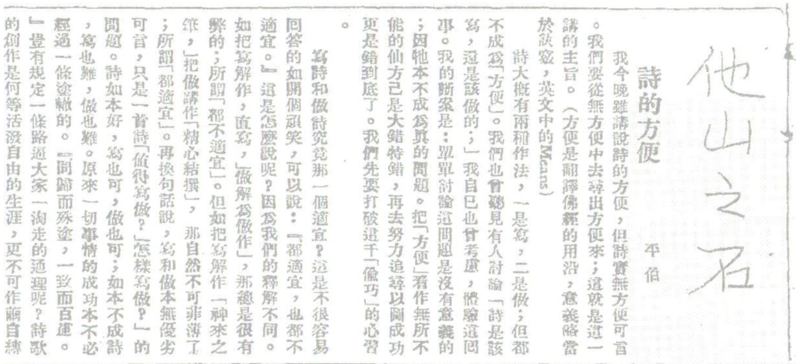

他山之石

詩的方便

平伯

我今晚雖講說詩的方便，但詩實無方便可言。我們要從無方便中去尋出方便來；這就是這一講的主旨。（方便是翻譯佛經的用語，意義略當於訣竅，英文中的Means）

詩大概有兩種作法，一是寫，二是做；但都不成爲「方便」。我們也曾聽見有人討論「詩是該寫，還是該做的；」我自已也曾考慮，體驗這回事。我的斷案是：單單討論這問題是沒有意義的；因牠本不成爲真的問題。把「方便」看作無所不能的仙方已是大錯特錯，再去努力追尋以圖成功更是錯到底了。我們先要打破這千「偷巧」的心習。

寫詩和做詩究竟那一個適宜？這是不很容易回答的如開個頑笑，可以說：『都適宜，也都不適宜。』這是怎麼說呢？因爲我們的釋解不同。如把寫解作，直寫，」做解爲做作」，那總是很有弊的；所謂「都不適宜」。但如把寫解作「神來之筆，」把做講作「精心結撰」，那自然不可非薄了；所謂「都適宜」。再換句話說，寫和做本無優劣可言，只是一首詩「值得寫做？」「怎樣寫做？」的問題。詩如本好，寫也可，做也可；如本不成詩，寫也難，做也難。原來一切事情的成功本不必經過一條途轍的。『同歸而殊途，一致而百慮。』豈有規定一條路逼大家一淘走的道理呢？詩歌的創作是何等活潑自由的生涯，更不可作繭自縛

1924年3月《春晖》半月刊登载俞平伯《诗的方便》

幼年俞平伯与曾祖父俞樾（中）、父亲俞陛云（右）。

1921年俞平伯（右）、朱自清（中）、叶圣陶（左）三人在杭州合影

1934年，俞平伯在北京清华园寓所的全家合影。

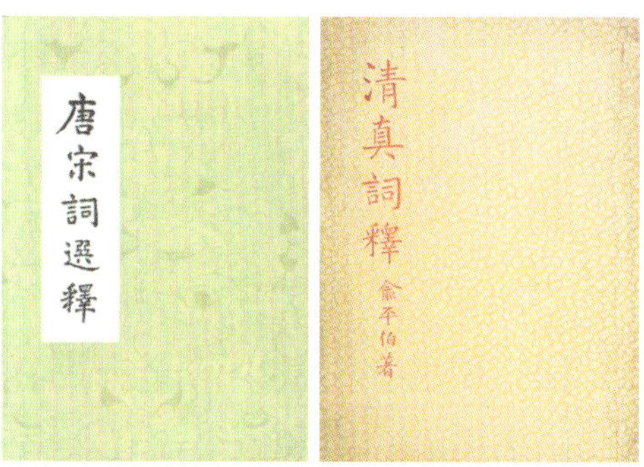

俞平伯部分著作

1972年俞平伯（后排右）与章元善（后排中）、叶圣陶（后排左），王伯祥（前排右）、顾颉刚（前排左）合影

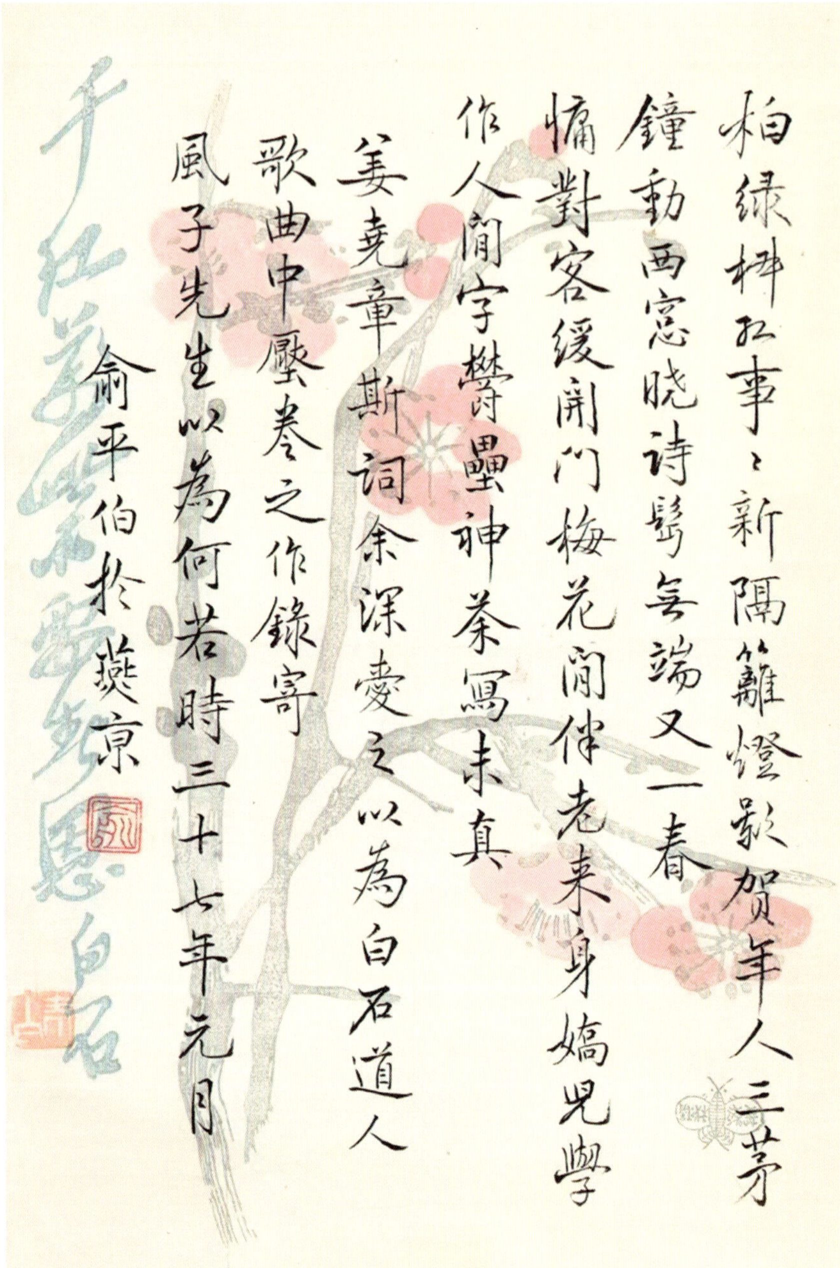

《鹧鸪天·丁巳元日》

柏绿椒红事事新，隔篱灯影贺年人。三茅钟动西窗晓，诗鬓无端又一春。 慵对客，缓开门。梅花闲伴老来身。娇儿学作人间字，郁垒神荼写未真。姜尧章斯词，余深爱之，以为白石道人歌曲中压卷之作。录寄风子先生，以为何若？时三十七年元月，俞平伯于燕京。

此为俞平伯1948年1月为唐弢书姜夔词《鹧鸪天·丁巳元日》，用清秘阁制齐白石花笺书写，形制精美。在跋中，俞氏盛称姜夔此词，誉之为姜氏“歌曲中压卷之作”。

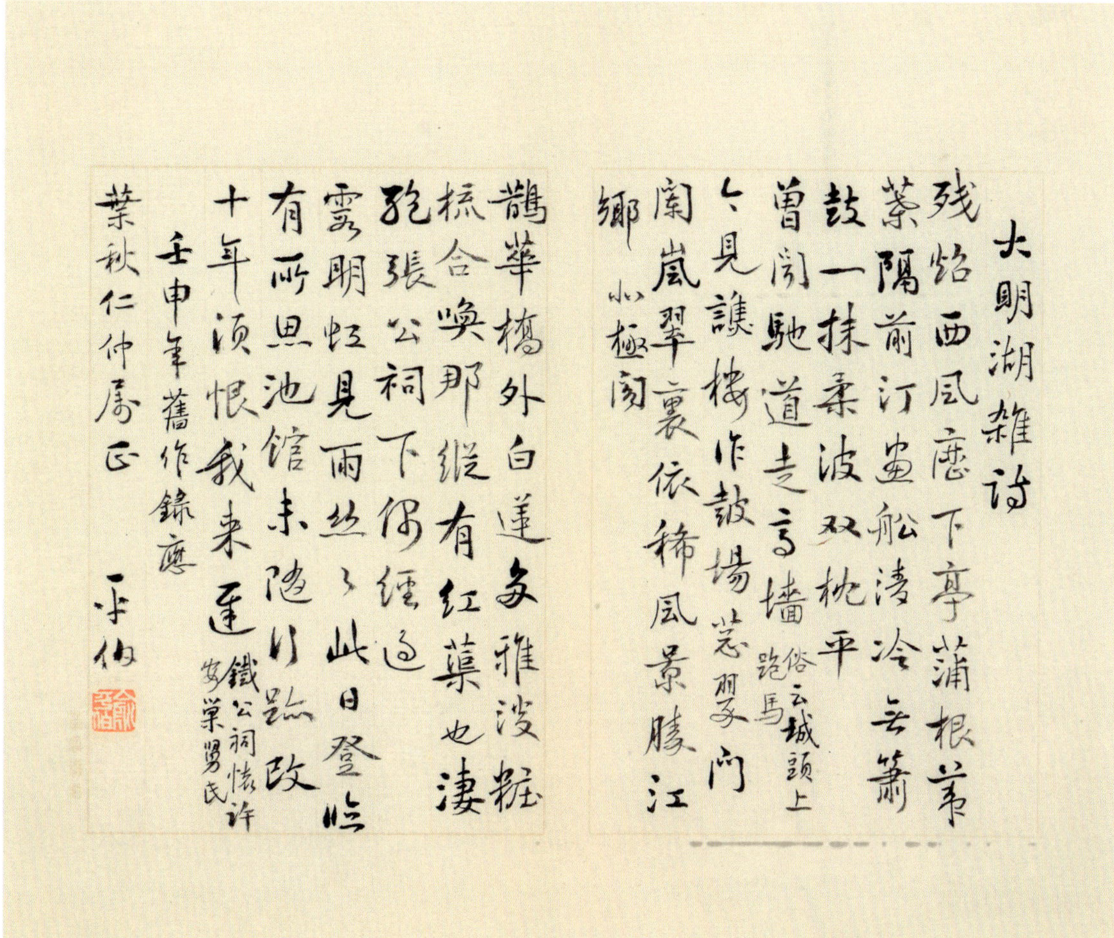

《大明湖杂诗》

残照西风历下亭，蒲根苇叶隔前汀。画船清冷无箫鼓，一抹柔波双枕平。

曾闻驰道走高墙（俗云城头上跑马），今见谯楼作鼓场。葱翠门阑岚翠里，依稀风景胜江乡。

北极阁。

鹊华桥外白莲多，雅淡妆梳合唤那。纵有江蕖也凄绝，张公祠下偶经过。

霞明虹见雨丝丝，此日登临有所思。池馆未随行迹改，十年须恨我来迟。

铁公祠怀许安巢舅氏。

壬申年旧作，录应叶秋仁仲属正。平伯。

这是俞平伯书赠刘叶秋的诗札，录入1932年旧作《大明湖杂诗》四首。刘叶秋（1917—1988），原名桐良，字叶秋，号峄莘，早年毕业于北京中国大学文学系，后任天津《民国日报》副刊主编，中华人民共和国成立后在天津津沽大学、北京政法学院等校任教，1958年调到商务印书馆主持《辞源》修订工作，1980年被聘为南开大学中文系兼职教授。曾师从朱自清、俞平伯等人。

春晖校址殊佳，

四山拥翠，曲水环之。

菜花弥望皆黄，

间有红墙隐约。

村居绝少，只十数家。

校舍不砌垣墙，而亦无盗贼，

大有盛世之风。

学生朴实，理解力亦好。

—— 俞平伯

赵廷为

一九〇〇年—二〇〇一年

字铁尘，浙江嘉善人。教育家。1922年毕业于国立北京高等师范学校英语系。受杜威来华演讲的影响，改学教育学。1924年从国立北京师范大学教育研究科毕业后进入上海商务印书馆，担任《教育杂志》编辑。1927年秋赴温州，任浙江省立第十中学附属小学主任。1929年应马叙伦之邀任教育部编审，参与编订《中小学课程暂行标准》。1930年兼任浙江省教育行政人员考试委员会委员。1932年任浙江省立杭州师范学校教职。同年任省立安徽大学教授。1934年任国立中央大学教育学院教授。抗日战争全面爆发后随校转往重庆。1941年任中央大学师范学院青木关附属中学校长。同期兼任四川省立教育学院社会教育系主任。抗战胜利后，曾到苏州国立社会教育学院、国立幼稚师范专科学校任教。1947年返回商务印书馆，重任《教育杂志》编辑。1948年任大夏大学教授。中华人民共和国成立后任华东师范大学教育学系教授，潜心研究教学法，直至终老。著有《小学教材及教法》《小学教材及教学法通论》《教育心理学》《教育概论》《小学低年级随机教算法》等。

1925—1927年任春晖中学言文科教员、教学主任，进行英语及集体主义教育实验。

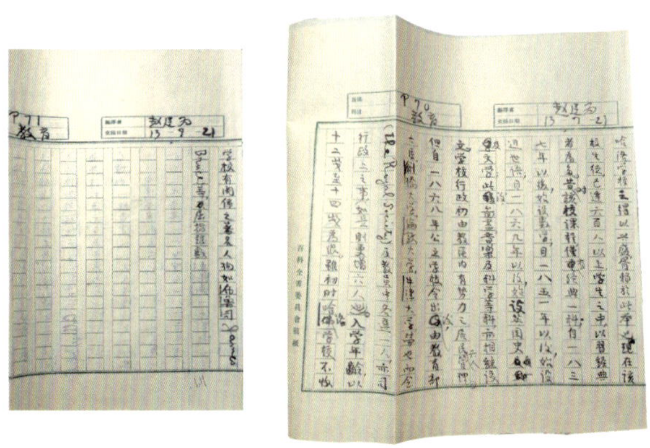

赵廷为编撰百科全书词条

1952年8月27日华东师范大学第一届教育系三年级全体毕业同学合影，二排左起第八位赵廷为。

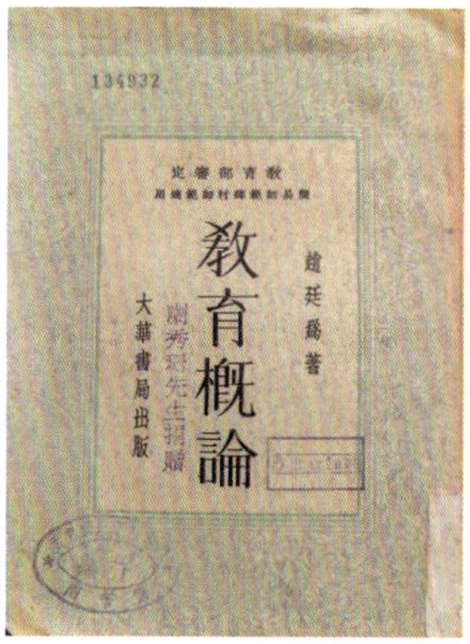

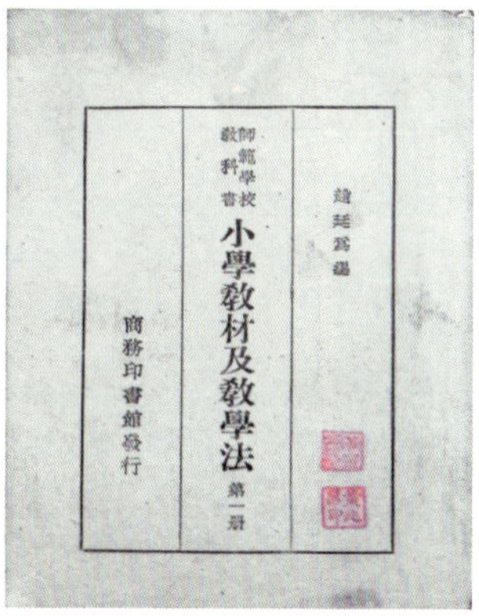

1935年赵廷为著《教育概论》和1947年赵廷为编《小学教材及教学法》

赵廷为编《四角号码新词典》

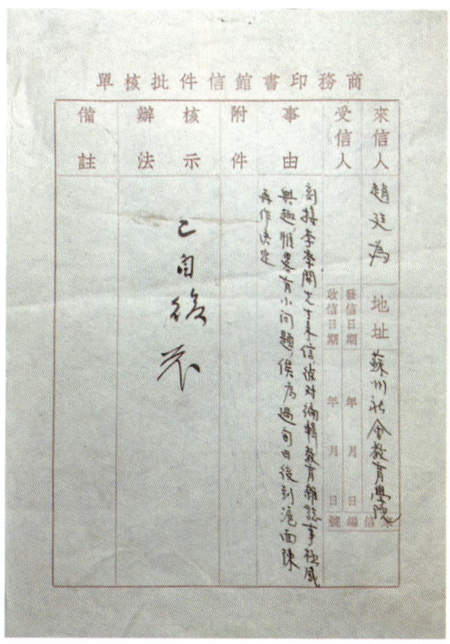

商務印書館信件批核單

來信人 趙廷為
受信人
地址 蘇州社會教育學院
事由
附件
核示
辦法
備註

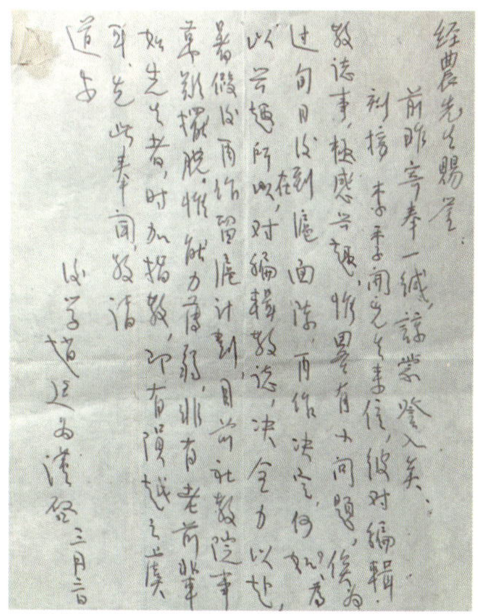

赵廷为致朱经农信札，附商务印书馆信件批核单。

王任叔

一九〇一年—一九七二年

名运镗，笔名巴人，浙江奉化人。中国著名作家，革命家。五四运动中任宁波学生联合会秘书。1922年5月开始发表散文、诗作、小说，由郑振铎介绍加入文学研究会。1924年曾与同人联合写文欢迎经亨颐任浙江省立第四中学校长。1926年去广州任国民革命军后方留守处机要科科长，同年加入中国共产党。1927年“四一二”反革命政变后回浙江，1928年到春晖中学任教。1930年参加宋庆龄、蔡元培等人主持的“中国自由运动大同盟”，参加中国左翼作家联盟。1936年与夏丏尊等进步文化人成立中国文艺家协会，参加营救沈钧儒、邹韬奋等七君子活动，主编《译报·大家谈》《申报·自由谈》《公论丛书》等，与许广平共同主持《鲁迅全集》的编辑工作。1941年去新加坡、印度尼西亚开展抗日活动。1950年任中国驻印度尼西亚大使。回国后历任人民出版社副总编、副社长、社长兼常委书记。1972年7月在家乡山村病逝。

1928年春晖中学扩办高中部，王任叔由张孟闻推荐任春晖中学高中国文教员。在春晖中学工作的一年中，王任叔力主教育教学改革，如提倡感情教育，主张“自治”，提出“开卷考试”，废除监考等。其间，他写了不少散文、杂文、小说。与张孟闻等在白马湖复刊《山雨》（原宁波“雪花社”的进步文艺刊物），担任主编，还专门写了《发刊词》：“革命狂飚时代中，总有一个未来的社会雏形孕育着，革命的文学家能于其中看出意义来，于是所谓‘艺术的武器’的话也可以成立了。”革命烈士、雪花社同仁汪子望于1928年被害于汉口，王任叔、张孟闻等设法将他的遗体归葬于白马湖畔的后山麓，经亨颐亲自为汪子望烈士墓碑题写“龙游汪君子望之墓”。

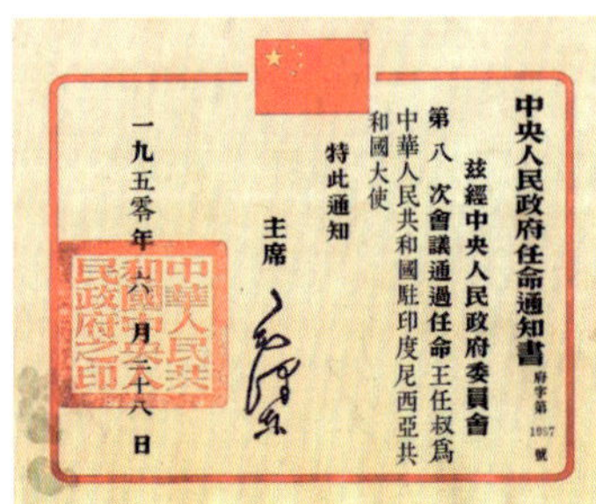

中央人民政府任命通知書 府字第1957號

茲經中央人民政府委員會第八次會議通過任命王任叔為中華人民共和國駐印度尼西亞共和國大使

特此通知

主席

一九五零年八月二十八日

中華人民共和國中央人民政府之印

1950年王任叔任命书

王任叔故居

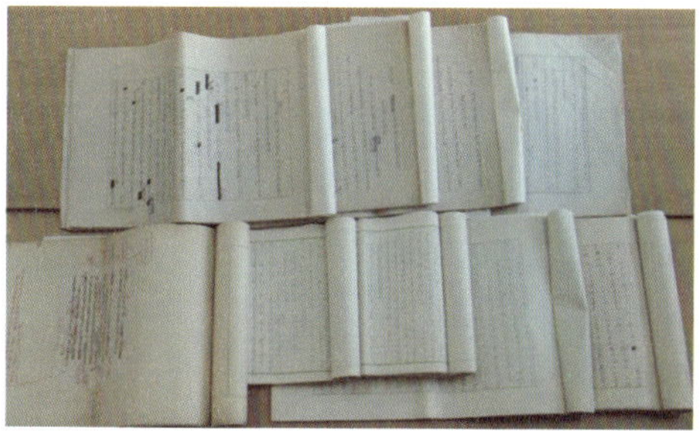

王任叔手稿

王任叔在印尼先达“日里”影院做国际时局报告

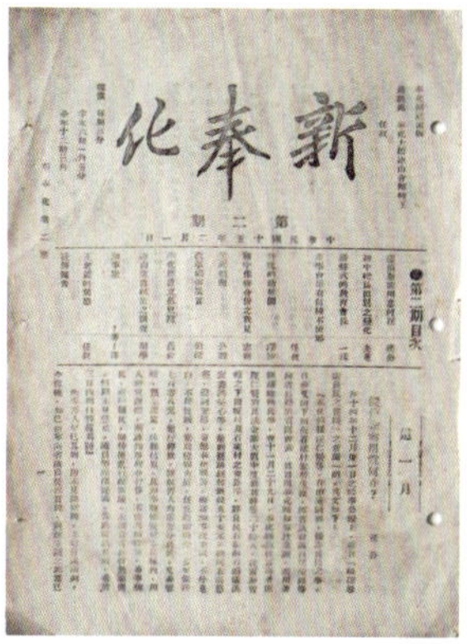

1926年王任叔编《新奉化》

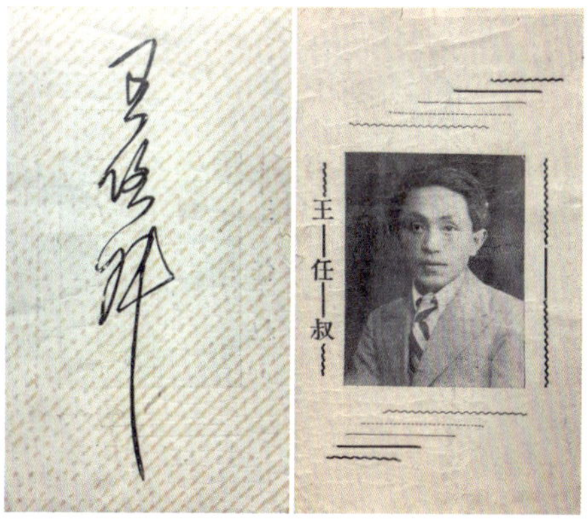

王任叔影签

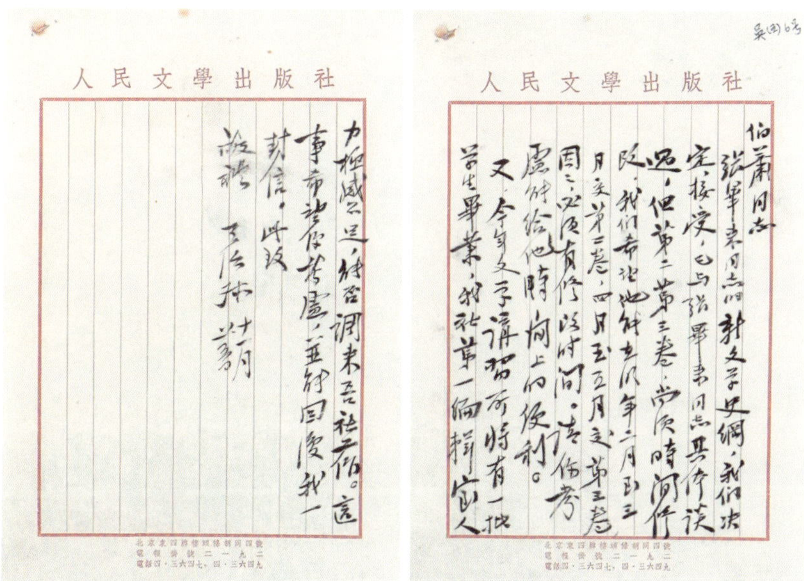

1954年王任叔致吴伯箫信札

经亨颐题写的“龙游汪君子望之墓”

杨之华

一九〇一年—一九七三年

杨之华

曾用名杨音、杨芝华、杏花、文君、杜宁、文尹等，浙江萧山人。妇女活动家、民主革命家。1916年入浙江省立杭州女子师范学校读书。1919年五四运动后到上海，在《星期评论》社工作。1921年转入上海女子青年会体育师范学校就读，因反对宗教活动，被校方开除。同年回乡参与创办衙前农村小学，与宣中华等向农民进行减租减息宣传。1922年加入中国社会主义青年团。1923年考入上海大学社会系，并从事女工工作。1924年由瞿秋白、向警予介绍加入中国共产党。11月和瞿秋白结为伴侣。1925年参加中国共产党第四次全国代表大会。1926年任中共上海区执行委员会妇女部主任。1927年出席中国共产党第五次全国代表大会，当选中央委员。同年任中共中央妇女部部长、中共中央妇女运动委员会主任。1928年赴苏联途中，在哈尔滨建立护送中国共产党第六次全国代表大会代表接待站，担任负责人，完成接待和护送代表的任务。后到莫斯科出席中国共产党第六次全国代表大会。1929年出席第三次太平洋劳动会议，并做“太平洋劳动妇女运动和反帝国主义的斗争”的专题报告。1930年回到上海，任中华全国总工会常务委员会委员、女工部秘书。1931年任中央妇女运动委员会委员。1934年任中共上海中央局组织部秘书。1935年赴莫斯科参加共产国际第七次代表大会。1941年携女儿瞿独伊回国，经过新疆时被军阀盛世才部逮捕。1946年经党中央营救获释。1947年任中共晋冀鲁豫中央局妇委书记，并赴晋西北参加土地改革。1948年当选中华全国总工会执行委员，任全国总工会女工部副部长。1949年当选中华全国民主妇女联合会第一届执行委员会常务委员，并任国际工作部部长。同年9月作为全国总工会正式代表参加中国人民政治协商会议。中华人民共和国成立后，历任中共中央妇女工作委员会常委、全国民主妇女联合会第二届执行委员会常务委员、全国总工会主席团委员、全国总工会女工部部长、中共中央监察委员会常务委员会候补委员、中共中央监察委员会驻轻工业部监察组组长等职。是第一、二、三届全国人大代表。著有《妇女运动概论》《文艺论丛》等，编有《文坛史料》。

杨之华曾于1923年8月来春晖中学参加白马湖夏期教育讲习会，在湖中游泳。她被推举为同乐会女子部干事，负责活动筹备工作。

1925年4月瞿秋白与杨之华合影

瞿秋白、杨之华与女儿瞿独伊合影

杨之华在家中与瞿秋白遗骨合影

杨之华与瞿秋白

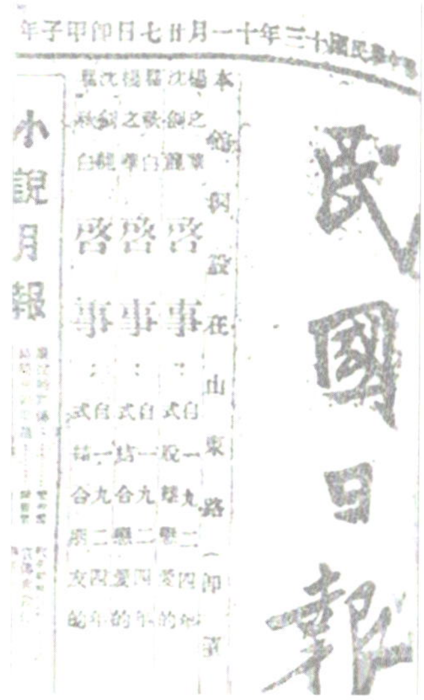

民國日報

1924年11月27—29日，上海《民国日报》连续三天刊登了三条启事，一是杨之华、沈剑龙正式脱离恋爱关系，二是杨之华、瞿秋白正式结合恋爱关系，三是瞿秋白、沈剑龙正式结合朋友的关系。这件事在当时成为破天荒的新闻。

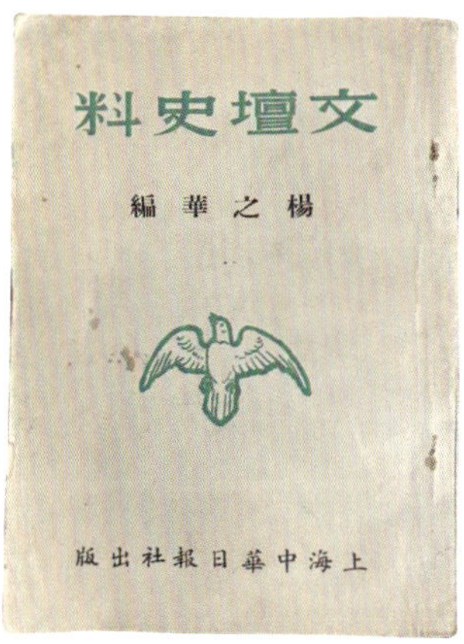

1944年杨之华编《文坛史料》

春晖中学一字楼女寄宿舍

早期的春晖中学游泳池

20世纪80年代春晖中学游泳池

乐嗣炳

一九〇一年—一九八四年

又名观山，浙江镇海人。语言学家、民俗学家。1908年进私塾。1914年因家贫到河南驻马店仁大油行当学徒，在晚间阅读报刊书籍，练习课艺。1919年到上海，参加“救国十人团”，提倡国货，初次接触列宁主义理论。1920年进入外国语学社学日语，结识陈望道、刘少奇、任弼时等。同时兼任上海国音推行会研究部部长、附设讲习班及中学国语教员。1921年经许地山介绍加入文学研究会，与茅盾、郑振铎等研究民间文艺。年底兼任中华书局编辑，与张闻天、田汉等成为同事。1922—1926年先后任私立东方公学、私立上海艺术大学、上海大学教授，暨南大学中学部语文教员，宣传马克思主义，亲历“五卅运动”。1925年加入中国共产党。1927年参与周恩来领导的上海工人第三次武装起义。“四一二”反革命政变后被捕入狱，在狱中坚持斗争。1929年避往日本，被推选为东京中华学校校长。1930年回国后，应陈望道之邀任复旦大学中文系教授。1931年兼任中国公学教授，讲授音韵学。1932年与陈望道、施存统等成立上海著作者抗日会，当选组织部部长。1934年与夏丏尊、曹聚仁等发起“大众语论战”，反对文言复辟。抗日战争全面爆发后同谢六逸辗转香港、柳州、贵州，沿途坚持抗日救亡工作，进行政治宣讲及少数民族语言风俗的研究。1939年在《柳州日报》发文，怒斥汪精卫的卖国行径。1941年被聘为广西教育研究所特约研究导师。1943年任桂林师范学院教授，讲授史地语言课程。1947年组织学生“反内战反饥饿反迫害”罢课游行。1950年任中国人民解放军柳州军事管制委员会委员。1954年回上海，重任复旦大学中文系教授。后历任《语文知识》月刊编辑委员、上海语文学会理事、上海市推广普通话委员会委员、江苏省方言调查委员会委员等职。1980年起将所藏大量文献无偿捐赠给了国家。

乐嗣炳曾于1923年8月出席白马湖夏期教育讲习会，演讲“国语统一与方言调查”。

海南省民族博物馆库房内，乐嗣炳捐赠的古书画作品。

乐嗣炳编《国语学大纲》《国语辨音》

乐嗣炳编《国语概论》《实用国语会话》

1939—1940年，乐嗣炳在广西三江丹洲制作的善本古籍书箱。

方介堪

一九〇一年—一九八七年

原名文渠，字溥如，后改名岩，字介堪，别号玉篆楼主，晚年自称蝉园老人，浙江永嘉人。著名篆刻家，温州文博事业的开拓者。幼进蒙塾，15岁为鼎源钱庄学徒，两年后依父设摊刻字，心灵手巧，术艺非常。1920年，从金石名家谢磊明治印，协助选刻整篇古文辞印章，广览谢氏富藏，勤学苦练，识艺大进。1926年，随邑绅吕文起赴沪，拜赵叔孺为师，并结识经亨颐、柳亚子、何香凝等名流，以刻玉印驰名上海滩，次年加入西泠印社。上海美术专科学校校长刘海粟聘其任教篆刻，续在文艺学院兼课。方介堪得和郑曼青、黄宾虹、张大千、马孟容等共事，广结墨缘，与张大千尤称莫逆。被首届全国美术展览会评审委员会聘为评审委员。1935年至南京，寓居刻印一年。1937年，应张大千邀赴北平，任故宫博物院博物馆试用科员，作品曾参加中山公园金石书画联展。抗日战争爆发后仓皇南归，1946年在瑞安中学任教。1952年起，任温州地区（市）文物管理委员会副主任。1958年任温州博物馆首任馆长。1979—1987年任西泠印社副社长。曾任中国书法家协会名誉理事、中日兰亭书会名誉顾问。著有《方介堪篆刻》《介堪刻晶玉印》《介堪印存》《玺印文字别异》《古玉印汇》《玺印文综》等。

方介堪首次赴沪不久便受知于经亨颐。初识，经亨颐即以行书对联相赠，上书：“放浪江湖上；咏歌岁月中。”经亨颐长介堪26岁，介堪的为人和才华深受经公赏识器重，两人遂成忘年交，由此他也便成了“寒之友社”的常客。并常受经亨颐邀请，来上虞白马湖游览联画，1929年4月便与何香凝、陈树人等在白马湖三宿，合作十余帧。同年秋，经亨颐于白马湖畔筑长松山房，方介堪治印为贺。1936年，《颐渊印集》问世，方介堪为之作序。抗战期间，经、方之间联系中断，人事阻隔，经亨颐竟于1938年仙逝了。1946年，陈树人邀方介堪为经亨颐举办一场画展，以解决亡友身后事，不久陈氏也谢世，未果。后开明书店范冼人为经亨颐及夏丏尊开追悼纪念会，方介堪致力征集书画，筹款亲将经亨颐夫妇灵柩运回上虞安葬。

方冠英、方介堪父子合影

方介堪（右）与刘海粟，20世纪20年代摄于上海美术专科学校。

1937年，张大千、方介堪、于非闇、黄君壁、谢稚柳等同游雁荡。

20世纪30年代，方介堪（左二）与张大千（左一）、吴昌硕、黄宾虹等人合影。

1947年，方介堪参加西泠印社40周年雅集。

1947年秋，方介堪题经亨颐遗作《金玉其姿》。

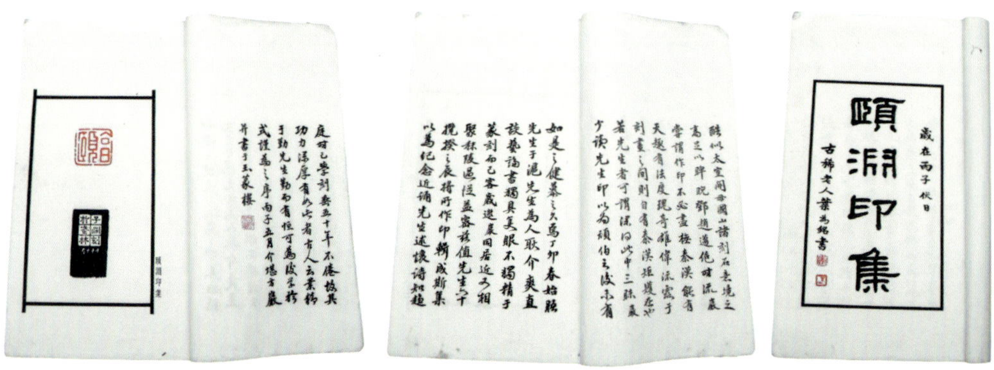

方介堪作《颐渊印集》序文节选

丁卯春始晤先生于沪，先生为人耿介爽直，谈艺论书独具只眼，不独精于篆刻而已。客岁邀岩同居，近又相聚秣陵，过往益密。兹值先生六十揽揆之辰，将所作印辑成斯集，以为纪念。近诵先生述怀诗，知趋庭时已学刻，垂五十年不倦，故其功力深厚有如此者。

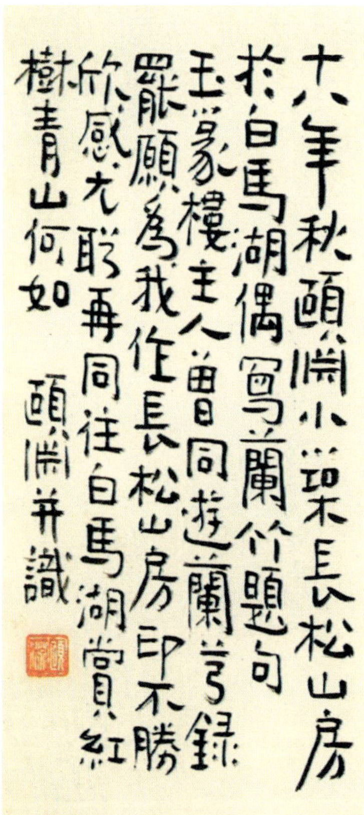

1929年方介堪为经亨颐刻《长松山房》，经亨颐题记。

1929年4月，经亨颐、方介堪在白马湖合作《清福》赠林子仁。

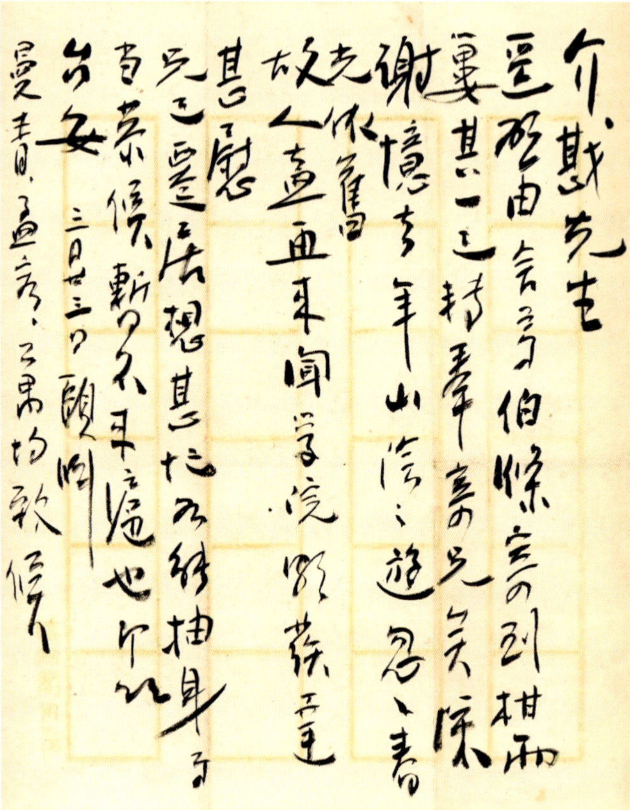

介戡先生：

径启。由舍弟伯涤寄到柑两篓，其一已转奉寄兄矣。深谢。忆去年山阴之游，忽忽春光依旧，故人盍再来？闻学院颇发达，甚慰。兄已迁居，想甚忙。如能抽身，弟当恭候。暂不来沪也。即颂

台安　　三月廿三日　　颐渊

曼青、孟容、公禺均致候

这是经亨颐1930年3月致方介堪的信札，回忆去年白马湖文人相聚一起，得湖山之胜，以诗书自娱，难以忘怀。

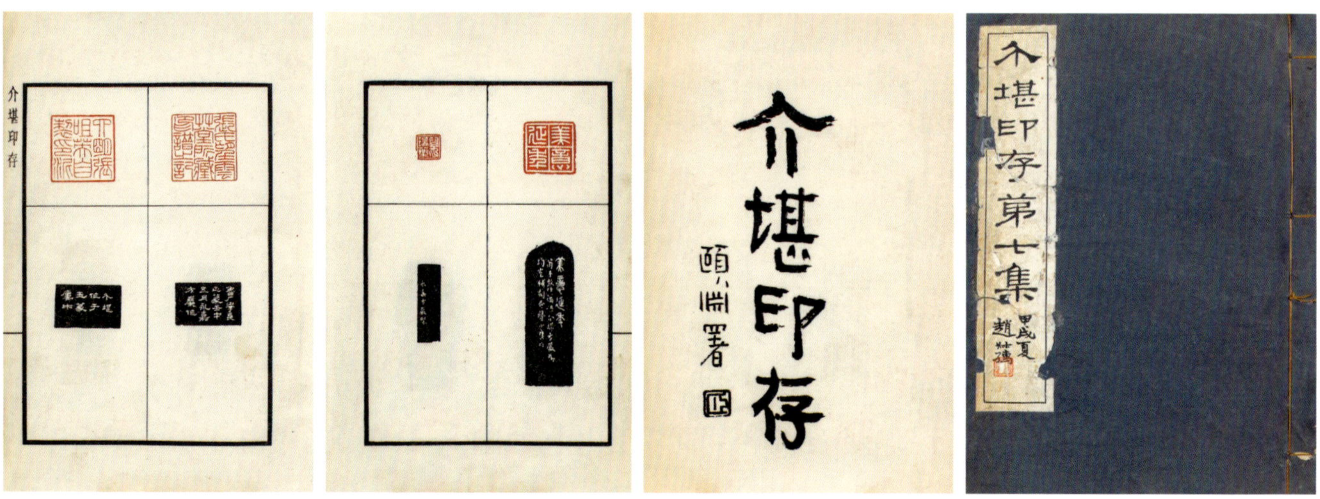

经亨颐题署《介堪印存》

1934年廖承志（左一）、方介堪（左二）、经亨颐夫妇（左三、右二）、经普椿（右一）于南京合影

沈泽民

一九〇二年—一九三三年

字德济，笔名明心、希真、冯虚、成则人、直民等，浙江桐乡人。革命家、文学家。早年就读于乌镇植材小学。1912年考取浙江省立第三中学。1916年毕业后考入南京河海工程专门学校。1919年五四运动爆发，沈泽民和同学张闻天等走上街头，参与游行示威。在《新青年》的影响下，与胞兄沈雁冰（茅盾）发起组织“桐乡青年社”，以交流读书心得，并出版《新乡人》杂志，宣传新文化、新思想。同年与左学训、杨贤江等成立少年中国学会南京分会，并成为其中的左派中坚力量。到上海后，先从事《少年世界》校勘、出版事务，后翻译外国文学作品，关注妇女解放等社会问题。1920年与张闻天赴日本学习马克思主义理论。同年由李达、李汉俊介绍加入上海共产党早期组织，开始秘密从事共产党工作。1921年回国后，在茅盾宝山路鸿兴坊寓中加入中国共产党，成为中共早期党员之一。不久受党组织安排，由恽代英、蒋光慈介绍赴安徽省立第五中学担任算学教员。1924年国共合作期间，被选为中共上海地方兼区执行委员会委员，参与领导江浙沪地方党组织工作。同年担任国民党上海执行部宣传指导干事、青年团江浙皖区兼上海地方执行委员会宣传部主任。同时，与邓中夏、瞿秋白在沪西小沙渡举办工人夜校，创办小沙渡工人俱乐部，在工人阶级中宣传革命理论。1925年与张闻天、王稼祥、张琴秋赴莫斯科深造，并在1928年举行的中国共产党第六次全国代表大会上担任翻译。回国后在中国共产党第六届中央委员会第四次全体会议上当选中央委员，任中共中央宣传部部长。1931年奉调至鄂豫皖苏区进行武装斗争，先后任中共中央鄂豫皖分局委员、中共鄂豫皖省委书记、中华苏维埃共和国临时中央政府中央执行委员等职。1933年病逝于湖北红安。

沈泽民曾于1923年初到访春晖中学，畅谈对学校的良好印象。在称赞自然环境的优美、教员住宅的精致质朴、教学氛围的融洽后，他提出希望：“我觉得，单是学校底家庭化还不够。还得把这种兄弟似的精神向四面扩张出去。我看白马湖虽然僻在群山中间，四周却有许多村庄。春晖在这里仿佛是一个知识的蓄水塔，而在一般农民，春晖也是唯一的同情者和指导者。农民沿向来阶级的旧观念是不大敢和你们接近的；但你们却该当他们自己家中的叔伯兄弟，在校假日过去和他接触，一面交通感情，一面传达他们有用的智识。将来，不但合春晖为一家，且合白马湖全体为一家。再推而广之，全上虞，全宁波、绍兴、杭州的人民和你们都恍若一家，这岂不是人群幸福之极致了么？这大事业我看定可以从你们春晖学校起首了！”

沈泽民在黄安县（今湖北红安县）开展革命工作期间留下的墨迹

1925年上半年，沈泽民和瞿秋白等人一起创办了共产党的第一份日报《热血日报》。

1924年5月在上海活动合影，三排左四为沈泽民。

沈泽民和胞兄茅盾（沈雁冰）在乌镇

1924年，沈泽民和张琴秋结婚时合影。

1924年沈泽民（后排中）、恽代英（右二）等在上海合影。

上海共产党早期组织活动地点——环龙路老渔阳里2号

张维祺

一九〇二年—一九四四年

字吉甫，浙江余姚人。文学家、教育家。1910年进入余姚三乡诚意高等小学堂读书。1917年考取浙江省立第一师范学校，与陈伯勋、施存统、汪寿华等成为同学。五四运动以后在校长经亨颐支持下，与教员李次九、夏丏尊、陈望道，同学傅彬然、施存统、周伯棣等创办《校友会十日刊》，并为该刊撰写新诗、随感，与老师陈望道合译日本吉野博士的《唯物史观的解释》和《现代思潮》，独译《近代思想》。1921年与同学杨之华等去萧山衙前农村小学任教。同年与潘漠华、汪静之、魏金枝、赵平福（柔石）等同学成立文学团体晨光社。1922年毕业后考入上海大学中国文学系。1924年又与叶圣陶、刘大白、丰子恺等成立“我们社”。所作《小诗》二首中使用的“语丝”一词，后被用作新文学刊物《语丝》之名。同年被推选为上海大学浙江同乡会出版委员。1925年与杨贤江、曹聚仁等筹备组建浙江青年社，旨在联络感情，研究学术。其间先后兼任余姚县建设委员会委员、治虫委员会委员、教育委员会委员等职，参与家乡路政、邮政、农业、水利等改良事宜。1931年赴浙江省立第十中学任教，次年被推举为校刊编辑主任。1935年兼任浙江省立温州中学训育主任。1936年辞去教职，任南京国民政府交通部航政司科员。抗日战争全面爆发后随国民政府内迁至重庆。1943年任航政司编审委员。1944年病逝。著有单行本小说《致死者》。在《民国日报·觉悟》《诗》《小说月报》《东方杂志》等报刊上发表文艺作品多篇。小说《赌博》入选中国新文学大系一卷。

到春晖中学任教之前，张维祺就已于1919年到访白马湖，当时学校还在筹备中。1927—1931年任春晖中学国文教员。其间，与朋友一起参与给恩师弘一法师祝五十大寿活动。

1922年10月张维祺与晨光社会员合影，右一为朱自清，左二为张维祺。

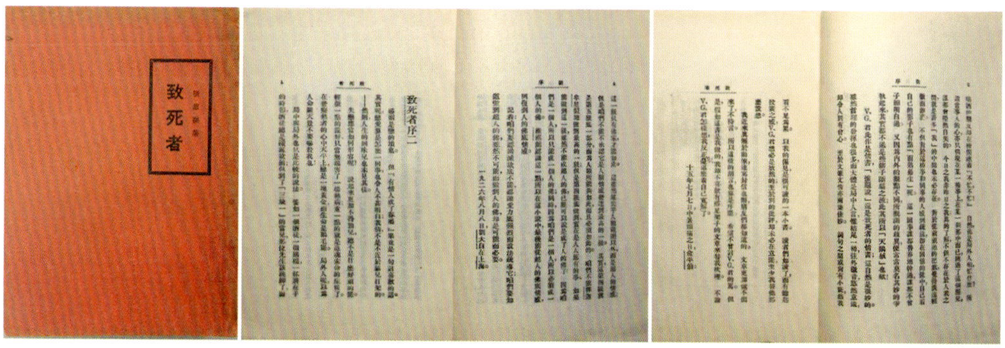

1926年9月亚东图书馆出版新文学《致死者》，张维祺著，俞平伯、刘大白作序。

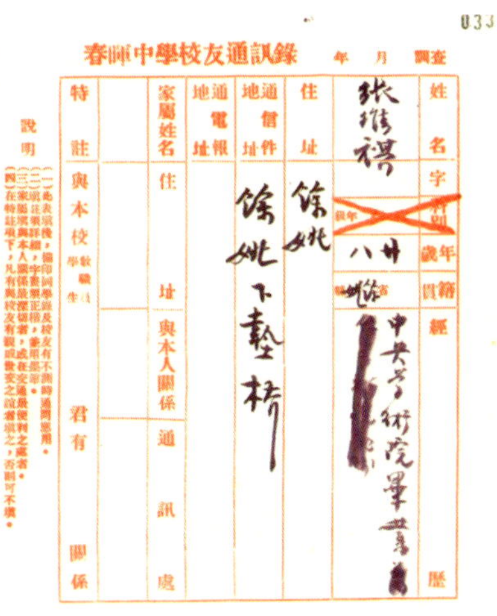

春暉中學校友通訊錄

1929年张维祺任职春晖期间的通讯录

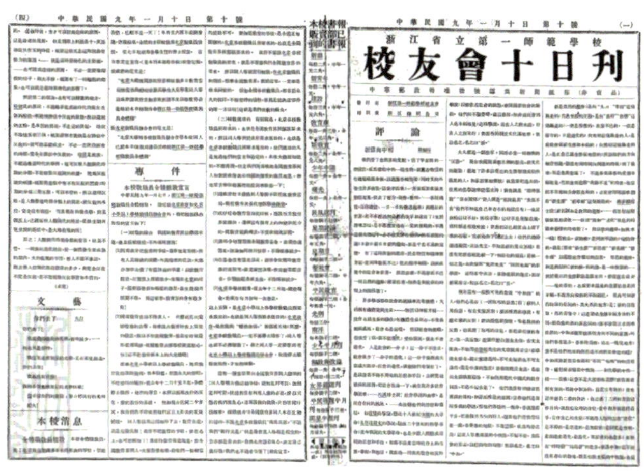

浙江省立第一師範學校
校友會十日刊

1920年1月10日，陈望道和张维祺合译的日本共产主义者吉野博士的《唯物史观底解释》发表于《浙江省立第一师范学校校友会十日刊》第10号刊物上。

郑曼青

一九〇二年—一九七五年

原名岳，字曼青，自号莲父，别署玉井山人，又号曼髯，浙江永嘉人。画家，诗人。幼颖悟，从母张氏习诗书，10岁从汪香禅习画，14岁后画艺大进。1917年，到杭州，结识沈寐叟、马一浮、经亨颐、楼辛壶等，相与研论诗书画。1920年到北京受郁文大学聘，讲授诗学，并得以结交郑苏戡、陈师曾、王梦白等，经六载之熏陶，诗画俱佳。1928年，执教国立暨南大学，又任上海美术专科学校国画科主任。12月16日，与王一亭、刘海粟、钱瘦铁、郑午昌等25人参加“寒之友社”成立大会，并成为社员。1931年，与黄宾虹等创办中国文艺学院，任副院长。1932年，辞去一切教职，专从国学大师钱名山攻经学，因早年学习少林拳，后改习太极拳，为杨澄甫宗师弟子，颇多创获。1934年出任中央陆军军官学校拳击教师，1939年任湖南省政府咨议兼省国术馆馆长。次年转往重庆，任教于中央训练团。由于擅诗、书、画、拳、医五长，被赞为“一代奇才”，亦素有“五绝老人”“永嘉五绝”美称。

郑曼青与经亨颐、何香凝相交至深，多次参与“寒之友社”雅集。1932年6月24日，受经亨颐邀请，与黄宾虹、张大千、张善孖、俞寄凡、张聿光等游白马湖，小住长松山房，其间雅集作画数帧。

1929年3月郑曼青、何香凝、方介堪、张光在双清楼合写《寒之友》

1926年腊月，方介堪（左一）、郑曼青（左二）、马孟容（右二）、沈云巢（右一）合影于上海。

郑曼青作画留影

郑曼青与宋美龄及画友

1935年11月经亨颐、郑曼青合写《双清图》

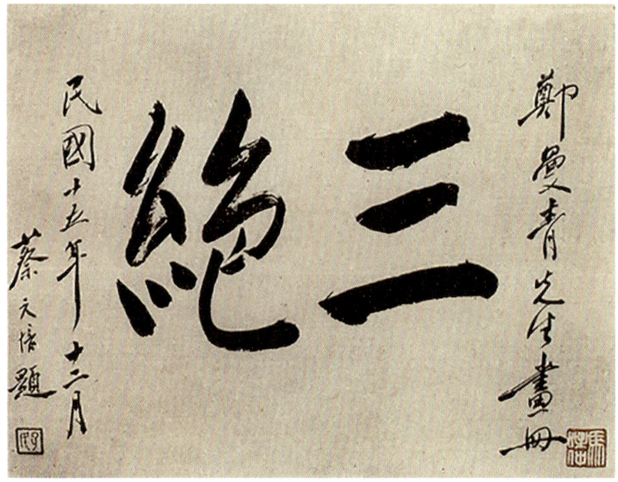

1926年12月蔡元培为郑曼青画册题“三绝”

郑曼青作《兰竹双清》

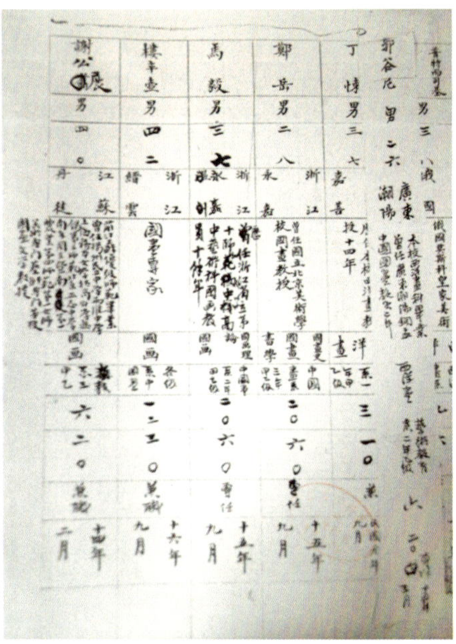

1927年11月25日上海美术专科学校呈“中华民国大学院文”附教职员表：郑岳，男，28岁。浙江永嘉人。曾任国立北京美术学校国画教授。中国画系三年甲乙级国画史、国画、书学教授。周课20节，月薪60，专任。十五年九月到校。

1924年郑曼青为吴昌硕作《其英自华》，吴昌硕题跋。

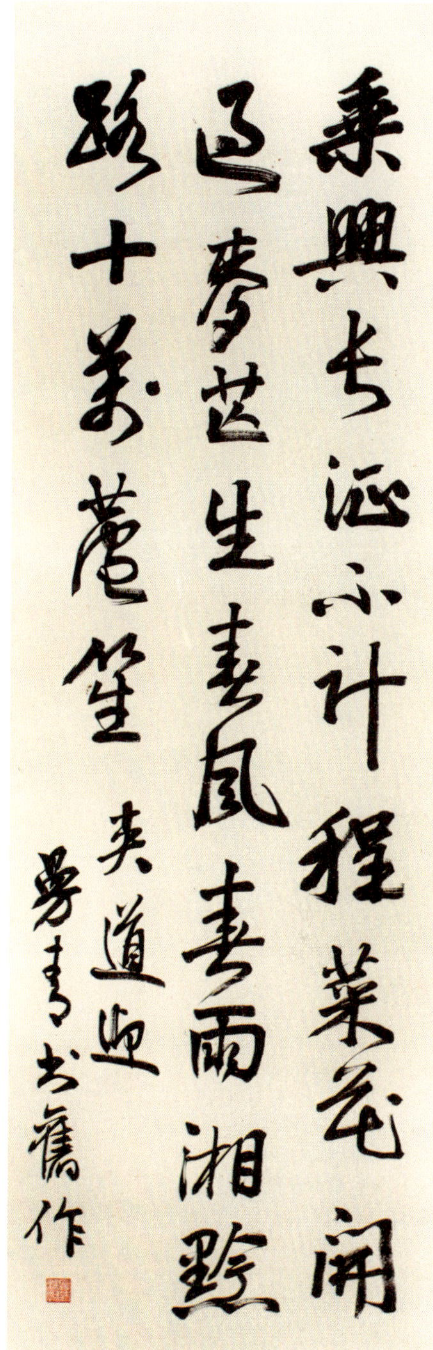

郑曼青书自作诗

张孟闻

一九〇三年—一九九三年

浙江宁波人。中国著名动物学家、教育家，生物科学史奠基人之一。少年时就读浙江省立第一师范学校，1926年毕业于国立东南大学，师从竺可桢、秉志。1927年8月起任浙江省立第四中学和春晖中学教员。1928年任国立北平大学副教授，后任南京中国科学社生物研究所研究员、常务理事。1934年赴法国巴黎大学留学，获博士学位。应竺可桢聘请于1937年回国任国立浙江大学生物系教授兼主任，1943年改任复旦大学教授。1945—1949年，主编《科学》杂志。中华人民共和国成立后，以特邀代表身份参加中国人民政治协商会议第一届全体会议。曾任上海市人民代表、政协委员，全国自然科学学会联合会宣传委员会副主任委员，上海科普协会副主席，中国动物学会理事长，中国科学社《科学》杂志主编等职。1951年担任复旦大学生物学系第一任系主任。张孟闻从事教育和科研事业60多年，治学严谨，学问渊博，专长生物学、动物学、生物科学史。一生著述颇丰，晚年有《黑龙江爬行动物志》《脊椎动物学》等专著。

张孟闻任职春晖中学期间先担任初中自然科老师，从初一的生理卫生教到初三的动物学，后来英语老师健康欠佳，他加任了初三英语老师，高中办成后，又兼任了高中生物老师。50多年后，他在回忆文章里仍记得从教情景，不无自豪地说："春晖校风朴实笃学，学生对功课都认真勤奋，课余师生们在一起游嬉，相处十分和谐。那时候，汤姆生的《科学大纲》四大本刚在商务印书馆译印出版，风行全国。借此东风，我试用文艺的描述，写记宇宙与生物发生的现象，作为讲义，颇受学生欢迎，也获得教师们的好评。"

《中国动物志：爬行纲（第一卷）》，张孟闻等编著。

张孟闻部分著作

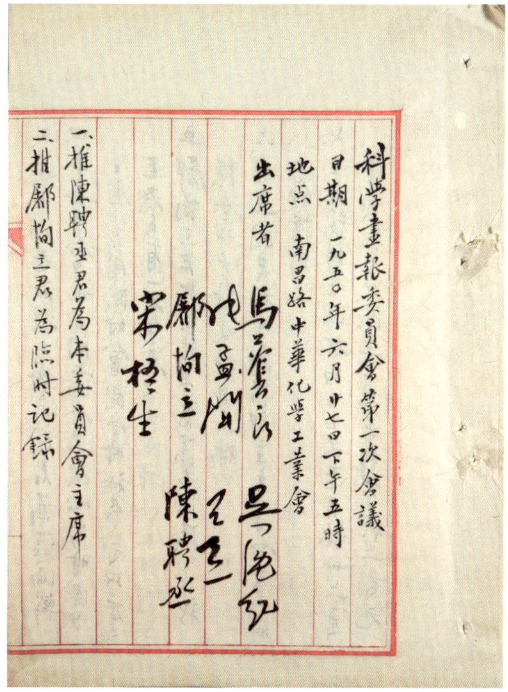

科學畫報委員會第一次會議

日期 一九五〇年六月廿七日下午五時

地点 南昌路中華化學工業會

出席者

一、推陳聘丞君為本委員會主席

二、推鄒尚熊君為臨时記錄

1950年6月张孟闻出席科学画报委员会第一次会议时签到

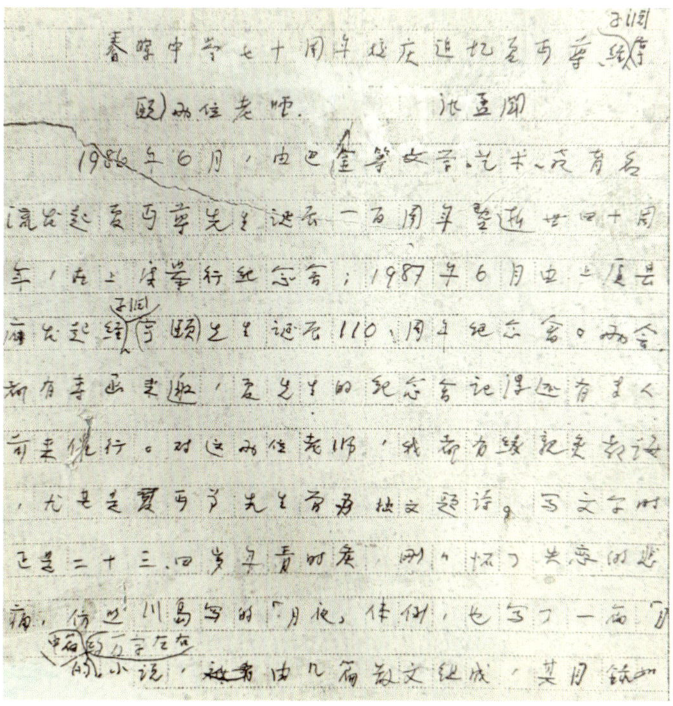

春晖中学七十周年校庆追忆夏丏尊、经子渊（亨颐）两位老师　张孟闻

张孟闻《春晖中学七十周年校庆追忆夏丏尊、经子渊（亨颐）两位老师》

1938年6月，张孟闻（前排左二）、竺可桢（前排左三）、胡刚复（前排右三）在遵义合影。

郭静唐

一九〇三年—一九五二年

一名挹青，字琴堂，浙江余姚人。出版家、革命家。1917年考入浙江省立第一师范学校，师从经亨颐、夏丏尊、陈望道等。五四运动时投身反帝反封建运动，被推选为浙江省学生代表。1920年加入中国社会主义青年团。1924年加入中国国民党。1925年“五卅”惨案发生后组织“沪案后援会”，发动各界抵制英、日货，募捐支援上海受难同胞。1925年由杨贤江介绍加入中国共产党。1926年受中共浙江省委派遣，在余姚从事农民运动，筹建中共余姚临时支部。1927年“四一二”反革命政变后流亡外地。1928年化名郭澄，先后在国立浙江大学文理学院、国立西湖艺术院工读。同年进入上海商务印书馆函授部工作。1932年接办天马书店，参与左翼文化活动，出版鲁迅、茅盾等人作品。抗日战争全面爆发后返回余姚投身抗日工作。1940年为营救被非法逮捕的乡勇队队员，被国民党钱江左地指挥部扣押，后移解上饶集中营，1941年出狱，任浙江省政府参议。1943年代表浙江省政府主席黄绍竑到四明山区，与新四军游击队商议团结抗战事宜。1944年投奔新四军浙东抗日根据地，后任新四军浙东游击纵队司令部秘书主任、浙东参议会副议长、浙东行政委员兼行署民政处长、浙东工商局局长。抗战胜利后随军北撤。中华人民共和国成立后任浙江省人民政府委员、省财政经济委员会委员兼工矿厅副厅长、省政协委员等职。著有《手头字概论》《中学作文法》《炼狱杂记》等。

郭静唐曾于1923年1月22日在春晖中学出席共产主义者恳谈会，讨论浙江省农民运动、创立上虞社会主义青年团等事项。

大革命失败后，流亡上海期间的郭静唐（前排中）与楼适夷（后右）等合影。

1951年郭静唐、余明夫妇和儿子小牛合影

1951年郭静唐与抗战时期部分战友合影，前排左起马青、马承烈、郭静唐、张蓬；后排左起洪阳、张肇良、杨明、朱之光。

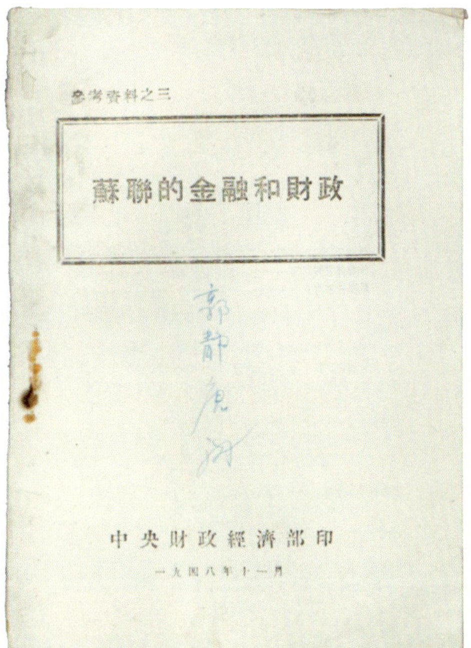

參考資料之三

蘇聯的金融和財政

郭靜唐閱

中央財政經濟部印

一九四八年十一月

郭静唐阅藏的1948年中央财政经济部印制的《苏联的金融和财政》

贺昌群

一九〇三年—一九七三年

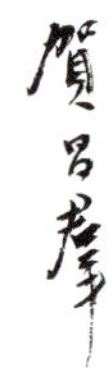

字藏云，四川马边人。历史学家。1921年毕业于成都联合中学，考入上海沪江大学，后肄业。1922年进入商务印书馆编译所，结识了在该馆工作的郑振铎、茅盾、叶圣陶等人，开始文学研究之路。1926年起在《文学周报》《语丝》《东方杂志》《小说月报》等刊物发表文章，进而以西北史地、中外交通史和敦煌学作为主攻方向。1930年东渡日本查阅东洋文库所藏典籍。1931年离沪，到河北省立女子师范学院任教。1933年任北京图书馆编纂委员会委员，兼《图书季刊》和《大公报·图书副刊》编辑。抗战全面爆发后举家南迁，任国立浙江大学史地系教授。1939年应马一浮之邀，任四川乐山复性书院教务长。旋因与马办学意见相左而辞职，潜心研究魏晋南北朝史。1940年返回家乡创办马边初级中学，并任第一任校长。同年至四川三台东北大学代课。1942年赴重庆，任国立中央大学历史系教授。抗战胜利后复员回南京，任国立中央大学历史系主任。南京解放前夕至上海开明书店工作。中华人民共和国成立后任国立南京图书馆馆长，主持编印《国立南京图书馆善本书目》。1954年奉调至北京，任中国科学院历史研究所研究员兼科学院图书馆副馆长。1964年当选第三届全国人民代表大会代表。著有《元曲概论》《魏晋清谈思想初论》《论两汉土地占有形态的发展》《汉唐间封建土地所有制形式研究》等。

贺昌群曾于1928年3月偕叶圣陶、周予同等来白马湖游玩，并在夏丏尊平屋前合影留念。

贺昌群为贺国干书扇

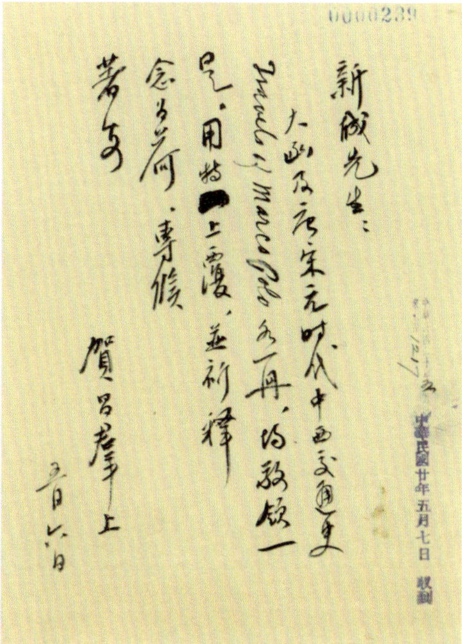

新城先生：
大函及所示宋元时代中西交通史 Travels of Marco Polo 各一冊，均敬收。見，用特上覆，並祈釋念为荷，專候
著安
賀昌羣上
五月六日

中華民國廿年五月七日 收到

1931年5月贺昌群致舒新城函

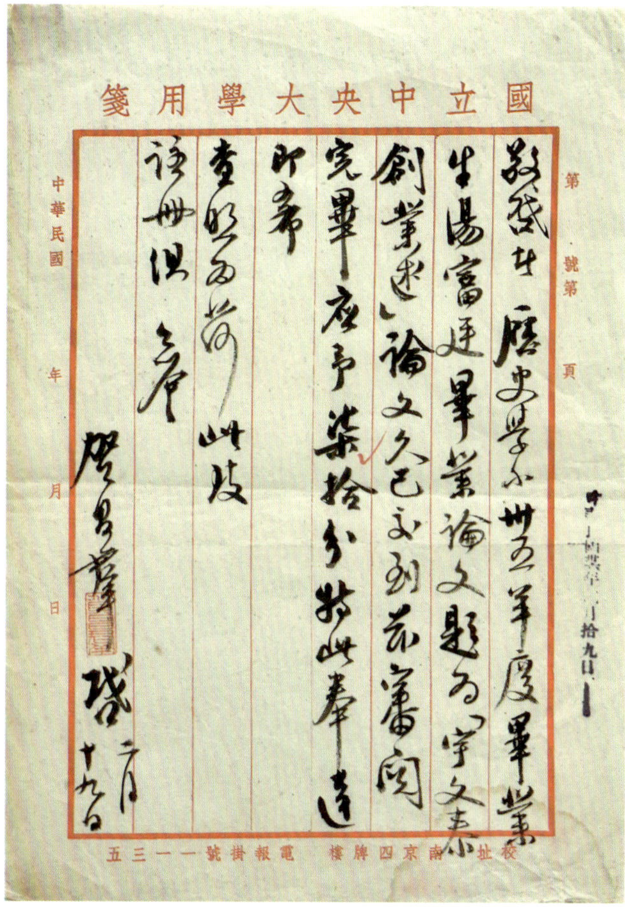

國立中央大學用箋

敬啟者 歷史學系廿五年度畢業生楊富廷畢業論文題為宋文帝劍業述論文久已交到，前審閱完畢，應予柒拾分，特此奉達，即希查照為荷，此致
註冊組
賀昌羣
二月十九日

校址南京四牌樓 電報掛號一一三五

贺昌群墨迹

1930年贺昌群留影

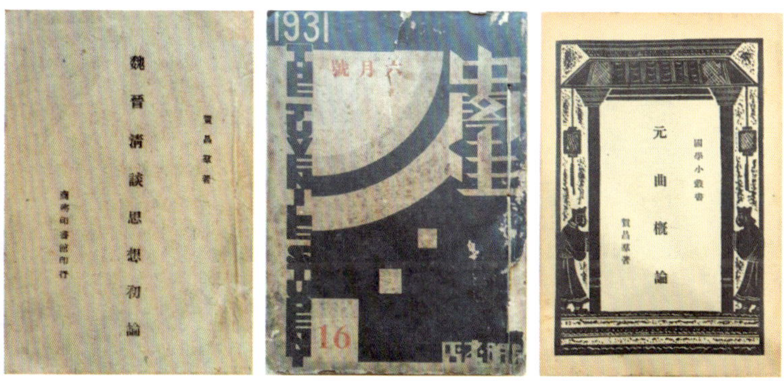

贺昌群部分著作

黄寄慈

一九〇三年—不详

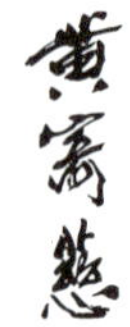

名宝钺，字寄慈，浙江萧山人。精古文诗词，擅长书法、篆刻，兼工绘画。早年在浙江省立第一师范学校学习，是弘一法师和经亨颐的学生。毕业后曾留校任职，后历任浙江省立第一中学会记庶务、浙江省立第二中学教务员、浙江省立第四中学教务员兼国语教员。1931年初从浙江省立第四中学调入奉化武岭学校担任国语教员，兼校图书馆馆长。同年4月黄寄慈为弘一法师治佛像印等数方，并邀请弘一法师至奉化溪口休养。1941年，在《觉音》杂志上发表诗作《寿弘一恩师六十》，为恩师六十祝寿。黄寄慈多才多艺，学识渊博，后被安排教授蒋经国夫妻国文。在弘一法师的众多学生中，弘一法师与黄寄慈的关系颇为密切，弘一法师每次去宁波，都受到黄寄慈的接待，两人保持了长久的通信关系。1964年，为纪念弘一法师，又协助陈慧剑居士编著《弘一法师传》。

黄寄慈与弘一法师、经亨颐皆有深厚的师生之情，自然常留驻于白马湖畔的晚晴山房、长松山房。同时又是“寒之友社”成员，与何香凝、王祺、周承德等相交，1934年春，在长松山房画《寒之友》册。

黄寄慈篆书联

1929年10月26日，黄寄慈等在宁波老外滩轮船码头“宁绍轮”前合影，左起：黄寄慈、陈伦孝、夏丏尊、弘一法师、刘质平、李哲成。

1930年6月摄于宁波白衣寺，题记为：“宁波白衣寺欢迎虚云老和尚暨弘一法师摄影以志纪念，时在庚午仲夏：”图中左起为黄寄慈、慧性大师、出尘老和尚、弘一法师、虚云法师、文质老和尚、修阁大师、安心头陀。图片载于1931年《海潮音》月刊12卷12期。

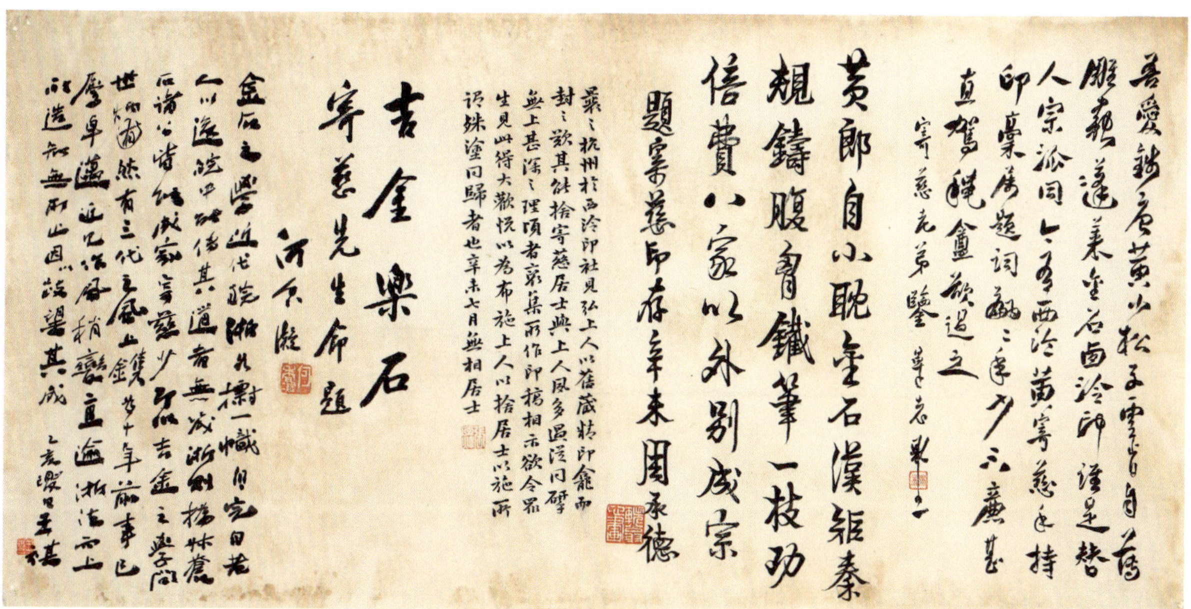

何香凝、王祺、周承德、何桝、张原炜题跋《黄寄慈印存》

毛路真

一九〇四年—一九六一年

又名信桂，浙江奉化人。数学家。早年在浙江省立第四师范学校求学，与王任叔、张孟闻为同窗好友，一起参加青年学生的进步组织——“雪花社”。1927年毕业于湖北武昌中山师范大学数学系，后赴上海立达学园任教员。1930年任浙江大学数学系教授。1939年9月，毛路真被竺可桢校长从广西宜山浙大总校委派到龙泉任教。抗战胜利后，于1946年初随浙大龙泉分校返回杭州。1952年全国高等学校院系调整，他调任浙江师范学院数学系教授兼主任。1953年因工作需要调回浙江大学工作。1958年浙大恢复数学力学系，任教授兼系主任。1960年出席了全国教育和文化、卫生、体育、新闻方面社会主义建设先进单位和个人表彰大会，成为浙江省第二届人民代表大会代表。

毛路真1928—1930年担任春晖中学高中数学课教员。当时我国高中数学课本，一般沿用美国英文原版《范氏大代数》，并不适合中学生的实际程度。毛路真决定结合教学实际，探索编写一套适合中国国情的高中数学教材。他一面认真教课，一面专心著述，经过两年时间的努力，在春晖执教期间完成了《高中代数学》的初稿。1933年该书由上海开明书店出版发行，成为全国中学普遍采用的代数课本。毛路真执教春晖中学期间，常携家人来白马湖小住。其子毛昭晰（1929—2023）早年深受春晖文化影响，后从事文化工作，成为著名史前史学家。曾任西泠印社理事、浙江大学文物与博物馆学系教授、浙江省博物馆名誉馆长、浙江省考古学会会长、浙江省历史文化名城保护专家委员会主任、浙江省文化厅副厅长兼省文物局局长、第七届全国政协委员、第八届浙江省人大常委会副主任、第九届全国人大常委会委员。毛昭晰多次应邀来春晖参加重要活动，并为春晖中学旧址成功入选全国重点文物保护单位做出努力。

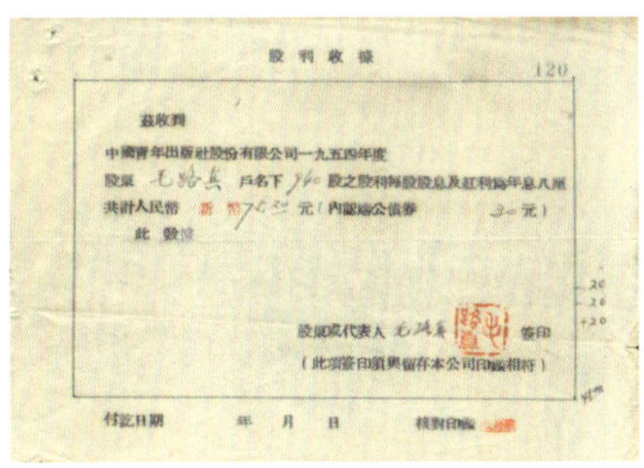

股利收據

120

茲收到

中國青年出版社股份有限公司一九五四年度

股東 毛路真 戶名下 股之股利每股股息及紅利為年息八厘

共計人民幣 元（內認購公債券 元）

此致

股東或代表人 毛路真 簽印

（此項簽印須與留存本公司印鑑相符）

付訖日期 年 月 日 核對印鑑

1954年中国青年出版社毛路真股利收据

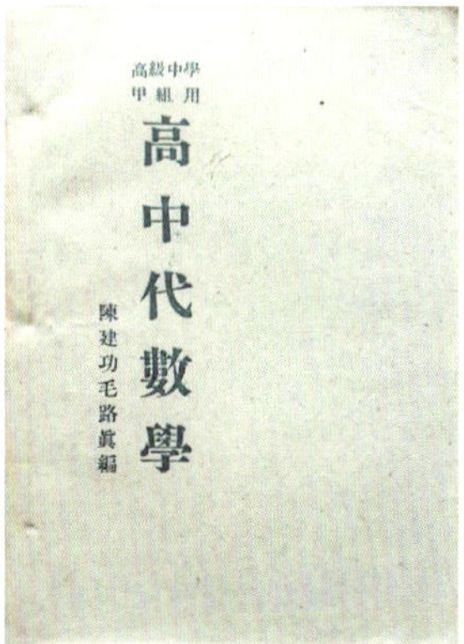

陈建功、毛路真合编《高中代数学》

1937年浙大数学系师生合影，二排左七为毛路真。

1948年浙江大学数学系师生合影，前排左起十二为毛路真。

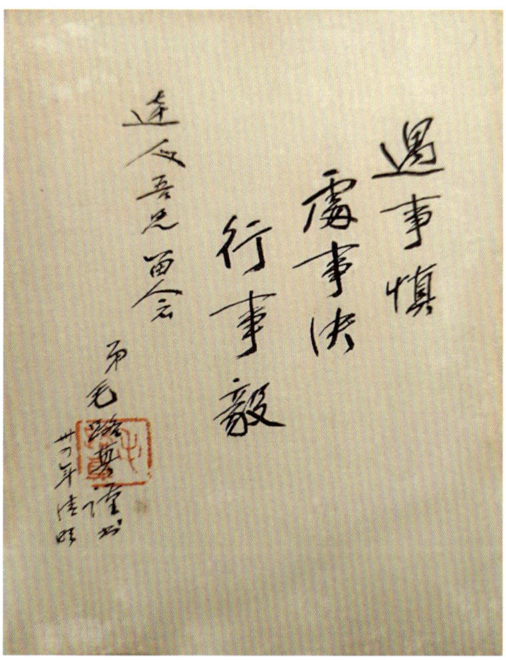

1945年毛路真题签

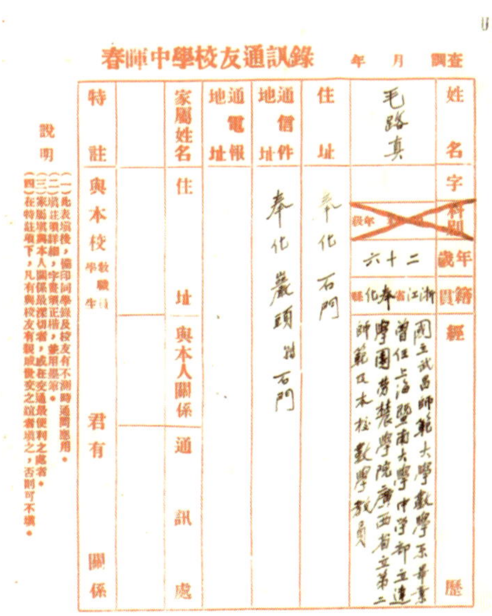

022

春暉中學校友通訊錄　年　月　調查

姓名	毛路真
字	
科別 級年	
年歲	二十六
籍貫	浙江省奉化縣
經歷	國立武昌師範大學數學系畢業 曾任上海暨南大學中學部、立達學園、勞農學院、廣西省立第二師範及本校數學教員
住址	奉化石門
通信地址	奉化巖頭對石門
通電報地址	
家屬姓名	
住址	
與本人關係	
通訊處	
特註	與本校（教職／學生）君有關係

說明
（一）此表填後，備印同學錄及校友有不測時通聞應用。
（二）填註須詳細，字要寫正楷，並用墨筆。
（三）家屬填與本人關係最深切者，或在交通最便利之處者。
（四）在特註項下，凡有與校友有親戚世交之誼者填之，否則可不填。

1929年毛路真任职春晖期间的通讯录

黄维

一九〇四年—一九八九年

字悟我，江西贵溪人。军事家。早年在鹅湖师范学校就读，毕业后回乡任小学教员。1924年因在学校宣传共产主义思想，与地方士绅交恶而辞职。经方志敏、赵醒侬等协助进入中国国民党陆军军官学校（黄埔军校）第一期第二队，与陈赓、徐向前等成为同学。1925年随蒋介石讨伐陈炯明。北伐战争时任营长、团长。1929—1932年在国民党军事委员会参谋本部主办的陆军大学特别班第一期学习。1933年任第十一师师长。1937年奉命赴德国深造，因抗日战争全面爆发提前回国，接任第十八军第六十七师师长，指挥罗店战役，给予日军沉重打击。1938年升调第十八军军长。武汉会战时率领第十一师、第六十七师立下军功。1939年继任五十四军军长，旋调任军事委员会中将高参。1944年任青年远征军编练总监部副总监，兼东南分部主任。1946年任青年远征军第三十一军军长，奉命率部往台湾。至福建又改调浙江余杭、绍兴地区。同年任国民政府国防部联勤总部副总司令。1947年赴武汉筹备新制军官学校，任校长。1948年任第十二兵团司令，在淮海战役中被中国人民解放军击溃俘虏。1975年获得特赦后，被安排在全国政协文史资料研究委员会做文史专员。1983年出席全国政协第六届会议，当选常务委员。

黄维曾于1946年5月18日以青年远征军第三十一军军长身份视察春晖中学。

黄维和夫人蔡若曙等家人合影

各个时期的黄维

黄维（前排右二）和女儿与友人合影

晚年黄维题字留影

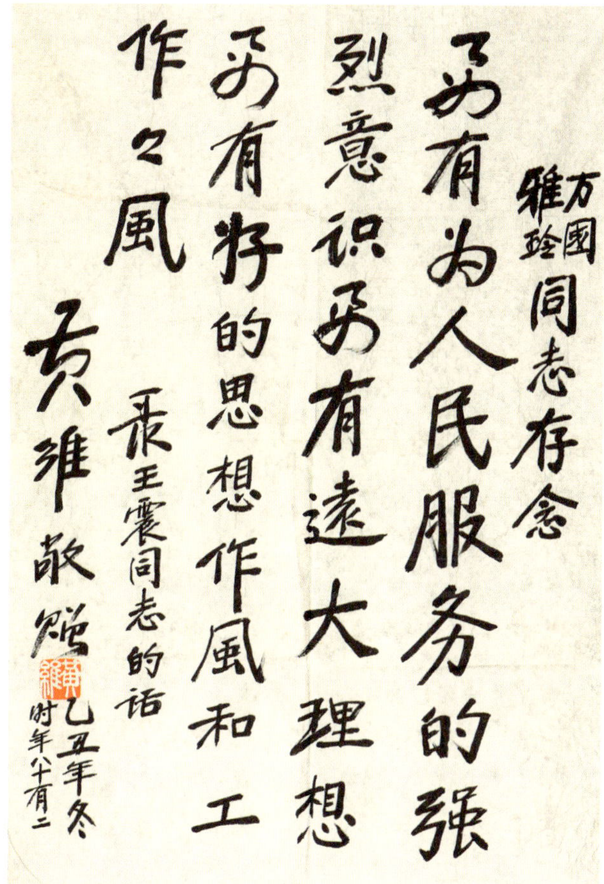

万国
雅珍同志存念

要有为人民服务的强烈意识要有远大理想要有好的思想作风和工作作风

录王震同志的话

黄维敬赠

乙丑年冬
时年八十有二

1985年黄维书录王震语

何云

一九〇五年—一九四二年

原名朱士翘，浙江上虞人。革命烈士，杰出的新闻工作领导人。1919年考入浙江省立第五师范学校，开始接受新思想、新文化的教育。曾回家乡教书，于1926—1927年在春晖中学附属小学任教，后到国立复旦大学学习。1930年赴日本早稻田大学攻读经济学，后又转入东京铁道局教习所学习。“九一八”事变后回国投身抗日救亡运动，1932年在上海加入中国共产党，在宋庆龄、何香凝领导的“民族解放大同盟”工作，并编辑《中国论坛》。1933年任上海“国民御侮自救会”宣传部长，后被国民党宪兵司令部逮捕，在狱中坚持斗争并自学德语、世界语。1937年获释后参加《新华日报》筹办工作，1937年12月任《新华日报》华北分社主任兼总编辑，并任中国青年新闻记者协会华北办事处主任，是华北抗日根据地新闻事业的奠基人。《新华日报》华北版1939年元旦正式创刊出版，在战火中蓬勃发展，报纸日发行量超3万份。1942年反“扫荡”时遇伏，率部突围时壮烈牺牲。2014年8月入选第一批300名著名抗日英烈和英雄群体名录。

何云任教春晖附小期间，曾组织教师、学生和农人夜校青年农民成立“平民习艺社”“碧莲剧社”，自任导演，演出《五一纪念》《顾正红》等革命剧目，通过戏剧宣传革命。

上虞朱巷何云故居

何云（左）与左权在太行山合影

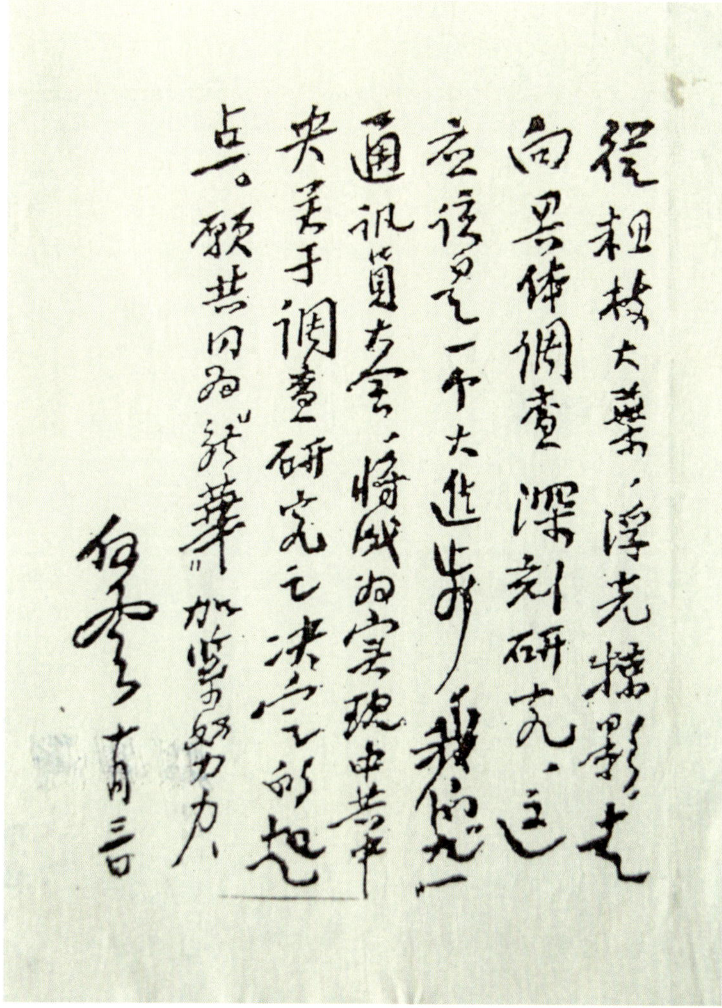

从粗枝大叶，浮光掠影走向具体调查深刻研究，这应该是一个大进步，我想通讯员大会，将成为实现中共中央关于调查研究之决定的起点。愿共同为"新华"加紧努力，

何云 寄言

何云手迹

晋冀鲁豫烈士陵园的何云墓，于左权将军墓左侧。

20世纪30年代春晖中学抗日演出剧照

春晖中学学生自治会全体干事合影

黄源

一九〇五年—二〇〇三年

名启元，字河清，浙江海盐人。中国现代翻译家、作家、编辑家。1920年就读于嘉兴秀州中学。1924年，转学到春晖中学。在此期间，他从夏丏尊处接触到日本的文艺书籍，又从丰子恺那里借到并阅读大量的英美文学名著的译本。后因“乌毡帽事件”于1925年随匡互生到上海立达学园。1927年就职于国立劳动大学编译室，曾为鲁迅演讲做记录。1928年东渡日本求学，回国后任鲁迅主持的《文学月刊》编辑。1934年初，鲁迅、茅盾、黎烈文发起创办《译文》，黄源担任责任编辑。抗日战争爆发后，黄源弃笔从戎，参加新四军，主编《抗敌报》等刊物。1943年起任浙东行政公署文教处处长、浙东区党委宣传部副部长、鲁迅学院院长。抗日战争胜利后曾任华中文化协会主任。1949年上海解放，任军事管制委员会文艺处副处长。1950年为华东军政委员会文化部副部长。1953年任中共中央华东局宣传部文艺处处长。1955年调往浙江，曾任浙江省委宣传部副部长、浙江省文化局局长、浙江省文联主席、中国作家协会浙江分会主席、鲁迅研究会顾问、茅盾学会副会长。晚年任浙江省文联名誉主席。译著有《屠格涅夫生平及其作品》《世界童话文学研究》《结婚的破产》《屠格涅夫代表作》《高尔基代表作》等，专著有《忆念鲁迅论述》《在鲁迅身边》《鲁迅书简追忆》等，主持改编昆剧《十五贯》等，出版有《黄源回忆录》《鲁迅致黄源信手迹及注释》《黄源影集》。《忆念鲁迅先生》获1984年浙江省社会科学优秀成果一等奖、1995年鲁迅文学艺术突出成就奖、1998年中国翻译荣誉奖。黄源曾说：“白马湖畔的春晖中学，是我一生中最难以忘怀的地方之一。”晚年他多次重返白马湖参加校庆等活动，还担任春晖中学杭州校友会名誉主席。

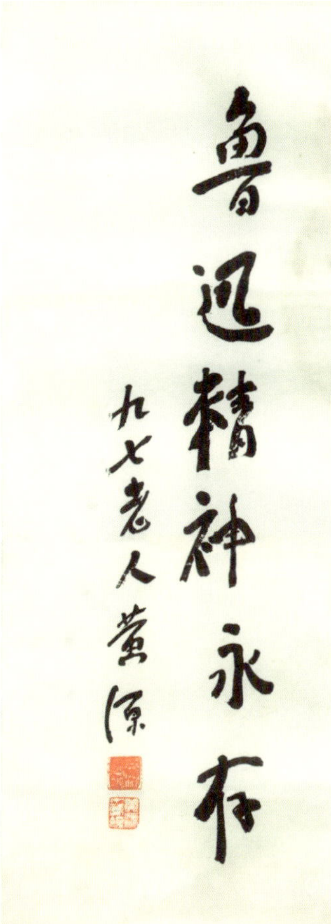

黄源题《鲁迅精神永存》

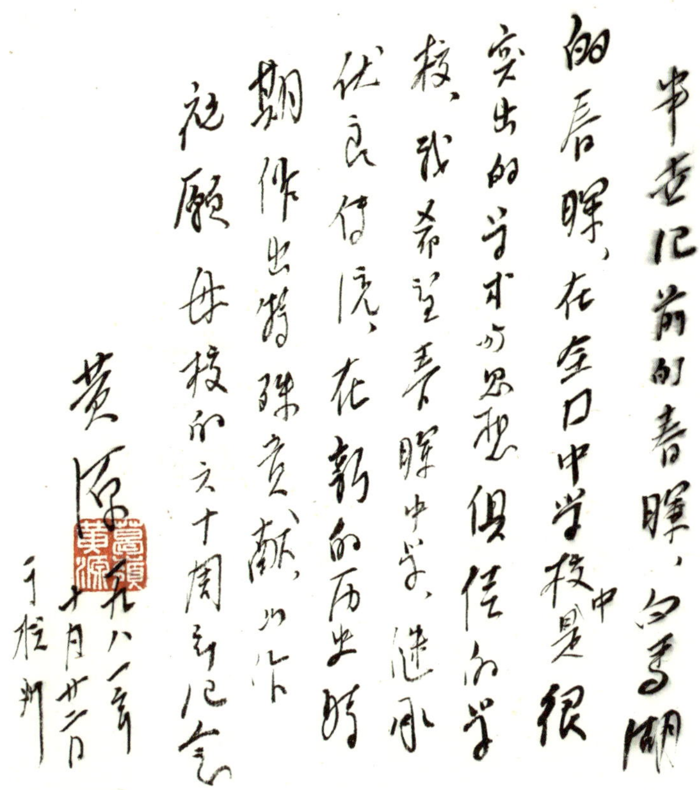

1981年黄源为春晖中学题词

1936年黄源（左）与萧军（中）、萧红（右）合影

黄源在春晖题词留念

丁念先

一九〇六年—一九六九年

字守棠，斋号念圣楼，40岁以后自号思翁，浙江上虞人。擅长书画，尤精于隶。20世纪20年代加入海上题襟金石书画会，后与丁辅之、高野侯等人另组“古欢今雨社”。1932年任职于上海社会局教育社。1936年被推为中国画会主任干事，同年与谢圣镛女士在沪订婚，当时海上艺坛二百二十余人以诗书画印志贺，引为雅事，其中经亨颐亦有《神仙眷属图》相贺。夫妇俩选取六十余件作品结集成《念圣缔缘集》上册，由叶恭绰题书签，蔡元培写序，贺天健题俪影。1949年赴台，在高校及研究机构讲授艺术史、书画鉴赏、书道研究等课程。并与于右任等牵头发起成立“中国书法学会”，以继承传统书学。先后担任《艺坛》及《新艺林》杂志的主编。丁念先精于鉴藏，1961年精选百件藏品，举办“念圣楼书画展”，并出版《念圣楼读画小纪》。

1937年淞沪会战上海沦陷后，丁念先带了部分流亡学生由沪返虞，初执教于上虞战时补习中学，后又受聘担任春晖中学训育主任。抗战期间，他蓄须明志，因此被学生戏称为“丁胡子先生”。

1936年，丁念先与谢圣镛女士在沪订婚，贺天健题写俪影

1960年10月丁念先（左二）在书展合影

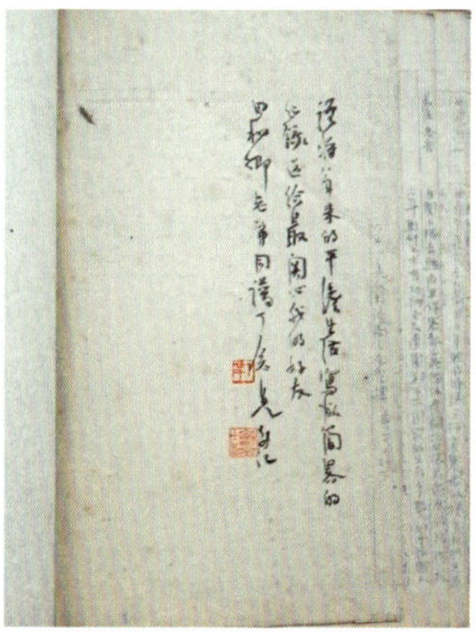

《抗战八年来我的生活记略》丁念先签赠页

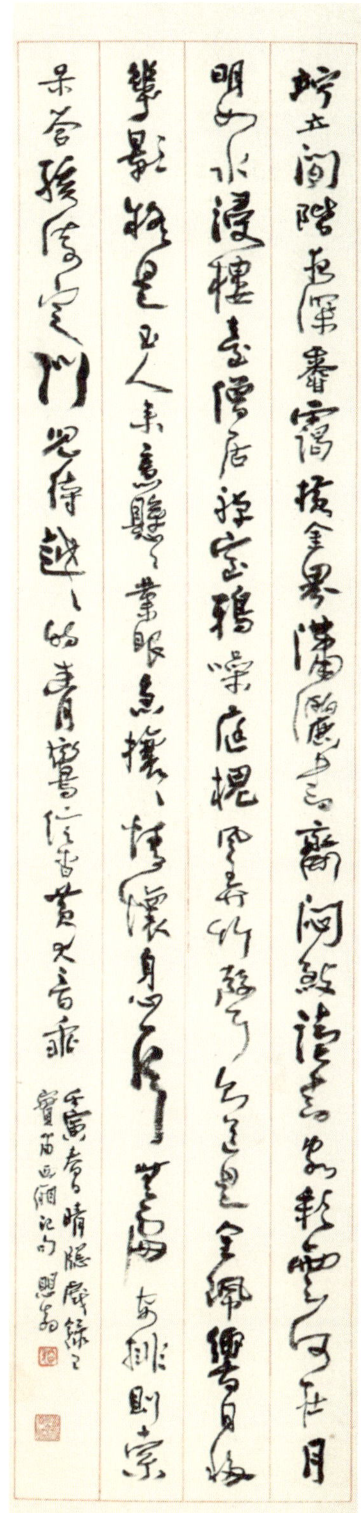

丁念先书作

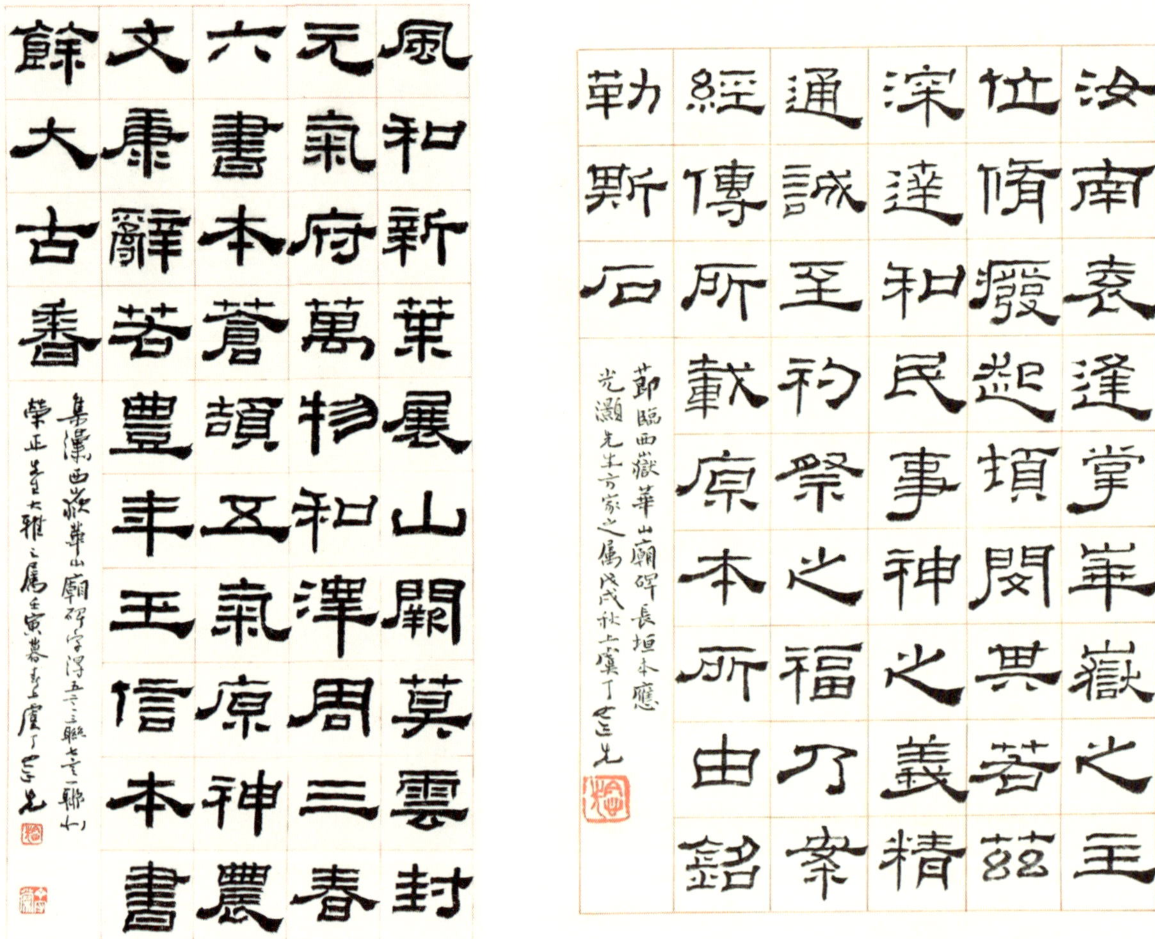

丁念先隶书二帧

《闵正斋画册》十二选六

丁念先题签：正斋传世真迹应推此册为第一，丁未首夏，上虞丁念先署签。

这是丁念先收藏的一册《闵正斋画册》。闵贞（1730—1788），字正斋，湖北武穴人，“扬州八怪”之一。其画学明代吴伟，善画山水、人物、花鸟，多作写意，笔墨奇纵，偶有工笔之作，人物画最具特色，线条简练自然，形神逼肖。此册画幅不大，气象万千，以墨笔作山水、花卉、人物，走兽飞龙，构思大胆，形象夸张，奇趣十足，展现了闵贞才艺的多样和风格的成熟，是其得意之作。1967年，丁念先题签时称“正斋传世真迹应推此册为第一”，足见此册的珍贵和在丁念先收藏体系中的重要性。

周巽和

一九〇七年—一九六六年

字东白，浙江上虞人。1931年毕业于上海大夏大学教育系。先后任教于浙江省立严州中学、浙江省立嘉兴中学、杭州私立安定中学、丽水碧湖中学、上海仿华女子中学等。1940年担任春晖中学校长，担任校长之前是在春晖中学执教多年的语文教员兼班主任。他思想进步，治学严谨，深得学生爱戴，学生对他的评价是："不仅责任心强、灵活肯干，语文教得好，且有正义感，待人又和气，许多人都愿意亲近他。"周巽和掌校后，修订了学生规约，除沿袭原有的自修规约、服装规约、大扫除规约、学生礼仪须知外，为了保证战争时期师生的生命安全，特别细化了《隐蔽练习规约》和《防空监视哨规约》。日军入侵，周巽和积极组织师生开展抗日活动。1940年9月，率学生慰问镇海之役中英勇作战的陆军第十六师第四十八团。1940年10月，又奉令征募寒衣金。其间，由共产党员俞菊生发起成立上虞进步青年团体"舜江学社"，周巽和兼任指导员。1941年6月因战争形势恶化，春晖中学被迫解散，后迁址虞南泰岳寺坚持办学。抗日战争胜利后，任上虞简易师范学校校长，1951年调萧山中学任教，任校务委员会委员、事务主任。

春晖中学一字楼

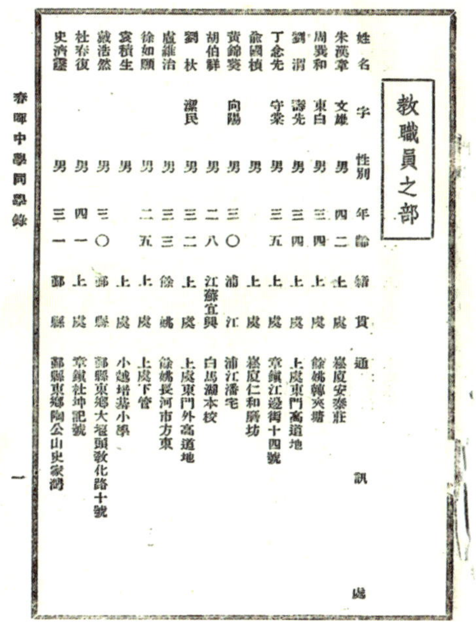

春暉中學同學錄

教職員之部

姓名	字	性別	年齡	籍貫	通訊處
朱漢章	文雄	男	四二	上虞	崧廈安泰莊
周巽和	東白	男	三四	上虞	餘姚韓夾塘
劉渭	壽先	男	三四	上虞	上虞東門高道地
丁念先	守棐	男	三五	上虞	章鎮江邊街十四號
俞國楨		男		上虞	崧廈仁和腐坊
黃錦夔	向陽	男	三〇	浦江	浦江潘宅
胡伯驊		男	二八	江蘇宜興	白馬湖本校
劉秋	潔民	男	三二	上虞	上虞東門外高道地
盧維治		男	三三	餘姚	餘姚長河市方東
徐如願		男	二五	上虞	上虞下管
裘積生		男		上虞	小越增蕎小學
臧浩然		男	三〇	鄞縣	鄞縣東鄉大碶頭敦化路十號
杜春復		男	四一	上虞	章鎮社坤記號
史濟謹		男	三一	鄞縣	鄞縣東鄉陶公山史家灣

一

1940年周巽和任校长时的《春晖中学同学录》

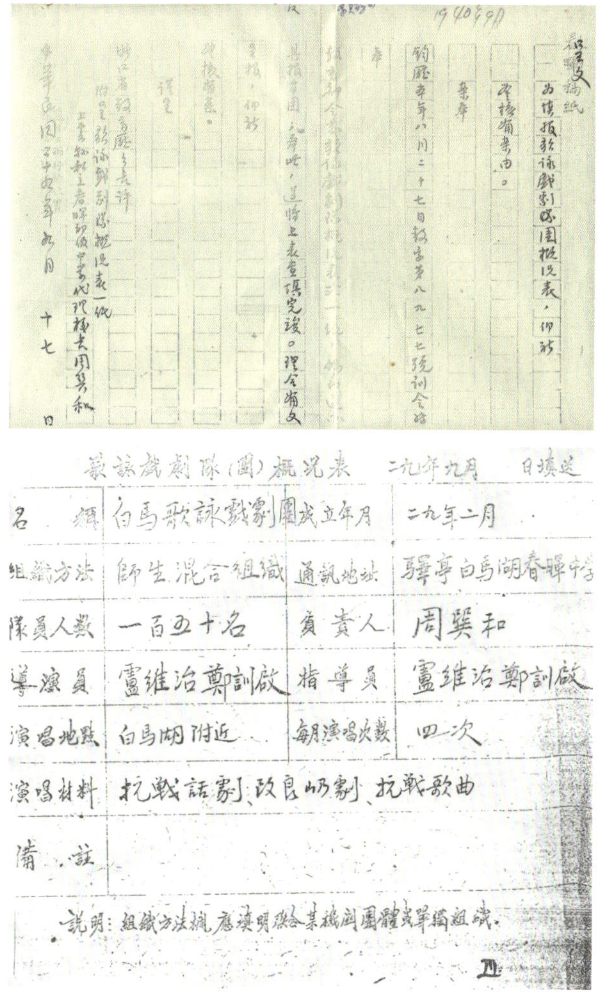

歌詠戲劇隊(團)概況表　二九年九月　日填送

名稱	白馬歌詠戲劇團	成立年月	二九年二月
組織方法	師生混合組織	通訊地址	驛亭白馬湖春暉中學
隊員人數	一百五十名	負責人	周巽和
導演員	盧維治 鄭訓啟	指導員	盧維治 鄭訓啟
演唱地點	白馬湖附近	每月演唱次數	四次
演唱材料	抗戰話劇、改良劇、抗戰歌曲		
備註			

說明：組織方法欄應填明聯合某機關團體或單獨組織。

1940年春晖中学白马歌咏戏剧团概况表

萧山中学旧景

王文川

一九〇七年—一九八三年

原名执中，浙江上虞人。1922年，王文川考入春晖中学，在校读书时成绩优异，深得夏丏尊、朱自清、丰子恺等器重，曾任《春晖学生》主编。1925年，王文川作为春晖中学第一届学生毕业，后东渡日本留学。1929年把在留学期间写的50首新诗结集成《江户流浪曲》，由上海开明书店出版发行，封面设计及题签是他的老师丰子恺。1930年回国后任上海开明书店编译所编辑。抗日战争后期，王文川任教于内迁嵊县长乐的浙江省立第四中学。中华人民共和国成立后，王文川在宁波工作，曾任慈溪中学校长、宁波市政协委员、浙江省政协特邀代表。编著有《英文法讲义》，译著有《英诗译著》等。

1931年起，王文川应聘回到母校春晖中学任教。他在春晖中学除担任每周15小时的英文授课外，还兼教每周3小时的日文，此外，又兼任外国语主任。他英文、日文基础扎实，备课认真，讲解得法，因此深受学生欢迎。1935年8月—1936年2月出任春晖中学代校长。

王文川诗集《江户流浪曲》，丰子恺设计封面。

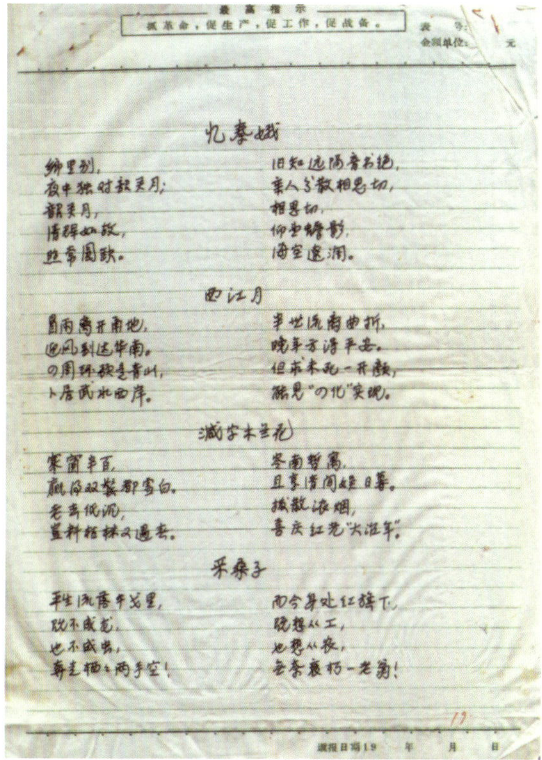

最高指示
抓革命，促生产，促工作，促战备。

忆秦娥

乡里别，
夜中独对秋天月；
秋天月，
清辉如故，
旦常圆缺。
旧知远隔音书绝，
亲人分散相思切，
相思切，
仰望蟾影，
海空远阔。

西江月

冒雨离开甬地，
迎风到达华南。
四周环抱是青山，
卜居武水西岸。
半世流离曲折，
晚年方得平安。
但求未死一开颜，
能见"四化"实现。

减字木兰花

寒窗半百，
赢得双鬓都雪白。
老丧低沉，
岂料枯林又遇春。
客南暂寓，
且享清闲娱日暮。
拨散浓烟，
喜庆红光"大治年"。

采桑子

平生流落市井里，
既不成农，
也不成商，
寿至栖栖两手空！
如今身处红旗下，
既想从工，
也想从农，
无奈衰朽一老翁！

19

填报日期19　年　月　日

王文川诗作

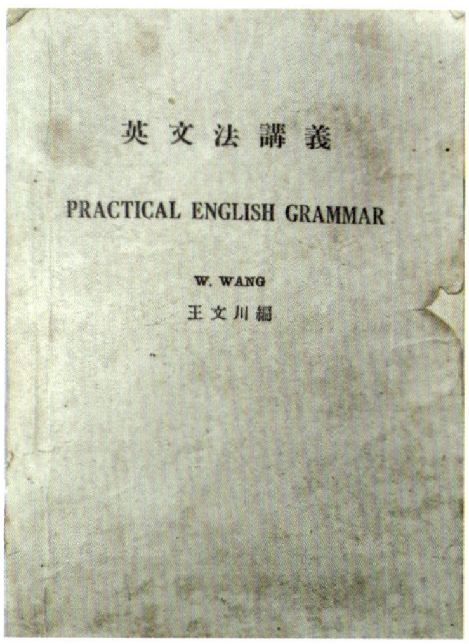

王文川编《英文法讲义》

王文川与家人合影

钱君匋

一九〇七年—一九九八年

原名玉堂，字君匋，学名锦堂，号豫堂，以字行，浙江桐乡人。曾任西泠印社副社长、上海文艺出版社编审、上海市政协委员等职。他既是鲁迅先生的学生、装帧艺术的开拓者，也是中国当代“一身精三艺，九十臻高峰”的著名篆刻书画家。1925年毕业于上海艺术专科师范学校，从丰子恺学习西洋画，并自学书法、篆刻、国画。1927年，钱君匋曾在诸暨县立中学任教，同年去上海开明书店任美术编辑。1938年，在上海创办“万叶书店”，任经理兼总编辑。钱君匋最终将出版音乐作品定为万叶书店的发展方向，因此被业界誉为“我国现代音乐出版事业的先驱和奠基人”。1942—1945年出版了《钱君匋印存》四卷宣纸石印本，由吴昌硕、赵叔孺、于右任、黄葆戊等题字，马公愚作序，该书的出版，确立了他在民国印坛的地位。1954年，又成《君匋印选》。1960年，辑所藏赵之谦印成《豫堂藏印甲集》。1962年，辑所藏吴昌硕印成《豫堂藏印乙集》。1966年，辑所藏黄牧甫印成《丛翠堂藏印》。1979年，出版《长征印谱重辑本》。1981年，出版《钱刻鲁迅笔名印谱》。1988年，出版《君匋谈艺》。1992年出版《君匋艺术院藏印集》。

钱君匋在上海求学期间，就开始了书籍装帧的探索，后随着各方面学养的积淀，逐渐成熟。先后为茅盾的《小说月刊》、叶圣陶的《妇女杂志》、周予同的《教育杂志》以及众多的文学名家著作设计封面、题头、尾花等。由于声誉甚隆，有“钱封面”的雅号。因为装帧，和鲁迅、郭沫若、茅盾、巴金、郁达夫、郑振铎、叶圣陶、夏丏尊等往来都很密切。白马湖畔留下了他的足迹，而春晖园中至今仍留有他的书法条幅和题写的匾额。

钱君匋（右）与丰子恺合影

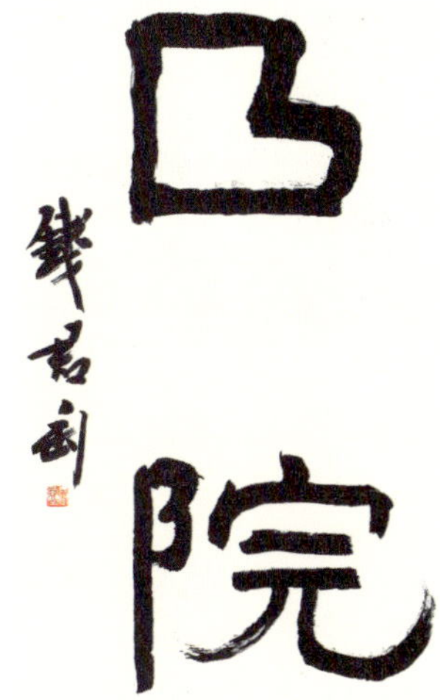

1986年钱君匋为曲院题匾

1928年，钱君匋和友人于西泠桥上留影，右起：钱君匋、潘天寿、吴刚、陶元庆、陈啸空、秦雪卿、戴望舒，坐者为汪曼之。

20世纪30年代初“开明书店”聚会，前排左二为章锡琛、左三为索菲，二排左四为巴金，三排右三为林语堂、右四为夏丏尊、右五为宋云彬，后排左一为叶圣陶、左二为徐调孚、左三为钱君匋、左四为胡愈之、左五为茅盾（沈雁冰）、左七为章克标、左八为夏衍。

1942年，钱君匋与友人在友声旅行社合影，前排左一为钱君匋、左二为邓散木、中间为黄宾虹、左五为白蕉。

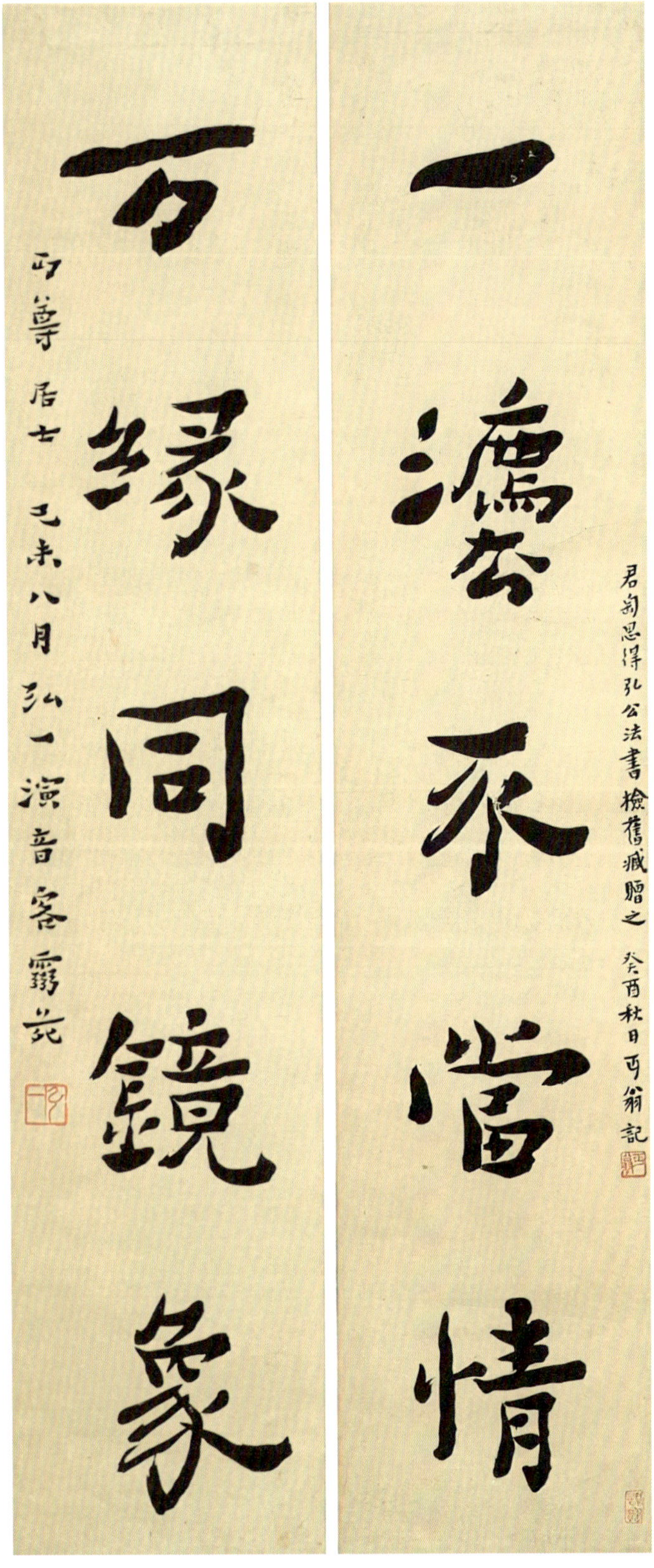

1933年，钱君匋夫妇新婚时与朋友合影

李叔同赠夏丏尊联

一法不当情；万缘同镜象。

丏尊居士，己未八月弘一演音客灵苑。君匋思得弘公法书，检旧藏赠之。癸酉秋日丏翁记。

对联为李叔同出家后的1920年8月写赠夏丏尊的。1933年，钱君匋结婚，托夏丏尊先生向弘一法师求字。夏丏尊认为把和尚的字拿来挂在新房里不妥当，但看到钱君匋真心喜欢弘一法师书法，便将自己的这幅弘一旧藏割爱赠予钱君匋，题小字一列“君匋思得弘公法书，检旧藏赠之。癸酉秋日丏翁记”，并钤上“丏翁”朱文印。这方小印正是钱君匋为夏丏尊所刻。至此，弘一法师、夏丏尊、钱君匋三人的手迹都聚集在了这副盈尺小对联上，作为这段故事的见证，弥足珍贵。

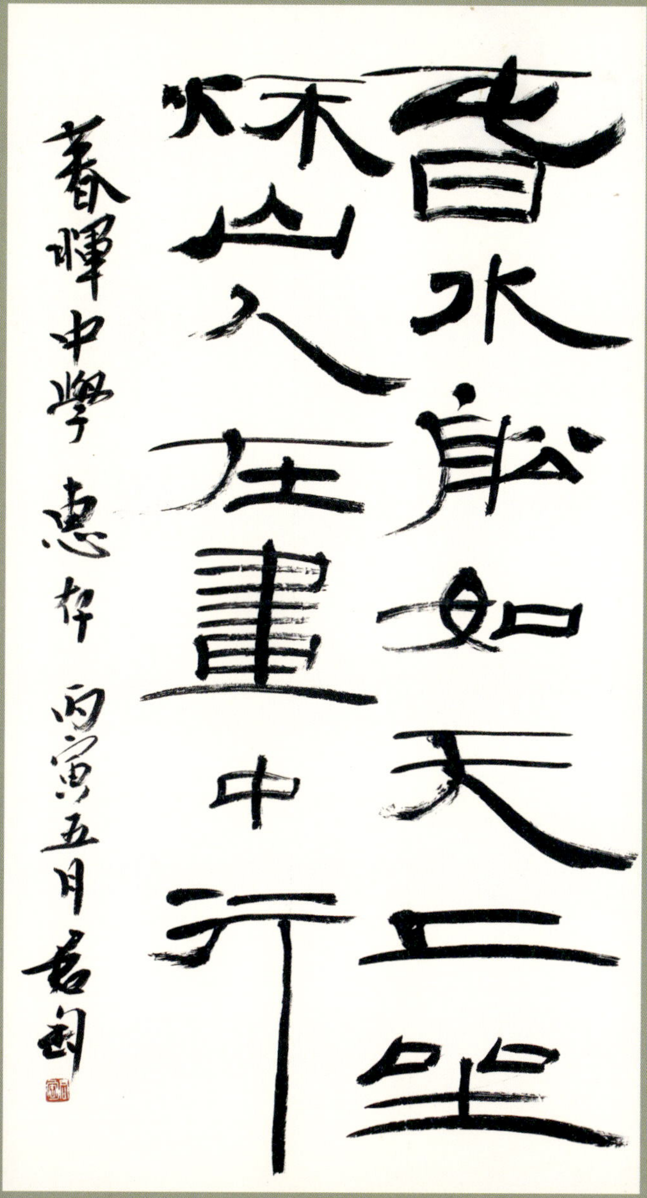

1986年钱君匋书赠春晖中学

廖承志

一九〇八年—一九八三年

曾用名何柳华，民主革命先驱廖仲恺和何香凝之子，广东惠阳人，出生于日本。中国共产党的优秀党员、无产阶级革命家、杰出的社会活动家、党和国家的优秀领导人。1928年加入中国共产党，后去欧洲领导中国海员工作。1932年回国任中华全国总工会宣传部长等职。1933年3月被国民党逮捕，经营救获释后曾来白马湖小住，其间常向春晖中学师生讲述国家局势，激发学生爱国热情，还由经亨颐安排做过艺术课短期代课教师，并与经普椿相识。1934年参加长征。1938年任八路军香港办事处负责人，并在香港与经普椿结为伉俪。他被中国共产党第七届全国代表大会选为候补中央委员，后递补为中央委员，第八、十、十一、十二届中央委员，第十二届中央政治局委员；是第五届全国人大常委会副委员长。曾担任中共中央宣传部副部长、统战部副部长、对外联络部副部长，政务院华侨事务委员会副主任，国家华侨事务委员会副主任、主任，国务院外事办公室副主任、侨务办公室主任、港澳事务办公室主任，新华社社长，青年团中央副书记、书记处书记，全国青年联合会主席等重要职务。在社会主义建设事业中，在巩固和发展爱国统一战线、实现祖国的大团结大统一事业中，在加强同世界各国人民的友好关系和争取世界和平的斗争中，建立了不可磨灭的功绩。受父母影响，廖承志擅长诗书画艺术，1962年曾题词祝贺春晖中学校庆。

廖承志和经普椿合影

廖承志（前右）与当时文化界知名人士，茅盾（前左）、夏衍（前中）、司徒慧敏（后右）、郁风（后中）及潘汉年（后左）合影。

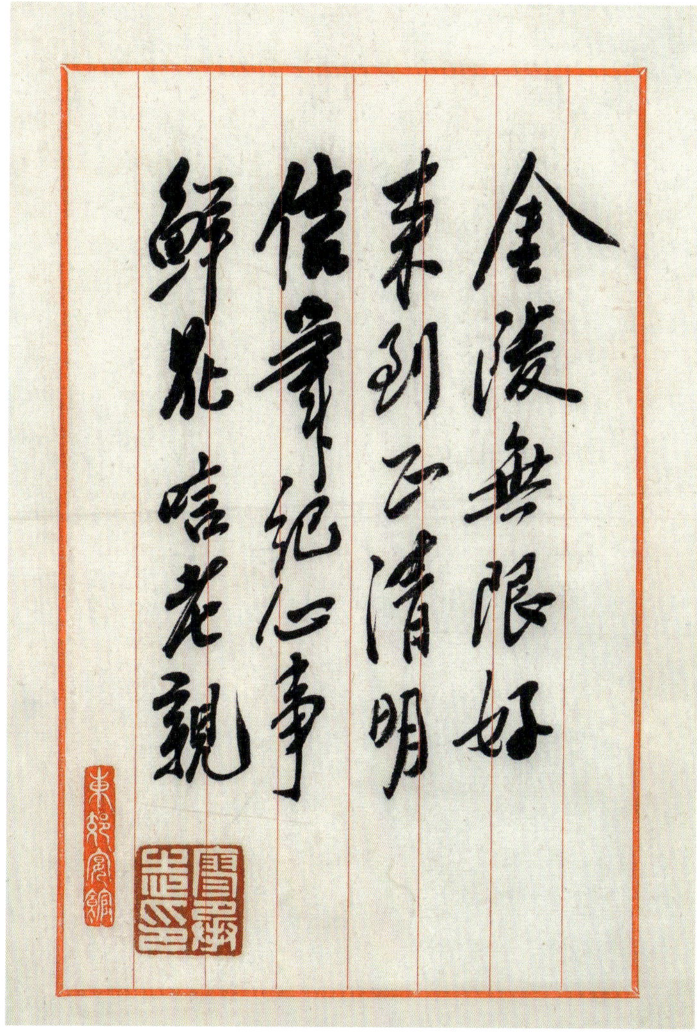

“金陵无限好，来到正清明。信笔纪心事，鲜花唁老亲。”廖承志在南京祭扫父母墓后题签。

廖承志观母亲何香凝作画

廖承志和家人合影

何香凝、廖承志合作《苍松樵翁》，人物为廖承志所画。

何香凝、廖承志合作《烹茶论诗》，人物为廖承志所画。

陈梦家

一九一一年—一九六六年

曾用笔名陈漫哉，浙江上虞人，生于南京。现代著名诗人、古文字学家、考古学家。早期写作新诗，在大学时期出版《梦家诗集》后便一举成名，与闻一多、徐志摩、朱湘一起被称为“新月诗派的四大诗人”。后潜心考古学、古文字学的研究。曾执教青岛大学、燕京大学，抗日战争爆发后在国立西南联合大学任教。1944年秋，陈梦家到美国芝加哥大学教授中国古文字学，编著流失海外的中国铜器图录。1947年回国后任国立清华大学教授。1952年转到中国科学院考古研究所任研究员。陈梦家在甲骨文及殷商史、商周铜器及铭文、汉简及汉代西北史地这三个领域成就极高，有代表作《殷墟卜辞综述》《西周铜器断代》和《汉简缀述》。

陈梦家1931年1月到访白马湖及春晖中学，写下了《白马湖》一诗，该诗首次发表于1931年2月28日出版的《文艺月刊》第2卷第2期，最后一行落款是“1月2日驿亭”。春晖中学现存有陈梦家在白马湖春晖中学旁小木桥上留影一张。

陈梦家与夫人赵萝蕤合影

陈梦家部分著作

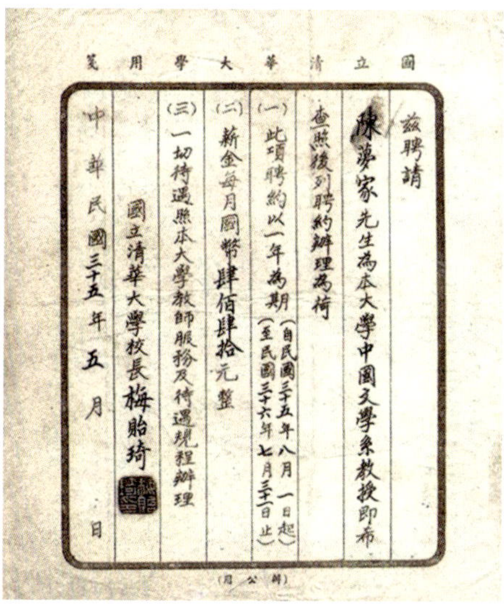

國立清華大學用箋

茲聘請

陳夢家先生為本大學中國文學系教授即希

查照後列聘約辦理為荷

(一)此項聘約以一年為期（自民國三十五年八月一日起至民國三十六年七月三十一日止）

(二)薪金每月國幣肆佰肆拾元整

(三)一切待遇照本大學教師服務及待遇規程辦理

國立清華大學校長梅貽琦

中華民國三十五年五月　日

1946年夏天，去美国访学的冯友兰为陈梦家带去了清华大学校长梅贻琦为他新签署的聘书，聘请他为该校中国文学系教授。

抗战胜利后的上海，陈梦家兄弟五人与母亲团聚，前排陈梦士、母亲、陈梦杰，后排陈梦罴、陈梦家、陈梦熊。

陈梦家（左一）赵萝蕤（中）夫妇在美国

1957年5月，陈梦家与友人摄于中国科学院考古研究所，右起：陈梦家、苏秉琦、徐旭生、黄文弼、夏鼐、许道龄。

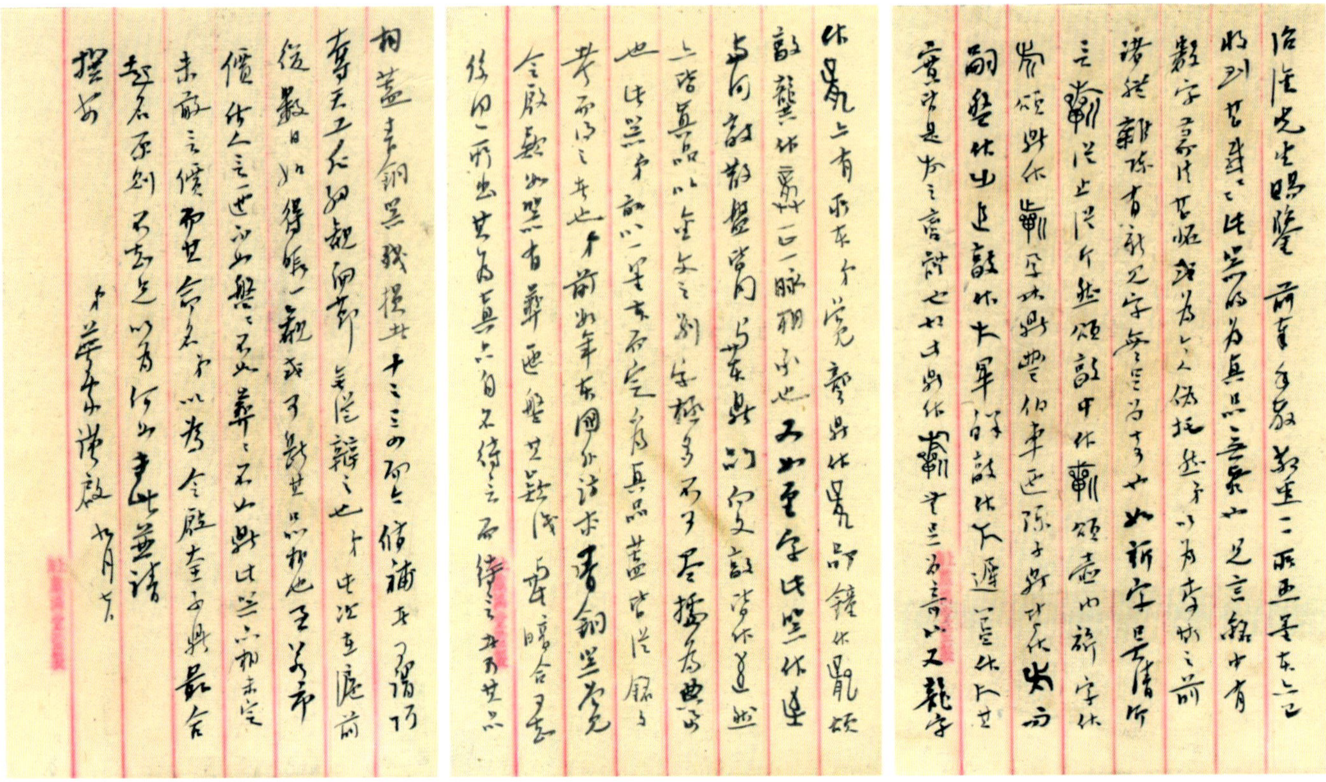

陈梦家致夏治淦信札

信件内容为陈梦家回复夏治淦提出的关于青铜器真伪鉴定、铭文、修复及命名等问题。上款人夏治淦，中华人民共和国成立前为《商报》记者，幼喜书画，师从沈尹默、潘伯鹰、郑午昌等。1949年后，长期担任美术专科学校的国画教学工作。

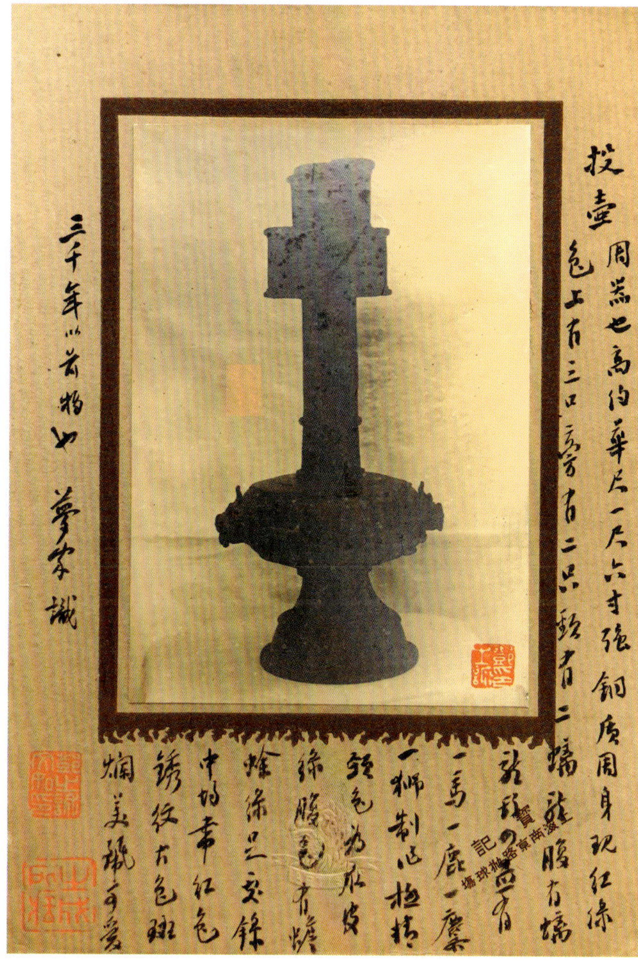

投壶照片及陈梦家的考证文字

陈梦家部分著作

1931年陈梦家在春晖马路小木桥上的留影

白马湖

白马湖告诉我：

老人星的忧伤，

飞过的水活鸽，

月亮的圆光。

我悄悄的走了；

沿着湖边的路，

留下一个心愿；

再来，白马湖！

陈梦家 二十年（1931）一月
上虞百官故里

徐懋庸

一九一一年—一九七七年

原名茂荣，浙江上虞人。早年参加“大革命”运动，后到上海，与鲁迅相识。1933年参加中国左翼作家联盟，任常务委员、宣传部长、书记。1938年赴延安，同年加入中国共产党，后任中国人民抗日军事政治大学政教科科长，晋冀鲁豫边区文学界联合会主任、冀察热辽联合大学校长等职。中华人民共和国成立后，任中共武汉大学党委书记、副校长，中南文化部副部长、教育部副部长等职。著有《徐懋庸杂文集》《徐懋庸回忆录》等。

1923年经亨颐在春晖中学组织“白马湖夏期教育讲习会”，聘请名家授课，参加人员多数为宁绍两地的小学教员。当时年仅十二岁的少年徐懋庸在下管鹿溪小学执教，与下管教育界前辈徐用宾一同前来参会。在讲习会上，徐懋庸听了黄炎培、陈望道、舒新城等学者的讲座，又接触到来白马湖访问的杨之华等名人，大开眼界，受益匪浅。

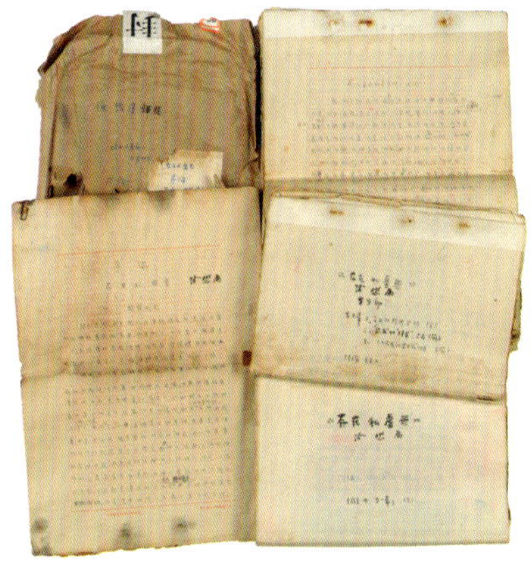

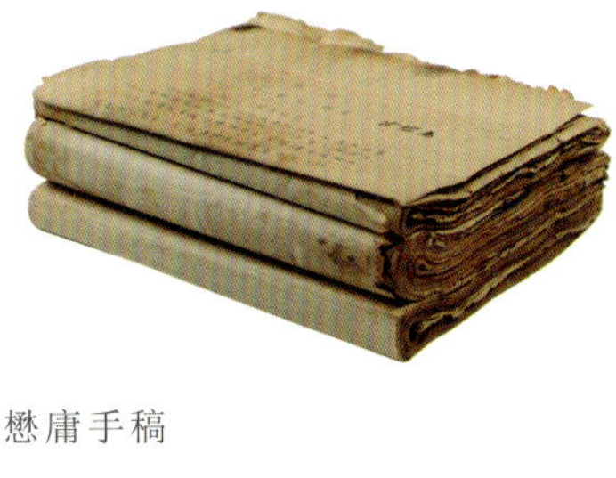

徐懋庸手稿

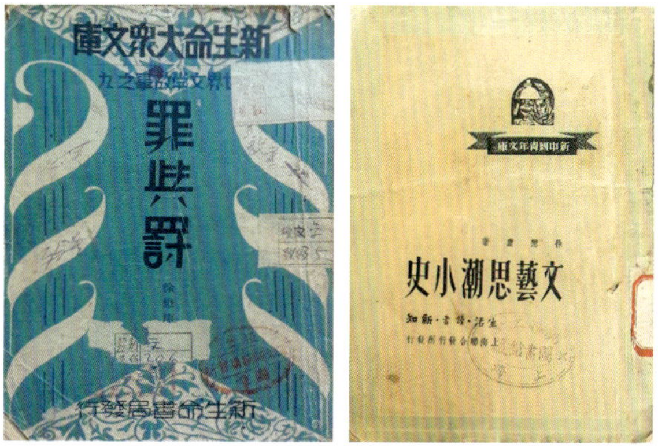

徐懋庸部分著作

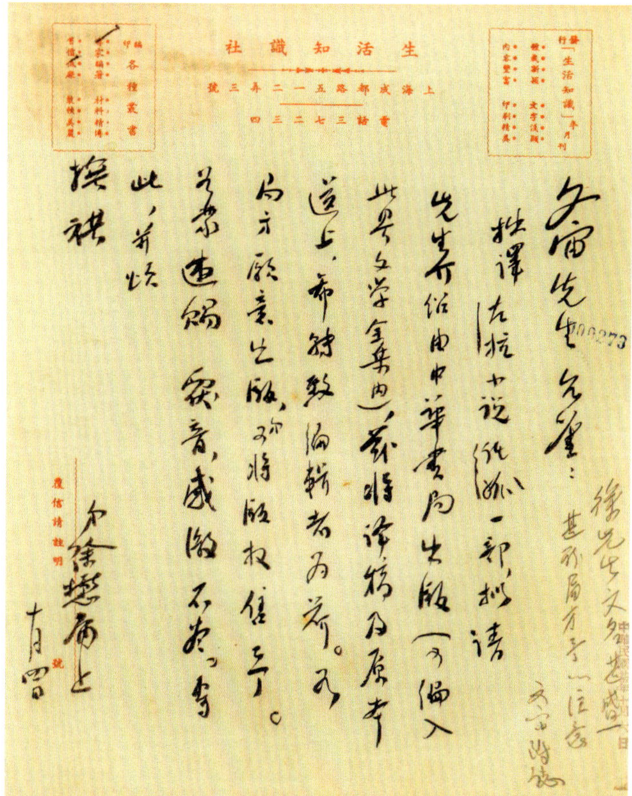

生活知識社
上海成都路五一二弄三號
電話三七二三四

文宙先生台鑒：

拙譯法拉士小說《織工》一部，擬請先生介紹由中華書局出版（可編入世界文學全集內），茲將譯稿及原本送上，希轉致編輯者為荷。如亦願意出版，亦將版權售予。並希速賜覆音，感激不盡。專此，并頌

撰祺

弟徐懋庸上

十月四日

1936年10月徐懋庸致倪文宙函

1935年，刘蕴文抱着女儿徐晔子，徐懋庸抱着儿子徐执提。

1947年徐懋庸与王韦在热河

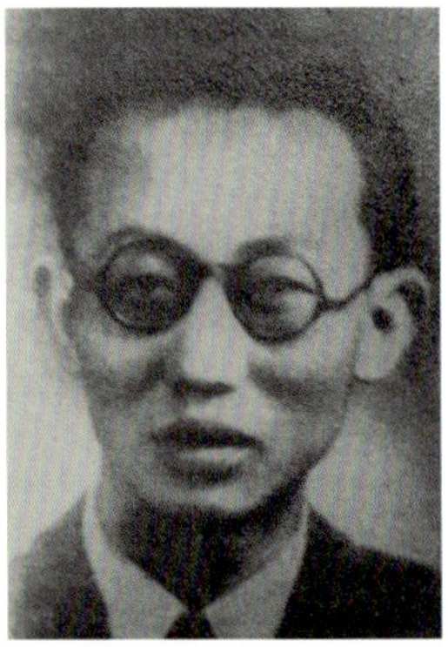

徐如愿

一九一五年—一九六八年

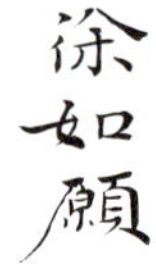

浙江上虞人。1933年毕业于春晖中学高中部。1937年毕业于国立浙江大学化工系，获学士学位。1937年任春晖中学化学教师。1941—1949年任春晖中学校长。1941年6月，日寇兵临浙东，宁绍沦陷。为保证安全，春晖中学被迫暂时解散。暑假期间，徐如愿怀着能在下半年如期复校的强烈愿望，根据父亲——时在上虞指导抗战的国民党浙江省党部执行委员、新任私立春晖中学校董会主任徐浩的要求，邀集同事，不辞辛劳，四处奔波，最后择定虞南山陬泰岳寺为校址，组织力量，扫除荒秽，修复断壁残垣，星夜抢运图书、仪器和教学用具，同时想方设法把迁校的消息通知期待中的教职员工和学生。是年9月15日，春晖中学在泰岳寺正式复校。此后五年间，师生们备尝艰难险衅，终使弦歌不辍，且于1943年恢复了高中。1945年抗战胜利，徐如愿带领春晖师生返回白马湖，与组建于1942年的白马湖春晖中学整合，遴选教师，甄别学生，学校重新走上正轨，直至迎来解放。1949年由魏福嘉教授（曾在春晖中学任教）介绍，被镇江江苏医学院聘任为化学教师，曾担任工会主席，并被评为镇江市工会积极分子。1957年学校迁移到南京，更名为南京医学院，他随学校迁至南京，任高级讲师，被评为学院的优秀教师。其间曾在南京第二医学院兼课，并参加全国医学院校化学教材编写。

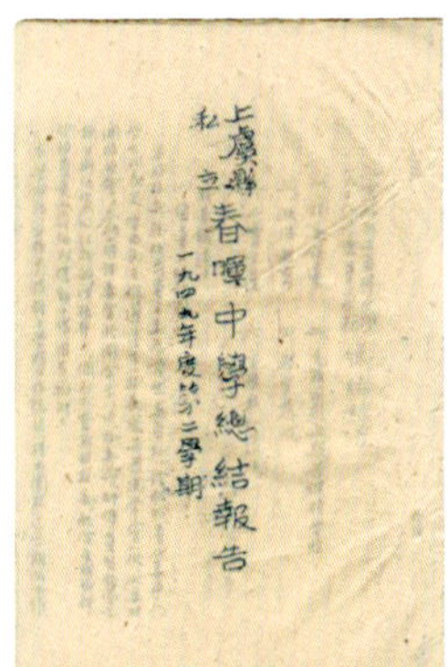
上虞县私立春暉中學總結報告
一九四九年度第二學期

1949年上虞县私立春晖中学总结报告

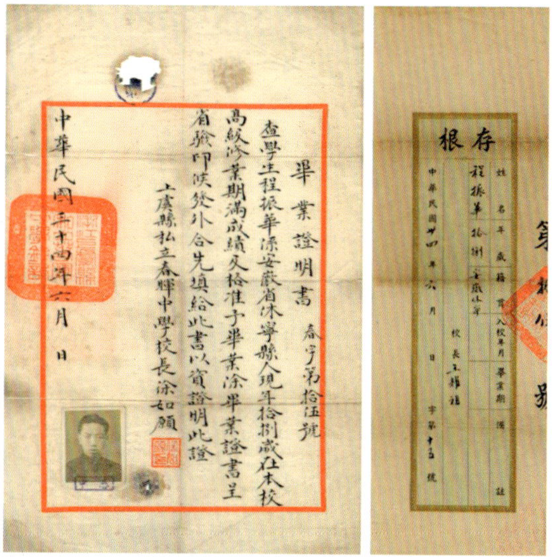

畢業證明書 存字第拾伍號

查學生程振華係安徽省休寧縣人現年拾捌歲在本校高級修業期滿成績及格准予畢業除畢業證書呈省驗印候發外合先填給此書以資證明此證

上虞縣私立春暉中學校長徐如願

中華民國三十四年六月 日

存根

1945年6月春晖中学毕业证明书，校长徐如愿签发。

1946年6月春晖中学初中部第三十届毕业生合影

1948年游艺优胜留影

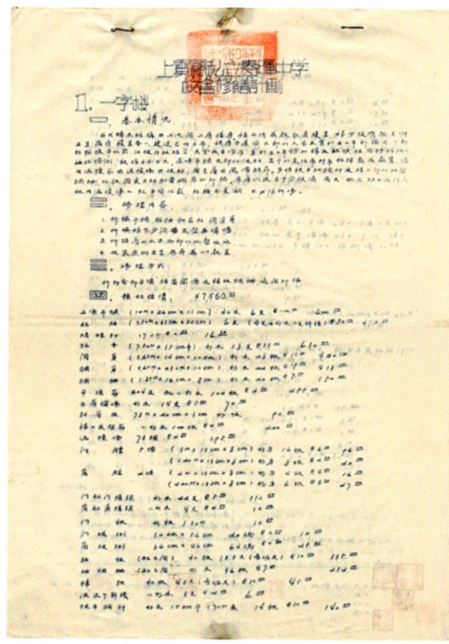

上虞县私立春晖中学校舍修缮计划

1946年春晖级友合影

1947年春晖中学足球队合影

1947年春晖中学学生郊外留影

1948年春晖湖风话剧团合影

1948年春晖中学师生湖上泛舟

经普椿

一九一七年—一九九七年

浙江上虞人，经亨颐幼女，廖承志夫人。在父亲经亨颐以及何香凝、廖承志的影响下，逐步走上革命道路。1938年，经普椿和廖承志结婚后，参加八路军香港办事处的工作，1946年后在重庆和南京中共代表团办事处工作。在延安工作期间，经普椿协助廖承志，为新华社的建设做出了宝贵贡献。中华人民共和国成立后，经普椿长期从事侨务工作，她怀着对广大海外侨胞、华人和归侨、侨眷的深厚感情，热心为归侨、侨眷排忧解难。20世纪六七十年代，经普椿顶住巨大压力，悉心照顾、保护廖承志和婆母何香凝。曾先后担任中国人民政治协商会议全国委员会委员、全国中华妇女联合会执行委员、中国日本友好协会理事、宋庆龄基金会名誉理事、中国国际友好联络会顾问等职，为中国人民的解放和社会主义建设事业，为发展中国同各国人民的友好关系，为促进祖国统一大业做出了积极的贡献。1991年，将父亲经亨颐先生的骨灰从八宝山护送回白马湖畔安葬，并为经亨颐铜像揭幕，后又出席春晖中学校庆。1997年2月，由儿子廖晖陪同，最后一次回到春晖中学祭扫经亨颐墓，1997年9月20日，在北京逝世。1998年7月，经普椿同志骨灰安放在春晖园内。坟冢在其父亲一侧，上刻有“她从这里走来，又回到这里安息 1917.4.17—1997.9.20”。

1929年经普椿（左一）与章曼丽、章曼华及章培夫人等在仰山楼前合影

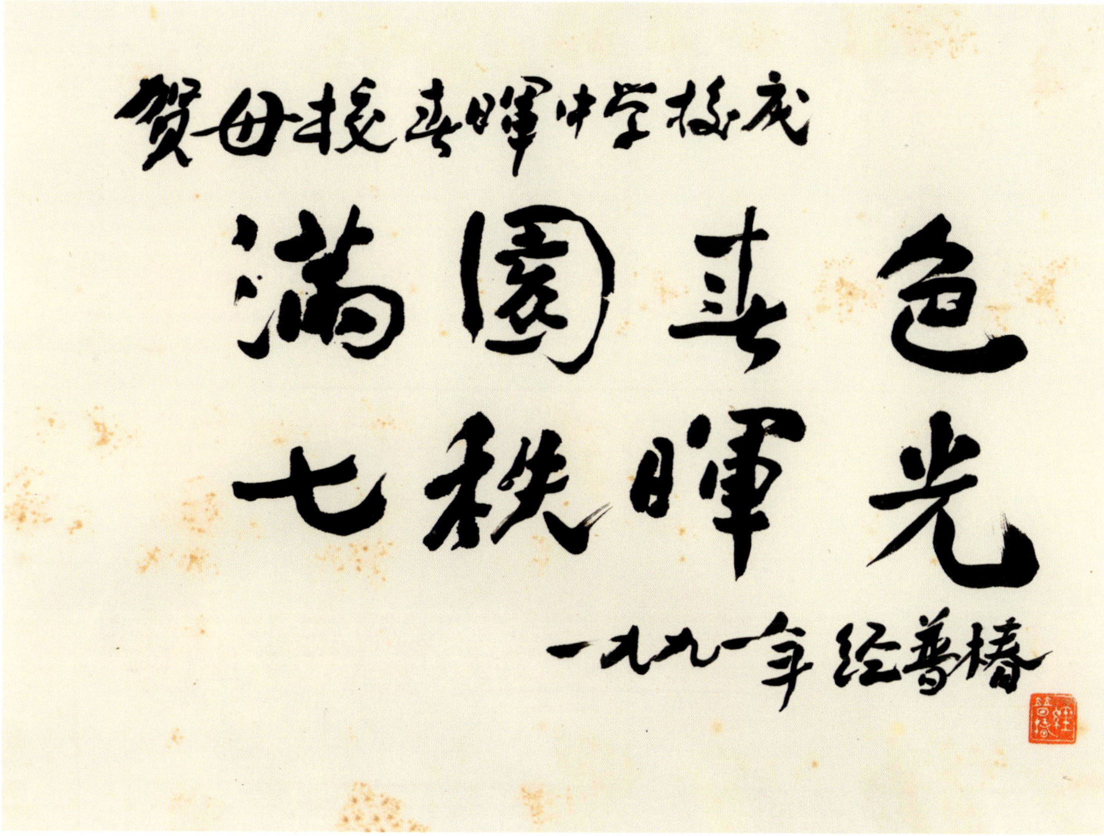

1991年经普椿为春晖中学校庆题词“满园春色，七秩晖光”。

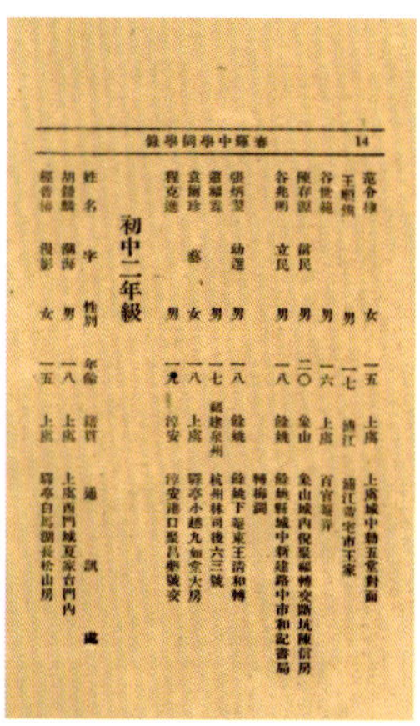

1931年6月经普椿就读春晖初中档案

1934年方介堪（左一）、经亨颐夫妇（左二、左三）、经普椿（右二）、廖承志（右一）在南京合影

经普椿和何香凝、廖承志合影

胡玉堂

一九一八年—一九八八年

字金如，浙江慈溪人。1936年春晖中学高中毕业后考入国立浙江大学，1944年7月国立浙江大学研究生毕业并获得硕士学位，受聘为国立浙江大学史地系研究室编辑、讲师，从事西洋上古史、中古史的教学和研究。胡玉堂胸怀爱国热忱，在中学时代就曾投身抗日示威和抵制日货运动，后又在广西参加浙江大学学生战地服务团，曾去抗日战争前线服务，并组织黑白文艺社，任社长，专事抗日救国宣传。1955年加入中国民主同盟。曾任杭州大学历史系主任、教授，浙江省历史学会秘书长、副会长、会长，中国历史学会理事，中国宗教学会理事，浙江省第五、六届人大代表。胡玉堂从事教育40余年，治学态度严谨，深有理论修养，并能不囿于旧说，以马克思主义为指导提出新的见解，有理有据，独树一帜。对世界古代中世纪史、希腊史、罗马史及基督教史有精深研究，出版过《西洋史简编》《中国史简编》，参与编写《世界史大事记编》《世界史手册》等，受到学术界的重视，是有造诣、有影响的历史学家。

就读春晖中学期间，胡玉堂曾于1934年在春晖校庆晚会上参演话剧《雷雨》，此为话剧《雷雨》首演。中华人民共和国成立后，胡玉堂受聘担任春晖中学校长，挑起了继往开来、办好新春晖的重任，与全校师生一起风雨同行，同甘共苦，克服困难，使春晖园呈现生机盎然的景象，至1954年卸任。

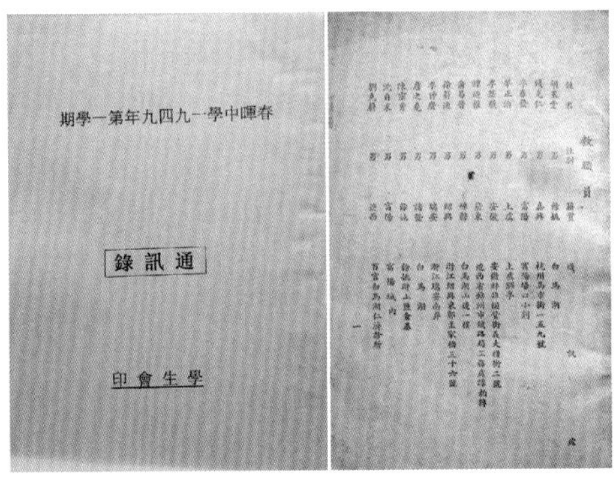

春暉中學一九四九年第一學期

通訊錄

學生會印

1949年春晖中学通讯录，校长胡玉堂。

胡玉堂、章曼丽夫妇合影

1952年1月，春晖中学全体员工合影，前排右四为胡玉堂，前排右二为章曼丽。

1988年冬，胡玉堂（右一）逝世前两个月留影。

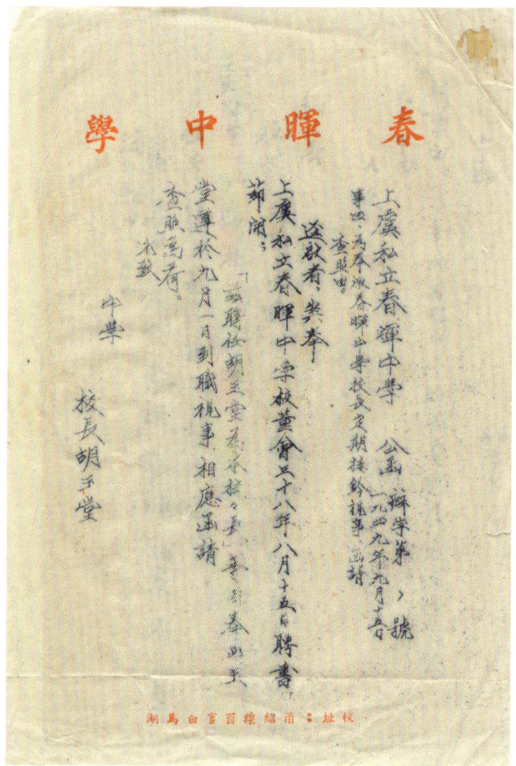

春暉中學

上虞私立春暉中學 公函 辦字第 號

事由：為奉派春暉中學校長定期接鈐視事函請 查照由

一九四九年九月十五日

逕啟者，案奉

上虞私立春暉中學校董會三十八年八月十五日聘書，節開：

「茲聘任胡玉堂為本校校長」等由，奉此，玉堂遵於九月一日到職視事，相應函請

查照為荷。

此致

中學

校長胡玉堂

1949年9月，胡玉堂春晖中学任职公函。

胡玉堂部分著作

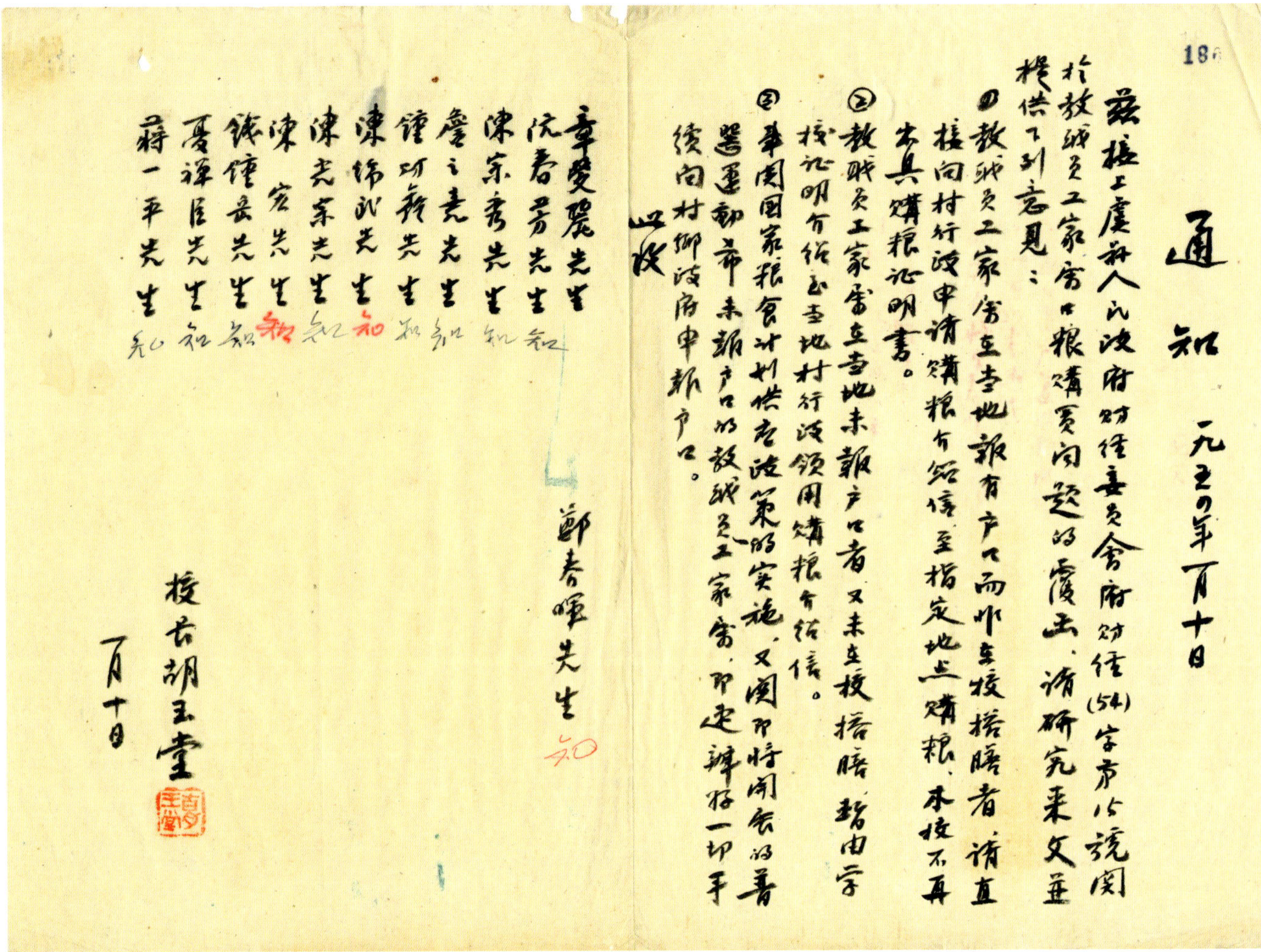

通知

一九五四年 月十日

茲接上虞縣人民政府財經委員會府財經(54)字第15號關於教職員工家屬口糧購買問題的覆函，請研究來文並提供下列意見：

①教職員工家屬在當地報有戶口而在本校搭膳者，請直接向村行政申請購糧介紹信至指定地點購糧，本校不再出具購糧證明書。

②教職員工家屬在當地未報戶口者，又未在本校搭膳，皆由學校證明介紹至當地村行政領用購糧介紹信。

③本屆國家糧食計劃供應政策的實施，又屆即將開展的普選運動前，未報戶口的教職員工家屬，即速辦好一切手續向村鄉政府申報戶口。

此致

章愛麗先生 沈春芳先生 陳宗秀先生 詹之堯先生 鐘功存先生 陳錦武先生 陳光榮先生 陳宏先生 錢鍾岳先生 夏祥臣先生 蔣一平先生 鄭春暉先生

知 知 知 知 知 知 知 知 知 知 知 知

校長胡玉堂

月十日

1954年春晖中学校长胡玉堂发给教职员工的通知

1949年春晖中学“小小画家”剧组合影

1950年春晖湖风话剧团全体演职员留影

1951年7月春晖中学初中第二十六届毕业生留影

1951年6月青年团春晖支部毕业同志合影

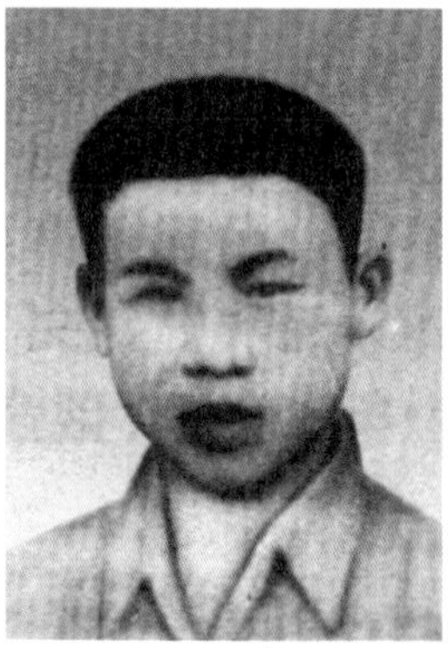

观杰

一九二二年—一九四四年

原名石永仙，又名石子英，浙江上虞人。革命烈士。早年在村私塾启蒙，后在章镇小学就读。毕业后进入春晖中学章镇分校，在校期间阅览进步刊物，积极参与抗日团体“中华民族解放先锋队”。1938年从春晖完成学业后考取绍兴稽山中学，仅一月即投笔从戎，只身奔赴皖南泾县参加新四军，开始在军部教导大队接受正规训练，并于次年加入中国共产党。训练期满后调任见习参谋，又升任教育副官。因工作认真勤勉，先后五次获得嘉奖。1940年受党组织委派，往国民党财政部税警总团陈运泰部七连任连长，在江苏盐城一带与日伪作斗争。1942年返回浙东，任三北游击司令部教育副官，负新兵教训之责。1943年奉调至三北游击司令部特务大队任第一中队队长。1944年1月新四军浙东游击纵队正式成立，观杰所在中队被改编为新四军浙东游击纵队第五支队三大队第七中队，在掩护司令部安全转移及打击国民党第三战区挺进第四纵队的任务中荣立大功。同年7月，在慈溪东埠头与汪伪中央税警团的战斗中不幸中弹牺牲。8月，浙东游击纵队司令部、政治部追授观杰“二级人民英雄”称号，并将第七中队命名为“观杰中队”。

2015年9月，“观杰中队”代表新四军现役英模部队参加了纪念中国人民抗日战争胜利70周年胜利日阅兵式。

2020年9月，经党中央、国务院批准，国家退役军人事务部公布了第三批185名著名抗日英烈、英雄群体名录，观杰名列其中。

1938年6月，春晖分校初中二、三年级合影，后排站立者右一为观杰。

观杰（左）与战友秦基摄于新四军浙东游击纵队司令部

观杰烈士牺牲处遗址

观杰烈士纪念碑

谢　晋

一九二三年—二〇〇八年

浙江上虞人。中国著名电影导演，被誉为“中国电影教父”。出生于谢塘书香门第，幼读陈留小学一年即移居上海，1937年求学春晖中学，1938年因形势趋紧转学返回上海，就读于浦东中学、大夏大学附中、稽山中学，其间在香港短暂就读，1941年考入四川江安国立戏剧专科学校话剧科，受教于曹禺、洪深、焦菊隐、马彦祥、陈鲤庭等名家，1948年从南京国立戏剧专科学校导演系毕业，开启电影事业。1953年开始在上海电影制片厂任导演。一生执导了《女篮五号》《芙蓉镇》《天云山传奇》《红色娘子军》《舞台姐妹》《高山下的花环》《鸦片战争》等36部电影及5部电视剧，五次捧“百花”，两度唱“金鸡”，七回在国际影坛上摘冠，荣任奥斯卡、马尼拉、威尼斯、东京等国际电影节评委。曾任上海电影（集团）有限公司电影导演，中国电影家协会第四届理事、第五届主席团委员，中国文学艺术界联合会第五届、第六届执行副主席，中国人民政治协商会议第八届、第九届全国委员会常委。作为唯一入选共和国百名“改革先锋”的电影导演，他关注民族命运，在中国电影发展史上铸就了不朽的丰碑。2007年，谢晋在《光明日报》撰文《难忘春晖哺育情》，写道：“记得当时我是划船去的，一进校门，便听到一阵优美的琴声……那是音乐老师在弹奏贺绿汀先生的《牧童短笛》，悠扬悦耳的琴声给我留下了深刻的印象，也成为我成年以后最爱听的曲子之一。在春晖读书的那段时间，正值日寇侵华、杭州陷落之后，学校处于非常艰苦的阶段，但师生们的爱国热情空前高涨，语文老师为我们选讲充满爱国主义思想的文章，以岳飞、文天祥等英雄事迹激励青年学生。学校和学生会组织歌咏队和剧团，在校内和附近城镇宣传抗战，演出《卧薪尝胆》《木兰从军》等。我积极参与了这些活动，既受到教育，又培养了艺术兴趣。所以，春晖不但是我文化知识的启蒙地，而且是我艺术意识和爱国精神的启蒙地。我走上电影艺术之路，我的电影的题材和主旋律，与在母校所接受的教育关系甚大。当时，春晖的体育活动也十分活跃，足球、网球、篮球、游泳等，门类齐全。我个子比较高，又特别喜欢篮球，所以篮球场上经常有我的身影。现在我80多岁了，仍保持着良好的身体状况，一定程度上得益于当时的篮球运动。”

1985年10月谢晋（前排左二）与韩尚义（前排左一）等文艺界知名人士来访春晖中学

1984年谢晋回到春晖中学讲话勉励学弟学妹

1991年谢晋（前排左一）回母校参加校庆

2008年谢晋（中间）参加春晖中学上海校友会座谈会

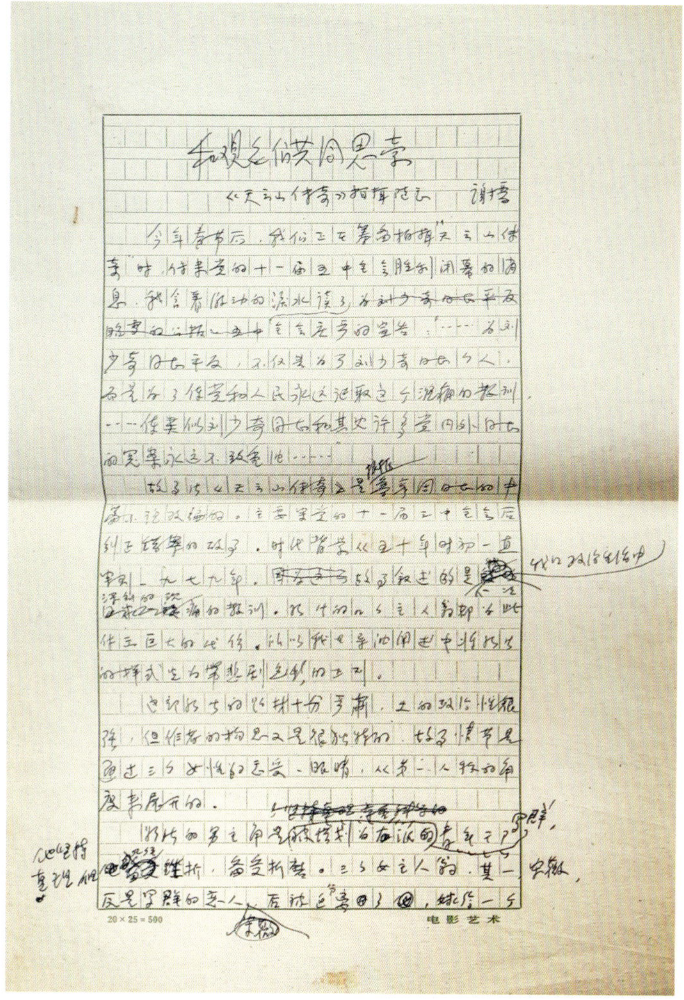

谢晋关于电影《天云山传奇》拍摄的手稿

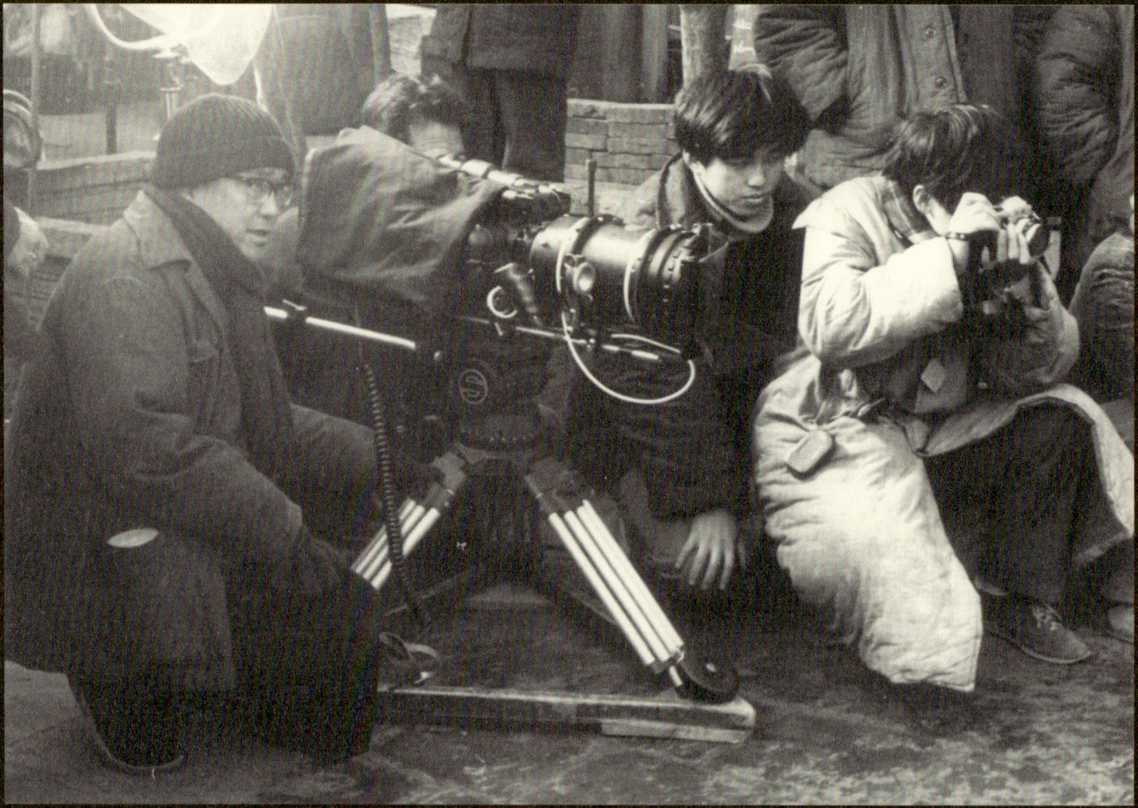

1983年谢晋拍摄电影《秋瑾》现场

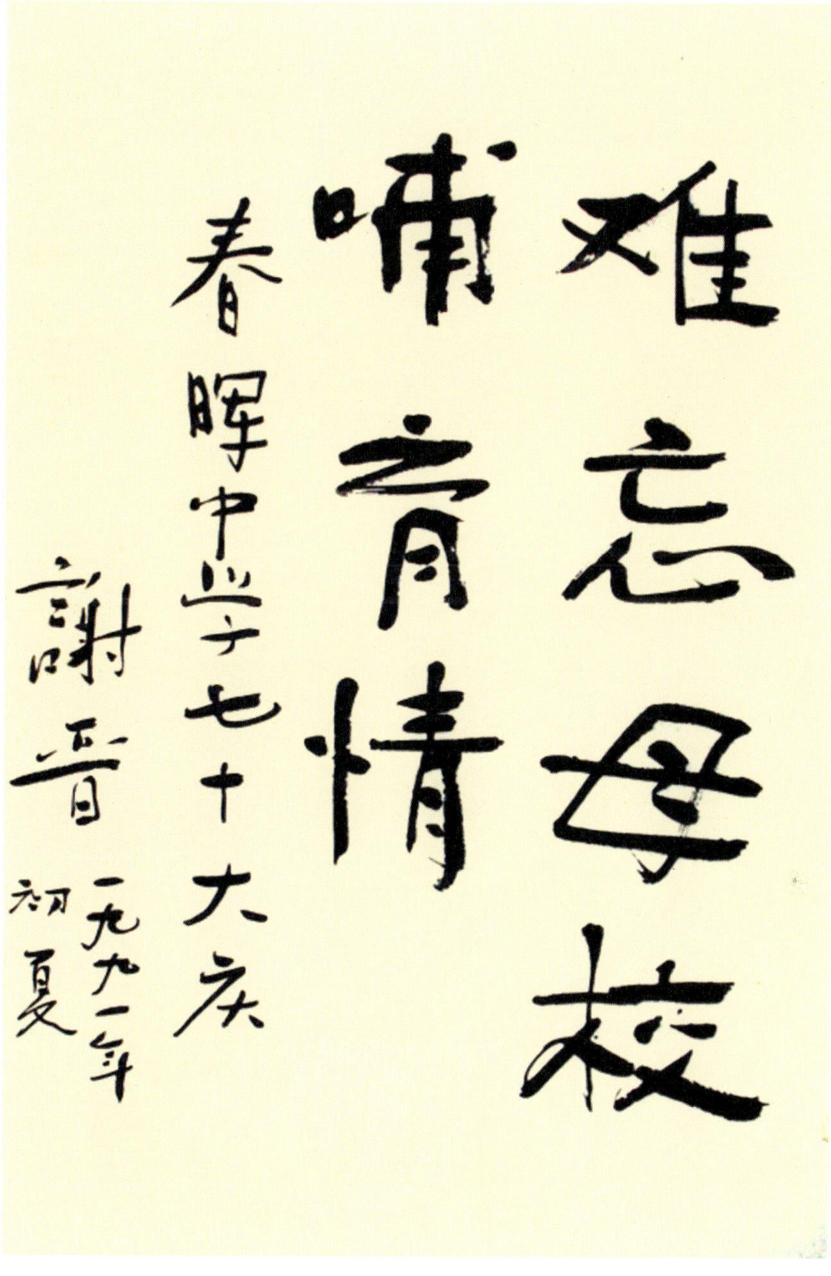

1991年谢晋为春晖校庆题词

1946年12月2日春晖中学25周年校庆纪念合影

毕业歌

1=C $\frac{4}{4}$

J.P.奥德韦 曲
李叔同填词

5 3 5 1̇ - | 6 1̇ 5 - | 5 1 2 3 2 1 | 2 - 0 0 | 5 3 5 1̇ . 7 |

长亭外，古道边，芳草碧连天，晚风拂柳

长亭外，古道边，芳草碧连天，问君此去

6 1̇ 5 - | 5 2 3 4 . 7̣ | 1 - 0 0 | 6 1̇ 1̇ - | 7 6 7 1̇ - |

笛声残，夕阳山外山。天之涯，地之角，

儿时来，来时莫徘徊。天之涯，地之角，

6 7 1̇ 6 6 5 3 1 | 2 - 0 0 | 5 3 5 1̇ . 7 | 6 1̇ 5 - | 5 2 3 4 . 7̣ | 1 - - 0 ‖

知交半零落，一瓢浊酒尽余欢，今宵别梦寒。

知交半零落，人生难得是欢聚，唯有别离多。

附　春晖中学校计划书

刊登于《教育周报》第二百三十五期

育。或曰中學校爲預備教育莫衷一是。自余思之。實不成問題。中學校之畢業生。宜一式抑宜多式。主一式者。即劃一教育。有解決普通教育或預備教育之必要。主多式者。有普通教育之性質。又有預備教育之性質。亦何不可。余爲倡人格教育英才教育動的教育之一人。即主張中學畢業生宜多式而不宜一式也。上虞陳春瀾先生欲捐貲在故鄉創立春暉中學校。囑余爲之計劃。夫春暉已有高等小學國民學校。開辦有年。成績炳然。今又續辦中學。懿歟休哉。不獨邑人受其賜。而吾浙又多一最新式最完備之中學。其宗旨之如何。規劃之當否。既承委託。余應負完全之責任。而數年來所抱中學教育理想上之研究。亦得見諸事實。一洗從來鑄型教育之積弊。亦當世教育家所樂聞。父老子弟所歡迎也。

動的教育。非故違部章也。今日之學校部章各條。本未有做到幾字。拘守之而不加研究者。更無論矣。活用部章。實施之所以促其改革。近來教育部亦虛心徵求各處之意見。吾知其已有改革之動機。若以實施之結果。爲建議之證例。則其採擇必較空論爲易。如修學年限問題。暫不主變更。吾國學校有但計年限不計教材之大弊。畢業已近。而本無教案細目之教員。必延不及授完。或略去。或草率了事。已成通例。對症施藥。極宜創教材爲主。不拘年限之說。動的教育。但問教科修了與否。不問年限滿足與否。始業畢業。隨時舉行。亦無不可。而余所以不主變更者。非恐攪亂。不容於部章也。原夫英才教育。亦有二種之研究。教材有限定而時期不限定。或時期有限定而教材不限定。余採後說。假使有一學生。可不必四年而

苟能造就有死知識死技能之學生。已可稱爲良學校。若夫造就健全之人。則竟不多覯。然而推原其故。則皆由於學校之方針不以學生爲主故也。此學校方針之不當爲今日教育之弊害者六也。

以上六端。皆記者所認爲吾國教育界之弊病者也。惟記者於此文之終。有不得不附言者三端。記者以上所言。有關於法者。有關於人者。有關於學校者。記者所言。不過就法與人與學校三者之一部分而言。非謂吾國法令人才學校竟無一而可者。此應附言者一也。吾國幅員至廣。各省情形不同。以上所言情形。有爲甲省所有而乙省所無者。記者不過隨感而言。非謂全國盡如是也。此應附言者二也。人羣之事。無完善而絕無弊病者。故弊病不足恥。道在知之而有以改革之。吾國人通性。往往諱疾忌醫。凡揭發各種事業之弊。當局者之心中。抑若有大不快者。此實不能改過之原因。而進步之障礙也。記者揭發教育界之弊病。詞近過激。然記者以爲今日之急務。莫過於教育。欲興教育。必先除弊。愛之深不覺言之切。固非好爲謾罵也。此記者所附言者三也。教育界諸君。如以記者爲言之過甚。而以爲與事實不符。以失言責記者乎。則記者固將爲教育界慶。而願任失言之責也。

春暉中學校計劃書

經亨頤

上虞陳春瀾先生之委託

自來論學校教育之性質。研究學制系統。自上而下。自下而上。中學校爲其焦點。或曰中學校爲普通教

教務豈僅教室內始有此作用。學監庶務會計等事。均由校長於專任教員酌量分配。即稍有勞逸。亦不應計較。惟繕寫書記等可用雇員數人。屬於各專任教員。對於學生則無直接之關係。校長與各專任教員。不但應與學生同寢同食。且須實行以身作則。人人有勞動之責。如洗濯、炊事、購物、洒掃、庭園作業等。均由教員學生合組勞工會分任之。任免教員之標準。即能勞動能研究二語。其資格其經驗一概不計。今日之所謂高等師範畢業生。亦未必盡為有用。所謂辦學幾年以上者。積弊之深。且成正比例。專任教員初任時年修定為七百元。加俸則有之。無所謂年功。共分若干級。其最高額定為千六百元。詳細辦法自當另行規定。茲將逐年職員薪修一項經費列表如左。

年別	經費	說明
第一年	六、七八〇	校長一人千二百元專任教員六人年各七百元書記三人年各三百元校醫一人年四百八十元
第二年	八、三八〇	照第一年加專任教員二人千四百元又假定加脩二百元
第三年	一〇、三八〇	照第二年加專任教員二人一千四百元加書記一人三百元又加修三百元
第四年	一二、八八〇	照第三年加專任教員三人二千一百元又加修四百元

次論設備。則教室問題。宜首先解決。或謂教室之安排。但須學生有坐處。教師有講處可也。學生坐位。縱

能修了其限定之教科者。既不令其學業作何辦法。竊謂儘可依其趨向。將中學以上之教科。令其加習。蓋吾國中學與大學本不含接。如此英才且希其出洋留學。其所加習。適可合外國專門以上學校之程度。即不然中學畢業在社會服務。所需知識。豈必以現行中學畢業程度爲囿。故修業年限。不妨仍定爲四年。而至三年級以上。當另設一加習級以收容之也。

以能力別編制學級。爲動的教育之要件。其間紛錯故障。在所難免。姑不全取此法。而一學級中不無少數低能。或因故一二門成績不逮。向章輒予以留級一年。亦未免不尊重青年之光陰。近來又恒有家庭自習之學生。若無學校可入。部章中學校入學資格。雖屢次表示鄭重。究無絕對不得收受之明文。不宜變本加厲。將家庭自習有志求學者。一概麾之門外。但各年級各教科程度。循序排定。中途插入。明知爲難。不得已令其某教科入某級。某教科入某級。固無不可。細思之不如另設補習學級較爲妥便。中學四年。擬於一二年級間及三四年級間。設補習學級二級。合前所述加習級。全體共當有七學級。向以學級數時間數預算經費。則多例外。三學級將增加經費四分之三。或多異議。但此校教員之組織。當然實行處任制。即以員數預算經費。則所增亦不多。現行學校必設學監。專務管理。教員則聞鈴到場而已。既主專任制。則概不設學監。即庶務會計。亦與學生有接觸。以二三十元月薪之職員。難期有相當之標準。於訓育大有窒礙。故余主張校內校長以外。概爲專任教員。管理何莫非教。事務何莫非教。學校以內。皆爲

普通教室三

加習補習教室二 較小

特別教室七 理化、博物、地理歷史、圖畫、手工、音樂、數學、

學生實驗室二

器械標本室二

圖書室一

其他例有之事務室、應接室、自修室等。俟建築時再詳述。其設備購置經費列表如左。

年別	經費	說明
第一年	四、三〇〇	木器一千元圖書五百元屋外運動器械二千元數學史地圖器五百元圖畫手工器具三百元
第二年	三、三〇〇	木器五百元圖書三百元體操教具一千元博物標本器械一千元圖畫手工器具五百元
第三年	二、八〇〇	木器五百元圖書二百元理化器械千五百元圖畫手工器具六百元
第四年	一、〇〇〇	各種不足

此外如學校園亦不可少。關於勤勞教育及養成實業之興味。與訓練至有關係。其設備姑俟成立後再

橫行列。講臺則利用光線居乎其上而已矣。流爲書本教授之弊。職是之由。所謂普通教室。任何教師。此上。彼下。一年級一室。近來中等學校之設備多如此。其所謂特別教室者。至多理化一科。他如博物圖畫。設特別教室者已不多覯。至若數學地理歷史。且謂無特別教室之必要。總言之。中等學校之教室。多用年級別而不用科學別。爲圖節省經費而貪辦事之便捷則可矣。獨不爲彼教育者利益計乎。地理歷史之所謂標本儀器。至多幾幅地圖與一個地球儀。數學則幷兩脚規不備。何有於應用。何有於實驗。理化一科教師用器械每多零落不全。學生則幷一玻管不得着手。近來理科教育之革新。尙學生自已實驗。教科書只作參考之用。故非特有特別教室。且當有學生實驗室。理化教室用階段構造。尙非最上之計劃。總之教室內教員與學生不必限定相對方向。當參用不定方向。博物理化教室均當爲半實驗室半教室之構造。數學亦宜建特別教室。設置器械模型。令學生隨時使用。地理應注重物產。故亦有種種設備。地圖當歸歷史教授時所用。切莫如從來徒作國文材料已也。此等(理化博物圖畫數學地理歷史)特別教室及學生實驗室外。其他普通教室可無須一級一室。設二三室輪流。亦可以敷用矣。茲將應設各室擬之如左。

禮堂一

合級教室一

工資	三八四	四七〇	五六六	六六二
總計	一二、四六四	一三、三五〇	一五、一四六	一六、一四二

自第五年購置可隨省。以後平均經常費約萬五千元。學費等收入每人每年定三十元。以二百人計共六千元。今既有以十萬元撥歸此舉之說。則以二萬元爲建築費。其八萬半作存款生息。半購妥實股票。平均以一分二釐計。可得經常費九千六百元。亦可勉强支配。惟此最新式之辦法。容有未及見到之處。事實上恐有不敷。若以十萬元全作經常基本金。則必能圓滿無缺。其建築費最好另支。爲學之道期於至善。夫此一校。其組織已可抵得兩校。其影響直可作無數校觀。至已辦之高等小學國民學校。宜如何改善與之聯絡。與夫開校後一切管理之方法。訓練之旨趣。教課之變通。本此宗旨。抽象之計劃。未盡欲言。校長得人。必更能匡所不逮。至商榷之責。余固不敢辭焉。

擬又有一重要之意見學校不但教育學生尤當教育社會故如開放運動場設通俗展覽會及講習會等亦須責成校長及各專任教員主持辦理指導學生養成對於社會服務之觀念而是等事業影響所及倘不遠況斯校僻在鄉間故又宜刊行學校雜誌此種雜誌非如近來各校之校友會誌徒事表彰成績已也當以灌輸思想學術爲主旨如近來北京大學月刊學校程度雖有分別而同爲教育研究家所居之地促進社會文化之職責當然與大學並駕齊驅將來春暉中學月刊爲全國人所必讀庶名副其實春日之暉普及遐邇豈獨一鄉一邑已哉得各以上組織是等經費亦所需不多已容納於總預算雜費之中夫專任者專職於校非藉口專心於校而不顧門外事也編輯雜誌及講演等對社會各事業皆爲其應盡之職分研究精進報酬豈獨加修非然者免之可也決不可徇情朋比誤人平時擔任教課則勿使精疲力盡故員數稍多雜費較裕已在計劃之中茲將總預算列表如左

項目	第一年	第二年	第三年	第四年
新修	六、七八○	八、三八○	一○、三八○	一二、八八○
購置	四、三○○	三、三○○	二、八○○	一、○○○
雜費	一、○○○	一、二○○	一、四○○	一、六○○

后记

始创于1908年的春晖，培育了无数英才，也吸引了众多先贤在此驻足、耕耘。他们或倾囊兴学，开垦育才之田；或执掌教鞭，播撒知识的种子；或挥毫泼墨，留下传世佳作；或投身革命，为民族独立和人民解放而奋斗。他们的身影，早已融入春晖的历史长河，成为这座百年名校最宝贵的财富。他们也构成了上虞一次耀眼的名人大汇聚——春晖集贤。

打造一本全景反映名家荟萃、群贤毕至美好图景的图书，是春晖人的一个心愿。2023年春晖文化研究会正式成立，此事遂隆重提上日程。如今，经过一年多的努力，《春晖集贤》在众人的翘首企盼中由西泠印社出版社正式出版了。本书由中共上虞区委宣传部指导，春晖中学统筹，春晖文化研究会具体编纂，是传承弘扬春晖文化的全新力作。

本书共收录春晖创校之初至中华人民共和国成立前与春晖中学相关的一百二十位先贤，除第一部分优先编排春晖三贤及首届董事会外，所有资料以人为目、以生年为序编排。我们从先贤生平、时代背景及春晖中学历史事件入手，翻阅了大量的历史档案，请教了众多知情人士，力求通过考证还原历史面貌。全书共整理收录先贤肖像、签章、手札、著作、书画、影像等各类珍贵文史资料一千多份，让读者触摸到春晖中学的百年历史，感知春晖先贤的精神华光。

此书的付梓，是对春晖先贤的缅怀和致敬，同时也是对编委和工作人员辛勤付出的总结。此间更是得到了相关部门的大力支持，先贤后人的无私帮助和社会各界人士的关心与鼓励，在此深表谢忱。同时感谢西泠印社、中国美术学院、何香凝美术馆、浙江省档案馆、浙江美术馆、浙江图书馆、杭州师范大学、上虞档案馆、上虞图书馆等单位的热情支持，感谢春晖文化研究会顾问、理事的帮助支持。

在编纂过程中，我们力求真实、客观、全面地展现先贤们的生平事迹和精神风貌。然岁月久远，许多文献资料遗失，寻找不易，该书自然会有许多疏漏与不足之处，望读者能予以指正批评。同时竭诚欢迎春晖先贤的后人及拥有相关史料的读者诸君不吝惠赠赐教，日后可作为该书的补充，让先贤的璀璨华章永驻岁月长河。

三年后的2028年，便是春晖120周年诞辰，我们希望这本《春晖集贤》成为提前送达的一份献礼，祝愿桃李满园，春晖日新。

编者

2025年3月

图书在版编目（CIP）数据
春晖集贤 / 春晖文化研究会编 ; 李培明主编. 杭州 : 西泠印社出版社, 2025. 3. -- ISBN 978-7-5508-4788-0
Ⅰ. K825.46
中国国家版本馆CIP数据核字第2025GE0965号

春晖集贤

春晖文化研究会 编　李培明 主编

责任编辑：徐挺屹
责任校对：曹　卓
装帧设计：醒　斋
责任出版：杨飞凤
出版发行：西泠印社出版社
（杭州市西湖文化广场32号5楼 邮政编码 310014）
经　　销：全国新华书店
制　　版：熙谷艺术
印　　刷：杭州四色印刷有限公司
版　　次：2025年3月第1版　2025年3月第1次印刷
开　　本：889mm×1194mm　1/16
印　　张：24.75
字　　数：217千
书　　号：ISBN 978-7-5508-4788-0
定　　价：580.00元